吴小如 著

吴小如文集·讲稿编一

吴小如讲《孟子》
吴小如讲杜诗
古典诗文述略

中国书籍出版社
China Book Press

图书在版编目（CIP）数据

吴小如文集.讲稿编.一/吴小如著.—北京：中国书籍出版社，2022.3
ISBN 978-7-5068-8869-1

Ⅰ.①吴… Ⅱ.①吴… Ⅲ.①吴小如—文集②中国文学—文学评论—文集 Ⅳ.① C53 ② I206-53

中国版本图书馆 CIP 数据核字（2022）第 022736 号

吴小如文集·讲稿编一

吴小如 著

图书策划	武 斌 崔付建
责任编辑	成晓春 武 斌 邹 浩
特约编辑	罗路晗
责任印制	孙马飞 马 芝
装帧设计	鸿儒文轩·书心瞬意
出版发行	中国书籍出版社
地　　址	北京市丰台区三路居路 97 号（邮编：100073）
电　　话	（010）52257143（总编室）　（010）52257140（发行部）
电子邮箱	eo@chinabp.com.cn
经　　销	全国新华书店
印　　刷	三河市华东印刷有限公司
开　　本	710 毫米 ×1000 毫米　1/16
字　　数	470 千字
印　　张	29.5
版　　次	2022 年 3 月第 1 版
印　　次	2022 年 3 月第 1 次印刷
书　　号	ISBN 978-7-5068-8869-1
定　　价	88.00 元

版权所有　翻印必究

出版说明

吴小如先生在中国文学史、古文献学、俗文学、戏曲学、书法艺术等方面都有很高的成就和造诣，被认为是"多面统一的大家"。吴小如先生以各种方式著述并出版的著作有几十种，多为单册或少量结集，本着尽可能全方位、多角度呈现吴小如先生毕生学养的出版目的，此次编纂、出版《吴小如文集》主要兼顾体量和质量的统一性，共选择吴小如先生代表性著述二十余种，分别是：《吴小如讲〈孟子〉》《吴小如讲杜诗》《古文精读举隅》《古典诗文述略》《古典小说漫稿》《小说论稿合集》《中国文史工具资料书举要》《今昔文存》《旧时月色——吴小如早年书评集》《莎斋笔记》《莎斋闲览——吴小如八十后随笔》《吴小如学术丛札》《心影萍踪》《书廊信步》《常谈一束》《霞绮随笔》《红楼梦影——吴小如师友回忆录》《诗词札丛》《莎斋诗剩》《台下人语》《鸟瞰富连成》《京剧老生流派综说》《吴小如戏曲随笔》等，基本涵盖了吴小如先生广博而精深的学术成就与多元造诣。

文集在编辑体例上以文体和内容分卷，分为讲稿编（3卷）、笔记编（3卷）、诗词编（1卷）、散文编（1卷）、戏曲编（2卷），共十卷。每卷中所收著作，有的保持原貌，有的进行了一定调整，大体情况如下：

讲稿编一收入《吴小如讲〈孟子〉》《吴小如讲杜诗》《古典诗文述略》。

讲稿编二收入《古文精读举隅》《古典小说漫稿》《小说论稿合集》。

讲稿编三收入《中国文史工具资料书举要》。

以上三卷所收著作，有的文章是吴小如先生多年来从事教学工作的讲稿，如《吴小如讲杜诗》；有的文章是在讲稿基础上整理成文的，如《古典诗文述略》等；有的是以讲稿的形式写成的，如《吴小如讲〈孟子〉》，故编为讲稿编。

笔记编一收入《吴小如读书笔记》《莎斋笔记》。

笔记编二收入《莎斋闲览——吴小如八十后随笔》。

笔记编三收入《吴小如学术丛札》。

笔记编收入的是吴小如先生读书、治学的札记、笔记。其中，《吴小如读书笔记》选自《今昔文存》《心影萍踪》《书廊信步》《旧时月色——吴小如早年书评集》中的相关篇目。《吴小如学术丛札》初版时名为《读书丛札》，书名由吴玉如先生题写。此次出版在笔记编三卷前影印了吴玉如先生的题签。

诗词编收入《诗词札丛》《莎斋诗剩》。其中，《诗词札丛》为吴小如先生学诗、读诗的心得，《莎斋诗剩》为吴先生的诗词作品。

散文编所收篇目选自《心影萍踪》《莎斋笔记》《红楼梦影——吴小如师友回忆录》中怀人、记事的篇章，以《红楼梦影——吴小如师友回忆录》为主，故以《师友回忆录》为书名。

戏曲编一收入《台下人语》《鸟瞰富连成》。

戏曲编二收入《京剧老生流派综说》《吴小如戏曲随笔》。

吴小如先生与人合著的著作，有的保留原署名，如《中国文史工具资料书举要》；有的整理时只收入吴小如先生所著篇目，如《小说论稿合集》。

部分文章曾被收入不同的集子中，为避免重复，整理时择一保留。

原著的序言（或者前言等），一律保留。

除了篇目调整外，此次编辑，更多的是按出版规范要求进行技术处理，尤其是涉及诸多方面的全书规范的统一；当然，也改正了原书存在的极个别的误植或失误。

此次文集的整理、出版，得到了吴小如先生哲嗣吴煜先生的大力支持和帮助，他在著作选择和稿件编排上均提出了宝贵意见，在此表示衷心的感谢！

鉴于水平所限，编辑中难免有偏颇或挂漏之处，审校也会存在疏忽不审，敬请专家和读者批评指正。

中国书籍出版社

2022 年 1 月

目 录

吴小如讲《孟子》……………………………………… 001

吴小如讲杜诗………………………………………… 143

古典诗文述略………………………………………… 343

吴小如讲《孟子》

自　序　/ 003
卷一　梁惠王（上）／ 007
卷二　梁惠王（下）／ 015
卷三　公孙丑（上）／ 024
卷四　公孙丑（下）／ 033
卷五　滕文公（上）／ 040
卷六　滕文公（下）／ 047
卷七　离娄（上）／ 055
卷八　离娄（下）／ 066
卷九　万章（上）／ 081
卷十　万章（下）／ 087
卷十一　告子（上）／ 094
卷十二　告子（下）／ 103
卷十三　尽心（上）／ 118
卷十四　尽心（下）／ 131

自　序

这本小书实是即兴之作。因此要谈一下缘起。

近些年来，久被淡忘的"国学"一词忽地"热"了起来，不止一位青年朋友曾以此垂询：什么是"国学"？为了找答案，我也多少浏览了一些时贤论著，发现不少专家学者并不以此为然，认为这个概念大而无当，不宜提倡。追根溯源，"国学"之名盖始于晚清，是对"西学"而言的。其实它的内涵并不出清人治学的范畴，即义理、考据、辞章三者不可偏废之论是也。义理之学大概近于哲学思想；考据则以文字、声韵、训诂、目录、版本、校勘之学为主要内容；而辞章之学，则若基本上指古典文学作品，当然也包括以古典文学为讨论内容的文论、诗话、词话、曲话之类。用旧的说法，所研究对象不外经、史、子、集四大部类；用"五四"以后的说法，则研究中国古代文、史、哲三大门类的学问皆可属之。此外别无深文奥义。我这种说法，未免又是老生常谈，说了等于不说；但"国学"一词，原本就是旧有的，不管你再怎么说，也说不出新鲜花样来。它既对"西学"而言，当然是土生土长的东西；而东渐之"西学"，总归是十九世纪末才对我国传统学术产生影响的学问，当然应属于"新的学问"。然则所谓"国学"除了区别于"西学"之外，还含有"旧学"的意思，即章太炎以下诸贤所谓的"国故"。不过清末民初以来不少学者大都留过学，远者到过欧美，最近的也到过日本，所以他们的治学方法毕竟沾了若干"洋"气，因之研究成果亦不同于清代未出国门一步的学者。代表人物如严复、梁启超、王国维、陈寅恪、胡适等人，他们的著作，终有别于乾、嘉、道、咸以来的戴震、段玉裁、王念孙、孙诒让诸家的学术模式。此盖时代转变、社会发展导致学术风气使然，是不以个人意志为转移的。然而值得注意的是，凡今天被称为"国学大师"的，倒是王国维、陈寅恪以及胡适等人，而清代不少有成就的朴学家，反未被戴上这样的桂冠。可见"国学大师"也者，乃指在新时代研究"旧学"的某些代表人物了。

说到这里，我倒想替自古以来直到清代的一大批所谓朴学家说几句话，即"五四"以来的新派人物动辄说治"旧学"的人"不科学"，而他们从西方学来的治学方法才是"科学"的。这话不免有失偏颇。如胡适一方面表彰清儒发现一个字的正确讲法不啻天文学家从宇宙间发现一颗新星，一方面又自诩他本人的考证学问才是真正"科学"的，好像历史上的多少名著、多少学人都不懂科学方法。其实照我这读书不多、一知半解的人的认识，只要站得住脚、未被历史长河所淘汰的古今传统名家名著，不论从思想内容还是看问题的视角来观察，都或多或少符合或包含着辩证法。如《周易》《道德经》《孙子兵法》等书不必说了，即先秦诸子与历代有眼光有远见的史学著作，如"前四史"和《资治通鉴》等，亦莫不如是。我认为，辩证法的发展乃是与人类社会发展同步的，我们不能轻易说古人不懂科学，更不能说他们的著作中没有辩证法。如果较真，以胡适本人的言论和著作为例，不科学的地方却所在多有。只就他说中国文言文是死文字这一点而言，就是很不科学的。这话说远了，姑不详论。

既然今天社会上对"国学"又"热"了起来，于是随之出现了另一问题，那就是提倡"读经"，多数人且认为应当"从孩子抓起"。这一点我却不敢苟同。理由至少有三点：一、所谓"经"，一般指儒家经典，但"五经""四书"对接受九年义务教育制的中小学生来说实在不容易读懂。如果一定要读，师资首先就不易解决。因为现在中小学教师本身读过"五经""四书"的就不多，以己之昏昏而欲使人昭昭，实在是一件危险的事。二、用今天的眼光看，对于我国传统古籍可奉为经典者实不仅限于儒家的"五经""四书"，有人就提倡读《老》《庄》，还有人认为《史》《汉》亦属于传统经典。朱自清先生的《经典常谈》所谈就不限于"五经""四书"。从数量讲，今天所谓的"经典"的内容要比儒家的"五经""四书"增加了不知多少，中小学生实在吞咽不下。三、所谓读懂读不懂，要解决的问题是必须先克服语言文字上的障碍。而我们的文化人（远不止中小学生）对古汉语知识的理解和掌握，不客气地说，基本上已处于"断裂"

状态。要说读经,恐怕先得补习一些有关古汉语(即所谓"文言文")方面的文化课。仅这一点就是成年人也会吃不消,何况初中以下的孩子!

于是一些文化普及性的举措乃应运而生,如中央电视台创办的《百家讲坛》便是非常受欢迎的一个专栏节目。主讲者还把讲稿形诸文字,印成书籍,即使没有直接听过讲述的人也可以从书本上读到所讲的内容。当然,这种普及文化的效果有利有弊,因之舆论的反应也毁誉参半。有些人不甘寂寞,虽未上电视台,也把他在讲坛上讲过的讲稿整理出来,印成书籍。为了吸引眼球,还给这类书起上一个哗众取宠的名字。比如有人把李白说成唐朝"第一古惑仔",并把李白形容得简直不堪入目,就是一个十分荒唐的事例。这种浮躁的文风学风确是令人值得关注的一种带有不良倾向的危险现象。也许我这人大不够"前卫",跟不上"后现代"步伐,但我以为,善意的忠告总应该是"言者无罪"的。

总之,我并非无条件地反对或否定读经,相反,我倒认为,应该在成年人、文化人、特别是作为人民公仆并居于领导地位的中上层官员这样的群体中提倡"读经"。因为这些年来,在我亲自接触到以至于看到、听到的成年人特别是文化人和官员们中间,曾做过一番调查,发现大多数人是既不读马恩之经,更不读孔孟之经的。因此,与其提倡让中小学生读经,还不如先号召孩子们的祖父母辈、父母辈认真读一读马恩之经和孔孟之经,那可能对于建设祖国、改革开放和实现四个现代化更有好处。

基于这种动念,我乃想到自己在行将就"火"的衰朽之年也应该贡献一点爝火般的余热。从我的学历看,我勉强算得上一个曾经染指过"五经""四书"的人。正如启功先生的名言,我还是看到过"猪跑"的。我以为,在儒家经典中,《论语》虽简短,却并不好理解;而且讲《论语》的人正在一天天多起来。而《孟子》应该是儒家经典中在文字上障碍比较少的一本读物。于是我便重新阅读《孟子》,且边读边记下自己的点滴感受。这只是即兴发言,不敢吹嘘是什么"心得"。但要声明,这点滴感受是供成年读者参考的,并设想这些读者已经根据传世的各家注释和译本(如朱熹的《孟子集注》、焦循的《孟子正义》[其中包括了东汉赵岐的旧注]、近人姚永概的《孟子讲义》[黄山书社出版]和杨伯峻的《孟子译注》等)基本上读懂了原文。因此我写得十分简单,尽量节省笔墨，而不去旁征博引。至于所见肤浅与纰缪之处，则诚恳地希望读者不吝批评指正。

二〇〇七年岁次丁亥立秋日动笔，三日后写完。

卷一　梁惠王（上）

孟子见梁惠王。王曰："叟，不远千里而来，亦将有以利吾国乎？"孟子对曰："王何必曰利？亦有仁义而已矣。王曰'何以利吾国？'大夫曰'何以利吾家？'士庶人曰'何以利吾身？'上下交征利，而国危矣。万乘之国，弑其君者，必千乘之家；千乘之国，弑其君者，必百乘之家。万取千焉，千取百焉，不为不多矣。苟为后义而先利，不夺不餍。未有仁而遗其亲者也，未有义而后其君者也。王亦曰仁义而已矣，何必曰利？"

此《孟子》开宗明义第一章也。古人注《孟子》者，汉有赵岐，宋有朱熹，清有焦循。参读此三家之言，大旨可明。然而自汉至清，释此章者皆首标"仁义"二字。盖仁与义乃孔孟一生着力处，其言固无误。唯史迁独具只眼，谓此章要害乃在利字。《史记·孟子荀卿列传》云："太史公曰：余读孟子书，至梁惠王问何以利吾国，未尝不废书而叹也。曰：嗟乎，利诚乱之始也。夫子罕言利者，常防其原也。故曰：放于利而行，多怨。自天子至于庶人，好利之弊，何以异哉！"此真一语破的矣。考之后世，凡言利以治国者，其后果往往化公为私；及上下交相争利，则受害者必为民，故民多怨。尤以"不夺不餍"四字为诛心之论。自古迄今，未闻贪污腐败、贿赂公行之徒有适可而止之时也。义利对举，仲尼已言之，所谓"君子喻于义，小人喻于利"是也。特言利之为害，不及孟子之言深刻耳。为政者可不慎欤！

孟子见梁惠王。王立于沼上，顾鸿雁麋鹿，曰："贤者亦乐此乎？"孟子对曰："贤者而后乐此，不贤者虽有此，不乐也。《诗》云：'经始灵台，经之营之，庶民攻之，不日成之。经始勿亟，庶民子来。王在灵囿，麀鹿攸伏，麀鹿濯濯，白鸟鹤鹤。王在灵沼，于牣鱼跃。'文王以民力为台为沼。而民欢乐之，谓其台曰灵台，谓其沼曰灵沼，乐其有麋鹿鱼鳖。古之人与民偕乐，故能乐也。汤誓曰：'时日害丧，予及女偕亡。'民欲与之偕亡，虽有台池鸟兽，岂能独乐哉？"

此章以大篇幅引《诗·大雅》以颂文王之能与民同乐，虽近于为梁惠王开脱，然要害乃在汤誓二语，正所谓要言不烦。

梁惠王曰："寡人之于国也，尽心焉耳矣。河内凶，则移其民于河东，移其粟于河内。河东凶亦然。察邻国之政，无如寡人之用心者。邻国之民不加少，寡人之民不加多，何也？"孟子对曰："王好战，请以战喻。填然鼓之，兵刃既接，弃甲曳兵而走。或百步而后止，或五十步而后止。以五十步笑百步，则何如？"曰："不可，直不百步耳，是亦走也。"曰："王如知此，则无望民之多于邻国也。不违农时，谷不可胜食也；数罟不入洿池，鱼鳖不可胜食也；斧斤以时入山林，材木不可胜用也。谷与鱼鳖不可胜食，材木不可胜用，是使民养生丧死无憾也。养生丧死无憾，王道之始也。五亩之宅，树之以桑，五十者可以衣帛矣；鸡豚狗彘之畜，无失其时，七十者可以食肉矣；百亩之田，勿夺其时，数口之家可以无饥矣；谨庠序之教，申之以孝悌之义，颁白者不负戴于道路矣。七十者衣帛食肉，黎民不饥不寒，然而不王者，未之有也。狗彘食人食而不知检，途有饿莩而不知发；人死，则曰：'非我也，岁也。'是何异于刺人而杀之，曰：'非我也，兵也。'王无罪岁，斯天下之民至焉。"

梁惠王所言，乃移民就粟治标之策，故孟子以五十步笑百步讥之。孟子所陈"五亩之宅"一段，全书凡三见，可知此为孟子之理想社会。然战国时代，战乱频仍，民不聊生，井田制已废。孟子所设想，亦小国寡民自耕自保自救之权宜之计。自远虑言之，实不及商鞅之开阡陌重农兵，合于仲尼足食足兵之论，从而使秦一举而富强。然孟子已知重民生为立国之本，复申之以庠序之教、孝悌之义，亦合于孔子既庶既富而后教之之道，犹管仲之仓廪实衣食足然后知礼节荣辱、四维不张国乃灭亡之名言谠论。仆因知此盖先秦诸子之共识也。然梁惠王之大病，乃在狗彘食人食而不知检，途有饿莩而不知发，故孟子直言斥之。下章所陈，其义益显。此战国诸侯之君通病，即秦一统后亦未能改，是以二世而亡也。

梁惠王曰："寡人愿安承教。"孟子对曰："杀人以梃与刃，有以异乎？"曰："无以异也。""以刃与政，有以异乎？"曰："无以异也。"曰："庖有肥肉，厩有肥马，民有饥色，野有饿莩，此率兽而食人也。兽相食，且人恶之；为民父母，行政不免于率兽而食人。恶在其为民父母也？仲尼曰：'始作俑者，其无后乎！'为其象人而用之也。如之何其使斯民饥而死也？"

此承上章而言，体现孔孟虽以君为民之父母有宗法制度思想，然民本观念则昭昭然。故宜肯定。至以俑殉葬究在以生人殉葬之前抑之后，有待详考，而孔子之言，则为贬义无疑。近人不知其言出典，竟以始作俑为褒义语而举以称人，是期人将断子绝孙，真毫厘千里之失矣。

梁惠王曰："晋国，天下莫强焉，叟之所知也。及寡人之身，东败于齐，长子死焉；西丧地于秦七百里；南辱于楚。寡人耻之，愿比死者一洒之，如之何则可？"孟子对曰："地方百里而可以王。王如施仁政于民，省刑罚，薄税敛，深耕易耨。壮者以暇日修其孝悌忠信，入以事其父兄，出以事其长上，可使制梃以挞秦、楚之坚甲利兵矣。彼夺其民时，使不得耕耨以养其父母。父母冻饿，兄弟妻子离散。彼陷溺其民，王往而征之，夫谁与王敌？故曰：'仁者无敌。'王请勿疑！"

姚永概云："此章乃孟子本色文字。"其言是也。然就其时代背景言之，或即世人以为其言迂阔而远于事情者非欤？战国秦齐楚三强鼎立，各逞其坚甲利兵；韩魏赵居乎其间，如专从行仁政着手，旷日持久，不待其政生效，国已亡矣。故仆以为孟子之言诚是，唯奈非其时何！若在大乱之后，如刘项争霸之余，汉高一统之际，即约法三章而天下可定。不俟孔孟仁义之道大行于世，亦可以称帝矣。此章有两字可说。夋为挼之本字，举火入室之意。作"叟"非是。又洒即古洗字。而洗本读为鲜上声，是别一义。今以洒为灑之简体，不知灑之古读，亦西上声。今则读开口音矣。古今异读，不可不知。

孟子见梁襄王。出，语人曰："望之不似人君，就之而不见所畏焉。卒然问曰：'天下恶乎定？'吾对曰：'定于一。''孰能一之？'对曰：'不嗜杀人者能一之。''孰能与之？'对曰：'天下莫不与也。王知夫苗乎？七八月之间旱，则苗槁矣。天油然作云，沛然下雨，则苗浡然兴之矣。其如是，孰能御之？今夫天下之人牧，未有不嗜杀人者也。如有不嗜杀人者，则天下之民皆引领而望之矣。诚如是也，民归之，由水之就下，沛然谁能御之？'"

赵岐注云："孟子谓仁政为一也。"此解仆尝疑之。朱熹则解为"合于一"，语亦未明。盖自春秋至战国，王纲解纽，诸侯各自为政，宇内呈分崩离析之势。分久必合，人心思定，犹久旱思雨也。孟子所谓"定于一"者，已隐有大一统之意。观下文"天下莫不与也"之语，犹言天下莫不归附焉，非大一统之谓欤？惜问之者非其人耳。"引领"一词，始见于此章，犹言延颈也。近顷不知自何时起，释"引领"为引导领先之意，似近望文生义。殆成人不读古籍之过。时贤虽号召儿童读经，倘无师资以导夫先路，犹不免以讹传讹也。

齐宣王问曰："齐桓、晋文之事可得闻乎？"孟子对曰："仲尼之徒无道桓、文之事者，是以后世无传焉，臣未之闻也。无以，则王乎？"曰："德何如，则可以王矣？"曰："保民而王，莫之能御也。"曰："若寡人者，可以保民乎哉？"曰："可。"曰："何由知吾可也？"

曰:"臣闻之胡龁曰:王坐于堂上,有牵牛而过堂下者,王见之,曰:'牛何之?'对曰:'将以衅钟。'王曰:'舍之!吾不忍其觳觫,若无罪而就死地。'对曰:'然则废衅钟与?'曰:'何可废也?以羊易之!'——不识有诸?"曰:"有之。"曰:"是心足以王矣。百姓皆以王为爱也,臣固知王之不忍也。"王曰:"然。诚有百姓者。齐国虽褊小,吾何爱一牛?即不忍其觳觫,若无罪而就死地,故以羊易之也。"曰:"王无异于百姓之以王为爱也。以小易大,彼恶知之?王若隐其无罪而就死地,则牛羊何择焉?"王笑曰:"是诚何心哉?我非爱其财,而易之以羊也。宜乎百姓之谓我爱也。"曰:"无伤也,是乃仁术也,见牛未见羊也。君子之于禽兽也,见其生,不忍见其死;闻其声,不忍食其肉。是以君子远庖厨也。"王说曰:"《诗》云:'他人有心,予忖度之。'夫子之谓也。夫我乃行之,反而求之,不得吾心。夫子言之,于我心有戚戚焉。此心之所以合于王者,何也?"

曰:"有复于王者曰:'吾力足以举百钧,而不足以举一羽;明足以察秋毫之末,而不见舆薪。'则王许之乎?"曰:"否。""今恩足以及禽兽,而功不至于百姓者,独何与?然则一羽之不举,为不用力焉;舆薪之不见,为不用明焉;百姓之不见保,为不用恩焉。故王之不王,不为也,非不能也。"曰:"不为者与不能者之形何以异?"曰:"挟太山以超北海,语人曰:'我不能。'是诚不能也。为长者折枝,语人曰:'我不能。'是不为也,非不能也。故王之不王,非挟太山以超北海之类也;王之不王,是折枝之类也。老吾老,以及人之老;幼吾幼,以及人之幼。天下可运于掌。《诗》云:'刑于寡妻,至于兄弟,以御于家邦。'言举斯心加诸彼而已。故推恩足以保四海,不推恩无以保妻子。古之人所以大过人者无他焉,善推其所为而已矣。今恩足以及禽兽,而功不至于百姓者,独何与?权,然后知轻重;度,然后知长短。物皆然,心为甚。王请度之!抑王兴甲兵,危士臣,构怨于诸侯,然后快于心与?"王曰:"否。吾何快于是?将以求吾所大欲也。"曰:"王之所大欲可得闻与?"王笑而不言。曰:"为肥甘不足于口与?轻暖不足于体与?抑为采色不足视于目与?声音不足听于耳与？便嬖不足使令于前与？王之诸臣皆足以供之，而王岂为是哉？"曰："否。吾不为是也。"曰："然则王之所大欲可知已。欲辟土地，朝秦、楚，莅中国而抚四夷也。以若所为求若所欲，犹缘木而求鱼也。"王曰："若是其甚与？"曰："殆有甚焉。缘木求鱼，虽不得鱼，无后灾。以若所为，求若所欲，尽心力而为之，后必有灾。"曰："可得闻与？"曰："邹人与楚人战，则王以为孰胜？"曰："楚人胜。"曰："然则小固不可以敌大，寡固不可以敌众，弱固不可以敌强。海内之地，方千里者九，齐集有其一。以一服八，何以异于邹敌楚哉？盖亦反其本矣。

今王发政施仁，使天下仕者皆欲立于王之朝，耕者皆欲耕于王之野，商贾皆欲藏于王之市，行旅皆欲出于王之涂，天下之欲疾其君者皆欲赴诉于王。其若是，孰能御之？"王曰："吾惛，不能进于是矣。愿夫子辅吾志，明以教我。我虽不敏，请尝试之。"曰："无恒产而有恒心者，惟士为能。若民，则无恒产，因无恒心。苟无恒心，放辟邪侈，无不为已。及陷于罪，然后从而刑之，是罔民也。焉有仁人在位，罔民而可为也？是故明君制民之产，必使仰足以事父母，俯足以畜妻子，乐岁终身饱，凶年免于死亡。然后驱而之善，故民之从之也轻。今也制民之产，仰不足以事父母，俯不足以畜妻子，乐岁终身苦，凶年不免于死亡。此惟救死而恐不赡，奚暇治礼义哉？王欲行之，则盍反其本矣。五亩之宅，树之以桑，五十者可以衣帛矣；鸡豚狗彘之畜，无失其时，七十者可以食肉矣；百亩之田，勿夺其时，八口之家可以无饥矣；谨庠序之教，申之以孝悌之义，颁白者不负戴于道路矣。老者衣帛食肉，黎民不饥不寒，然而不王者，未之有也。"

齐桓、晋文之事一章，是孟子一书长篇文字之一，故分段言之。齐宣王问齐桓、晋文之事，意在图霸于诸侯。然宣王之野心尚不止此，观下文"求吾所大欲"可知，所谓"辟土地，朝秦楚，莅中国而抚四夷"，实即大一统之野心。孟子既言"定于一"，又谓宣王之野心为缘木求鱼，盖孟子之理想为施仁政行王道，然后为武王周公之定于一，非如齐桓之假尊周为名而行图霸之实也。然孟子谓"仲尼之徒无道桓文之事者，是以后世无传焉"，亦不尽然。《论语·宪问》明载仲尼之言，所谓"晋文公谲而不正，齐桓公正而不谲"。且于管仲有褒有贬，并见《论语·宪问》，岂得径以"无道桓文之事""后世无传"之语搪塞之。是孟子亦有以谲而求成其正处。故仆每谓孔孟不得相提并论。盖孟子已染战国之士诡辩习气，而孔子则除对阳货瞰其亡而往拜之一事之外，始终以诚信待人也。即如孟子借以牛易羊事说齐宣王，亦有为宣王圆谎与开脱之嫌，终近于当时策士之风。此作风孟子亦自知之，故坦率自承"予岂好辩哉，予不得已也。"由是言之，孔孟虽号称圣贤，亦常人而非神人或超人，不宜以超人视之，更不宜以神待之。仆非有意贬低孟子，不过据孔孟之书之实析言之耳。

第二段至"盖亦反其本矣"。中心思想唯在"老吾老"二句。

又"大欲"一词，此章首见。又见于《礼记·礼运篇》，所谓"饮食男女，人之大欲存焉。"宋儒"存天理，灭人欲"之说，于是乎始兴。然其内涵，初非一言可尽，当于后篇略陈己见。而清儒戴震，则据"老吾老"二句申述之。其《原善》卷下云："《记》曰：饮食男女，人之大欲存焉。……饮食男女，生养之道也，天地之所以生生也。……天地之生生而条理也。是故去生养之道者，贼道者也。细民得其欲，君子得其仁。遂己之欲，亦思遂人之欲，而仁不可胜用矣。快己之欲，忘人之欲，则私而不仁。饮食之贵乎恭、贵乎让，男女之贵乎谨、贵乎别，礼也。尚廉耻，明节限，无所苟而已矣，义也。人之不相贼者，以有仁也。人之异于禽兽者，以有礼义也。专欲而不仁，无礼无义，则祸患危亡随之，身丧名辱，若影响然。"其《孟子字义疏证》卷上，引《乐记》之语，正面提出"天理""人欲"之说。其言曰："诚以弱、寡、愚、怯，与夫疾病、老幼、孤独，反躬而思其情，人岂异于我？盖方其静也，未感于物，其血气心知，湛然无有失，故曰'天之性'。及其感而动，则欲出于性，一人之欲，天下人之所同欲也，故曰'性之欲'。好恶既形，遂己之好恶，忘人之好恶，往往贼人以逞欲。反躬者，以人之逞其欲，思身受之之情也。情得其平，是为好恶之节，是为依乎天理，古人所谓天理，未有如后儒之所谓天理者矣。"戴氏所谓"遂己之欲，亦思遂人之欲"，与"遂己之好恶，忘人之好恶，往往贼人以逞欲。反躬者，以人之逞其欲，思身受之之情"云云，皆自孟子"老吾老"二句推悟而得。故仆以为"老吾老"二句，实此一段之中心思想也。

此一段中心思想在"无恒产而有恒心者惟士为能"至"焉有仁人在位，罔民而可为也"一节。所谓"恒心"者，即孟子所谓"贫贱不能移，富贵不能淫，威武不能屈"也。"民无恒产因无恒心"者，盖衣食不足，便不能知荣辱，是以放辟邪侈，无不为矣。乃知民之陷于罪，每为生计所迫，不得不铤而走险也。有罪矣，则往往从而刑之，此与不教而诛，本质无二，因知民之有罪，罪在上也。后世于是有官逼民反之说，所谓"逼上梁山"，其所以被逼，是为政者逼之也。然士登仕途，亦未必有恒心，颐指气使者日多。在先秦则有庄子"其嗜欲深者其天机浅"（《大宗师》）之说，唐宋以降，至宋儒乃有"存天理，灭人欲"之说。其实"天理"与"人欲"二词，皆本之《庄子》。如《养生主》说庖丁解牛，即有"依乎天理"之言。宋儒不过藉庄生用语以阐其说，戴震于《孟子字义疏证》中已详言之矣。至天理与人欲之关系，朱熹言之甚详明，如"人欲中自有天理"，如"天理人欲几微之间"，又如"饮食者，天理也；要求美味，人欲也"云云，皆见《朱子语类》卷十三"力行"篇。近人竟有斥之为邪教之说者，亦不读书之谰言也。

卷二　梁惠王（下）

庄暴见孟子，曰："暴见于王，王语暴以好乐，暴未有以对也。"曰："好乐何如？"孟子曰："王之好乐甚，则齐国其庶几乎！"他日，见于王，曰："王尝语庄子以好乐，有诸？"王变乎色，曰："寡人非能好先王之乐也，直好世俗之乐耳。"曰："王之好乐甚，则齐其庶几乎！今之乐犹古之乐也。"曰："可得闻与？"曰："独乐乐，与人乐乐，孰乐？"曰："不若与人。"曰："与少乐乐，与众乐乐，孰乐？"曰："不若与众。""臣请为王言乐。今王鼓乐于此，百姓闻王钟鼓之声，管籥之音，举疾首蹙頞而相告曰：'吾王之好鼓乐，夫何使我至于此极也？父子不相见，兄弟妻子离散。'今王田猎于此，百姓闻王车马之音，见羽旄之美，举疾首蹙頞而相告曰：'吾王之好田猎，夫何使我至于此极也？父子不相见，兄弟妻子离散。'此无他，不与民同乐也。今王鼓乐于此，百姓闻王钟鼓之声，管籥之音，举欣欣然有喜色而相告曰：'吾王庶几无疾病与，何以能鼓乐也？'今王田猎于此，百姓闻王车马之音，见羽旄之美，举欣欣然有喜色而相告曰：'吾王庶几无疾病与，何以能田猎也？'此无他，与民同乐也。今王与百姓同乐，则王矣。"

此与下章齐宣王见孟子于雪宫及前章梁惠王立于沼上题旨皆相类，强调与民同乐，则王道可行。然此章行文有特点，即前后两扇多重复之语。昔人每谓韩愈《原毁》开八股文之先河，其实《原毁》章法亦有所本，即摹此章是也。此种章法不可无一，不可有二。《原毁》摹此章，尚无大病。倘一而再，再而三，则可厌矣。读者作者均不可不知。

　　齐宣王问曰："文王之囿方七十里，有诸？"孟子对曰："于传有之。"曰："若是其大乎？"曰："民犹以为小也。"曰："寡人之囿方四十里，民犹以为大，何也？"曰："文王之囿方七十里，刍荛者往焉，雉兔者往焉，与民同之。民以为小，不亦宜乎？臣始至于境，问国之大禁，然后敢入。臣闻郊关之内，有囿方四十里，杀其麋鹿者如杀人之罪。则是方四十里，为阱于国中，民以为大，不亦宜乎？"

此章真谛，乃在揭露封建帝王特权之害。以情理度之，文王之囿，亦非今之公园，可全部开放。然樵采者捕猎者可自由出入，是文王尚非以苑囿为禁地，虽有限制，尚非十分严格。至齐宣王之囿，则全属禁地，有捕杀麋鹿者如杀人之罪，是视其民命犹不如麋鹿也。自古至今，虽西方民主法制国家，统治者亦有特权，非任何公民所得享受，其余更无论矣。我国虽推行社会主义制度近六十年，而官本位思想与等级观念，迄今犹十分严重。即媒体发布消息，于官阶名次亦不得随意排列，遑论其他乎？故特权始终存在，此无可讳言者。夫特权存在一日，则所谓在法律面前人人平等，于学术言论得以各抒己见，真戛戛乎其难哉！

　　齐宣王问曰："交邻国有道乎？"孟子对曰："有。惟仁者为能以大事小，是故汤事葛，文王事昆夷；惟智者为能以小事大，故太王事獯鬻，勾践事吴。以大事小者，乐天者也；以小事大者，畏天者也。乐天者保天下，畏天者保其国。《诗》云：'畏天之威，于时保之。'"王曰："大哉言矣！寡人有疾，寡人好勇。"对曰："王请无好小勇。夫抚剑疾视，曰：'彼恶敢当我哉！'此匹夫之勇，敌一人者也。王请大之！《诗》云：'王赫斯怒，爰整其旅，以遏徂莒，以笃周祜，以对于天下。'此文王之勇也。文王一怒而安天下之民。《书》曰：'天降下民，作之君，作之师。惟曰其助上帝，宠之四方。有罪无罪，惟我在，天下曷敢有越厥志？'一人衡行于天下，武王耻之。此武王之勇也。而武王亦一怒而安天下之民。今王亦一怒而安天下之民，民惟恐王之不好勇也。"

据联合国宪章，国家无分大小，一律平等。孟子之言，宜若失其时效矣。然今世界各国，犹有发达国家与发展中国家之分，亦有强国与弱国之分，皆不以地域之大小论也。然乐天畏天之说，似尚有研究余地。至于齐宣王之好勇也，非勇也，乃好战耳。犹上章所言"辟土地，朝秦楚，莅中国而抚四夷"之野心也，故孟子以周文王武王喻之。方今世界各国，称强图霸者有之，干涉他国内政者有之，穷兵黩武者更有之。惟在我国为政者，如何善处之耳。

齐宣王见孟子于雪宫。王曰："贤者亦有此乐乎？"孟子对曰："有。人不得，则非其上矣。不得而非其上者，非也；为民上而不与民同乐者，亦非也。乐民之乐者，民亦乐其乐；忧民之忧者，民亦忧其忧。乐以天下，忧以天下，然而不王者，未之有也。昔者齐景公问于晏子曰：'吾欲观于转附、朝儛，遵海而南，放于琅邪，吾何修而可以比于先王观也？'晏子对曰：'善哉问也！天子适诸侯曰巡狩，巡狩者巡所守也；诸侯朝于天子曰述职，述职者述所职也。无非事者。春省耕而补不足，秋省敛而助不给。夏谚曰：'吾王不游，吾何以休？吾王不豫，吾何以助？一游一豫，为诸侯度。'今也不然：师行而粮食，饥者弗食，劳者弗息。睊睊胥谗，民乃作慝。方命虐民，饮食若流。流连荒亡，为诸侯忧。从流下而忘反谓之流，从流上而忘反谓之连，从兽无厌谓之荒，乐酒无厌谓之亡。先王无流连之乐，荒亡之行。惟君所行也。'景公悦，大戒于国，出舍于郊。于是始兴发补不足。召大师曰：'为我作君臣相说之乐！'盖《徵招》《角招》是也。其《诗》曰：'畜君何尤？'畜君者，好君也。"

此章之异于庄暴章者，在于假齐景公之事，戒为君者不得荒淫奢侈以招民怨也。

齐宣王问曰:"人皆谓我毁明堂,毁诸?已乎?"孟子对曰:"夫明堂者,王者之堂也。王欲行王政,则勿毁之矣。"王曰:"王政可得闻与?"对曰:"昔者文王之治岐也,耕者九一,仕者世禄,关市讥而不征,泽梁无禁,罪人不孥。老而无妻曰鳏。老而无夫曰寡。老而无子曰独。幼而无父曰孤。此四者,天下之穷民而无告者。文王发政施仁,必先斯四者。《诗》云:'哿矣富人,哀此茕独。'"王曰:"善哉言乎!"曰:"王如善之,则何为不行?"王曰:"寡人有疾,寡人好货。"对曰:"昔者公刘好货,《诗》云:'乃积乃仓,乃裹糇粮,于橐于囊。思戢用光。弓矢斯张,干戈戚扬,爰方启行'。故居者有积仓,行者有裹粮也,然后可以爰方启行。王如好货,与百姓同之,于王何有?"王曰:"寡人有疾,寡人好色。"对曰:"昔者太王好色,爱厥妃。《诗》云:'古公亶父,来朝走马,率西水浒,至于岐下。爰及姜女,聿来胥宇。'当是时也,内无怨女,外无旷夫。王如好色,与百姓同之,于王何有?"

毁明堂者,盖欲破坏传统文化遗迹也。孟子主行王政,是继承尧舜禹汤文武周公之道,故劝齐宣王勿毁之。一九四九年以来,为政者力主破旧立新,所毁者不一而足。自入新世纪,渐悟传统文化毁之有害无益,乃又力主保存古迹。然既毁者不能复完,亡羊补牢,终胜于一破到底,所谓彼一时此一时也。而齐宣王坦承己之好货好色,犹胜于文过饰非之徒。孟子所举公刘与古公亶父之例,未必切合宣王实际,不过宣扬以民为本之意。读者但会其大旨,不必拘泥孟子所引诗句可也。

孟子谓齐宣王曰:"王之臣有托其妻子于其友,而之楚游者。比其反也,则冻馁其妻子,则如之何?"王曰:"弃之。"曰:"士师不能治士,则如之何?"王曰:"已之。"曰:"四境之内不治,则如之何?"王顾左右而言他。

此章齐宣王之心态,恰与上章相反。上章坦承好货好色,意在表明已行王政之不易；此章则孟子明言四境之内不治，是直指宣王治国无方。纵王政一时难施，亦不可使社会动荡，民不聊生，故宣王不得不避其锋，且不敢正面作答。由此可知，执政为民自属良好愿望，执政能力之强否尤至关重要。

孟子见齐宣王曰："所谓故国者，非谓有乔木之谓也，有世臣之谓也。王无亲臣矣，昔者所进，今日不知其亡也。"王曰："吾何以识其不才而舍之？"曰："国君进贤，如不得已，将使卑逾尊，疏逾戚，可不慎与？左右皆曰贤，未可也；诸大夫皆曰贤，未可也；国人皆曰贤，然后察之。见贤焉，然后用之。左右皆曰不可，勿听；诸大夫皆曰不可，勿听；国人皆曰不可，然后察之。见不可焉，然后去之。左右皆曰可杀，勿听；诸大夫皆曰可杀，勿听；国人皆曰可杀，然后察之。见可杀焉，然后杀之。故曰国人杀之也。如此，然后可以为民父母。"

此章之旨，似宜析而辨之。以国人舆论为决策之本，是孟子具有民本思想之菁华；然生杀取舍之权卒归之于国君，则君主专制之局限也。观其结论国君"为民父母"一语可知。必择其菁华而剔其局限，读书庶几可以古为今用。

齐宣王问曰："汤放桀，武王伐纣，有诸？"孟子对曰："于传有之。"曰："臣弑其君可乎？"曰："贼仁者谓之贼，贼义者谓之残。残贼之人，谓之一夫。闻诛一夫纣矣，未闻弑君也。"

一夫之名，又曰独夫。谓暴君众叛亲离，天下皆怨之，乃至孤立无援，卒死无葬身之地也。一夫专制，则假群众之名而行之。"十年浩劫"中所谓群众专政是也。故民主国家之公民，必先有公民意识，乃可实现民主之权力。此中微妙，不可不辨。

孟子谓齐宣王曰："为巨室，则必使工师求大木。工师得大木，则王喜，以为能胜其任也。匠人斫而小之，则王怒，以为不胜其任矣。夫人幼而学之，壮而欲行之，王曰：'姑舍女所学而从我'，则何如？今有璞玉于此，虽万镒，必使玉人彫琢之。至于治国家，则曰：'姑舍女所学而从我'，则何以异于教玉人彫琢玉哉？"

工师求大木一章虽短，含义却深远。今有所谓"长官意识"者。一事之成否，不从实际出发，而惟长官之命是从，往往后果不堪设想。又有所谓"外行可以领导内行"，甚且以为必须外行领导内行。夫为政者治国每命其属下曰"姑舍汝所学，而从我"，犹之教玉人琢玉。及大木毁为碎木不能成材，又无人承担损耗责任，则岂惟巨室难成，民亦将无立锥之地矣。故仆于此章，每三复斯言。

齐人伐燕，胜之。宣王问曰："或谓寡人勿取，或谓寡人取之。以万乘之国伐万乘之国，五旬而举之，人力不至于此。不取，必有天殃。取之，何如？"孟子对曰："取之而燕民悦，则取之。古之人有行之者，武王是也。取之而燕民不悦，则勿取。古之人有行之者，文王是也。以万乘之国伐万乘之国，箪食壶浆，以迎王师，岂有他哉？避水火也。如水益深，如火益热，亦运而已矣。"

齐人伐燕，取之。诸侯将谋救燕。宣王曰："诸侯多谋伐寡人者，何以待之？"孟子对曰："臣闻七十里为政于天下者，汤是也。未闻以千里畏人者也。《书》曰：'汤一征，自葛始。'天下信之。'东面而征，西夷怨；南面而征，北狄怨。曰：奚为后我？'民望之，若大旱之望云霓也。归市者不止，耕者不变，诛其君而吊其民，若时雨降，民大悦。《书》曰：'徯我后，后来其苏。'今燕虐其民，王往而征之。民以为将拯己于水火之中也，箪食壶浆，以迎王师。若杀其父兄，系累其子弟，毁其宗庙，迁其重器，如之何其可也？天下固畏齐之强也。今又倍地而不行仁政，是动天下之兵也。王速出令，反其旄倪，止其重器，谋于燕众，置君而后去之，则犹可及止也。"

燕王哙欲效尧舜禅让之先例，让国于其相子之，而招致燕国大乱，齐乃乘人之危而以兵加诸邻国，其非正义之师可知。《史记》以伐燕为齐湣王时事，

《资治通鉴》据《孟子》所记,系伐燕事于齐宣王十九年。朱熹则以为诸书所载有异,疑莫能明。今按,《孟子》七篇为先秦古书,孟子又亲见齐宣王,则伐燕事当在宣王之世。《史记》或别有所据。"箪食壶浆,以迎王师",惟一九四九年上海解放时居民亲历之,盖人心向背,理所常然。若齐之伐燕,卒招致诸侯欲谋救燕,而齐王不得不"反其旄倪,止其重器,谋于燕众,置君而后去之",于以见干涉他国内政,或乘人之危,皆不得人心之举,宜为鉴戒者也。今之发达国家,动辄以重兵入他国引起战争,正仆所谓以己之所欲强加于人,其后果未有不乱者。孟子之言,似迂阔而远于事情,然恃强欺弱,终属不得人心,古人诚不我欺也。

邹与鲁哄。穆公问曰:"吾有司死者三十三人,而民莫之死也。诛之,则不可胜诛;不诛,则疾视其长上之死而不救,如之何则可也?"孟子对曰:"凶年饥岁,君之民老弱转乎沟壑,壮者散而之四方者,几千人矣;而君之仓廪实,府库充,有司莫以告,是上慢而残下也。曾子曰:'戒之戒之!出乎尔者,反乎尔者也。'夫民今而后得反之也。君无尤焉!君行仁政,斯民亲其上,死其长矣。"

哄训斗声,今作动词用。邹鲁近邻之国,皆弱小诸侯,彼此相斗,未免两败俱伤,故今辄言"内哄(内讧)"。曾子所谓"出乎尔者反乎尔者也"。原意为有司之职本在爱民,而竟以暴虐待民,故民于危难时,竟亦以残酷手段待有司,坐视其死而不救。是有司自食其果,故言"出乎尔反乎尔"。今用为成语"出尔反尔",盖指人而无信,己所承诺者竟自食其言,已非曾子原意。一国之中,上下不同心,彼此失信义,所谓不能安定团结是也。为政者读此章,宜可以知鉴戒。

滕文公问曰:"滕,小国也,间于齐、楚。事齐乎?事楚乎?"
孟子对曰:"是谋非吾所能及也。无已,则有一焉:凿斯池也,筑斯城也,与民守之,效死而民弗去,则是可为也。

滕文公问曰:"齐人将筑薛,吾甚恐,如之何则可?"孟子对曰:"昔者大王居邠,狄人侵之,去之岐山之下居焉。非择而取之,不得已也。苟为善,后世子孙必有王者矣。君子创业垂统,为可继也。若夫成功,则天也。君如彼何哉?强为善而已矣。"

滕文公问曰:"滕,小国也。竭力以事大国,则不得免焉。如之何则可?"孟子对曰:"昔者大王居邠,狄人侵之。事之以皮币,不得免焉;事之以犬马,不得免焉;事之以珠玉,不得免焉。乃属其耆老而告之曰:'狄人之所欲者,吾土地也。吾闻之也:君子不以其所以养人者害人。二三子何患乎无君?我将去之。'去邠,逾梁山,邑于岐山之下居焉。邠人曰:'仁人也,不可失也。'从之者如归市。或曰:'世守也,非身之所能为也。效死勿去。'君请择于斯二者。"

滕文公问孟子三章,事当在滕文公篇滕文公为世子及滕定公薨二章之后,而在滕文公问为国章之前。盖以小国介于列强之间,必图自立自存之道,故思复井田之制以利民生。然孟子于此篇内之三章所陈,实无补于滕之现实处境。夫滕居于山东平原,诸侯林立,虽欲远徙而不可得。如求自立自存,一曰能使民效死而弗去,二曰为君者勉强为善而已,皆未知之数。于以见战国时代,小国实无力与大国和平共处。欲求不亡,必足食足兵,更取信于民。而终不免者,则时代使然,即孟子亦无能为力也。

鲁平公将出。嬖人臧仓者请曰:"他日君出,则必命有司所之。今乘舆已驾矣,有司未知所之,敢请!"公曰:"将见孟子。"曰:"何哉!君所为轻身以先于匹夫者,以为贤乎?礼义由贤者出,而孟子之后丧逾前丧,君无见焉!"公曰:"诺。"乐正子入见,曰:"君奚为不见孟轲也?"曰:"或告寡人曰:'孟子之后丧逾前丧'是以不往见也。"曰:"何哉君所谓逾者?前以士,后以大夫;前以三鼎,而后以五鼎与?"曰:"否。谓棺椁衣衾之美也。"曰:"非所谓逾也,贫富不同也。"乐正子见孟子,曰:"克告于君,君为来见也。嬖人有臧仓者沮君,君是以不果来也。"曰:"行或使之,止或尼之。行止非人所能也。吾之不遇鲁侯，天也。臧氏之子，焉能使予不遇哉？"

鲁平公之不得见孟子，孟子托言委诸天命。其实乃在于鲁君非真能礼贤下士求贤若渴者，故臧仓之谗言得而间之。孔子五十而知天命，处今之世，人或坎坷一生，不待五十便久处逆境。惟当以孔子之言自勉，不耻恶衣恶食，如诸葛亮所谓之苟全性命，不求闻达，亦即孟子所谓无恒产而有恒心，庶几可优入颜回陶渊明安贫乐道之境界矣。然空谈容易，实践艰难，故世之为稻粱谋者，自不宜轻加讥议，但求人人能洁身自好，则亦社会之福也。

卷三　公孙丑（上）

公孙丑问曰："夫子当路于齐，管仲、晏子之功，可复许乎？"孟子曰："子诚齐人也，知管仲、晏子而已矣。或问乎曾西曰：'吾子与子路孰贤？'曾西蹴然曰：'吾先子之所畏也。'曰：'然则吾子与管仲孰贤？'曾西艴然不悦，曰：'尔何曾比予于管仲？管仲得君，如彼其专也；行乎国政，如彼其久也；功烈，如彼其卑也。尔何曾比予于是？'"曰："管仲，曾西之所不为也，而子为我愿之乎？"曰："管仲以其君霸，晏子以其君显。管仲、晏子犹不足为与？"曰："以齐王，由反手也。"曰："若是，则弟子之惑滋甚。且以文王之德，百年而后崩，犹未洽于天下；武王、周公继之，然后大行。今言王若易然，则文王不足法与？"曰："文王何可当也？由汤至于武丁，贤圣之君六七作。天下归殷久矣，久则难变也。武丁朝诸侯有天下，犹运之掌也。纣之去武丁未久也，其故家遗俗，流风善政，犹有存者；又有微子、微仲、王子比干、箕子、胶鬲，皆贤人也，相与辅相之，故久而后失之也。尺地莫非其有也，一民莫非其臣也，然而文王犹方百里起，是以难也。齐人有言曰：'虽有智慧，不如乘势；虽有镃基，不如待时。'今时则易然也。夏后、殷、周之盛，地未有过千里者也，而齐有其地矣。鸡鸣狗吠相闻，而达乎四境，而齐有其民矣。地不改辟矣，民不改聚矣，行仁政而王，莫之能御也。且王者之不作，未有疏于此时者也；民之憔悴于虐政，未有甚于此时者也。饥者易为食，渴者易为饮。孔子曰：'德之流行，速于置邮而传命。'当今之时，万乘之国行仁政，民之悦之，犹解倒悬也。故事半古之人，功必倍之，惟此时为然。"

公孙丑（上）第一章，盖孟子行王政之理论总纲。唯其言"以齐王犹反手"，未免过于天真。平心而论，所谓汤武革命，实亦竟成霸业，未必施仁政之结果。而汤武卒能使诸侯听命而有改朝换代之功，乃桀纣之荒淫残暴有以促成之。至孟子之王政理想所以难于实现，一由时代与环境与殷周不同，二由在位之君既无文王之德，又无汤武之力，如梁惠王、齐宣王乃至滕文公，皆不足以统一天下者。纵行仁政于一时，亦不敌秦楚之兵强地广也。秦之能一统天下，首重专制独裁，以雷厉风行手段使令行禁止；次恃武力强盛，得挫六国之兵。然得天下而遽失之，正如贾谊之言，"攻守势异"，"仁义不施"，始皇父子，犹桀纣也。刘项皆马上得天下，项残暴而刘善权谋，故项终不能成事。至文景之世，以黄老之术为政，使民得休养生息，卒定七国之乱，为汉武之兴奠定基础。故以史为鉴，首重民生。民心向背，在为政者是否以人为本，并控驭国家机器有方。夫法治诚重于人治，然而法制之行终由执法者是否守法而定其成败。此孔孟之道虽不能大行于当时，卒能历久而深入民心者，在其思想能以人为本也。

此章孟子之言尚有一可议处。《论语》述孔子之于管仲，既责其人有僭越奢侈之病，又称其治国为政之功，诚为持平之论。而孟子则于管仲，近于一笔抹杀，此仆以为孟氏之所以终不及仲尼也。

公孙丑问曰："夫子加齐之卿相，得行道焉，虽由此霸王不异矣。如此，则动心否乎？"孟子曰："否。我四十不动心。"曰："若是，则夫子过孟贲远矣。"曰："是不难，告子先我不动心。"曰："不动心有道乎？"曰："有。北宫黝之养勇也，不肤挠，不目逃，思以一豪挫于人，若挞之于市朝。不受于褐宽博，亦不受于万乘之君。视刺万乘之君，若刺褐夫。无严诸侯。恶声至，必反之。孟施舍之所养勇也，曰：'视不胜犹胜也。量敌而后进，虑胜而后会，是畏三军者也。舍岂能为必胜哉？能无惧而已矣。'孟施舍似曾子，北宫黝似子夏。夫二子之勇，未知其孰贤，然而孟施舍守约也。昔者曾子谓子襄曰：'子好勇乎？吾尝闻大勇于夫子矣：自反而不缩，虽褐宽博，吾不惴焉；

自反而缩，虽千万人，吾往矣。'孟施舍之守气，又不如曾子之守约也。"曰："敢问夫子之不动心与告子之不动心，可得闻与？""告子曰：'不得于言，勿求于心；不得于心，勿求于气。'不得于心，勿求于气，可；不得于言，勿求于心，不可。夫志，气之帅也；气，体之充也。夫志至焉，气次焉；故曰：'持其志，无暴其气。'""既曰'志至焉，气次焉'，又曰'持其志无暴其气'者，何也？"曰："志一则动气，气一则动志也。今夫蹶者趋者，是气也，而反动其心。""敢问夫子恶乎长？"曰："我知言，我善养吾浩然之气。""敢问何谓浩然之气？"曰："难言也。其为气也，至大至刚，以直养而无害，则塞于天地之间。其为气也，配义与道；无是，馁也。是集义所生者，非义袭而取之也。行有不慊于心，则馁矣。我故曰：告子未尝知义，以其外之也。必有事焉而勿正，心勿忘，勿助长也。无若宋人然：宋人有闵其苗之不长而揠之者，芒芒然归，谓其人曰：'今日病矣，予助苗长矣。'其子趋而往视之，苗则槁矣。天下之不助苗长者寡矣。以为无益而舍之者，不耘苗者也；助之长者，揠苗者也。非徒无益，而又害之。""何谓知言？"曰："诐辞知其所蔽，淫辞知其所陷，邪辞知其所离，遁辞知其所穷。生于其心，害于其政；发于其政，害于其事。圣人复起，必从吾言矣。"

养气章为孟子重点文字。前后分为两段。前一段论养气，后一段论孔子。人养浩然之气而又能知言，则不动心之根本。欲求不动心，必先养勇。故公孙丑自始即以孟贲与孟子相提并论，而孟子又以北宫黝与孟施舍之养勇，及曾子述孔子之言，以证己由养勇而卒可达于不动心之境界。然后又以告子之不动心与己之不动心相比，知告子不以仁义为根本，即所谓"义外"；而己则以浩然之气与知言为根本，故较告子之不动心为彻底。前后层次井然，读来自然明畅。文中有数处须加说明。孟施舍之"视不胜犹胜"，此非鲁迅所讥之精神胜利法。所谓精神胜利法，乃在较量之后。较量而不能胜对方，反自居于胜者，此小人姑以解嘲之伎俩。孟施舍则在较量之前。纵敌众我寡，自视未必能胜对方，然不因此而惧，犹尽己之全力与对方拼搏，虽彼有三军之众，己亦不怯敌，即不能胜亦不退却。故不以量敌而后进、虑胜而后与敌会者为然。北宫黝之勇，乃绝不许人犯我，如犯我则我必与较量。孟施舍则不论对方是否强弱，先存不惧之心，故孟子谓之"守约"。守约者，先定一原则之谓。而孟施舍之守约，乃先存不惧之勇气，故孟子谓其"守气"。至曾子则以事理之曲直为前提。理直则为义，理不直则为不义，故曾子之守约为"守义"。是已胜徒恃勇者为高一筹矣。"吾不惴焉"者，"惴"乃色厉而内荏之谓。见对方不过为褐宽博之匹夫，则明知已为无理，犹厉色以对，是视彼为可欺而故作有恃无恐之状以惧之，此仲尼与曾子所不为。如自反而理直，则其气自壮，虽千万人吾亦不惧，所谓"义无反顾"是也。至告子之"不得于言勿求于心"，乃不知言者之心态，故虽觉彼言有不合理处，却不以己心度之，因之不动心。故孟子以为"不可"。至"不得于心勿求于气"，则是真不动心，故孟子以为"可"。此"气"即今所谓"生气""动气"之气，不必过于求深。"志一则动气，气一则动志"之"动"，今言影响。志既专一，则影响气。此是好影响。志专一之人可使人心平气和，即不动心不使气。如有人无心被物所绊而将蹶跌，则下意识必前抢几步，以防倒地，是己之"气"使"志"暂时失控，即孟子所谓"反动其心"。但此是暂时失态，能长持其志而无暴其气，则此种失态可免。

"宰我、子贡善为说辞，冉牛、闵子、颜渊善言德行。孔子兼之，曰：'我于辞命，则不能也。'然则夫子既圣矣乎？"曰："恶！是何言也？昔者子贡问于孔子曰：'夫子圣矣乎？'孔子曰：'圣则吾不能，我学不厌而教不倦也。'子贡曰：'学不厌，智也；教不倦，仁也。仁且智，夫子既圣矣！'夫圣，孔子不居，是何言也？""昔者窃闻之：子夏、子游、子张皆有圣人之一体，冉牛、闵子、颜渊则具体而微。敢问所安？"曰："姑舍是。"曰："伯夷、伊尹何如？"曰："不同道。非其君不事，非其民不使；治则进，乱则退，伯夷也。何事非君，何使非民；治亦进，乱亦进，伊尹也。可以仕则仕，可以止则止，可以久则久，可以速则速，孔子也。皆古圣人也，吾未能有行焉；乃所愿，则学孔子也。""伯夷、伊尹于孔子，若是班乎？"曰："否。自有生民以来，未有孔子也。"曰："然则有同与？"曰："有。得百里之地而君之，皆能以朝诸侯有天下。行一不义，杀一不辜而得天下，皆不为也。是则同。"曰："敢问其所以异？"曰："宰我、子贡、有若智足以知圣人。汙，不至阿其所好。宰我曰：'以予观于夫子，贤于尧、舜远矣。'子贡曰：'见其礼而知其政，闻其乐而知其德。由百世之后，等百世之王，莫之能违也。自生民以来，未有夫子也。'有若曰：'岂惟民哉？麒麟之于走兽，凤凰之于飞鸟，太山之于丘垤，河海之于行潦，类也。圣人之于民，亦类也。出于其类，拔乎其萃，自生民以来，未有盛于孔子也。'"

此一段虽赞孔子，实孟子自占地位。方公孙丑言孔门弟子如何如何，孟子竟言"姑舍是"。意者孟子自视甚高，可直接上承孔子。此犹韩愈言"轲之死不得其传焉"，其意亦在愈本人即孟轲之传人也。严几道自言"圣人复起，不易吾言"，亦是此意。即此类言语，便下圣人一等。

孟子曰："以力假仁者霸，霸必有大国；以德行仁者王，王不待大。汤以七十里，文王以百里。以力服人者，非心服也，力不赡也；以德服人者，中心悦而诚服也，如七十子之服孔子也。《诗》云：'自西自东，自南自北，无思不服。'此之谓也。"

仆每疑汤武之取代桀纣而有天下，非必行仁政而后成功。读《尚书》文字可以悟出几分。所谓汤之东征西怨，南征北怨，乃夏桀丧失人心所致。周武亦然。充其量不过"以力假仁"而已。明清易代，皆缘明末官贪政窳，清室土崩瓦解，势在必亡。李自成与袁世凯，并"假仁"亦未做到。而崇祯不得不自缢，溥仪不得不退位，岂李、袁之功哉！嵇叔夜唱言"非汤武而薄周孔"，即以《与山巨源绝交书》一文证之，称颂仲尼处不一而足。因知其所非与所薄，非汤武周孔本人，而别有所指也。孟子之所期，在于为政者能如孔子，而天下之民能如仲尼弟子之于乃师，皆心悦诚服。此真过于天真矣。夫为天子诸侯者，岂可与好学深思之读书人相提并论哉！

孟子曰："仁则荣，不仁则辱。今恶辱而居不仁，是犹恶湿而居下也。如恶之，莫如贵德而尊士，贤者在位，能者在职。国家闲暇，及是时，明其政刑。虽大国，必畏之矣。《诗》云：'迨天之未阴雨，彻彼桑土，绸缪牖户。今此下民，或敢侮予。'孔子曰：'为此诗者，其知道乎！能治其国家，谁敢侮之？'今国家闲暇，及是时，般乐怠敖，是自求祸也。祸福无不自己求之者。《诗》云：'永言配命，自求多福。'《太甲》曰：'天作孽，犹可违。自作孽，不可活。'此之谓也。"

荣辱关键，在于仁与不仁，此是不刊之论。末引《尚书·太甲》逸文，仆以为真孟子逆耳之忠言也。姚永概《孟子讲义》于此章发大段感慨，今照录如下："孟子此章，非常沉痛，读之泪几欲堕。因思古今多少英雄志士，目视国之可为而不为，迨时过境迁，时机已失，祸患猝至；虽欲勉力图存，奈非闲暇之时，难施补救之术。所谓虽有善者，无如之何！读至两'及是时'句，应作同声之哭矣。嗟乎！往事已矣，后来无穷，所愿与读《孟子》者，将此章念兹在兹，永存心目，苟当大任，努力为前之'及是时'焉可也。"于以见姚氏拳拳爱国忧患意识之深远。

孟子曰："尊贤使能，俊杰在位，则天下之士，皆悦而愿立于其朝矣。市廛而不征，法而不廛，则天下之商，皆悦而愿藏于其市矣。关讥而不征，则天下之旅，皆悦而愿出于其路矣。耕者助而不税，则天下之农，皆悦而愿耕于其野矣。廛无夫里之布，则天下之民，皆悦而愿为之氓矣。信能行此五者，则邻国之民仰之若父母矣。率其子弟，攻其父母，自有生民以来，未有能济者也。如此，则无敌于天下。无敌于天下者，天吏也。然而不王者，未之有也。"

此亦孟子理想社会之蓝图。能否实现，在孟子当时固不敢必，即大一统之后亦未必能尽如其言也。

孟子曰："人皆有不忍人之心。先王有不忍人之心，斯有不忍人之政矣。以不忍人之心，行不忍人之政，治天下可运之掌上。所以谓人皆有不忍人之心者，今人乍见孺子将入于井，皆有怵惕恻隐之心。非所以内交于孺子之父母也，非所以要誉于乡党朋友也，非恶其声而然也。由是观之，无恻隐之心，非人也；无羞恶之心，非人也；无辞让之心，非人也；无是非之心，非人也。恻隐之心，仁之端也；羞恶之心，义之端也；辞让之心，礼之端也；是非之心，智之端也。人之有是四端也，犹其有四体也。有是四端而自谓不能者，自贼者也；谓其君不能者，贼其君者也。凡有四端于我者，知皆扩而充之矣，若火之始然，泉之始达。苟能充之，足以保四海；苟不充之，不足以事父母。"

此章是孟子性善论之根本依据。《朱子语类》卷五十三说此章篇幅极长，较《集注》为详细深入。孟子四端虽相提并论，而朱熹与门弟子皆以仁为统摄其他三者，所谓"不忍人之心"，即恻隐之心也。其言曰："是非、辞让、羞恶，虽是与恻隐并说，但此三者皆自恻隐中发出来。因有恻隐后方有此三者。"人而无不忍人之心，即无恻隐之心，亦即所谓麻木不仁。麻木不仁之人，盖已失其良知，此鲁迅所以孜孜以纠正国民性为己任，欲国人能尽复其良知而克服麻木不仁之恶状也。方鲁迅见人争看以首级示众而无动于衷，是看者已昧其恻隐之心矣。近读报章，有传媒报道，西方科学家以婴儿为对象而进行实验，发现婴儿已能同情弱者，反抗强者，并有助人为乐之愿望。由是知孟子之道性善，言必称尧舜，诚有其颠扑不破之道理。自"十年浩劫"以来，遗患无穷，隔岸观火者有之，见死不救者有之，乘人之危者有之，幸灾乐祸者有之，甚至有落井下石、诬良为盗者。然后知孔孟之道沦丧久矣。此仆所以力主为政者须读马恩之经与孔孟之经，则国民之劣根性可望除之务尽也。

孟子曰："矢人岂不仁于函人哉？矢人唯恐不伤人，函人唯恐伤人。巫匠亦然。故术不可不慎也。孔子曰：'里仁为美。择不处仁，焉得智？'夫仁，天之尊爵也，人之安宅也。莫之御而不仁，是不智也。不仁、不智，无礼、无义，人役也。人役而耻为役，由弓人而耻为弓，矢人而耻为矢也。如耻之，莫如为仁。仁者如射，射者正己而后发。发而不中，不怨胜己者，反求诸己而已矣。"

此章由择术而引出仁者应具有自我批评之精神。人能反求诸己，必先知耻。而知耻者必先为仁。为仁犹择术，术之不正，犹人之不为仁。故择术如择邻。必外因导之为仁，然后知耻，而后可反求诸己，有自我反省之勇气矣。

孟子曰："子路，人告之以有过则喜。禹闻善言则拜。大舜有大焉，善与人同。舍己从人，乐取于人以为善。自耕、稼、陶、渔以至为帝，无非取于人者。取诸人以为善，是与人为善者也。故君子莫大乎与人为善。"

人告之以有过则喜，已大不易。闻善言则拜，不独己能改过，且能尊重对方，是更进一步。至于舜之为人，则更有知人之明。知己之不足，便舍己从人。及己为帝王，人将唯己命是从，而犹取人之善，真虚怀若谷矣。然犹以为不足，乃助人为善，以善意待人，是能推己及人矣。为政者有此胸襟，乃足以得民心。如事事处处钳人之口，防民甚于防川，其不仁不智，亦太甚矣。西方主言论自由，其实亦未必真能自由。要在不怨胜己者，而能反求诸己，则虽有异己之言，不妨以与人为善之心待之，又何愁天下不治耶！

孟子曰："伯夷，非其君不事，非其友不友。不立于恶人之朝，不与恶人言。立于恶人之朝，与恶人言。如以朝衣朝冠坐于涂炭。推恶恶之心，思与乡人立，其冠不正，望望然去之，若将浼焉。是故诸侯虽有善其辞命而至者，不受也。不受也者，是亦不屑就已。柳下惠，不羞汙君，不卑小官。进不隐贤，必以其道。遗佚而不怨，厄穷而不悯。故曰：'尔为尔，我为我，虽袒裼裸裎于我侧，尔焉能浼我哉？'故由由然与之偕而不自失焉，援而止之而止。援而止之而止者，是亦不屑去已。"孟子曰："伯夷隘，柳下惠不恭。隘与不恭，君子不由也。"

此章实借古人之为人阐孔子中庸之道,所谓隘与不恭,君子不由。东汉李固《遗黄琼书》云:"不夷不惠,可否之间,盖圣贤居身之所珍也。"孟子称孔子为"圣之时者",即能守中庸之道不偏不倚,得其正者也。然孔子不废狂狷,则知洁身自好者犹胜于玩世不恭也。

卷四　公孙丑（下）

孟子曰："天时不如地利，地利不如人和。三里之城，七里之郭，环而攻之而不胜。夫环而攻之，必有得天时者矣；然而不胜者，是天时不如地利也。城非不高也，池非不深也，兵革非不坚利也，米粟非不多也；委而去之，是地利不如人和也。故曰：域民不以封疆之界，固国不以山谿之险，威天下不以兵革之利。得道者多助，失道者寡助。寡助之至，亲戚畔之；多助之至，天下顺之。以天下之所顺，攻亲戚之所畔；故君子有不战，战必胜矣。"

天时犹今言机遇。所谓人和，近于仁矣。人和之具体表现，在于得道多助，失道寡助。孟子非主战者，得人和则可不战而胜。敌人纵有山川险阻、坚甲利兵而不得人心，故不能守御，是以君子战必胜也。

孟子将朝王，王使人来曰："寡人如就见者也，有寒疾，不可以风。朝将视朝，不识可使寡人得见乎？"对曰："不幸而有疾，不能造朝。"明日，出吊于东郭氏。公孙丑曰："昔者辞以病，今日吊，或者不可乎？"曰："昔者疾，今日愈，如之何不吊？"王使人问疾，医来。孟仲子对曰："昔者有王命，有采薪之忧，不能造朝。今病小愈，趋造于朝，我不识能至否乎？"使数人要于路，曰："请必无归而造于朝！"不得已而之景丑氏宿焉。景子曰："内则父子，外则君臣，人之大伦也。父子主恩，君臣主敬。丑见王之敬子也，未见所以敬王也。"曰："恶！是何言也！齐人无以仁义与王言者，岂以仁义为不美也？其心曰：'是何足与言仁义也'云尔，则不敬莫大乎是。我非尧、舜之道，不敢以陈于王前，故齐人莫如我敬王也。"景子曰："否，非此之谓也。礼曰：'父召，无诺；君命召，不俟驾。'固将朝也，闻王命而遂不果，宜与夫礼若不相似然。"曰："岂谓是与？曾子曰：'晋楚之富，不可及也。彼以其富，我以吾仁；彼以其爵，我以吾义，吾何慊乎哉？'夫岂不义？而曾子言之，是或一道也。天下有达尊三：爵一，齿一，德一。朝廷莫如爵，乡党莫如齿，辅世长民莫如德。恶得有其一，以慢其二哉？故将大有为之君，必有所不召之臣，欲有谋焉，则就之。其尊德乐道不如是，不足与有为也。故汤之于伊尹，学焉而后臣之，故不劳而王；桓公之于管仲，学焉而后臣之，故不劳而霸。今天下地丑德齐，莫能相尚。无他，好臣其所教，而不好臣其所受教。汤之于伊尹，桓公之于管仲，则不敢召。管仲且犹不可召，而况不为管仲者乎？"

此章前半颇具戏剧性。推其本源，盖彼此皆缺乏诚意，有以致之。孟子将朝王，是真欲朝也，景丑所谓"固将朝也"一语，可以证之。而齐宣王乃使人拒之，拒之亦未为不可，而曰"寡人如就见者也"，是则近于伪也。而曰"明日将视朝"，愿孟子往朝见之。果次日王能视朝，何不出见孟子，而欲召孟子往朝乎？于是孟子乃以有疾不能造朝对之。是孟子亦未以诚待王也。至明日孟子不惟不造朝，而竟出吊于东郭氏，是取瑟而歌之故技，仆以为未必足取也。而王竟遣医来，是王犹未失礼；而门弟子不以实对，竟告以孟子已趋造于朝，则又不诚矣。然后孟子又坚不欲失体面，竟宿于景丑氏。是一误再误，无怪乎景丑以言诘之矣。夫人无完人，此章可见孟子为人，亦有不足处。然孟子所持之理由，一曰不得以爵位轻视年长有德之人；一曰大有为之君，必有不召之臣，则可供后世为政者借鉴。盖后世之在上位者，动辄轻贤慢士，于臣下往往以权势骄人，召之欲其即来，挥之欲其即去；而为臣下者，又往往自卑身价，于在上者，俯首帖耳，唯命是从。于是积重难返，一发而不可收矣。鄙意读此章者，必引为鉴戒：一以诚信待人，二不以权势骄人，庶几可矣。

陈臻问曰："前日于齐，王馈兼金一百而不受；于宋，馈七十镒而受；于薛，馈五十镒而受。前日之不受是，则今日之受非也；今日之受是，则前日之不受非也。夫子必居一于此矣。"孟子曰："皆是也。当在宋也，予将有远行，行者必以赆，辞曰：'馈赆。'予何为不受？当在薛也，予有戒心。辞曰：'闻戒。'故为兵馈之，予何为不受？若于齐，则未有处也。无处而馈之，是货之也。焉有君子而可以货取乎？"

此章涉及财货取舍之道。俗语云："无功不受禄。"今之通例，曰："按劳取酬。"仆于师友或门人馈遗，有可受者，有必不可受者。盖取之有道，非其道而取之，非贪即盗也。仆六十以前，以家口众而举债累累，卒得清偿。六十以后，以老妻久病，每入不敷出。于亲友门人所馈遗，不免有取伤廉之病，故仆之为人，去古人远矣，深用愧疚。而孟子之取或不取，仆以为在所与之人为谁。宋与薛，孟子以为与之者名正言顺，故受之；而齐王之馈，则富贵者以财势骄人，居高临下，视孟子为施舍对象，故孟子谓之"无处而馈之，是货之也。焉有君子而可以货取乎？"故拒不受。读此章，可以悟富贵不能淫之理，足可引为鉴戒。

孟子之平陆。谓其大夫曰："子之持戟之士，一日而三失伍，则去之否乎？"曰："不待三。""然则子之失伍也亦多矣。凶年饥岁，子之民，老羸转于沟壑，壮者散而之四方者，几千人矣。"曰："此非距心之所得为也。"曰："今有受人之牛羊而为之牧之者，则必为之求牧与刍矣。求牧与刍而不得，则反诸其人乎？抑亦立而视其死与？"曰："此则距心之罪也。"他日，见于王曰："王之为都者，臣知五人焉。知其罪者，惟孔距心。"为王诵之。王曰："此则寡人之罪也。"

此章明职权有大小，为吏者虽位卑而力不足，亦当恪尽职守，不得以位卑而力不足为借口，于本职工作不尽其应尽之力。今之官吏不能尽职，法律谓之"不作为"。凡能内省已有不作为之病而能改之，是犹不失为贤吏。知而不能改，徒口讼已有罪，如帝王之下罪己诏，而不作为依旧，则在下者宜挂冠，在上者宜自劾。若夫齐宣王，谁其劾之？虽孟子亦无可如何，唯有"致为臣而去"耳。

> 孟子谓蚳蛙曰："子之辞灵丘而请士师，似也，为其可以言也。今既数月矣，未可以言与？"蚳蛙谏于王而不用，致为臣而去。齐人曰："所以为蚳蛙，则善矣；所以自为，则吾不知也。"公都子以告。曰："吾闻之也：有官守者，不得其职则去；有言责者，不得其言则去。我无官守，我无言责也，则吾进退，岂不绰绰然有余裕哉？"

此章当与上章并读。孟子所期于蚳蛙者，犹其期于孔距心也。唯不知蚳蛙致仕后有无衣食之虞耳。至于孟子于己之进退，可与下章"孟子去齐"答尹士之言参读。然孟子之言行，犹不免贻后世恋栈禄位者以借口，可不慎哉！

> 孟子为卿于齐，出吊于滕，王使盖大夫王驩为辅行。王驩朝暮见，反齐滕之路，未尝与之言行事也。公孙丑曰："齐卿之位，不为小矣。齐滕之路，不为近矣。反之而未尝与言行事，何也？"曰："夫既或治之，予何言哉？"

此孟子之托词。王驩为小人，故孟子不屑与之言行事耳。小如按：此章"未尝与之言行事"句，自赵岐、朱熹以至焦循，皆未加注。姚永概《孟子讲义》卷四："行事，此行所使之事。"心窃疑之。考《管子·小匡》"隰朋为行"句尹知章注："行，谓行人也，所以通使诸侯。"而"行人"之为官名，先秦诸籍与《太史公书》屡见。如《管子·侈靡》"行人可不有私"句尹注："行人，使人也。"与此义相近或相同者，又见《左传·桓公九年》杜预注及孔颖达《疏》，及《论语·宪问》何晏《集解》邢昺《疏》。因知春秋、战国时代，凡代表诸侯政府出使邻国者，皆称"行人"。而负责接待他国来宾并掌辞命者，亦在行人职分之内，见《国语·鲁语下》韦昭注及《春秋穀梁传·襄公十一年》范宁注。然则"行人"所司之职，颇似今日外交部对外之大使、公使与对内之礼宾司。孟子既为齐卿，出吊于滕，正属"行人"身份与职责。故齐宣王以王驩为"辅行",犹今言"副使"也。而所谓"行事",乃行人出使所司之事。俞樾《诸子平议》卷十一,释《韩非子·说林上》"公佩仆玺而为行事"句云:"是'仆'与'行'为官名,言佩'仆'之玺而为'行'之事也。"足证《孟子》此章之"行事"实专指行人之事,非时贤以现代汉语泛译之"办公事"之谓。

孟子自齐葬于鲁,反于齐,止于嬴。充虞请曰:"前日不知虞之不肖,使虞敦匠事。严,虞不敢请。今愿窃有请也,木若以美然。"曰:"古者棺椁无度,中古棺七寸,椁称之。自天子达于庶人。非直为观美也,然后尽于人心。不得,不可以为悦;无财,不可以为悦。得之为有财,古之人皆用之,吾何为独不然?且比化者,勿使土亲肤,于人心独无恔乎?吾闻之君子:不以天下俭其亲。"

此章述孟子厚葬其母,可与上篇臧仓谮孟子于鲁平公章参看。孟子幼失父,恃母教以成人,故厚葬母以尽人子之道。倘非墨家者流,不妨略迹原心,不必厚责孟子。

沈同以其私问曰:"燕可伐与?"孟子曰:"可。子哙不得与人燕,子之不得受燕于子哙。有仕于此,而子悦之,不告于王而私与之吾子之禄爵;夫士也,亦无王命而私受之于子,则可乎?何以异于是?"齐人伐燕。或问曰:"劝齐伐燕,有诸?"曰:"未也。沈同问'燕可伐与',吾应之曰'可'。彼然而伐之也。彼如曰:'孰可以伐之?'则将应之曰:'为天吏,则可以伐之。'今有杀人者,或问之曰:'人可杀与?'则将应之曰:'可。'彼如曰:'孰可以杀之?'则将应之曰:'为士师,则可以杀之。'今以燕伐燕,何为劝之哉?"

沈同与孟子对话,是私谊而非公开言论。然齐人竟伐燕,而答沈同之言竟得公开,故孟子有劝齐伐燕之嫌。由是观之,凡知名之士,虽私言亦不可不慎。

燕人畔。王曰:"吾甚惭于孟子。"陈贾曰:"王无患焉。王自以为与周公,孰仁且智?"王曰:"恶!是何言也?"曰:"周公使管叔监殷，管叔以殷畔。知而使之，是不仁也；不知而使之，是不智也。仁智，周公未之尽也，而况于王乎？贾请见而解之。"见孟子问曰："周公何人也？"曰："古圣人也。"曰："使管叔监殷，管叔以殷畔也，有诸？"曰："然。"曰："周公知其将畔而使之与？"曰："不知也。""然则圣人且有过与？"曰："周公，弟也；管叔，兄也。周公之过，不亦宜乎？且古之君子，过则改之；今之君子，过则顺之。古之君子，其过也，如日月之食，民皆见之；及其更也，民皆仰之。今之君子，岂徒顺之，又从为之辞。"

陈贾之流，于今为烈。无耻而逢君之恶者，不在不学无术之人，反在自比于智囊之列之所谓知识分子。夫读古人书，而供文过饰非之用，反不如不读书而知耻之人也。故知太上有立德，是为立身之本。

孟子致为臣而归。王就见孟子，曰："前日愿见而不可得，得侍同朝，甚喜。今又弃寡人而归，不识可以继此而得见乎？"对曰："不敢请耳，固所愿也。"他日，王谓时子曰："我欲中国而授孟子室，养弟子以万钟，使诸大夫国人皆有所矜式。子盍为我言之？"时子因陈子而以告孟子，陈子以时子之言告孟子。孟子曰："然。夫时子恶知其不可也？如使予欲富，辞十万而受万，是为欲富乎？季孙曰：'异哉子叔疑！使己为政，不用，则亦已矣，又使其子弟为卿。人亦孰不欲富贵？而独于富贵之中，有私龙断焉。'古之为市也，以其所有易其所无者，有司者治之耳。有贱丈夫焉，必求龙断而登之，以左右望而罔市利。人皆以为贱，故从而征之。征商，自此贱丈夫始矣。"

孟子去齐，宿于昼。有欲为王留行者，坐而言。不应，隐几而卧。客不悦，曰："弟子齐宿而后敢言，夫子卧而不听，请勿复敢见矣。"曰："坐！我明语子。昔者鲁缪公无人乎子思之侧，则不能安子思；泄柳、申详无人乎缪公之侧，则不能安其身。子为长者虑，而不及子思，子绝长者乎？长者绝子乎？"

孟子去齐。尹士语人曰："不识王之不可以为汤武，则是不明也；

识其不可，然且至，则是干泽也。千里而见王，不遇故去。三宿而后出昼，是何濡滞也？士则兹不悦。"高子以告。曰："夫尹士恶知予哉？千里而见王，是予所欲也；不遇故去，岂予所欲哉？予不得已也。予三宿而出昼，于予心犹以为速。王庶几改之。王如改诸，则必反予。夫出昼而王不予追也，予然后浩然有归志。予虽然，岂舍王哉？王由足用为善。王如用予，则岂徒齐民安，天下之民举安。王庶几改之，予日望之。予岂若是小丈夫然哉？谏于其君而不受，则怒，悻悻然见于其面。去则穷日之力而后宿哉？"尹士闻之曰："士诚小人也。"

孟子去齐。充虞路问曰："夫子若有不豫色然。前日虞闻诸夫子曰：'君子不怨天，不尤人。'"曰："彼一时，此一时也。五百年必有王者兴，其间必有名世者。由周而来，七百有余岁矣。以其数则过矣，以其时考之则可矣。夫天，未欲平治天下也；如欲平治天下，当今之世，舍我其谁也？吾何为不豫哉？"

孟子去齐，居休。公孙丑问曰："仕而不受禄，古之道乎？"曰："非也。于崇，吾得见王。退而有去志，不欲变，故不受也。继而有师命，不可以请。久于齐，非我志也。"

自"孟子致为臣而归"以下至篇末，皆记孟子去齐事。孟子答时子之言，盖谓己不欲为贱丈夫。宿昼答客言，谓齐王虽欲罗致孟子而徒以厚禄尊之而不用其言，故不得不去。答尹士之言，则坦言齐宣王非足与言行王政者，道不同不相为谋，故必去之而后可；然迟迟其行，非恋栈禄位，犹冀王能改弦更张也。答充虞之言，则孟子明示其志，欲以平治天下为己任。虽似自炫，实为自信，其言发诸内心，不可以狂言目之。末章答公孙丑，则自襮久于齐非己之本心。读书须知人论世，综括此数章而观之，可概知孟子之为人，足以启人心智。

卷五　滕文公（上）

滕文公为世子，将之楚，过宋而见孟子。孟子道性善，言必称尧、舜。

世子自楚反，复见孟子。孟子曰："世子疑吾言乎？夫道一而已矣。成𫍯谓齐景公曰：'彼丈夫也；我丈夫也；吾何畏彼哉？'颜渊曰：'舜何人也？予何人也？有为者亦若是。'公明仪曰：'文王我师也，周公岂欺我哉？'今滕，绝长补短，将五十里也，犹可以为善国。《书》曰：'若药不瞑眩，厥疾不瘳。'"

孟子道性善，始见于此章。当与前篇"人皆有不忍人之心"及"仁义礼智"四端一章参看。夫恻隐、羞恶、辞让、是非之心，是否与生俱生，乃性善说最主要之依据。故朱熹及其门弟子皆以"恻隐之心，仁之端也"为主，而谓后三者皆自此出。实以后三者未必为与生俱生也。然此章于"道性善"后，即接以"言必称尧舜"，则为大关键。"人皆可以为尧舜"，"尧舜与人同"，皆孟子之中心思想。其意盖谓常人与尧舜于初生时皆无异，以证成人之初生也其性本善之可信。然尧舜卒为尧舜，常人终不免为常人，则由于"性相近，习相远""苟不教，性乃迁"之故。故孟子虽言性善，必加之以"谨庠序之教，申之以孝悌之义"其理论始臻完善。而荀子则言"人性恶，其善者伪也。""伪"者后人释为人为之意，即人之后天须受教育，乃能改恶从善。仆则以为性善说终胜性恶说。正惟人性本善，纵有不善，犹能改而向善。若人性本恶，则后天纵使之向善，亦未必能善也。虽然，后天之利诱，即宋儒所谓人欲，亦万不可忽视。故孟子开宗明义即于利持否定态度。孔子言放于利而行，犹孟子之言"人亦孰不欲富贵"也。夫富贵淫人，贫贱移人，更胜于以威武屈人。以百年来近代史为鉴，威武不能屈者往往有之，且远不止一二人；而屈于富贵者则无啻千万，此又性恶说得占上风之故也。故孟子再见滕文公时，强调"夫道一而已矣"。戴震《孟子字义疏证》卷下释此句云："言不因人之圣智不若尧舜文王而有二道也。"其说与朱子合。鄙意孟子此言，犹仲尼"吾道一以贯之"之谓。至引《尚书》语，犹言国无内忧外患者则恒亡；不以使人瞑眩之药投之，则厥疾不瘳也。

　　滕定公薨。世子谓然友曰："昔者孟子尝与我言于宋，于心终不忘。今也不幸至于大故，吾欲使子问于孟子，然后行事。"然友之邹问于孟子。孟子曰："不亦善乎！亲丧固所自尽也。曾子曰：'生，事之以礼；死，葬之以礼，祭之以礼，可谓孝矣。'诸侯之礼，吾未之学也；虽然，吾尝闻之矣。三年之丧，齐疏之服，飦粥之食，自天子达于庶人，三代共之。"然友反命，定为三年之丧。父兄百官皆不欲，曰："吾宗国鲁先君莫之行，吾先君亦莫之行也，至于子之身而反之，不可。且《志》曰：'丧祭从先祖。'"曰："吾有所受之也。"谓然友曰："吾他日未尝学问，好驰马试剑。今也父兄百官不我足也，恐其不能尽于大事，子为我问孟子。"然友复之邹问孟子。孟子曰："然，不可以他求者也。孔子曰：'君薨，听于冢宰。歠粥，面深墨。即位而哭，百官有司，莫敢不哀，先之也。'上有好者，下必有甚焉者矣。'君子之德，风也；小人之德，草也。草尚之风必偃。'是在世子。"然友反命。世子曰："然，是诚在我。"五月居庐，未有命戒。百官族人可谓曰知。及至葬，四方来观之，颜色之戚，哭泣之哀，吊者大悦。

统观《孟子》七篇，孟子之得行其道者，唯在滕文公治乃父之丧一事。然滕文公是否居三年之丧，则无明文，只可阙疑。然此章有可言者三事。一曰传统习惯势力不易突破，故滕之父兄百官，皆不同意三年之丧。二曰事之可行与否，厥唯在上者能否果断，故孟子言上有好之下必甚焉，强调草尚之风必偃。三曰临葬之际，滕文公表现为颜色之戚哭泣之哀，使吊者大悦。今日反复读之，不无作秀之嫌。仆非以小人之心度君子之腹,盖古礼之行,往往流于形式;况滕文公事事遵孟子之嘱,但求尽于大事,而未必发自内心也。

　　滕文公问为国。孟子曰:"民事不可缓也。《诗》云:'昼尔于茅,宵尔索绹;亟其乘屋,其始播百谷。'民之为道也,有恒产者有恒心,无恒产者无恒心。苟无恒心,放辟邪侈,无不为已。及陷乎罪,然后从而刑之,是罔民也。焉有仁人在位,罔民而可为也?是故贤君必恭俭礼下,取于民有制。阳虎曰:'为富不仁矣,为仁不富矣。'夏后氏五十而贡,殷人七十而助,周人百亩而彻,其实皆什一也。彻者,彻也;助者,藉也。龙子曰:'治地莫善于助,莫不善于贡。贡者,校数岁之中以为常。乐岁,粒米狼戾,多取之而不为虐,则寡取之;凶年,粪其田而不足,则必取盈焉。为民父母,使民盼盼然,将终岁勤动,不得以养其父母,又称贷而益之。使老稚转乎沟壑,恶在其为民父母也?'夫世禄,滕固行之矣。《诗》云:'雨我公田,遂及我私。'惟助为有公田。由此观之,虽周亦助也。设为庠序学校以教之:庠者,养也;校者,教也;序者,射也。夏曰校,殷曰序,周曰庠,学则三代共之,皆所以明人伦也。人伦明于上,小民亲于下。有王者起,必来取法,是为王者师也。《诗》云:'周虽旧邦,其命惟新。'文王之谓也。子力行之,亦以新子之国!"使毕战问井地。孟子曰:"子之君将行仁政,选择而使子,子必勉之!夫仁政,必自经界始。经界不正,井地不钧,谷禄不平,是故暴君污吏必慢其经界。经界既正,分田制禄可坐而定也。夫滕壤地褊小,将为君子焉,将为野人焉。无君子莫治野人,无野人莫养君子。请野九一而助,国中什一使自赋。卿以下必有圭田,圭田五十亩。余夫二十五亩。死徙无出乡,乡田同井。出入相友,守望相助,疾病相扶持,则百姓亲睦。方里而井,井九百亩,其中为公田。八家皆私百亩,同养公田。公事毕,然后敢治私事,所以别野人也。此其大略也。若夫润泽之,则在君与子矣。"

　　此章内容,有文献价值。一曰贡、助、彻之法,孟子言之綦详;二曰井田制似非出于孟子之理想，而自西周以来诸侯确有行之者。惟战国时代已废弛不行。秦自商鞅全盘改制，不待言矣；即诸侯战乱频仍，互相蚕食，自然无从推行，惟孟子于其制犹得言之耳。滕为小国，又在山东平原，井田或可恢复。然强邻虎视眈眈，亦未必能持之以久，行之有效耳。

有为神农之言者许行，自楚之滕，踵门而告文公曰："远方之人闻君行仁政，愿受一廛而为氓。"文公与之处，其徒数十人，皆衣褐，捆屦、织席以为食。陈良之徒陈相与其弟辛，负耒耜而自宋之滕，曰："闻君行圣人之政，是亦圣人也，愿为圣人氓。"陈相见许行而大悦，尽弃其学而学焉。陈相见孟子，道许行之言曰："滕君，则诚贤君也；虽然，未闻道也。贤者与民并耕而食，饔飧而治。今也滕有仓廪府库，则是厉民而以自养也，恶得贤？"孟子曰："许子必种粟而后食乎？"曰："然。""许子必织布然后衣乎？"曰："否。许子衣褐。""许子冠乎？"曰："冠。"曰："奚冠？"曰："冠素。"曰："自织之与？"曰："否。以粟易之。"曰："许子奚为不自织？"曰："害于耕。"曰："许子以釜甑爨，以铁耕乎？"曰："然。""自为之与？"曰："否。以粟易之。""以粟易械器者，不为厉陶冶；陶冶亦以其械器易粟者，岂为厉农夫哉？且许子何不为陶冶，舍皆取诸其宫中而用之？何为纷纷然与百工交易？何许子之不惮烦？"曰："百工之事，固不可耕且为也。""然则治天下独可耕且为与？有大人之事，有小人之事。且一人之身，而百工之所为备。如必自为而后用之，是率天下而路也。故曰：或劳心，或劳力；劳心者治人，劳力者治于人；治于人者食人，治人者食于人，天下之通义也。

"当尧之时，天下犹未平，洪水横流，泛滥于天下。草木畅茂，禽兽繁殖，五谷不登，禽兽偪人，兽蹄鸟迹之道，交于中国。尧独忧之，举舜而敷治焉。舜使益掌火，益烈山泽而焚之，禽兽逃匿。禹疏九河，瀹济、漯，而注诸海；决汝、汉，排淮、泗，而注之江，然后中国可得而食也。当是时也，禹八年于外，三过其门而不入，虽欲耕，得乎？后稷教民稼穑。树艺五谷，五谷熟而民人育。人之有道也，饱食、暖衣、逸居而无教，则近于禽兽。圣人有忧之，使契为司徒，教以人伦：父子有亲，君臣有义，夫妇有别，长幼有叙，朋友有信。放勋曰：'劳之来之，匡之直之，辅之翼之，使自得之，又从而振德之。'圣人之忧民如此，而暇耕乎？尧以不得舜为己忧，舜以不得禹、皋陶为己忧。夫以百亩之不易为己忧者，农夫也。分人以财谓之惠，教人以善谓之忠，为天下得人者谓之仁。是故以天下与人易，为天下得人难。孔子曰：'大哉尧之为君！惟天为大，惟尧则之，荡荡乎民无能名焉！君哉舜也！巍巍乎有天下而不与焉！'尧、舜之治天下，岂无所用其心哉？亦不用于耕耳。

"吾闻用夏变夷者，未闻变于夷者也。陈良，楚产也，悦周公、仲尼之道，北学于中国。北方之学者，未能或之先也。彼所谓豪杰之士也。子之兄弟事之数十年，师死而遂倍之！昔者孔子没，三年之外，门人治任将归，入揖于子贡，相向而哭，皆失声，然后归。子贡反，筑室于场，独居三年，然后归。他日，子夏、子张、子游以有若似圣人，欲以所事孔子事之，强曾子。曾子曰：'不可，江、汉以濯之，秋阳以暴之，皜皜乎不可尚已。'今也南蛮鴃舌之人，非先王之道，子倍子之师而学之，亦异于曾子矣。吾闻出于幽谷迁于乔木者，未闻下乔木而入于幽谷者。鲁颂曰：'戎狄是膺，荆舒是惩。'周公方且膺之，子是之学，亦为不善变矣。""从许子之道，则市贾不二，国中无伪。虽使五尺之童适市，莫之或欺。布帛长短同，则贾相若；麻缕丝絮轻重同，则贾相若；五谷多寡同，则贾相若；屦大小同，则贾相若。"曰："夫物之不齐，物之情也；或相倍蓰，或相什百，或相千万。子比而同之，是乱天下也。巨屦小屦同贾，人岂为之哉？从许子之道，相率而为伪者也，恶能治国家？"

此章为《孟子》七篇中之最可称道者，以篇幅较长，故分段言之。仆尝面受《论语》樊迟请学稼章之义于先师俞平伯先生。先生曰："樊迟所欲学，盖神农之言如战国许行之说，其意亦主君臣并耕耳。"故孔子有"小人哉樊须也"之叹。退而检古今治《论语》诸家之著述，释此章作如是解者大有人在，已详拙著《论语丛札》，兹不赘。平伯师又曰："《宪问》篇南宫适言禹稷躬稼而有天下，夫子不答。南宫适出，子曰：'君子哉若人，尚德哉若人。'亦君臣并耕之义。特适举禹稷而言之，二人者皆所谓古之圣王，孔氏自不能明斥其非，故拒不作答耳。"今按，此说是也。然孔子称南宫适为尚德君子，窃以为当别有说。盖南宫适之言，以羿奡与禹稷对举，羿奡为残贼之人，禹稷则不辞辛劳而躬亲为爱民之行，则此贤不肖之殊昭昭然。南宫适自是君子尚德之言，一也。禹之治水，后稷之教民稼穑，皆在为君长之前，有功于民，故民拥戴之。及其为君长，犹惠泽及于民，所谓民到于今受其赐是也。故孔子许南宫适为尚德君子，而讥樊迟为小人，二也。至于许行之说，则主后世之为君者必躬稼而后可，且不得积粟与货于仓廪府库，是欲废社会分工而强合劳心劳力两者为一，其与后世小农平均主义思想一脉相承，则无异使社会倒退至原始时代，故孟子得而讥斥之。劳心劳力之分，历千载而犹存；今之所以不同于古者，劳心者不得为特权享有者，以凌驾于劳力者之上耳。孟子所谓"治于人者食人，治人者食于人"宜以平等观相对视之，不得高踞于上。故孟子又以民为贵君为轻补充强调言之，读者正不可断章取义也。又舍皆取诸宫中句之舍，据章炳麟《新方言》，释为今山东方言之啥，犹言甚么。其义至确，谨识于此。

　　此孟子以己之历史观驳许行也。许行号称神农之言，其说盖欲先于自黄帝以来之时代，至少亦与黄帝时代为同一历史阶段。以神农或谓即炎帝，而炎帝部族后即为黄帝所吞并。而孟子之史观则以尧舜为有史之始。然即以孟子之史观言之，当时之为君长者，亦须事必躬亲，率其部族之人共同向洪荒之大自然奋斗，否则必无以生存。此与后世所谓天王或天子之坐享其成者迥不相侔。然则许行之说，乃欲复远古时代，君、臣、民、奴之等级尚未分明，故君臣必并耕始可生存也。即使如此，当时之为君长者亦须与臣民有所分工，不能劳心劳力兼顾。此孟子之所以立于不败之地，而许行之说必不能行于后世也。西汉人以黄老相提并论，是也；后之人以老庄相提并论，则非是。已故周绍良先生有专文辨老庄非一派，且谓庄子为反对老子者，其言极是。若许行之说，则视黄老更为倒退，故战国以后即泯然失传矣。

　　此段所论有两事。一论师生之谊，一驳许行商品观点。师生之谊，不在五伦之内。因知此种人际关系始于晚周，如仲尼墨翟，皆私家授徒，在当时为新生事物。孔子以德化人，视诸门人亦如家人子弟，而诸弟子事师如父，师生间有亲情在焉。后世有"一日为师，终身为父"及"师徒如父子"之说。墨翟于其弟子则严立法规，如三军之有将帅与士卒。此两种模式皆沿袭至今。孟子去仲尼未远，故述孔门弟子依恋乃师之情如绘。此自非陈相辈所能体会。至于许行主以物易物，犹上古日中为市之风。而战国时货币已流通，不能仅以物量相等计值，而须以质之优劣论价。后世讥孟子"巨屦小屦同价"之言为答非所问，此诚出语有误；然孟子之意乃指日用百物须视其质之高下与量之多寡计值，不得优劣大小不分。今日犹存重量化而不论质之优劣，诚属明显倒退，而主其事者犹沾沾自喜，以此为划一之律，是直承许行之衣钵而不免为辩证唯物论者所讥矣。可胜叹哉！

> 墨者夷之，因徐辟而求见孟子。孟子曰："吾固愿见，今吾尚病，病愈，我且往见。"夷子不来。他日又求见孟子。孟子曰："吾今则可以见矣。不直，则道不见；我且直之。吾闻夷子墨者，墨之治丧也，以薄为其道也。夷子思以易天下，岂以为非是而不贵也？然而夷子葬其亲厚，则是以所贱事亲也。"徐子以告夷子。夷子曰："儒者之道，古之人'若保赤子'，此言何谓也？之则以为爱无差等，施由亲始。"徐子以告孟子。孟子曰："夫夷子，信以为人之亲其兄之子为若亲其邻之赤子乎？彼有取尔也。赤子匍匐将入井，非赤子之罪也。且天之生物也，使之一本，而夷子二本故也。盖上世尝有不葬其亲者。其亲死，则举而委之于壑。他日过之，狐狸食之，蝇蚋姑嘬之。其颡有泚，睨而不视。夫泚也，非为人泚，中心达于面目，盖归反虆梩而掩之。掩之诚是也，则孝子仁人之掩其亲，亦必有道矣。"徐子以告夷子。夷子怃然为间曰："命之矣。"

前章辟许行，此章则辟墨也。夷之墨者，宜主薄葬，而厚葬其亲。所谓二本者指此，即今所谓双重标准也。以薄葬求诸人，而以厚葬行于己，即典型两重标准也。今之人每躬自薄而厚责于人，己行专制而讥人不民主，皆二本之谓。读此章，可悟今世之悖于辩证之理者正大有人在。

卷六　滕文公（下）

陈代曰："不见诸侯，宜若小然；今一见之，大则以王，小则以霸。且《志》曰：'枉尺而直寻'，宜若可为也。"孟子曰："昔齐景公田，招虞人以旌，不至，将杀之。志士不忘在沟壑，勇士不忘丧其元。孔子奚取焉？取非其招不往也。如不待其招而往，何哉？且夫枉尺而直寻者，以利言也。如以利，则枉寻直尺而利，亦可为与？昔者赵简子使王良与嬖奚乘，终日而不获一禽。嬖奚反命曰：'天下之贱工也。'或以告王良。良曰：'请复之。'强而后可，一朝而获十禽。嬖奚反命曰：'天下之良工也。'简子曰：'我使掌与女乘。'谓王良。良不可，曰：'吾为之范我驰驱，终日不获一；为之诡遇，一朝而获十。《诗》云："不失其驰，舍矢如破。"我不贯与小人乘，请辞。'御者且羞与射者比，比而得禽兽，虽若丘陵，弗为也。如枉道而从彼，何也？且子过矣，枉己者，未有能直人者也。"

此章宜与下章同读。孟子游梁游齐，非"不见诸侯"也。及去梁去齐之后，知其道不可行，遂不再远游，故有陈代之问。实则孟子之于齐宣王，正惟不枉己，始决意去之。所谓"浩然有归志"者，盖不欲枉尺直寻，矧枉寻直尺乎。下章言"不得志独行其道"，是孟子不欲随波逐流，枉己而事诸侯，"以顺为正"也。

景春曰："公孙衍、张仪岂不诚大丈夫哉？一怒而诸侯惧，安居而天下熄。"孟子曰："是焉得为大丈夫乎？子未学礼乎？丈夫之冠也，父命之；女子之嫁也，母命之，往送之门，戒之曰：'往之女家，必敬必戒，无违夫子！'以顺为正者，妾妇之道也。居天下之广居，立天下之正位，行天下之大道。得志与民由之，不得志独行其道。富贵不能淫，贫贱不能移，威武不能屈。此之谓大丈夫。"

　　此章辟纵横家以游说诸侯为业，视张仪辈如妾妇之流，古代宗法社会，有男女不平等之现象，孟子之言诚所谓有局限性；然必"居广居""立正位"，"得志与民由之"，此正孟子言必称尧舜，乃所愿则学孔子之一贯主张。亦以见孟子之养气非浮夸泛泛之言。夫富贵不能淫，贫贱不能移，威武不能屈，非大勇大智者不能为。故仆以为养气必先养勇也。

　　周霄问曰："古之君子仕乎？"孟子曰："仕。传曰：'孔子三月无君，则皇皇如也，出疆必载质。'公明仪曰：'古之人三月无君则吊。'""三月无君则吊，不以急乎？"曰："士之失位也，犹诸侯之失国家也。《礼》曰：'诸侯耕助，以供粢盛；夫人蚕缫，以为衣服。牺牲不成，粢盛不洁，衣服不备，不敢以祭。惟士无田。则亦不祭。'牲杀、器皿、衣服不备，不敢以祭，则不敢以宴，亦不足吊乎？""出疆必载质，何也？"曰："士之仕也，犹农夫之耕也，农夫岂为出疆舍其耒耜哉？"曰："晋国亦仕国也，未尝闻仕如此其急。仕如此其急也，君子之难仕，何也？"曰："丈夫生而愿为之有室，女子生而愿为之有家。父母之心，人皆有之。不待父母之命、媒妁之言，钻穴隙相窥，逾墙相从，则父母国人皆贱之。古之人未尝不欲仕也，又恶不由其道。不由其道而往者，与钻穴隙之类也。"

　　此章盖孟子欲解决既强调士之急于仕而又难于仕乃至不见诸侯之矛盾也。孟子殆谓己亦未尝不欲仕，又恶仕不由其道，故宁可不见诸侯，不欲效钻穴隙之男女。以上三章皆宜连读互参，其义始完备。

　　彭更问曰："后车数十乘，从者数百人，以传食于诸侯，不以泰乎？"孟子曰："非其道，则一箪食不可受于人；如其道，则舜受尧之天下，不以为泰，子以为泰乎？"曰："否。士无事而食，不可也。"曰："子不通功易事，以羡补不足，则农有余粟，女有余布；子如通之，则梓匠轮舆皆得食于子。于此有人焉，入则孝，出则悌，守先王之道，以待后之学者，而不得食于子。子何尊梓匠轮舆而轻为仁义者哉？"曰："梓匠轮舆，其志将以求食也；君子之为道也，其志亦将以求食与？"曰："子何以其志为哉？其有功于子，可食而食之矣。且子食志乎？食功乎？"曰："食志。"曰："有人于此，毁瓦画墁，其志将以求食也，则子食之乎？"曰："否。"曰："然则子非食志也，食功也。"

此彭更公然批评孟子无事而食，以不仕之人而犹能不虞衣食，未免有不劳而获之嫌。孟子则强调己乃守先王之道，以仁义教人，非不劳而食者。故为政者必尊重人才、尊重知识，以储有用之士，国家乃可强盛。不得目光短浅，以为治人文科学之知识分子不能收立竿见影之效，遂从而轻慢之。欧美发达国家所以富强而不失其本身之文化底蕴，正在其为政者有远见也。孟子"食功"之说，不宜理解为狭隘之功利主义，则可以正风矫俗矣。

万章问曰："宋，小国也。今将行王政，齐楚恶而伐之，则如之何？"孟子曰："汤居亳，与葛为邻，葛伯放而不祀。汤使人问之曰：'何为不祀？'曰：'无以供牺牲也。'汤使遗之牛羊。葛伯食之，又不以祀。汤又使人问之曰：'何为不祀？'曰：'无以供粢盛也。'汤使亳众往为之耕，老弱馈食。葛伯率其民，要其有酒食黍稻者夺之，不授者杀之。有童子以黍肉饷，杀而夺之。《书》曰：'葛伯仇饷。'此之谓也。为其杀是童子而征之，四海之内皆曰：'非富天下也，为匹夫匹妇复仇也。''汤始征，自葛载'，十一征而无敌于天下。东面而征，西夷怨；南面而征，北狄怨，曰：'奚为后我？'民之望之，若大旱之望雨也。归市者弗止，芸者不变，诛其君，吊其民，如时雨降。民大悦。《书》曰：'徯我后，后来其无罚！''有攸不惟臣，东征，绥厥士女，匪厥玄黄，绍我周王见休，惟臣附于大邑周。'其君子实玄黄于匪以迎其君子，其小人箪食壶浆以迎其小人，救民于水火之中，取其残而已矣。《太誓》曰：'我武惟扬，侵于之疆，则取于残，杀伐用张，于汤有光。'不行王政云尔，苟行王政，四海之内皆举首而望之，欲以为君，齐楚虽大，何畏焉？"

此章有二义。夫弱国欲有以图自强，而强邻恶而伐之，将如何应对。万章所问，其实宋尚未行王政，而强者尚未伐之也。故孟子于篇末答以"不行王政云尔，苟行王政，四海之内，皆举首而望之欲以为君，齐楚虽大何畏焉"。此一义也。至孟子所举汤之征葛与周武王之伐纣，则为另一义，即古所谓汤武革命，吊民伐罪是也。然吊民伐罪与干涉别国内政不同，是以孟子之前提为"非富天下也，为匹夫匹妇复仇也"及"救民于水火之中，取其残而已矣"。然今之强者侵凌弱者，往往借口为吊民伐罪，其实则干涉内政。故欲求外患不侵，执国柄者必先使民丰衣足食，富国强兵，足以御外侮。仆所以深许孔子所言"足食、足兵、民信之矣"为治国之良策也。如不能取信于民，则外患未来，民心已先涣散，虽有坚甲利兵，亦难免临于劫难。以史为鉴，此为最要。

儒家之理想社会，一曰尧舜禅让，一曰汤武革命。然禅让为原始社会之部落酋长更代制，而汤武革命则新统治者以武力征服旧统治者，未必果行仁政而得天下也。孔孟诚有民本思想，然于尧舜汤武，皆不免以心目中之理想统治者而予以美化之，如《诗》《书》所载，即孟子亦坦言"尽信《书》则不如无《书》"也。后世之具卓识远见者已于此有所察觉，其贤者则直言"薄汤武而非周孔"，不贤者则含蓄而言"舜禹之事吾知之矣"。然历史之演变，必有因果关系，如孔子所谓"殷因于夏礼，所损益可知也"，此中即有辩证法在。夫汤武之所以得天下，在于桀纣之先失民心。武力征服为外因，失民心则内因也。民心之外，以文字为鼓吹亦大有关系。今所谓宣传作用，即舆论导向是也。后世之具卓识远见者于此亦有所察觉，其贤者竟坦言古今史籍皆非实录；而治史者必具直笔，乃可昭忠信于后世也。仆于古今史籍虽持怀疑态度，然深信历史真相，终必有大白于天下之一日。此不必待董狐再世，而司马昭之心，终有路人皆知之时。此历史唯物辩证法之规律，不以个人意志为转移者也。为政执国柄者倘有鉴于斯，与其襮其恶于后世，何如行其善于当时？遵纪守法之人，果有益于世道人心，则虽千载之后，民亦不忘其德也。

孟子谓戴不胜曰："子欲子之王之善与？我明告子。有楚大夫于此，欲其子之齐语也，则使齐人傅诸？使楚人傅诸？"曰："使齐人傅之。"曰："一齐人傅之，众楚人咻之，虽日挞而求其齐也，不可得矣；引而置之庄岳之间数年，虽日挞而求其楚，亦不可得矣。子谓薛居州，善士也，使之居于王所。在于王所者，长幼卑尊，皆薛居州也，王谁与为不善？在王所者，长幼卑尊，皆非薛居州也，王谁与为善？一薛居州，独如宋王何？"

此与下戴盈之章皆先秦绝佳杂文小品也。此章有二义。一、由于积重难返，一事之改易，须经潜移默化之功；而揠苗助长与急就成章皆无济于事。二、《楚辞》云："举世皆浊我独清，众人皆醉我独醒。"东方朔云："水至清则无鱼，人至察则无徒。"举世皆贪黩枉法之徒，一人独廉隅自守，势必不能久于位。矧法不责众，腐化易于滋生，如水流湿火就燥。一薛居州，其如滔滔者天下皆是何！孟子此章，正宜深味。

公孙丑问曰："不见诸侯何义？"孟子曰："古者不为臣不见。段干木逾垣而辟之，泄柳闭门而不内，是皆已甚。迫，斯可以见矣。阳货欲见孔子而恶无礼，大夫有赐于士，不得受于其家，则往拜其门。阳货矙孔子之亡也，而馈孔子蒸豚。孔子亦矙其亡也，而往拜之。当是时，阳货先，岂得不见？曾子曰：'胁肩谄笑，病于夏畦。'子路曰：'未同而言，观其色赧赧然，非由之所知也。'由是观之，则君子之所养可知已矣。"

此章可与本篇首章陈代所问参看。彼章孟子着重在名分，此章则着重在立身人品。彼章是就客观环境言，此章则就主观修养言之。观其引曾子子路之言可知。要皆归于君子与小人之判。

戴盈之曰："什一，去关市之征，今兹未能。请轻之，以待来年，然后已，何如？"孟子曰："今有人日攘其邻之鸡者，或告之曰：'是非君子之道。'曰：'请损之，月攘一鸡，以待来年，然后已。'如知其非义，斯速已矣，何待来年？"

朱元璋所讥"邻家那有许多鸡"即此章也。刁包《四书翊注》释《论语》"过则勿惮改"句有云："'惮'字有数意：或濡忍而不断，或系恋而不肯舍，或吝惜己力，或避讳人知，皆惮也。"刁氏所言诸病，要皆出于一己之私心而已。孟子所谓"如知其非义，斯速已矣"，诚知之非艰而行之维艰者！足见改而从善之难。"知耻近乎勇"，洵不虚也。

公都子曰："外人皆称夫子好辩，敢问何也？"孟子曰："予岂好辩哉？予不得已也。天下之生久矣，一治一乱。当尧之时，水逆行，氾滥于中国。蛇龙居之，民无所定。下者为巢，上者为营窟。《书》曰：'洚水警余。'洚水者，洪水也。使禹治之，禹掘地而注之海，驱蛇龙而放之菹。水由地中行，江、淮、河、汉是也。险阻既远，鸟兽之害人者消，然后人得平土而居之。尧、舜既没，圣人之道衰。暴君代作，坏宫室以为污池，民无所安息；弃田以为园囿，使民不得衣食。邪说暴行又作，园囿、污池、沛泽多而禽兽至。及纣之身，天下又大乱。周公相武王，诛纣伐奄，三年讨其君，驱飞廉于海隅而戮之。灭国者五十，驱虎、豹、犀、象而远之。天下大悦。《书》曰：'丕显哉，文王谟！丕承哉，武王烈！佑启我后人，咸以正无缺。'世衰道微，邪说暴行有作，臣弑其君者有之，子弑其父者有之。孔子惧，作《春秋》。《春秋》，天子之事也。是故孔子曰：'知我者其惟《春秋》乎！罪我者其惟《春秋》乎！'圣王不作，诸侯放恣，处士横议，杨朱、墨翟之言盈天下。天下之言，不归杨，则归墨。杨氏为我，是无君也；墨氏兼爱，是无父也。无父无君，是禽兽也。公明仪曰：'庖有肥肉，厩有肥马；民有饥色，野有饿莩，此率兽而食人也。'

杨墨之道不息，孔子之道不著，是邪说诬民，充塞仁义也。仁义充塞，则率兽食人，人将相食。吾为此惧，闲先圣之道，距杨墨，放淫辞，邪说者不得作。作于其心，害于其事；作于其事，害于其政。圣人复起，不易吾言矣。昔者禹抑洪水而天下平，周公兼夷狄驱猛兽而百姓宁，孔子成《春秋》而乱臣贼子惧。《诗》云：'戎狄是膺，荆舒是惩，则莫我敢承。'无父无君，是周公所膺也。我亦欲正人心，息邪说，距诐行，放淫辞，以承三圣者，岂好辩哉？予不得已也。能言距杨墨者，圣人之徒也。"

此章与养气章、许行章皆孟子诸篇中之重点。此章有两点可谈。一、"一治一乱"说是否历史循环论？二、孟子辟杨墨，似是当时思想领域中大事，孟子称"杨朱、墨翟之言盈天下""杨墨之道不息，孔子之道不著""能言距杨墨者，圣人之徒也"，其意若曰，杨墨之说横行，犹洪水泛滥、率兽食人，其为淫辞邪说，竟与乱臣贼子相提并论。然回溯先秦诸子发展轨迹，墨子影响虽大，似亦未至盈天下；至杨朱之说倘非晋人所传之《列子》，略存其流风遗韵，竟尔无传。其故何也？仆曰："一治一乱"说非历史循环论，孟子但据其所知之史实胪列古今之变耳。若"合久必分，分久必合"始近于循环论也。至于杨墨之道，秦汉以来竟渐失传者，非孟子辞而辟之之功，乃秦始皇禁毁诗书百家言之效，韩非所谓"儒以文乱法而侠以武犯禁"者，"侠"即墨家之遗也。儒家之所以未尽失传者，以汉人补苴罅漏之功；道家之所以未坠其绪，亦缘韩非之学本之于五千言，而西汉又尚黄老之术，终致未失传耳。刺客游侠之流，至西汉已渐遭时忌，为之张目者唯史迁而已。

孟子此章最大特点，在于阐释并强调学术与政治之关系及学术对政治之作用。孟子为孔子仁义学说张目，不惟启韩非李斯之说为秦统一推行专制暴行提供理论基础，抑且为汉武帝罢黜百家独尊儒术形成舆论导向。所不同者，先秦学者大抵主张学术影响政治，而后世统治者则坚持政治须干涉学术而已。今人每主张学术宜与政治脱钩，不知使二者挂钩者亦有儒家重要传人孟轲与荀况在内也。惟秦之焚书坑儒为极端，汉之独尊儒术则较温和耳。战国时之百家争鸣，实今日主张学术民主自由之先河；而"百花齐放"云者，实主张文化艺术自由开放之号召。然争鸣与齐放，亦须遵守规范与符合其本身之发展规律，今俗所谓"游戏规则"是也。且学术与艺术，皆应具有高品位与高水平，乃于人类社会有所裨益。而今之所谓争鸣，所争之内容往往似是而非而形成学术垃圾；而所谓齐放，又往往以不伦不类之物冒充艺术创新，于是学术与艺术皆徒具空名而竟无故实，终于形成文化泡沫乃至文化沙漠，一任假冒伪劣者横行于天下。时贤或呼吁文学作家应学者化，而不知今之学者之非学者化之为害也；时人或主张艺术应推陈出新，而不知其所谓陈者乃往往为精华，而所谓新者实糟粕也。此或即孟子之"正人心，息邪说，距诐行，放淫辞"之不得不尔欤？

> 匡章曰："陈仲子岂不诚廉士哉？居於陵，三日不食，耳无闻，目无见也。井上有李，螬食实者过半矣，匍匐往将食之，三咽，然后耳有闻，目有见。"孟子曰："于齐国之士，吾必以仲子为巨擘焉。虽然，仲子恶能廉？充仲子之操，则蚓而后可者也。夫蚓，上食槁壤，下饮黄泉。仲子所居之室，伯夷之所筑与？抑亦盗跖之所筑与？所食之粟，伯夷之所树与？抑亦盗跖之所树与？是未可知也。"曰："是何伤哉？彼身织屦，妻辟纑，以易之也。"曰："仲子，齐之世家也。兄戴，盖禄万钟。以兄之禄为不义之禄而不食也，以兄之室为不义之室而不居也，辟兄离母，处于於陵。他日归，则有馈其兄生鹅者，己频顣曰：'恶用是鶂鶂者为哉？'他日，其母杀是鹅也，与之食之。其兄自外至，曰：'是鶂鶂之肉也。'出而哇之。以母则不食，以妻则食之；以兄之室则弗居，以於陵则居之。是尚为能充其类也乎？若仲子者，蚓而后充其操者也。"

此章讥伪廉士，亦即讥伪善者。故作清高，以沽名钓誉者，今犹比比皆是也。陈仲子盖典型人物矣。

卷七　离娄（上）

孟子曰："离娄之明，公输子之巧，不以规矩，不能成方员；师旷之聪，不以六律，不能正五音；尧、舜之道，不以仁政，不能平治天下。今有仁心仁闻而民不被其泽，不可法于后世者，不行先王之道也。故曰：徒善不足以为政，徒法不能以自行。《诗》云：'不愆不忘，率由旧章。'遵先王之法而过者，未之有也。圣人既竭目力焉，继之以规矩准绳，以为方员平直，不可胜用也；既竭耳力焉，继之以六律，正五音，不可胜用也；既竭心思焉，继之以不忍人之政，而仁覆天下矣。故曰：为高必因丘陵，为下必因川泽。为政不因先王之道，可谓智乎？是以惟仁者宜在高位。不仁而在高位，是播其恶于众也。上无道揆也，下无法守也，朝不信道，工不信度，君子犯义，小人犯刑，国之所存者幸也。故曰：城郭不完，兵甲不多，非国之灾也；田野不辟，货财不聚，非国之害也。上无礼，下无学，贼民兴，丧无日矣。《诗》曰：'天之方蹶，无然泄泄。'泄泄，犹沓沓也。事君无义，进退无礼，言则非先王之道者，犹沓沓也。故曰：责难于君谓之恭，陈善闭邪谓之敬，吾君不能谓之贼。"

此篇凡二十八章，近半数皆言为政者应如何治国，故为政者宜熟读此篇。《朱子语类》于此篇言之尤详，视《集注》尤为深切著明。如此章论"上无道揆，下无法守"二句云："上无道揆则下无法守。倘上无道揆，则下虽有章法守一官者，亦特不能用而去之矣。"又如论"朝不信道，工不信度"二句云："信，如凭信之'信'。此理只要人信得及，自然依那个行，不敢逾越。惟其不信，所以妄作。如胥吏分明知得条法，只是他冒法以为奸，便是不信度也。"又如论"上无礼，下无学"云："此学谓国之俊秀者。前面'工'，是百官守法度者。此'学'字，是责学者之事。惟上无教，下无学，所以不好之人并起而居高位，执进退黜陟之权，尽做出不好事来，则国之丧亡无日矣，所以谓之'贼民'。蠹国害民，非贼而何！"又云："宾师不以趋走承顺为恭，而以责难陈善为敬；人君不以崇高富贵为重，而以贵德尊士为贤，则上下交而德业成矣。"皆金石良言也。此章陈义至高，不得以孟子引《诗》"率由旧章"云云便讥之为落后保守。其要害乃在"徒善不足以为政，徒法不能以自行"二句，指出即使依法治国倘执法者非其人，法亦不能自行也。孟子又曰："惟仁者宜在高位，不仁而在高位，是播其恶于众也。"此二句似平列，而关键乃在下句。己在高位而不行仁政，岂惟播其恶于众，民将无以为生，而国且无宁日矣。章之末句"吾君不能谓之贼"，犹斥陈贾之逢君之恶，在为臣者则无耻，在为君者则贼民者也，国之危亡指日可待矣。至于"责难于君""陈善闭邪"云云，在专制社会，为臣者敢于如此者几人？即在今日，封建余毒未消，专制之风犹炽，批评与自我批评之难于推广，在下位者又孰敢向在上者直言欤？故孟子之言，绝非危言耸听也。

　　孟子曰："规矩，方员之至也；圣人，人伦之至也。欲为君，尽君道；欲为臣，尽臣道。二者皆法尧、舜而已矣。不以舜之所以事尧事君，不敬其君者也；不以尧之所以治民治民，贼其民者也。孔子曰：'道二，仁与不仁而已矣。'暴其民甚，则身弑国亡；不甚，则身危国削，名之曰'幽厉'，虽孝子慈孙，百世不能改也。《诗》云：'殷鉴不远，在夏后之世'，此之谓也。"

　　姚永概谓此章似与上章当合为一，文字乃为完密。恐是分章时误断，而以"孟子曰"为衍文。此章孟子言"暴其民甚则身弑国亡，不甚则身危国削，名之曰幽厉。"可与"民为贵，社稷次之，君为轻"相比照而读，其义自见。

　　孟子曰："三代之得天下也以仁，其失天下也以不仁。国之所以废兴存亡者亦然。天子不仁，不保四海；诸侯不仁，不保社稷；卿大夫不仁，不保宗庙；士庶人不仁，不保四体。今恶死亡而乐不仁，是犹恶醉而强酒。"

孟子言："今恶死亡而乐不仁，是犹恶醉而强酒。"然《左传》言"宴安鸩毒"，正惟在位者耽于宴安享乐，而不以荒淫酗酒为死亡之阶，故民终其身不能逃于水深火热之中也。

孟子曰："爱人不亲，反其仁；治人不治，反其智；礼人不答，反其敬。行有不得者，皆反求诸己，其身正而天下归之。《诗》云：'永言配命，自求多福。'"

此章点睛之笔在"行有不得者，皆反求诸己"一句。正惟今人不能躬自厚而薄责于人，是以天下多事也。

孟子曰："人有恒言，皆曰'天下国家'。天下之本在国，国之本在家，家之本在身。"

此章即《礼记·大学篇》"修齐治平"说之张本。

孟子曰："为政不难，不得罪于巨室。巨室之所慕，一国慕之；一国之所慕，天下慕之；故沛然德教溢乎四海。"

此章言"不得罪于巨室"，似可商榷。故朱熹《集注》于此多所阐释，且引林氏曰："战国之世，诸侯失德，巨室擅权，为患甚矣。然或者不修其本而遽欲胜之，则未必能胜而适以取祸。故孟子推本而言，惟务修德以服其心。彼既悦服，则吾之德教无所留碍，可以及乎天下矣。"小如按：所谓巨室，有类乎今之特权阶级。特权阶级既已形成，自不宜强硬对待，使之与为政者呈对立状态，而事事对为政者掣肘。故必使巨室与执政者合作，且使之有所慕。此则在为政者是否能行德政。

孟子曰："天下有道，小德役大德，小贤役大贤；天下无道，小役大，弱役强。斯二者天也，顺天者存，逆天者亡。齐景公曰：'既不能令，又不能命，是绝物也。'涕出而女于吴。今也小国师大国而耻受命焉，是犹弟子而耻受命于先师也。如耻之，莫若师文王。师文王，大国五年，小国七年，必为政于天下矣。《诗》云：'商之孙子，其丽不亿。上帝既命，侯于周服。侯服于周，天命靡常。殷士肤敏，祼将于京。'孔子曰：'仁不可为众也。夫国君好仁，天下无敌。'今也欲无敌于天下而不以仁，是犹执热而不以濯也。《诗》云：'谁能执热，逝不以濯？'"

此章要害在于方中原逐鹿之际，以"既不能令，又不受命"之心态最为尴尬。如以弱者自居，自当勉行仁政；仁固不可为众，然国君好仁，自然天下无敌。至于"既不能令，又不受命"者，其内心犹以强霸者自居，不肯行仁政耳。不行仁政而欲无敌于天下，则犹执热而不以濯也，其尴尬则与既不能令又不受命同矣。至于孟子引《诗》之言，其意虽彰文王之德，而殷亡屈事新朝之苦已不言而喻。读书当求言外之意。

孟子曰："不仁者可与言哉？安其危而利其菑，乐其所以亡者。不仁而可与言，则何亡国败家之有？有孺子歌曰：'沧浪之水清兮，可以濯我缨；沧浪之水浊兮，可以濯我足。'孔子曰：'小子听之！清斯濯缨，浊斯濯足矣。自取之也。'夫人必自侮，然后人侮之；家必自毁，而后人毁之；国必自伐，而后人伐之。《太甲》曰：'天作孽，犹可违。自作孽，不可活。'此之谓也。

此与下章，皆孟子为当时统治者所进之逆耳忠言也。引孺子之歌，殆谓孺子犹能辨清浊，而不仁在位，竟安其危而利其灾，乐其所以亡者，岂非自取之乎？下文"人必自侮然后人侮之"三层，是内因为决定因素，其言颇具辩证法。即如明清两朝及近现代以来各种政权统治者，以至苏联与东欧诸国，其土崩瓦解之过程，何莫非自取灭亡之道耶！"自作孽不可活"，信然！

> 孟子曰："桀纣之失天下也，失其民也；失其民者，失其心也。得天下有道：得其民，斯得天下矣；得其民有道：得其心，斯得民矣；得其心有道：所欲与之聚之，所恶勿施尔也。民之归仁也，犹水之就下、兽之走圹。故为渊驱鱼者，獭也；为丛驱爵者，鹯也；为汤武驱民者，桀与纣也。今天下之君有好仁者，则诸侯皆为之驱矣。虽欲无王，不可得已。今之欲王者，犹七年之病求三年之艾也。苟为不畜，终身不得。苟不志于仁，终身忧辱，以陷于死亡。《诗》云：'其何能淑，载胥及溺。'此之谓也。"

此章明言民心向背，决定统治政权兴衰得失。故为汤武驱民者乃桀纣也。夫汤武未必为仁义之师，而桀纣则置民于水火，故汤能代夏，周能代殷。此意仆已屡言之。而孟子则强调为君者必行仁政乃可得天下，"苟不志于仁，终身忧辱，以陷于死亡"。夫仁政谈何容易，为政者倘不以民为刍狗，使民得温饱，则已属太平盛世。仆生也晚，然已经历北洋政府、国民政府与社会主义制度下之人民政府三次政权变革。深感七年之病求三年之艾之大不易。今行将入土，愿子孙能见小康之世，于愿已足。

> 孟子曰："自暴者，不可与有言也；自弃者，不可与有为也。言非礼义，谓之自暴也；吾身不能居仁由义，谓之自弃也。仁，人之安宅也；义，人之正路也。旷安宅而弗居，舍正路而不由，哀哉！"

今人理解自暴自弃，多指不求上进者自甘堕落，实太狭隘。其实为政者不励精图治，读书人不务求实学，孳孳为利者见利忘义，一切不择手段，但知追名逐利、贪赃枉法之徒，皆自甘暴弃者也。"旷安宅而弗居，舍正路而不由"，即自暴自弃之谓。仆尝自省，自壮而老，历尽沧桑，一介书生，已无大志；能洁身自好，得保首领以殁，于愿已足。如以高标准绳之，其实犹自暴自弃也，于心能无愧疚乎？

孟子曰:"道在迩而求诸远,事在易而求诸难。人人亲其亲、长其长,而天下平。"

此即《礼记·大学篇》所谓"自天子以至于庶人,一是皆以修身为本"之义。惜知之虽易,行之维艰也。

孟子曰:"居下位而不获于上,民不可得而治也。获于上有道:不信于友,弗获于上矣;信于友有道:事亲弗悦,弗信于友矣;悦亲有道:反身不诚,不悦于亲矣;诚身有道:不明乎善,不诚其身矣。是故诚者,天之道也;思诚者,人之道也。至诚而不动者,未之有也;不诚,未有能动者也。"

此章孟子特拈出一"诚"字。今人见利忘义,"反身不诚",于是天下从此多事。朱熹《集注》以为此章述《中庸》孔子之言,且与《大学》相表里,是也。

孟子曰:"伯夷辟纣,居北海之滨,闻文王作,兴曰:'盍归乎来!吾闻西伯善养老者。'太公辟纣,居东海之滨,闻文王作,兴曰:'盍归乎来!吾闻西伯善养老者。'二老者,天下之大老也,而归之,是天下之父归之也。天下之父归之,其子焉往?诸侯有行文王之政者,七年之内,必为政于天下矣。"

《朱子语类》于伯夷之行,师弟子之间有议论。或以伯夷为中立而不倚,实则孟子此章不免断章取义,未若《史记·伯夷列传》所记全面。故朱子云:"盖初闻文王而归之,及武王伐纣而去之,遂不食周粟,此可以见其不倚也。"

孟子曰:"求也为季氏宰,无能改于其德,而赋粟倍他日。孔子曰:'求非我徒也,小子鸣鼓而攻之可也。'由此观之,君不行仁政而富之,皆弃于孔子者也。况于为之强战?争地以战,杀人盈野;争城以战,杀人盈城。此所谓率土地而食人肉，罪不容于死。故善战者服上刑，连诸侯者次之，辟草莱、任土地者次之。"

此章孟子极言战国时代杀人盈野盈城之弊，今日之好战者宜三复其言。战争之因由聚敛求富，故先引孔子斥冉求之语。至于"辟草莱任土地"云云，如朱熹《集注》之言，指从事生产若李悝商鞅之行，则孟子不免失于保守。若指开拓疆土以侵犯弱者，则孟子之言是也，亦战国时代强侵弱、众暴寡之现实也。及资本主义社会，殖民统治大行其时，则孟子之言乃不幸而言中，可谓有预见性矣。

孟子曰："存乎人者，莫良于眸子。眸子不能掩其恶。胸中正，则眸子瞭焉，胸中不正，则眸子眊焉。听其言也，观其眸子，人焉廋哉！"

今人每谓眼目为人之心灵窗口，殆非逞臆无据之谈。然孟子之言亦不免片面。惟孟子之观人，尚有听其言之一面，不独观其眸子而已，不得谓为纯粹唯心主义。

孟子曰："恭者不侮人，俭者不夺人。侮夺人之君，惟恐不顺焉，恶得为恭俭？恭俭岂可以声音笑貌为哉？"

恭俭岂可以声音笑貌为，是实对伪善者之针砭。今人则求其声音笑貌亦大不易，直以口出粗鄙不逊之言为尚，并伪善之面具亦弃之，是世风真不可救矣。

淳于髡曰："男女授受不亲，礼与？"孟子曰："礼也。"曰："嫂溺，则援之以手乎？"曰："嫂溺不援，是豺狼也。男女授受不亲，礼也。嫂溺，援之以手者，权也。"曰："今天下溺矣，夫子之不援，何也？"曰："天下溺，援之以道；嫂溺，援之以手。子欲手援天下乎？"

曩读此章，以为孟子强词夺理。及今反复诵之，始知孟子之言极为沉痛。天下溺矣，孟子非不知也；以其一人之力诚不能挽狂澜于既倒。故孟子答之如此。

　　公孙丑曰："君子之不教子，何也？"孟子曰："势不行也。教者必以正。以正不行，继之以怒；继之以怒，则反夷矣。'夫子教我以正，夫子未出于正也。'则是父子相夷也。父子相夷，则恶矣。古者易子而教之。父子之间不责善。责善则离，离则不祥莫大焉。"

　　此孟子之教育思想也，宜细玩之。就其实质言，不独在宗法社会，即在今日，子不遵父言，则父往往怒斥其子。父教子以正，此常情也。而为人父者未必事事能得其正，故其子每有反夷之行。父子相夷，则家庭不睦。故孟子力主父子之间不责善，以责善则离，而不祥莫大焉。是孟子未尝主张为父者教子必严也。且父有不正，子可以反质之，是孟子之意，已涵括父子之间应有平等之一面，子不必事事皆顺从其父之教也。《论语》一书，屡记孔子论孝之言。其答孟懿子，所谓"无违"，乃指无违于礼，即"生事之以礼，死葬之以礼，祭之以礼"之谓，非事事唯父命是从也。所谓"无改于父之道"，谓能继承父之遗志。其答子游，即明谓孝不止于养其口体，而须事父母以敬。其答子夏，则强调"色难"。凡此皆切中父子间关系之要害。初无所谓百依百顺之孝。矧以顺为正，孟子已斥为妾妇之道；可见孔孟之论孝，皆以父父、子子为主，即为人父者必须以身作则，然后可得人子之敬爱。父不正、不慈，难期子之必敬、必孝也。故孔孟之论孝，实得亲情之真谛，不得以其为数千年以前之言便妄议其非。至于"父为子纲"之说，其著录于文章者，皆在两汉时代，实独尊儒术后之专制思想，非先秦孔孟之本旨。故仆以为《孟子》此章宜深味之，即一家之中，父子之间，亦应以和为贵也。

　　孟子曰："事孰为大？事亲为大。守孰为大？守身为大。不失其身而能事其亲者，吾闻之矣；失其身而能事其亲者，吾未之闻也。孰不为事？事亲，事之本也。孰不为守？守身，守之本也。曾子养曾皆，必有酒肉。将彻，必请所与。问有余，必曰：'有。'曾皙死，曾元养曾子，必有酒肉。将彻，不请所与。问有余，曰：'亡矣。'将以复进也。此所谓养口体者也。若曾子，则可谓养志也。事亲若曾子者，可也。"

此章正可与上章参读。孟子强调事亲不仅在于养口体而在养志，足可与孔子答子游、子夏论孝之言相表里。曾元之行，视今之不孝者亦大有足多矣，然孟子之于曾元，已近于诛心之论。赵岐之注与焦循之疏，于此章皆有发挥，不妨参看。

孟子曰："人不足与适也，政不足与间也。唯大人为能格君心之非。君仁莫不仁，君义莫不义，君正莫不正。一正君而国定矣。"

"政不足与间"句从朱熹说增"与"字。此章所谓惟大人为能格君心之非，足见格君心之非实大非易事。自秦汉以来，能敢言直谏其君者已难得其人，而纳言从谏之君则更屈指可数。信乎专制社会之可憎而又可畏也。

孟子曰："有不虞之誉，有求全之毁。"

此二语皆自省之词。意谓人之誉己，未必无溢美之言，不可便沾沾自喜。而人之嫉己，则往往求全责备，犹韩愈《原毁》所云："举其一不计其十，究其旧不图其新。"己既被谤，宜躬自厚而薄责于人，不必斤斤计较。明乎是，可望头脑清醒而深加自律。

孟子曰："人之易其言也，无责耳矣。"

此孟子于"易其言"之人深恶痛绝之言。"易其言"有二义。一是信口开河，不负责任；二是看风使舵，已无定见而但知随声附和。故孟子以为此种人品德已不足道，故不必深责之，实唾弃已极之词。

孟子曰:"人之患在好为人师。"

孔子屡言己"诲人不倦",似与孟子此言相矛盾。盖孟子之意,所谓"患"乃在一"好"字。好为人师者必自满自大,自以为是而傲视群伦。其为师也非有奉献精神而喜人阿谀吹捧。如此为师,不独不能教学相长,且不足为人表率,故孟子患之。

乐正子从于子敖之齐。乐正子见孟子。孟子曰:"子亦来见我乎?"曰:"先生何为出此言也?"曰:"子来几日矣?"曰:"昔者。"曰:"昔者,则我出此言也,不亦宜乎?"曰:"舍馆未定。"曰:"子闻之也,舍馆定,然后求见长者乎?"曰:"克有罪。"

孟子谓乐正子曰:"子之从于子敖来,徒铺啜也。我不意子学古之道,而以铺啜也。"

姚永概以为"此两章当合为一"。子敖即王驩。孟子之言虽责乐正子,实恶其依附王驩也。铺啜犹言饮食,即今所谓混饭吃。孟子不愿其弟子学古之道而但图生计以奔走权门耳。

孟子曰:"不孝有三,无后为大。舜不告而娶,为无后也,君子以为犹告也。"

赵岐注曰:"于礼有不孝者三事:阿意曲从,陷亲不义,一也;家贫亲老,不为禄仕,二也;不娶无子,绝先祖祀,三也。"孟子以不娶无子为不孝之大者,盖就宗法社会立场言之。以今人立场言之,则陷亲不义乃不孝之最,此不可不辨者。

孟子曰:"仁之实,事亲是也;义之实,从兄是也。智之实,知斯二者弗去是也;礼之实,节文斯二者是也;乐之实,乐斯二者,乐则生矣；生则恶可已也，恶可已，则不知足之蹈之、手之舞之。"

《朱子语类》卷五十六释此章甚详，可参阅。今按，《语类》记朱熹解"实"字确有胜处，谓非名实与事实之"实"，乃华实之"实"。盖言孟子之意，以仁义为根本，智与礼乐，皆自仁义生发而出，犹自核心发展为全面。及诸德具备，不独孝悌而已，扩而充之为仁民、爱物、尊贤、敬长，是由实而华矣，故不免手舞足蹈也。

孟子曰："天下大悦而将归己，视天下悦而归己，犹草芥也，惟舜为然。不得乎亲，不可以为人；不顺乎亲，不可以为子。舜尽事亲之道而瞽瞍厎豫，瞽瞍厎豫而天下化，瞽瞍厎豫而天下之为父子者定，此之谓大孝。"

此章孟子强调舜不以天下大悦而归己为重，而以事亲尽孝为根本，犹上章以孝亲为实，而治天下乃水到渠成也。

卷八　离娄（下）

　　孟子曰："舜生于诸冯，迁于负夏，卒于鸣条，东夷之人也。文王生于岐周，卒于毕郢，西夷之人也。地之相去也，千有余里；世之相后也，千有余岁。得志行乎中国，若合符节。先圣后圣，其揆一也。"

此章犹言人皆可以为尧舜，不受地域环境及文化之限制。然《楚辞》记舜卒于苍梧九嶷，与此说异，可见上古传说之不同。然《离骚》中之舜乃文学形象或谓艺术形象，孟子所言之舜，乃圣人形象或谓文化形象耳。

　　子产听郑国之政，以其乘舆济人于溱洧。孟子曰："惠而不知为政。岁十一月徒杠成，十二月舆梁成，民未病涉也。君子平其政，行辟人可也，焉得人人而济之？故为政者，每人而悦之，日亦不足矣。"

惠而不知为政，诚至理名言。然子产之以乘舆济人于溱洧，亦未必为非。夫建桥梁修徒杠，子产未必不知其有利于民。然乘舆方到水边，见民众无以涉水，乃舍己之舆以济渡，足见子产之爱民，夫何责焉！且修桥梁须时日，必俟农闲始可用民力，孟子亦知之。故子产之惠民，救一时之急也；修桥梁以便民，长久之策也。两者并无矛盾。此犹今之国务院总理亲为农民工索欠也。如总理代每人而亲索欠，诚"日亦不足矣"；倘迫在眉睫，为总理者以己之行动示范于群僚，然后制订法令督促而行之，岂亦惠而不知为政欤！所宜引为鉴戒者，群僚必待总理亲自垂范而后动，已失为政者之良知；划法令既定，而欠债之弊历数年而犹未尽除，是则可悲矣。

> 孟子告齐宣王曰："君之视臣如手足，则臣视君如腹心；君之视臣如犬马，则臣视君如国人；君之视臣如土芥，则臣视君如寇雠。"王曰："礼，为旧君有服，何如斯可为服矣？"曰："谏行言听，膏泽下于民；有故而去，则使人导之出疆，又先于其所往；去三年不反，然后收其田里。此之谓三有礼焉。如此，则为之服矣。今也为臣，谏则不行，言则不听，膏泽不下于民；有故而去，则君搏执之，又极之于其所往；去之日，遂收其田里。此之谓寇雠。寇雠何服之有？"

今人读此章，每盛赞孟子不讳"君视臣如土芥，臣视君如寇雠"之言。实则君臣之际，虽有等级差异，然而孟子当时已具敌对平等思想。此犹《邹与鲁哄》章，孟子谓有司不爱民，故民见死而不救，所谓"出尔反尔"是也。为君者不以君道视臣，则臣自不以臣道事君。矧物极必反，反则报之有过之而无不及，故以寇雠报土芥矣。且此章言君臣之际，有一重要环节，即为君者是否"谏行言听，膏泽下于民"是也。盖臣之事君，亦当以民生为本，非徒事谄谀，逢君之恶之谓。果如陈贾之徒，亦不足言为臣之道也。

> 孟子曰："无罪而杀士，则大夫可以去；无罪而戮民，则士可以徙。"

"十年浩劫"中，马思聪秘密出境客居异乡，论者毁誉参半。读孟子此章，可断言马为无辜。盖无罪而杀士戮民之事，已屡见不鲜，故去者徙者必为无罪。惜去者徙者惟马一人耳。

> 孟子曰："君仁莫不仁，君义莫不义。"
> 孟子曰："非礼之礼，非义之义，大人弗为。"

此二章可连读。"君仁莫不仁"二句虽重出，朱熹谓是直戒人君。而"大人"亦涵括为君者在内。

孟子曰:"中也养不中,才也养不才,故人乐有贤父兄也。如中也弃不中,才也弃不才,则贤不肖之相去,其间不能以寸。"

此章可为《论语》"无友不如己者"句注脚。其人如尚未得执中,不中不才者互为影响,自然有不良后果。如中也养不中,才也而未展其才,自不宜与不中不才者为友。养不才而不弃之,自足使不中者执中,不才者成材矣。如弃之,则亦不过不中不才之人,故相去不能以寸也。因知"无友不如己者"句实对初学者而言,非学之已成者。如已成,则当诲人不倦矣。

孟子曰:"人有不为也,而后可以有为。"

有所不为始能专心致志,其所为乃克有成。倘无所不为,则见异思迁,浅尝辄止,自然一无所成矣。仆初专治《论语》,欲为《论语集释》补,以补程树德之所未及,未几知难而退。欲为《说文证今》,又以"文革"而废。欲治《尔雅》,魏天行师告以丁福保已有《尔雅诂林》,惜未刊,乃又中辍。更治《方言》,杨伯峻先生告以遇夫先生已有成稿,惜已佚,仆乃未敢续作。因思前辈于读书皆有所述作,仆即令下苦功亦不免蹈前人覆辙,不如就一得之见点滴劄记之,虽于古籍章句时有一得之见,终乃无一专著。后之来者,当以仆为前车之鉴,宁所治者小而克有成,无效仆之贪大求全,卒志大而无当,一无所成也。

孟子曰:"言人之不善,当如后患何?"
孟子曰:"仲尼不为已甚者。"

此二章当连读。人有不善,倘无人敢言,则不善之人与事将充塞人间而无止境,是天下既乱而无主持正义与公道者矣。故志士仁人,每不顾一己之后患,敢于挺身而出。然为人亦当有恕道,倘非罪大恶极之人与事,则不宜求之过苛过严。故孟子引孔子之言行,戒人不为已甚,非示人必谨小慎微,成一畏首畏尾怯懦之徒也。

孟子曰:"大人者,言不必信,行不必果,惟义所在。"

言必信,行必果,此为人之基本规范。而孟子竟谓大人者言可不必信,行可不必果,岂于为大人者求之不严苛欤?曰非也,下言"惟义所在",即涵盖信与果矣。孟子之意,犹《左传》记曹刿之言,所谓"小信""小惠",非为君上所宜琐屑而施诸人者。

孟子曰:"大人者,不失其赤子之心者也。"

此章宜与李卓吾《童心说》参看。不得以李卓吾非圣悖礼而非之。孟子盖谓为君上者不宜以权诈待人驭下,而应对人坦诚相见。后世之为政者如曹孟德、刘裕之流,往往好弄权术,便于为其杀人借口,已失其赤子之心矣。若诸葛孔明,则不唯当时之人,即后世亦多敬服,以其不以欺罔为人处世也。仆因悟昔年为曹操大事翻案,亦古为今用也。

孟子曰:"养生者不足以当大事,惟送死可以当大事。"

此即《论语》曾子所谓"慎终追远,民德归厚"之意。

孟子曰:"君子深造之以道,欲其自得之也。自得之,则居之安;居之安,则资之深;资之深,则取之左右逢其原,故君子欲其自得之也。"

此章"自得之"最为紧要。不独治学问为然,立身处世亦然。治学问则自得之为有创见,立身处世则为有独立人格。

孟子曰:"博学而详说之,将以反说约也。"

此章实治学之根本原则。"博学"者，道问学者必先博览群经，融通子史，犹前章所谓之"深造"也。"详说"者，即追本溯源，旁搜远绍，尽最大努力遍求前贤往说，俾无遗缺。然后以己意裁断之，所得结论不过涵括个人点滴心得，不必长篇大论，此即"反说约"之谓。今人治学，初无己见，借助电脑，遍求时贤诸家成说，然后拼凑连缀成文，虽断鹤续凫，彼亦不自知。然后以皇皇巨著猎取名利，终不免垃圾泡沫之讥。此今日学术领域之通病也。且"反说约"谈何容易！今人不以稗贩剽窃为耻，而前辈学者，如发现己之心得在古人文本中已先有之，竟而辍笔。杨树达先生著书立说，即坚持此原则。然则其所谓"约"，不独约于文辞，且以不蹈袭前人成说为己治学之"约"，实后学之楷模矣。《朱子语类》卷五十七朱熹答杨楫云："……他更不穷究这道理是如何，都见不透彻，只是搜求隐僻之事，钩摘奇异之说以为博，如此岂能得约！今世博学之士大率如此。不读正当底书，不看正当注疏，偏拣人所不读底去读，欲乘人之所不知以夸人。不问义理如何，只认前人所未说，今人所未道者，则取之以为博。如此，如何望到约初。"今按，朱子之论，犹谓当时士人尚知读书，如清人姚姬传所言，喜读人所未见书耳。时至今日，则人所常见书亦不读矣。以空疏为博，以艰深文浅陋，并博学而详说亦谈不到，遑论反说约乎？

孟子曰："以善服人者，未有能服人者也；以善养人，然后能服天下。天下不心服而王者，未之有也。"

所谓以善服人，己之行未能尽善，而强人必为善，故未能服人；以善养人，谓己之善行可为人楷模，且使天下人得休养生息，日臻于善，故能服天下。

孟子曰："言无实不祥。不祥之实，蔽贤者当之。"

此即诚于中形于外之意。人之言虚诞不实，自属不祥；而蔽贤者必以虚诞之言诬贤者，有贤者而不见用，则不祥莫大焉。即蔽贤者以其言不实，其后果亦必致不祥也。

徐子曰："仲尼亟称于水，曰'水哉，水哉！'何取于水也？"
孟子曰："源泉混混，不舍昼夜。盈科而后进，放乎四海，有本者如是，是之取尔。苟为无本，七八月之间雨集，沟浍皆盈；其涸也，可立而待也。故声闻过情，君子耻之。"

此章与《论语》"子在川上"章寓意不同。孔子叹"逝者如斯"，有二义：一谓时不我与、已逝则莫能追；一谓四时运行而百物生焉，如水之不舍昼夜，永无止息。既叹人生之不再，又叹宇宙之无穷。此章孟子则强调有本源之水虽不舍昼夜而放乎四海，然必盈科而后进，遇坎坷之地亦必先充实而后继续前行，所谓一步一脚印是也。苟为无本，虽一时沛然雨集，沟浍皆盈，实则浮沤也，犹今所谓泡沫。故言过其实或华而不实者，皆不能持久，故君子耻之。混混，今作滚滚，涌出不止之貌。

孟子曰："人之所以异于禽兽者几希，庶民去之，君之存之。舜明于庶物，察于人伦，由仁义行，非行仁义也。"
孟子曰："禹恶旨酒而好善言。汤执中，立贤无方。文王视民如伤，望道而未之见。武王不泄迩，不忘远。周公思兼三王，以施四事；其有不合者，仰而思之，夜以继日；幸而得之，坐以待旦。"
孟子曰："王者之迹熄而《诗》亡，《诗》亡然后《春秋》作。晋之《乘》，楚之《梼杌》，鲁之《春秋》，一也。其事则齐桓、晋文，其文则史。孔子曰：'其义则丘窃取之矣。'"
孟子曰："君子之泽五世而斩，小人之泽五世而斩。予未得为孔子徒也，予私淑诸人也。"

自"人之所以异于禽兽者几希"至"予私淑诸人也"实为一章，乃孟子自述其法先王慕往圣之心得。自舜而禹汤文武周公，皆已先立德而后有功于世，是由仁义行者也。至于孔子，其圣德虽足以拟先王，然不在于位，不得行其道，仅能寓其义于春秋。孟子忧君子之泽五世而斩，乃私淑先圣而欲上承孔子。由孔子至子思为三世，由子思而孟子则共历五世，故孟子云然。

孟子曰:"可以取,可以无取,取伤廉;可以与,可以无与,与伤惠;可以死,可以无死,死伤勇。"

此章所谓言之非艰而行之维艰。取与生死之间,分寸至关重要。故可以取可以无取,则宁无取亦无使伤廉。以下类推,庶几寡过。

逢蒙学射于羿,尽羿之道,思天下惟羿为愈己,于是杀羿。孟子曰:"是亦羿有罪焉。"公明仪曰:"宜若无罪焉。"曰:"薄乎云尔,恶得无罪?郑人使子濯孺子侵卫,卫使庾公之斯追之。子濯孺子曰:'今日我疾作,不可以执弓,吾死矣夫!'问其仆曰:'追我者谁也?'其仆曰:'庾公之斯也。'曰:'吾生矣。'其仆曰:'庾公之斯,卫之善射者也,夫子曰"吾生",何谓也?'曰:'庾公之斯学射于尹公之他,尹公之他学射于我。夫尹公之他,端人也,其取友必端矣。'庾公之斯至,曰:'夫子何为不执弓?'曰:'今日我疾作,不可以执弓。'曰:'小人学射于尹公之他,尹公之他学射于夫子。我不忍以夫子之道反害夫子。虽然,今日之事,君事也,我不敢废。'抽矢扣轮,去其金,发乘矢而后反。"

此章言为人师者,须择端人而教。故逢蒙杀羿,羿亦薄有罪。然事有出乎常情之外者。"十年浩劫"中,生徒反噬其师长者不胜枚举,且大都无中生有,言过其实,惟恐不置其师长于死地。及为师长者得以平反昭雪,昔之反噬者又幡然改易面目,称恩师者有之,藉乃师之名以自求彰显者尤众。非特师生,即子女之于父母亦往往有类逢蒙其人者。此辈固不知人间有羞耻事,然世道陵夷,于此可见。故仆有句云:"人非草木独无情。"仆尝谓"十年浩劫"所造成之负面影响,其流毒或将远至半世纪之后,殆不幸而言中矣。夫然后知孟子之言为先知先觉也。且心念旧恩者世亦多有,不顾己之死生而见义勇为者更时时见之。仆至今犹力主人性善之说,不得以反噬者之众多便主人性恶之论也。

孟子曰："西子蒙不洁，则人皆掩鼻而过之。虽有恶人，斋戒沐浴，则可以祀上帝。"

此孟子就一事之两极端而言也。佛家言："放下屠刀，立地成佛。"《荀子·劝学》："兰槐之根是为芷。其渐之滫，君子不近，庶人不服。其质非不美也，所渐者然也。"义皆与此同。

孟子曰："天下之言性也，则故而已矣。故者以利为本。所恶于智者，为其凿也。如智者若禹之行水也，则无恶于智矣。禹之行水也，行其所无事也。如智者亦行其所无事，则智亦大矣。天之高也，星辰之远也，苟求其故，千岁之日至，可坐而致也。"

此章殊不易解。尤以"故者以利为本"句索解为难。焦循《正义》："按孟子此章，自明其道性善之恉，与前异于禽兽相发明也。《易·杂卦传》云：'革，去故也；鼎，取新也。'故谓已往之事。当时言性者，多据往事为说。……孟子独于故中指出利字。利即《周易》'元亨利贞'之利。《系辞传》云：'变而通之以尽利。'《象传》云：'乾道变化，各正性命，保合太和，乃利贞。'利以能变化言，于故事之中，审其能变化，则知其性之善。"焦氏以此章"利"为《易》"元亨利贞"之"利"，以别于"上下交征利"之"利"，是读书能得间者。又孟子谓"所恶于智者为其凿也"，此亦至理名言。智者往往思而不学，凡思敏睿者，最易想入非非，往往悖于事理而自以为是。故孟子言"如智者亦行其所无事，则智亦大矣"。即智者能以平常心析事理，且能鉴往以知来，温故而知新。如天文家之坐而可以推算千岁之日至，其为智也亦大矣。凡才思敏睿之士，于孟子之言正宜终身诵之。

公行子有子之丧。右师往吊，入门，有进而与右师言者，有就右师之位而与右师言者。孟子不与右师言，右师不悦曰："诸君子皆与驩言，孟子独不与驩言，是简驩也。"孟子闻之，曰："礼，朝廷不历位而相与言，不逾阶而相揖也。我欲行礼，子敖以我为简，不亦异乎？"

此孟子不欲趋炎附势，且素轻王驩之为人故不与言耳。引礼说，不过托词耳。

> 孟子曰："君子所以异于人者，以其存心也。君子以仁存心，以礼存心。仁者爱人，有礼者敬人。爱人者，人恒爱之；敬人者，人恒敬之。有人于此，其待我以横逆，则君子必自反也：我必不仁也，必无礼也，此物奚宜至哉？其自反而仁矣，自反而有礼矣，其横逆由是也，君子必自反也：我必不忠。自反而忠矣，其横逆由是也。君子曰：'此亦妄人也已矣。如此则与禽兽奚择哉？于禽兽又何难焉？'是故君子有终身之忧，无一朝之患也。乃若所忧则有之：舜，人也；我，亦人也。舜为法于天下，可传于后世，我由未免为乡人也，是则可忧也。忧之如何？如舜而已矣。若夫君子所患则亡矣。非仁无为也，非礼无行也。如有一朝之患，则君子不患矣。"

此章孟子力主以仁与礼待人，且示人以反思自省之道。此在"十年浩劫"中最得考验机会。在浩劫中，知识分子十九皆时时处于横逆之境。其始也未尝不自反，自反而己无不仁不忠矣，然而横逆如故，于是自杀者屡见不鲜。孟子曰："于禽兽又何难焉！"夫禽兽诚无理可喻，然士可杀不可辱，面对禽兽唯死而已。孟子曰："如有一朝之患，则君子不患矣。"在浩劫中，一朝之患即有性命之忧，又岂得不患乎？使孟子遇此浩劫，即不死亦不免受辱。其言固足为鉴戒，其身亦未必能脱于危难也，此其所以为浩劫欤？

> 禹、稷当平世，三过其门而不入，孔子贤之。颜子当乱世，居于陋巷。一箪食，一瓢饮。人不堪其忧，颜子不改其乐，孔子贤之。孟子曰："禹、稷、颜回同道。禹思天下有溺者，由己溺之也；稷思天下有饥者，由己饥之也，是以如是其急也。禹、稷、颜子易地则皆然。今有同室之人斗者，救之，虽被发缨冠而救之，可也。乡邻有斗者，

被发缨冠而往救之，则惑也，虽闭户可也。"

夫禹、稷、颜回易地则皆然，此理可喻。然孟子于篇末以闭户不救乡邻喻颜回，似未尽洽。仆以为孟子之意，在禹汤之世，虽不无洪水之灾与七年之旱，天下之民有饥溺之苦，然仍为平世。盖在位者视天下之民犹同居一室，不能见死不救也。此所谓达则兼济天下也。若颜回所处之世，则乱世也，乡邻相斗，犹诸侯各自为政，彼此相残，一人之力已不足挽回，唯有闭户独善其身，所谓"邦无道则愚"是也。虽然，孟子之喻终嫌跛脚，说理未透，故所喻难恰如其分。

公都子曰："匡章，通国皆称不孝焉。夫子与之游，又从而礼貌之，敢问何也？"孟子曰："世俗所谓不孝者五：惰其四支，不顾父母之养，一不孝也；博弈好饮酒，不顾父母之养，二不孝也；好货财，私妻子，不顾父母之养，三不孝也；从耳目之欲，以为父母戮，四不孝也；好勇斗很，以危父母，五不孝也。章子有一于是乎？夫章子，子父责善而不相遇也。责善，朋友之道也；父子责善，贼恩之大者。夫章子，岂不欲有夫妻子母之属哉？为得罪于父，不得近，出妻屏子，终身不养焉。其设心以为不若是，是则罪之大者，是则章子已矣。"

此章亦见孟子于父子之间有平等思想。匡章迫于孝道，不见容于父，又不愿委过于父，乃出妻屏子，甘于自苦，是当时之社会悲剧。孟子能体察匡章内心之苦，故与之游，又从而礼貌之，而不责以不孝，此真匡章之知己。孟子明知责善为朋友之道，而不以匡章之责善于其父为非，于以见孟子之思想，远胜"天下无不是的父母"之俗说，何啻倍蓰！

曾子居武城，有越寇。或曰："寇至，盍去诸？"曰："无寓人于我室，毁伤其薪木。"寇退，则曰："修我墙屋，我将反。"寇退，曾子反。左右曰："待先生，如此其忠且敬也，寇至则先去以为民望，寇退则反，殆于不可。"沈犹行曰："是非汝所知也。昔沈犹有负刍之祸，从先生者七十人，未有与焉。"子思居于卫，有齐寇。或曰："寇至，盍去诸？"子思曰："如伋去，君谁与守？"孟子曰："曾子、子思同道。曾子，师也，父兄也；子思，臣也，微也。曾子、子思易地则皆然。"

曾子为人师长者，无官守之责，故寇至宜避。子思为人臣，有守土保民之责，故寇至而不去。今则遇天灾人祸而官守者或远避之，或坐视而不作为，读此宜知惭愧。

储子曰："王使人瞯夫子，果有以异于人乎？"孟子曰："何以异于人哉？尧、舜与人同耳。"

齐人有一妻一妾而处室者。其良人出，则必餍酒肉而后反。其妻问所与饮食者，则尽富贵也。其妻告其妾曰："良人出，则必餍酒肉而后反，问其与饮食者，尽富贵也，而未尝有显者来，吾将瞯良人之所之也。"蚤起，施从良人之所之，遍国中无与立谈者。卒之东郭墦间，之祭者，乞其余；不足，又顾而之他，此其为餍足之道也。其妻归，告其妾，曰："良人者，所仰望而终身也。今若此。"与其妾讪其良人，而相泣于中庭。而良人未之知也，施施从外来，骄其妻妾。由君子观之，则人之所以求富贵利达者，其妻妾不羞也而不相泣者，几希矣。

此二章实为一章，仆昔有小文详析之，今不赘（见《古文精读举隅》）。

附：读《孟子·齐人有一妻一妾章》

这是一篇精彩的讽刺小品，见《孟子·离娄下》。男主角"齐人"，分明是当时社会上一个为追求"富贵利达"而不择手段的厚颜无耻的典型人物的缩影。他自欺欺人，做着连自己妻妾也被欺骗隐瞒的见不得人的勾当，却装出一副骄傲自满的神气，虽只寥寥几笔，但他的丑恶嘴脸已暴露无遗了。

但在具体分析本文之前，我想提个问题。即在《孟子》七篇中，每一章都有"孟子曰"字样，说明全书是孟轲的门徒及其后辈们追记下来的。唯独这一篇偏偏没有"孟子曰"这三个字。因此近人高步瀛在《孟子文法读本》中认为，这一章应与它的前一章相连，不宜分成两截。我是同意高先生这一看法的，理由详下。现在先把它的前一章抄在下面：

储子曰："王使人瞷（jiàn，窥视）夫子，果有以异于人乎？"孟子曰："何以异于人哉！尧舜与人同耳。"

正因为齐宣王派人对孟轲窥伺盯梢，才引起孟子讲出了"齐人有一妻一妾"的故事。如把两章连到一起，自然不存在唯独这一章没有"孟子曰"字样的疑问了。另外，我们还可以从文章修辞的角度来看。《孟子》书中用"瞷"字的地方只有这两处，而这两段文字又恰好彼此衔接；如果孟子不是用齐人之妻的"瞷良人之所之"来与储子说的"王使人瞷夫子"相呼应，而是分成全无关涉的两章，那么两个"瞷"字的出现也未免太凑巧了。但上述两点还不是两章书应合为一的最有力的证明，我们将在后面做进一步的探究。

故事的叙述部分没有什么有意突出的笔墨，作者态度的冷静客观有点像契诃夫在写短篇。但文章却是由浅入深，由先果而后因（即先写现象后点出这种现象发生的背景）的手法，层层揭示出"齐人"龌龊的灵魂，剥去他虚伪的外衣。从"齐人"口头上的吹牛("所与饮食者""尽富贵也")也引起了"其妻"的疑心,用"未尝有显者来"点出可疑的症结所在。接着笔锋却从其妻"瞷"的角度由侧面往深处揭露:"遍国中无与立谈者",是说这个自吹自擂的家伙连普通老百姓都没有一个搭理他的,可见"尽富贵也"的话是纯属吹牛;然而写他"卒之东郭墦间",跑到坟地上去了,这不能不令人奇怪,使读者也急于看到下文;最后谜底揭晓,原来他不过是个乞丐,而且是个死皮赖脸的痞子,"乞其余,不足,又顾而之他"。这种抽蕉剥茧的手法还不够,更在下面一段的末尾补上一句"施施从外来,骄其妻妾",写"齐人"的厚颜无耻不但只停留在口头上,而且还表露在神态上和精神状态中,此之谓"颊上添毫"。这种形象刻画真是跃然纸上了。

读这篇文章,我以为应注意以下四点。第一,要注意其文章的繁与简的处理。如写"良人出"至"尽富贵也"一节,竟不厌其烦地重复一遍。这主要是为了突出写这一现象。特别是第二次写时加上了一句"而未尝有显者来",这就点出了可疑的关键,为下文的"瞷"做好了铺垫。同时,这一重复是为了与后文对照,相反而又相成。"此其为餍足之道也"与"尽富贵也"恰好相反,而"餍酒肉而后反"则又与"施施从外来,骄其妻妾"相成。前面的重复正是为了使下文反跌时更有力。而当其妻"告其妾"时,却没有把她所"瞷"的全部过程重说一遍,只用了"今若此"三字,好像把话说到半截便咽了回去。这个"此"字竟包括了从"蚤起"以下四十四字描写的内容,真是简到不能再简。这是因为前面的笔墨已写得淋漓尽致,精彩的镜头如再度出现就反而乏味了;何况其妻的内心感情之复杂绝非重述其所见的种种丑恶现象所能尽,反不如只说半句话更为含蓄有力。即在下文,也只用了一个"讪"和一个"泣"字也已足够,至于"讪"什么和为什么"泣",都无须细表了。可见作者对文章的繁与简确用过一番心思。

第二,有人会问,这个"齐人"穷得讨饭,怎么还有"一妻一妾"?我以为,"妾"这个人物的出现是为了主题突出和情节安排的需要。比如妻发现了疑点,便对妾倾诉自己的心事;盯梢回来,把所"瞷"的结果又告诉了妾;妻妾二人互讪互泣,显然比一个女人的自怨自艾效果更突出。没有"妾","妻"的言行举止就会受到较大限制,故事的讽刺力量也会大大削弱。比如只说"骄其妻"，就远不如说"骄其妻妾"显得传神尽态。

第三，"此其为餍足之道也"一句是说故事者的解释之词呢，还是"齐人"之妻说出来的话？这有点类似于鲁迅《孔乙己》中的一段文字：

孔乙己是这样的使人快活，可是没有他，别人也便这么过。

对这几句话，过去曾有过争论，有人说是作者站出来说话，有人则以为应该是酒店小伙计说的。其实这是作者在替作品中的主人公表达他内心的独白。这儿的"此其为餍足之道也"也正是"齐人"之妻在恍然大悟后的一句内心独白，由说故事的人代她表达出来罢了。

第四，要注意本篇中"而"字的用法。这篇文章里的"而"字有两种用法。一种起连接作用，即"而"字的前后两部分是并列的，如"其妻妾不羞也而不相泣者，几希矣"的"而"乃是连接"不羞"和"不相泣"这两个并列成分的，意思说她们是既羞又泣，不羞不泣的是太少见了。另一种则起转折作用，使文章显得透辟有力。如"而未尝有显者来""而良人未之知也"两句，要是没有这两个"而"字，便缺乏吹醒和点破的作用，文章也就没有波澜而软弱无力了。这两种"而"字的用法必须分清，而后一种对我们用现代汉语写文章也是可以借鉴的。

最末一段是作者对故事的总结性的断语。它只对"齐人"做了批判，却没有照应前面回答储子的话。这正是被后人把一章书误分为两章的原因，有的同志不同意高步瀛先生的看法，所持的理由也正在这里。其实这是作者有意识的写法，本不要求再回到原来的论题上去。因为只要一照应前文，就会成为对齐王的谩骂，对自己的表扬，并把全篇讽刺的意义大大削弱。读者请分析一下："瞯"本身并非光明磊落的行动，"瞯"人则更属非礼。一个人之所以要被人"瞯"，想必他做出了见不得人事，不是内挟阴私，就是外充伪善。齐宣王以王者之尊，竟派人去"瞯"孟子，孟子当然很有反感，所以一上来就用"何以异于人哉"针锋相对地进行了驳斥。但如果从修养、学问、见识、阅历来看，作为学者的孟轲，当然有"异于人"之处。但这种"异于人"的地方是不怕被人"瞯"的，问题乃在于根本不应该派人去"瞯"。所以孟子提出了"尧舜"来同自己相比，意思说尧舜也不过同平常人一样，何况我孟轲！尧舜是古之圣人，是儒家的理想人物，可见孟子用来自拟的形象是高大的。而下面却讲了一个十分猥琐的故事。意思说，只有龌龊小人才阳一套阴一套，才有被"睊"的必要；从另一方面说，只有一个人被怀疑自己是否伪君子时，别人才想到去"睊"他。"齐人"的故事一方面对那些追求"富贵利达"的龌龊小人进行了无情的讽刺，一方面也正是为了孟子自我表白：我不求富贵利达，自然不会做自欺欺人瞒心昧己的丑事，当然无须装成一副伪善者的面孔做给人看。这正是孟轲从反面证明自己是光明磊落的。因此对于前面的话，也就用不着再回过头去照应了。这才是我认为应把两章合为一章最主要的依据。

卷九　万章（上）

万章问曰："舜往于田，号泣于旻天，何为其号泣也？"孟子曰："怨慕也。"万章曰："父母爱之，喜而不忘；父母恶之，劳而不怨。然则舜怨乎？"曰："长息问于公明高曰：'舜往于田，则吾既得闻命矣；号泣于旻天，于父母，则吾不知也。'公明高曰：'是非尔所知也。'夫公明高以孝子之心，为不若是恝，我竭力耕田，共为子职而已矣，父母之不我爱，于我何哉？帝使其子九男二女，百官牛羊仓廪备，以事舜于畎亩之中。天下之士多就之者，帝将胥天下而迁之焉。为不顺于父母，如穷人无所归。天下之士悦之，人之所欲也，而不足以解忧；好色，人之所欲，妻帝之二女，而不足以解忧；富，人之所欲，富有天下，而不足以解忧；贵，人之所欲，贵为天子，而不足以解忧。人悦之、好色、富贵，无足以解忧者，惟顺于父母，可以解忧。人少，则慕父母；知好色，则慕少艾；有妻子，则慕妻子；仕则慕君，不得于君则热中。大孝终身慕父母。五十而慕者，予于大舜见之矣。"

此与以下诸章皆据古史立论。古史有近于神话者，有近于传奇者，可信者少，可疑者多。凡可疑者，则据述史之人之识见与观点而解析之。其所解析，有足以服人者，亦有不尽以服人者。后世读者，宜有所别择。即孟子亦自云："说《诗》者不以文害辞，不以辞害志。"又云："尽信《书》则不如无《书》。"夫《诗》《书》尚不宜尽以为信史，况尧舜之世之传说乎？即如此章，孟子但以大孝称舜。舜贵为天子，富有天下，犹以不得父爱为憾，是真足为楷模。至于事之有无，可勿计也。又"热中（热衷）"一词，始见于此。今人每写作"热衷"，实多此一举。

万章问曰："《诗》云，'娶妻如之何？必告父母。'信斯言也，宜莫如舜。舜之不告而娶，何也？"孟子曰："告则不得娶。男女居室，人之大伦也。如告，则废人之大伦，以怼父母，是以不告也。"万章曰："舜之不告而娶，则吾既得闻命矣；帝之妻舜而不告，何也？"曰："帝亦知告焉则不得妻也。"万章曰："父母使舜完廪，捐阶，瞽瞍焚廪。使浚井，出，从而掩之。象曰：'谟盖都君咸我绩。牛羊父母，仓廪父母。干戈朕，琴朕，弤朕，二嫂使治朕栖。'象往入舜宫，舜在床琴。象曰：'郁陶思君尔。'忸怩。舜曰：'惟兹臣庶，汝其于予治。'不识舜不知象之将杀己与？"曰："奚而不知也？象忧亦忧，象喜亦喜。"曰："然则舜伪喜者与？"曰："否。昔者有馈生鱼于郑子产，子产使校人畜之池。校人烹之，反命曰：'始舍之圉圉焉，少则洋洋焉，攸然而逝。'子产曰：'得其所哉！得其所哉！'校人出，曰：'孰谓子产智？予既烹而食之，曰：得其所哉？得其所哉。'故君子可欺以其方，难罔以非其道。彼以爱兄之道来，故诚信而喜之，奚伪焉？"

上章言孝道，此章言夫妇与兄弟之道。孟子以男女居室，人之大伦，故可不告而娶。此视汉以后三纲五常之说为优。足见三纲之说，非尽先秦儒家本义也。孝与悌本居同等地位，而孟子释悌道，则不独弟事兄须敬，且兄亦应以爱视弟。故有"象忧亦忧，象喜亦喜"之论。此章最关键处，在于"君子可欺以其方，难罔以非其道"。孟子不以舜为伪喜，而以象为伪爱，即"君子可欺以其方"也。据《史记·五帝本纪》及《孟子》此章所记，象有杀舜之传说。严家炎君近著《考析与辩疑》第四讲即以为尧舜禅让之同时亦有家族内部尖锐斗争，象之欲杀舜即斗争白热化之表现，其说近是。

万章问曰："象日以杀舜为事，立为天子，则放之，何也？"孟子曰："封之也，或曰放焉。"万章曰："舜流共工于幽州，放驩兜于崇山，杀三苗于三危，殛鲧于羽山，四罪而天下咸服，诛不仁也。象至不仁，封之有庳。有庳之人奚罪焉？仁人固如是乎？在他人则诛之，在弟则封之。"曰："仁人之于弟也，不藏怒焉，不宿怨焉，亲爱之而已矣。亲之欲其贵也，爱之欲其富也。封之有庳，富贵之也。身为天子，弟为匹夫，可谓亲爱之乎？""敢问或曰放者，何谓也？"曰："象不得有为于其国，天子使吏治其国，而纳其贡税焉，故谓之放。岂得暴彼民哉？虽然，欲常常而见之，故源源而来。'不及贡，以政接于有庳'，此之谓也。"

舜封象于有庳，又命吏治其国而纳其贡税，使象不得暴彼民，是虽封而犹放也。然象为舜之弟，故可随时来谒舜，此正宗法社会之不合礼法处，开后世皇亲国戚有特权之风。孟子不以为非，是孟子本身之时代局限也。又据《史记·五帝本纪》尧子丹朱，舜子商均，虽不得位，犹有封地，此正古世袭制之流弊，以迄于今犹有影响也。

咸丘蒙问曰："语云：'盛德之士，君不得而臣，父不得而子。'舜南面而立，尧帅诸侯北面而朝之，瞽瞍亦北面而朝之。舜见瞽瞍，其容有蹙。孔子曰：'于斯时也，天下殆哉，岌岌乎！'不识此语诚然乎哉？"孟子曰："否。此非君子之言，齐东野人之语也。尧老而舜摄也。《尧典》曰：'二十有八载，放勋乃徂落，百姓如丧考妣，三年，四海遏密八音。'孔子曰：'天无二日，民无二王。'舜既为天子矣，又帅天下诸侯以为尧三年丧，是二天子矣。"咸丘蒙曰："舜之不臣尧，则吾既得闻命矣。《诗》云，'普天之下，莫非王土。率土之滨，莫非王臣。'而舜既为天子矣，敢问瞽瞍之非臣，如何？"曰："是诗也，非是之谓也；劳于王事，而不得养父母也。曰：'此莫非王事，我独贤劳也。'故说诗者，不以文害辞，不以辞害志。以意逆志，是为得之。如以辞而已矣，《云汉》之诗曰：'周余黎民，靡有孑遗。'信斯言也，是周无遗民也。孝子之至，莫大乎尊亲；尊亲之至，莫大乎以天下养。为天子父，尊之至也；以天下养，养之至也。《诗》曰：'永言孝思，孝思惟则。'此之谓也。《书》曰：'祗载见瞽瞍，夔夔斋栗，瞽瞍亦允若。'是为父不得而子也。"

"以意逆志"句有二解。一、读者据作者之文辞逆作者之志；二、读者以己意逆作者之志。鄙意以前解为是。后者之弊，每在于读者以为己之志即作者之志。二者不可不辨。

万章曰："尧以天下与舜，有诸？"孟子曰："否。天子不能以天下与人。""然则舜有天下也，孰与之？"曰："天与之。""天与之者，谆谆然命之乎？"曰："否。天不言，以行与事示之而已矣。"曰："以行与事示之者如之何？"曰："天子能荐人于天，不能使天与之天下；诸侯能荐人于天子，不能使天子与之诸侯；大夫能荐人于诸侯，不能使诸侯与之大夫。昔者，尧荐舜于天而天受之，暴之于民而民受之。故曰：天不言，以行与事示之而已矣。"曰："敢问荐之于天而天受之，暴之于民而民受之，如何？"曰："使之主祭而百神享之，是天受之；使之主事而事治，百姓安之，是民受之也。天与之，人与之，故曰天子不能以天下与人。舜相尧二十有八载，非人之所能为也，天也。尧崩，三年之丧毕，舜避尧之子于南河之南。天下诸侯朝觐者，不之尧之子而之舜；讼狱者，不之尧之子而之舜；讴歌者，不讴歌尧之子而讴歌舜，故曰天也。夫然后之中国，践天子位焉。而居尧之宫，逼尧之子，是篡也，非天与也。《太誓》曰：'天视自我民视，天听自我民听。'此之谓也。"

此辩禅让与篡夺之别，孟子固能自圆其说者。

万章问曰："人有言'至于禹而德衰，不传于贤而传于子'，有诸？"孟子曰："否，不然也。天与贤，则与贤；天与子，则与子。昔者舜荐禹于天，十有七年，舜崩。三年之丧毕，禹避舜之子于阳城。天下之民从之，若尧崩之后，不从尧之子而从舜也。禹荐益于天，七年，禹崩。三年之丧毕，益避禹之子于箕山之阴。朝觐讼狱者不之益而之启，曰：'吾君之子也。'讴歌者不讴歌益而讴歌启，曰：'吾君之子也。'丹朱之不肖，舜之子亦不肖。舜之相尧，禹之相舜也，历年多，施泽于民久。启贤，能敬承继禹之道。益之相禹也，历年少，施泽于民未久。舜、禹、益相去久远，其子之贤不肖，皆天也，非人之所能为也。莫之为而为者，天也；莫之致而至者，命也。匹夫而有天下者，德必若舜禹，而又有天子荐之者，故仲尼不有天下。继世以有天下，天之所废，必若桀纣者也，故益、伊尹、周公不有天下。伊尹相汤以王于天下。汤崩，太丁未立，外丙二年，仲壬四年。太甲颠覆汤之典刑，伊尹放之于桐。三年，太甲悔过，自怨自艾，于桐处仁迁义；三年，以听伊尹之训己也，复归于亳。周公之不有天下，犹益之于夏，伊尹之于殷也。孔子曰：'唐虞禅，夏后、殷、周继，其义一也。'"

此辩传子与传贤之别。惟孟子之说似为不可知论，故韩愈有《对禹问》之作。孟子以为"天与贤则与贤，天与子则与子"，一归之于天命，而韩愈则从人事立论，以为舜之传子，乃忧后世争之之乱，其虑患也深。所谓"传诸子虽不得贤，犹可守法。"其实愈之说不过为"家天下"辩护，无论子贤与不贤，皆未必能守法爱民也。虽然，以韩愈之尊孔孟，犹不以绝对权威视之，而可以为文驳难之。柳宗元亦然。毕竟难得。后世乃竟以程朱为孔孟，且不敢跨越雷池一步，无乃不可乎？

万章问曰："人有言'伊尹以割烹要汤'，有诸？"孟子曰："否，不然。伊尹耕于有莘之野，而乐尧、舜之道焉。非其义也，非其道也，禄之以天下，弗顾也；系马千驷，弗视也，非其义也，非其道也，一介不以与人，一介不以取诸人。汤使人以币聘之，嚣嚣然曰：'我何以汤之聘币为哉？我岂若处畎亩之中，由是以乐尧、舜之道哉？'汤三使往聘之，既而幡然改曰：'与我处畎亩之中，由是以乐尧、舜之道，吾岂若使是君为尧、舜之君哉？吾岂若使是民为尧、舜之民哉？吾岂若于吾身亲见之哉？天之生此民也，使先知觉后知，使先觉觉后觉也。予，天民之先觉者也；予将以斯道觉斯民也。非予觉之，而谁也？'思天下之民匹夫匹妇有不被尧、舜之泽者，若已推而内之沟中。其自任以天下之重如此，故就汤而说之以伐夏救民。吾未闻枉己而正人者也，况辱己以正天下者乎？圣人之行不同也，或远或近，或去或不去，归洁其身而已矣。吾闻其以尧、舜之道要汤，未闻以割烹也。《伊训》曰：'天诛造攻自牧宫，朕载自亳。'"

万章问曰："或谓孔子于卫主痈疽，于齐主侍人瘠环，有诸乎？"孟子曰："否，不然也。好事者为之也。于卫主颜雠由。弥子之妻与子路之妻，兄弟也。弥子谓子路曰：'孔子主我，卫卿可得也。'子路以告。孔子曰：'有命。'孔子进以礼，退以义，得之不得曰'有命'。而主痈疽与侍人瘠环，是无义无命也。孔子不悦于鲁、卫，遭宋桓司马将要而杀之，微服而过宋。是时孔子当阨，主司城贞子，为陈侯周臣。吾闻观近臣，以其所为主；观远臣，以其所主。若孔子主痈疽与侍人瘠环，何以为孔子。"

万章问曰："或曰：'百里奚自鬻于秦养牲者，五羊之皮，食牛，以要秦缪公。'信乎？"孟子曰："否，不然。好事者为之也。百里奚，虞人也。晋人以垂棘之璧与屈产之乘，假道于虞以伐虢。宫之奇谏，百里奚不谏。知虞公之不可谏而去，之秦，年已七十矣，曾不知以食牛干秦缪公之为污也，可谓智乎？不可谏而不谏，可谓不智乎？知虞公之将亡而先去之，不可谓不智也。时举于秦，知缪公之可与有行也而相之，可谓不智乎？相秦而显其君于天下，可传于后世，不贤而能之乎？自鬻以成其君，乡党自好者不为，而谓贤者为之乎？"

此三章皆孟子为圣贤辩护之言。除孔子在卫事，孟子所言似有据外，伊尹、百里奚皆凭推断。其实古史中多有传奇色彩，初未必为圣贤讳，孟子不过以儒家卫道者之观点释古史古事耳。为圣贤辩护，实开后世个人崇拜与个人迷信之风气，诚古今以来最大之流弊。

卷十　万章（下）

孟子曰："伯夷，目不视恶色，耳不听恶声。非其君不事，非其民不使。治则进，乱则退。横政之所出，横民之所止，不忍居也。思与乡人处，如以朝衣朝冠坐于涂炭也。当纣之时，居北海之滨，以待天下之清也。故闻伯夷之风者，顽夫廉，懦夫有立志。伊尹曰：'何事非君？何使非民？'治亦进，乱亦进。曰：'天之生斯民也，使先知觉后知，使先觉觉后觉。予，天民之先觉者也；予将以此道觉此民也。'思天下之民，匹夫匹妇有不与被尧、舜之泽者，若己推而内之沟中，其自任以天下之重也。柳下惠，不羞污君，不辞小官。进不隐贤，必以其道。遗佚而不怨，阨穷而不悯。与乡人处，由由然不忍去也。'尔为尔，我为我，虽袒裼裸裎于我侧，尔焉能浼我哉？'故闻柳下惠之风者，鄙夫宽，薄夫敦。孔子之去齐，接淅而行，去鲁，曰：'迟迟吾行也。'去父母国之道也。可以速而速，可以久而久，可以处而处，可以仕而仕，孔子也。"孟子曰："伯夷，圣之清者也；伊尹，圣之任者也；柳下惠，圣之和者也；孔子，圣之时者也。孔子之谓集大成。集大成也者，金声而玉振之也。金声也者，始条理也；玉振之也者，终条理也。始条理者，智之事也；终条理者，圣之事也。智，譬则巧也；圣，譬则力也。由射于百步之外也，其至，尔力也；其中，非尔力也。"

此章列举伯夷、伊尹、柳下惠及孔子，实论此数人为臣之道也。伯夷洁身自好，唯恐受世间诸多恶事沾染，故宁隐于北海之滨以俟天下之清。及武王伐纣，伯夷乃识透世情，知唯有强权与武力者乃足以平天下，无所谓有德无德，于是宁饿死亦不食周粟。伊尹则以全力行己志，愿以天下为己任，故逢乱世亦跻身仕途。至于柳下惠，则不计一己之得失，虽污君小官亦不辞。然其所遇，犹为当世所遗佚；其处境亦穷阨无所归。其出与处，皆不得溷迹于乡人。然柳下惠不以乡人之袒裼裸裎不知礼法为非，而由由然不忍去。虽亦洁身自好而不鄙视彼坐于涂炭之乡人，是其能宽容处有胜于伯夷者矣。此孟子所以称柳下惠为圣之和者。和固不易为也。然人之清者能一尘不染，亦足为圣；若夫伊尹，以天下为己任，宁居乱世亦知其不可而为之，自信极强而勇于承担天下之重，故伊尹自足为圣。在孟子心中，圣人并非高不可攀，特有智而又能行者即可称圣，故《朱子语类》卷五十八有云："智是知得到，圣是行得到。"至于孔子之集大成，盖指其清如伯夷，和如柳下惠，任如伊尹，所谓"兼圣"是也。然孔子能持中庸之道，去伯夷之隘与柳下惠之不恭，且不勉强入伊尹之于乱世求必治，而以著书立说，文行出处仔细阐明其修齐治平之道，垂范于将来，是之谓集大成。且所言有始有终，如乐之以金声始以玉振终。夫孟子于孔子固有过誉之言，然孟子之言行出处亦唯有效法孔子始能处于战国之世。故曰："其至，尔力也；其中，非尔力也。"孟子非不智，亦非不欲行圣王之道，惜其道不能付诸实践，故有虽能"中"而不能"至"之叹。必如此读此章，乃知孟子本意。

  北宫锜问曰："周室班爵禄也，如之何？"孟子曰："其详不可得闻也。诸侯恶其害己也，而皆去其籍。然而轲也，尝闻其略也。天子一位，公一位，侯一位，伯一位，子、男同一位，凡五等也。君一位，卿一位，大夫一位，上士一位，中士一位，下士一位，凡六等。天子之制，地方千里，公侯皆方百里，伯七十里，子、男五十里，凡四等。不能五十里，不达于天子，附于诸侯，曰附庸。天子之卿受地视侯，大夫受地视伯，元士受地视子、男。大国地方百里，君十卿禄，卿禄四大夫，大夫倍上士，上士倍中士，中士倍下士，下士与庶人在官者同禄，禄足以代其耕也。次国地方七十里，君十卿禄，卿禄三大夫，大夫倍上士，上士倍中士，中士倍下士，下士与庶人在官者同禄，禄足以代其耕也。小国地方五十里，君十卿禄，卿禄二大夫，大夫倍上士，上士倍中士，中士倍下士，下士与庶人在官者同禄，禄足以代其耕也。耕者之所获，一夫百亩。百亩之粪，上农夫食九人，上次食八人，中食七人，中次食六人，下食五人。庶人在官者，其禄以是为差。"

此章专论周制。孟子之言当有所本，却又与今所传三礼不合。其实孟子已明言诸侯恶其害己而去其籍，是礼之亡不待秦火矣。以常识推论之，不外有三种可能：一、周初之实际制度本不如今本《周礼》完善细碎，是《周礼》之书乃略依史实而加以想象之辞；二、自周初至战国，周礼已日益亡佚，致言人人殊，是以孟子之说与三礼之言不合；三、孟子所言亦未必无设想之辞。然孟子之书毕竟属先秦古籍，似尚有文献参考价值。仆于史学无专门研究，诚不敢遽下断语。矧朱子已不敢贸然言其是非，况后世之人乎？

> 万章问曰："敢问友。"孟子曰："不挟长，不挟贵，不挟兄弟而友。友也者，友其德也，不可以有挟也。孟献子，百乘之家也，有友五人焉：乐正裘、牧仲，其三人，则予忘之矣。献子之与此五人者友也，无献子之家者也。此五人者，亦有献子之家，则不与之友矣。非惟百乘之家为然也。虽小国之君亦有之。费惠公曰：'吾于子思则师之矣；吾于颜般，则友之矣；王顺、长息则事我者也。'非惟小国之君为然也，虽大国之君亦有之。晋平公之于亥唐也，入云则入，坐云则坐，食云则食。虽蔬食菜羹，未尝不饱，盖不敢不饱也。然终于此而已矣。弗与共天位也，弗与治天职也，弗与食天禄也。士之尊贤者也，非王公之尊贤也。舜尚见帝，帝馆甥于贰室，亦飨舜，迭为宾主，是天子而友匹夫也。用下敬上，谓之贵贵；用上敬下，谓之尊贤。贵贵、尊贤，其义一也。"

此孟子于等级森严之阶级社会中论交友之道。人能不以年长、位尊与亲属关系而挟人，惟以德与人为友，则友道可弘。在阶级社会中人固不可不贵贵，然尊贤实居第一位。故仆每言孟子之思想中有平等观念也。

万章问曰:"敢问交际何心也?"孟子曰:"恭也。"曰:"却之却之为不恭,何哉?"曰:"尊者赐之,曰:'其所取之者,义乎,不义乎',而后受之,以是为不恭,故弗却也。"曰:"请无以辞却之,以心却之,曰:'其取诸民之不义也',而以他辞无受,不可乎?"曰:"其交也以道,其接也以礼,斯孔子受之矣。"万章曰:"今有御人于国门之外者,其交也以道,其馈也以礼,斯可受御与?"曰:"不可。《康诰》曰:'杀越人于货,闵不畏死,凡民罔不譈。'是不待教而诛者也。殷受夏,周受殷,所不辞也。于今为烈,如之何其受之?"曰:"今之诸侯取之于民也,犹御也。苟善其礼际矣,斯君子受之,敢问何说也?"曰:"子以为有王者作,将比今之诸侯而诛之乎?其教之不改而后诛之乎?夫谓非其有而取之者盗也,充类至义之尽也。孔子之仕于鲁也,鲁人猎较,孔子亦猎较。猎较犹可,而况受其赐乎?"曰:"然则孔子之仕也,非事道与?"曰:"事道也。""事道奚猎较也?"曰:"孔子先簿正祭器,不以四方之食供簿正。"曰:"奚不去也?"曰:"为之兆也。兆足以行矣,而不行,而后去,是以未尝有所终三年淹也。孔子有见行可之仕,有际可之仕,有公养之仕。于季桓子,见行可之仕也;于卫灵公,际可之仕也;于卫孝公,公养之仕也。

"交际",即所谓礼尚往来,此特指君臣上下间授受去就关系。此章前半分三层。长者赐不敢辞,一也。交之以道,接之以礼,则可以受其馈赠,二也。馈赠人如为犯法者,则于法当诛之。虽以礼待己,所赠亦不当接受。此自易解。后半万章以为今之诸侯皆如杀人越货之徒,其所得皆非法取之于民者,是诸侯皆盗也,则君子是否当受其赐,此则孟子不易作答之难题。故孟子以孔子之行动为衡量之标准。盖自春秋而战国,已无所谓圣帝明主,不义之诸侯比比皆是。即有王者作,亦无从一一而诛之,故圣如孔子,亦不得不仕,在孟子以为此即孔子圣之时者之具体实践,其实乃时势所趋,境遇所迫,不得不如此而已,故下章乃有"立朝而道不行,耻也"之结论。以下数章皆当与此参看。

孟子曰:"仕非为贫也,而有时乎为贫;娶妻非为养也,而有时乎为养。为贫者,辞尊居卑,辞富居贫。辞尊居卑,辞富居贫,恶乎宜乎?抱关击柝。孔子尝为委吏矣,曰:'会计当而已矣。'尝为乘田矣,曰:'牛羊茁壮,长而已矣。'位卑而言高,罪也;立乎人之本朝,而道不行,耻也。"

此当与不在其位不谋其政参看。仕而为贫,则甘居下位。然甘居下位亦当恪尽职守。居高位而不行道,则其仕既非为贫为养,故其行可耻矣。

万章曰:"士之不托诸侯,何也?"孟子曰:"不敢也。诸侯失国而后托于诸侯,礼也;士之托于诸侯,非礼也。"万章曰:"君馈之粟,则受之乎?"曰:"受之。""受之何义也?"曰:"君之于氓也,固周之。"曰:"周之则受,赐之则不受,何也?"曰:"不敢也。"曰:"敢问其不敢何也?"曰:"抱关击柝者,皆有常职以食于上。无常职而赐于上者,以为不恭也。"曰:"君馈之,则受之,不识可常继乎?"曰:"缪公之于子思也,亟问,亟馈鼎肉。子思不悦。于卒也,摽使者出诸大门之外,北面稽首再拜而不受。曰:'今而后知君之犬马畜伋。'盖自是台无馈也。悦贤不能举,又不能养也,可谓悦贤乎?"曰:"敢问国君欲养君子,如何斯可谓养矣?"曰:"以君命将之,再拜稽首而受。其后廪人继粟,庖人继肉,不以君命将之。子思以为鼎肉,使己仆仆尔亟拜也,非养君子之道也。尧之于舜也,使其子九男事之,二女女焉,百官牛羊仓廪备,以养舜于畎亩之中,后举而加诸上位。故曰王公之尊贤者也。"

不托者,不主动求寄生于诸侯也。如为君知士之贫而周之,则可受,盖非士主动干谒于诸侯而求其赐,乃君主动以粟周其贫民也。至于国君养君子,是君子为尊贤之君,如尧之于舜,自然可以受其养。而鲁缪公非尧可比,故子思谓是以犬马畜己,故不悦,自然不受矣。

万章曰:"敢问不见诸侯,何义也?"孟子曰:"在国曰市井之臣,在野曰草莽之臣,皆谓庶人。庶人不传质为臣,不敢见于诸侯,礼也。"万章曰:"庶人,召之役,则往役;君欲见之,召之,则不往见之,何也?"曰:"往役,义也;往见,不义也。且君之欲见之也,何为也哉?"曰:"为其多闻也,为其贤也。"曰:"为其多闻也,则天子不召师,而况诸侯乎?为其贤也,则吾未闻欲见贤而召之也。缪公亟见于子思,曰:'古千乘之国以友士,何如?'子思不悦,曰:'古之人有言曰:事之云乎,岂曰友之云乎?'子思之不悦也,岂不曰:'以位,则子,君也;我,臣也。何敢与君友也?以德,则子事我者也,奚可以与我友?'千乘之君求与之友而不可得也,而况可召与?齐景公田,招虞人以旌,不至,将杀之。志士不忘在沟壑,勇士不忘丧其元。孔子奚取焉?取非其招不往也。"曰:"敢问招虞人何以?"曰:"以皮冠。庶人以旃,士以旂,大夫以旌。以大夫之招招虞人,虞人死不敢往。以士之招招庶人,庶人岂敢往哉?况乎以不贤人之招招贤人乎?欲见贤人而不以其道,犹欲其入而闭之门也。夫义,路也;礼,门也。惟君子能由是路,出入是门也。《诗》云:'周道如底,其直如矢;君子所履,小人所视。'"万章曰:"孔子,君命召,不俟驾而行。然则孔子非与?"曰:"孔子当仕有官职,而以其官召之也。"

士之不见诸侯者,以非其礼而主动求见也。孟子之意,自子思而至于己,皆当由国君以礼招之,不以礼招之且不能往见,况主动干谒于诸侯乎?综观此数章,皆所以诲后世读书人如何面对有权势者。今之读书人,不独甘为犬马以求有权势者之青睐,甚且视蝇营狗苟为进身必由之路,其去古人亦远矣。

孟子谓万章曰:"一乡之善士,斯友一乡之善士;一国之善士,斯友一国之善士;天下之善士,斯友天下之善士。以友天下之善士为未足,又尚论古之人。颂其诗,读其书,不知其人,可乎?是以论其世也。是尚友也。"

此章标出知人论世之道，而以知人论世为尚友之前提。以此为交友之准则，虽古今时移势异，犹足可以为法。

> 齐宣王问卿。孟子曰："王何卿之问也？"王曰："卿不同乎？"曰："不同。有贵戚之卿，有异姓之卿。"王曰："请问贵戚之卿。"曰："君有大过则谏，反覆之而不听，则易位。"王勃然变乎色。曰："王勿异也。王问臣，臣不敢不以正对。"王色定，然后请问异姓之卿。曰："君有过则谏，反复之而不听，则去。"

此孟子就战国之实际形势而言，使齐宣王不得不勃然变色也。

卷十一　告子（上）

告子曰："性，犹杞柳也；义，犹杯棬也。以人性为仁义，犹以杞柳为杯棬。"孟子曰："子能顺杞柳之性而以为杯棬乎？将戕贼杞柳而后以为杯棬也？如将戕贼杞柳而以为杯棬，则亦将戕贼人以为仁义与？率天下之人而祸仁义者，必子之言夫！"

告子曰："性犹湍水也，决诸东方则东流，决诸西方则西流。人性之无分于善不善也，犹水之无分于东西也。"孟子曰："水信无分于东西，无分于上下乎？人性之善也，犹水之就下也。人无有不善，水无有不下。今夫水，搏而跃之，可使过颡；激而行之，可使在山。是岂水之性哉？其势则然也。人之可使为不善，其性亦犹是也。"

此二章皆孟子论性善之言。告子言性，实人之生理本能；孟子言性，乃人之良知。即如孟子以水喻人性，盖谓水亦有水性。水之性为何？曰水就下，曰水就湿，曰随决口而可东可西。人之性本不同于水。所谓性善，即孟子屡言人皆有不忍人之心，所谓"恻隐之心人皆有之"是也。西方幼儿教育，幼儿见两人互殴，辄同情于被殴而不满于殴人者。又见两人手持多物，物过满而人不能持，乃散落于地，幼儿力图俯而拾之，以思助持物之人，此皆性善之明征。人之所以为不善，盖缘生物之本能过分膨胀，如齐宣王之有"大欲"是也。既有大欲，遂弃良知于不顾，丧其不忍人恻隐之心，竟置民于水深火热之中。世但见人之多欲，而忽忘人之有良知，遂有人性恶之说。如人性果恶，则欲为善而无由，天下之人将无善言善行及见义勇为之事，于是天下终不免大乱。荀子主性恶，乃有李斯、韩非之施政主张，而秦终以专制暴政统一天下。贾生论秦之亡，一语破的，谓"仁义不施攻守势异"。今之为政者所以上令不能下达，于不正之风所以屡禁不止，皆以政权为私有之物，不容他人染指而已。纵称官吏为公仆，称政权为公器，称人民为公民，其实皆口头禅耳。秦之有陈胜、吴广与项羽、刘邦，非彼辈果为平民愤、苏民困而起兵灭秦也，特秦之暴政虐民太过，民乃寄希望于抗秦者。故刘邦入关约法三章，即获民心。继之以文景二朝休养生息，而汉政权乃得久长。惟人性本善，乃能向善弃恶；如人性本恶，则尧舜为不可能出现之人，即有尧舜出亦不能定天下于一统。此皆治文化思想史者之常识，惜今之人未能深思耳。

告子曰："生之谓性。"孟子曰："生之谓性也，犹白之谓白与？"曰："然。""白羽之白也，犹白雪之白；白雪之白，犹白玉之白欤？"曰："然。""然则犬之性，犹牛之性，牛之性，犹人之性欤？"

此章足以证明告子以生理本能为人之本性。故孟子以犬、牛之性犹人之性驳之。其实如以本能言之，则犬、牛皆各有其性。而其性亦有善之一面，故虽为禽兽，亦知"舐犊情深"，鸦亦知"护落巢儿"，俗所谓"虎毒不食子"，即凶残如狼虎，亦不食其子也。此即性善矣。

告子曰："食、色，性也。仁，内也，非外也；义，外也，非内也。"孟子曰："何以谓仁内义外也？"曰："彼长而我长之，非有长于我也；犹彼白而我白之，从其白于外也，故谓之外也。"曰："异于白马之白也，无以异于白人之白也；不识长马之长也，无以异于长人之长欤？且谓长者义乎？长之者义乎？"曰："吾弟则爱之，秦人之弟则不爱也，是以我为悦者也，故谓之内。长楚人之长，亦长吾之长，是以长为悦者也，故谓之外也。"曰："耆秦人之炙，无以异于耆吾炙。夫物则亦有然者也，然则耆炙亦有外欤？"

孟季子问公都子曰："何以谓义内也？"曰："行吾敬，故谓之内也。""乡人长于伯兄一岁，则谁敬？"曰："敬兄。""酌则谁先？"曰："先酌乡人。""所敬在此，所长在彼，果在外，非由内也。"公都子不能答，以告孟子。孟子曰："敬叔父乎？敬弟乎？彼将曰：'敬叔父。'曰：'弟为尸，则谁敬？'彼将曰：'敬弟。'子曰：'恶在其敬叔父也？'彼将曰：'在位故也。'子亦曰：'在位故也。庸敬在兄，斯须之敬在乡人。'"季子闻之曰："敬叔父则敬，敬弟则敬，果在外，非由内也。"公都子曰："冬日则饮汤，夏日则饮水，然则饮食亦在外也？"

此二章皆驳仁内义外之说。仁既属于与生俱来之良知，而义与礼智又皆由仁派生者，则义自属于内而非外，此孟子立论之本也。如言性恶，则人自初生即无良知，遑论义与礼智乎？所谓爱己之弟而不爱秦人之弟，即人之生理本能自私之表现。故孔孟皆主"己欲立而立人，己欲达而达人"，与"老吾老以及人之老，幼吾幼以及人之幼。"人果欲己立己达，而不欲立人达人，爱己之老幼而不爱人之老幼，则与禽兽无异。于是天下有乱无治，所谓人欲横流是也。治天下者果以人性恶为思想依据，则最终将与亡秦无异。更遑论社会发展进步耶。

公都子曰："告子曰：'性无善无不善也。'或曰：'性可以为善，可以为不善；是故文、武兴则民好善，幽、厉兴则民好暴。'或曰：'有性善，有性不善。是故以尧为君而有象；以瞽瞍为父而有舜；以纣为兄之子且以为君，而有微子启、王子比干。'今曰'性善'，然则彼皆非欤？"孟子曰："乃若其情，则可以为善矣，乃所谓善也。若夫为不善，非才之罪也。恻隐之心，人皆有之；羞恶之心，人皆有之；恭敬之心，人皆有之；是非之心，人皆有之。恻隐之心，仁也；羞恶之心，义也；恭敬之心，礼也；是非之心，智也。仁义礼智，非由外铄我也，我固有之也，弗思耳矣。故曰：'求则得之，舍则失之。'或相倍蓰而无算者，不能尽其才者也。《诗》曰：'天生蒸民，有物有则。民之秉彝，好是懿德。'孔子曰：'为此诗者，其知道乎！故有物必有则，民之秉彝也，故好是懿德。'"

此章孟子重申仁义礼智四端之说，而强调此四端为我固有之非由外铄之理。所谓"乃若其性则可以为善"，即谓人性本善。其不善者，皆强调本能而屏弃良知之过，孟子所谓"非才之罪"。"不能尽其才"即不能尽其善，不能尽其良知之谓。其《牛山》一章孟子提出"良心"一词，即"良知""良能"之统一用词也。至于公都子所引或曰诸说，实皆现象而非本质。如人性本恶，则世但有桀纣幽厉而无从得尧舜与微子、比干诸人矣。

> 孟子曰："富岁，子弟多赖；凶岁，子弟多暴。非天之降才尔殊也，其所以陷溺其心者然也。今夫麰麦，播种而耰之，其地同，树之时又同，浡然而生，至于日至之时，皆熟矣。虽有不同，则地有肥硗，雨露之养，人事之不齐也。故凡同类者，举相似也，何独至于人而疑之？圣人与我同类者。故龙子曰：'不知足而为屦，我知其不为蒉也。'屦之相似，天下之足同也。口之于味，有同耆也。易牙先得我口之所耆者也。如使口之于味也，其性与人殊，若犬马之与我不同类也，则天下何耆皆从易牙之于味也？至于味，天下期于易牙，是天下之口相似也。惟耳亦然。至于声，天下期于师旷，是天下之耳相似也。惟目亦然。至于子都，天下莫不知其姣也。不知子都之姣者，无目者也。故曰：口之于味也，有同耆焉；耳之于声也，有同听焉；目之于色也，有同美焉。至于心，独无所同然乎？心之所同然者何也？谓理也，义也。圣人先得我心之所同然耳。故理义之悦我心，犹刍豢之悦我口。"

此章中心内容有二。一曰人性本同，所以表现各异者，以外在客观条件影响所致也。如同为少年子弟，年丰则多倚赖于人而不能自立，年凶则多为生计所迫而向人施暴，犹同为五谷，而由外在客观条件不同而丰歉不同。一曰凡属人类，皆有共性，此即人皆可以为尧舜理念之本，故以天下之足同、口耳相似为喻。人能复性向善，则可为圣贤；苟以外物陷溺其心，则多赖多暴。是以闻圣人之言，得理与义之教化，犹刍豢之悦人口味。此孟子所以屡言谨庠序之教、申之以孝悌之义，即今之所谓受教育受熏陶提高人之素质是也。如人性本恶，则虽沐尧舜之德、受孔孟之教，亦无裨益于其为恶之本性，则天下之乱，将不可收拾。今日社会所以出现种种恶行，皆由人心为物欲所陷溺之故。

孟子曰："牛山之木尝美矣，以其郊于大国也，斧斤伐之，可以为美乎？是其日夜之所息，雨露之所润，非无萌蘖之生焉，牛羊又从而牧之，是以若彼濯濯也。人见其濯濯也，以为未尝有材焉，此岂山之性也哉？虽存乎人者，岂无仁义之心哉？其所以放其良心者，亦犹斧斤之于木也，旦旦而伐之，可以为美乎？其日夜之所息，平旦之气，其好恶与人相近也者几希，则其旦昼之所为，有梏亡之矣。梏之反覆，则其夜气不足以存；夜气不足以存，则其违禽兽不远矣。人见其禽兽也，而以为未尝有才焉者，是岂人之情也哉？故苟得其养，无物不长；苟失其养，无物不消。孔子曰：'操则存，舍则亡；出入无时，莫知其乡。'惟心之谓与？"

此章实为宋儒主张存天理、灭人欲之所本。苟人欲胜天理，犹牛山美木为斧斤所伐，终成濯濯之童山。故孟子主存夜气、存平旦之气，以蕲得天理之常而收其已放逸之良心，旨在求人之所以异于禽兽者。然孟子之言非如宋儒之尽绝人欲也。《礼运》云："饮食男女，人之大欲存焉。"故"饿死事小，失节事大"之言，必非孔孟之初衷可知。后世非程朱理学，并孔孟亦非之，是矫枉过正，犹今泼浴水并婴儿亦弃之之喻也。

孟子曰："无或乎王之不智也。虽有天下易生之物也，一日暴之，十日寒之，未有能生者也。吾见亦罕矣，吾退而寒之者至矣，吾如有萌焉何哉？今夫弈之为数，小数也；不专心致志，则不得也。弈秋，通国之善弈者也。使弈秋诲二人弈，其一人专心致志，惟弈秋之为听。一人虽听之，一心以为有鸿鹄将至，思援弓缴而射之，虽与之俱学，弗若之矣。为是其智弗若与？曰：非然也。"

孔子引《易》曰："人而无恒，不可以作巫医。"夫修齐治平，乃大事也，而可以无恒乎？一曝而十寒，物尚不能生，则人事之不成必矣。弈秋之喻，谓虽有名师，不过为外因，若己不专心致志，虽有良师亦不能使之成为国手，则内因所决定也。

  孟子曰:"鱼,我所欲也;熊掌,亦我所欲也,二者不可得兼,舍鱼而取熊掌者也。生,亦我所欲也;义,亦我所欲也,二者不可得兼,舍生而取义者也。生亦我所欲,所欲有甚于生者,故不为苟得也;死亦我所恶,所恶有甚于死者,故患有所不辟也。如使人之所欲莫甚于生,则凡可以得生者,何不用也?使人之所恶莫甚于死者,则凡可以辟患者,何不为也?由是则生而有不用也,由是则可以辟患而有不为也。是故所欲有甚于生者,所恶有甚于死者。非独贤者有是心也,人皆有之,贤者能勿丧耳。一箪食,一豆羹,得之则生,弗得则死。呼尔而与之,行道之人弗受;蹴尔而与之,乞人不屑也。万钟则不辩礼义而受之。万钟于我何加焉?为宫室之美、妻妾之奉、所识穷乏者得我与?乡为身死而不受,今为宫室之美为之;乡为身死而不受,今为妻妾之奉为之;乡为身死而不受,今为所识穷乏者得我而为之,是亦不可以已乎?此之谓失其本心。"

此为孟子名篇之一。鱼与熊掌不可得兼,不过譬况而已。今人或以西方逻辑学绳之,谓此次虽不得鱼,他日或能得之;而人之生命,死则不能复生,故以孟子之喻不合逻辑。此未免胶柱鼓瑟矣。后半箪食豆羹与万钟之禄相对比,则今日之贪官污吏大可引以鉴戒,然后知富贵不能淫之为大丈夫也。

  孟子曰:"仁,人心也;义,人路也。舍其路而弗由,放其心而不知求,哀哉!人有鸡犬放,则知求之;有放心,而不知求。学问之道无他,求其放心而已矣。"

今之成年人或沉湎于酒色,儿童或迷恋于电脑游戏,皆放其心而不求归于正路之过。使在位者或育人者以及为人父母者,皆能求己之放心而行正路,则众人与儿童皆有矩矱可依循。若官吏徇私舞弊,父母终日不务正业,导致社会不宁,家庭不睦,而求人人安居乐业,儿女天天向上,不亦慎乎?

孟子曰:"今有无名之指,屈而不信,非疾痛害事也,如有能信之者,则不远秦、楚之路,为指之不若人也。指不若人,则知恶之;心不若人,则不知恶,此之谓不知类也。"

孟子曰:"拱把之桐梓,人苟欲生之,皆知所以养之者。至于身,而不知所以养之者,岂爱身不若桐梓哉?弗思甚也。"

孟子曰:"人之于身也,兼所爱。兼所爱,则兼所养也。无尺寸之肤不爱焉,则无尺寸之肤不养也。所以考其善不善者,岂有他哉?于己取之而已矣。体有贵贱,有小大。无以小害大,无以贱害贵。养其小者为小人,养其大者为大人。今有场师,舍其梧槚,养其樲棘,则为贱场师焉。养其一指而失其肩背,而不知也,则为狼疾人也。饮食之人,则人贱之矣,为其养小以失大也。饮食之人无有失也,则口腹岂适为尺寸之肤哉?"

公都子问曰:"钧是人也,或为大人,或为小人,何也?"孟子曰:"从其大体为大人,从其小体为小人。"曰:"钧是人也,或从其大体,或从其小体,何也?"曰:"耳目之官不思,而蔽于物,物交物,则引之而已矣。心之官则思,思则得之,不思则不得也。此天之所与我者,先立乎其大者,则其小者弗能夺也。此为大人而已矣。"

以上四章皆言人于小事则力求其完善,而于出处大节则往往一失足成千古恨,皆有近忧而忘远虑之过。孔子引佚诗而后断之曰:"未之思也,夫何远之有!"孟子亦曰:"心之官则思。"能独立思考,乃可不蔽于物,然后知修身处世当立其大者。孔孟之道,正宜从此处入手求实践功夫,庶几可以有益于国家社会矣。

孟子曰:"有天爵者,有人爵者。仁义忠信,乐善不倦,此天爵也;公卿大夫,此人爵也。古之人修其天爵,而人爵从之。今之人修其天爵,以要人爵;既得人爵,而弃其天爵,则惑之甚者也,终亦必亡而已矣。"

孟子曰:"欲贵者,人之同心也。人人有贵于己者,弗思耳矣。人之所贵者,非良贵也。赵孟之所贵,赵孟能贱之。《诗》云:'既醉以酒,既饱以德。'言饱乎仁义也,所以不愿人之膏粱之味也;令闻广誉施于身,所以不愿人之文绣也。"

所谓天爵人爵,盖谓人当以仁义忠信乐善不倦为本,而不宜一味追求富贵利达。然而人往往为声色货利所诱,而失其天爵。《孟子》七篇于此已屡屡言之,且循循善诱。惜人为物利所蔽,虽知其为善言亦不能躬行实践,悲夫!次章大旨与前章同。

孟子曰:"仁之胜不仁也,犹水胜火。今之为仁者,犹以一杯水,救一车薪之火也,不熄,则谓之水不胜火,此又与于不仁之甚者也。亦终必亡而已矣。"

今天下熙来攘往,皆以求富贵利达而奔竞不止,而读书人徒以口舌纸笔导人向善,虽苦口婆心,然而贪官污吏与酷好声色狗马之徒,卒视而不见听而不闻,盖杯水车薪也。长此以往,社会必乱,甚者国家必亡。故在位者屡屡强调忧患意识。惜乎人不以孟子之言为鉴戒。请熟读告子下篇《舜发于畎亩章》之结论,或可稍知自儆欤?

孟子曰:"五谷者,种之美者也。苟为不熟,不如荑稗。夫仁亦在乎熟之而已矣。"

五谷不熟,不如荑稗。今人徒以表面文章示己政绩,所谓形象工程。然徒有其表,卒为民害。孟子之言实最有现实意义。

孟子曰:"羿之教人射,必志于彀。学者亦必志于彀。大匠诲人,必以规矩,学者亦必以规矩。"

学者必以规矩,犹今之言事物必有规范也。射者必志于彀,今之体育运动员已有志乎此矣,虽其目的在求金牌,犹未免急功近利,然已胜行为无规范者一筹。而学术腐败则每况愈下。如用体检是否服兴奋剂之法检讨学术,或可杜其弊欤?

卷十二　告子（下）

任人有问屋庐子曰："礼与食孰重？"曰："礼重。""色与礼孰重？"曰："礼重。"曰："以礼食，则饥而死；不以礼食，则得食，必以礼乎？亲迎，则不得妻；不亲迎，则得妻，必亲迎乎？"屋庐子不能对。明日之邹以告孟子。孟子曰："于答是也，何有？不揣其本，而齐其末，方寸之木可使高于岑楼。金重于羽者，岂谓一钩金与一舆羽之谓哉？取食之重者，与礼之轻者而比之，奚翅食重？取色之重者，与礼之轻者而比之，奚翅色重？往应之曰：'紾兄之臂而夺之食，则得食；不紾，则不得食，则将紾之乎？逾东家墙而搂其处子，则得妻；不搂，则不得妻；则将搂之乎？'"

此章自表面读之，孟子以常识性逻辑驳任人难屋庐子之说。所谓不揣其本而齐其末，方寸之木可使高于岑楼是也。然细玩文义，实关系人生饮食男女两大要事。人生不能不饮食，不能不婚嫁，然必以礼法绳之。此即所谓发乎情止乎礼义之道，而孟子乃自另一视角言之耳。战国之时，男女大防已渐崩坏，故孟子始以东家有处子为喻。此存在决定意识之明证。世传宋玉作《登徒子好色赋》，实以孟子此事为出典也，读文学作品者不可不知。

曹交问曰："人皆可以为尧、舜，有诸？"孟子曰："然。""交闻文王十尺，汤九尺。今交九尺四寸以长，食粟而已，如何则可？"曰："奚有于是？亦为之而已矣。有人于此，力不能胜一匹雏，则为无力人矣。今日举百钧，则为有力人矣。然则举乌获之任，是亦为乌获而已矣。夫人岂以不胜为患哉？弗为耳。徐行后长者谓之弟，疾行先长者谓之不弟。夫徐行者，岂人所不能哉？所不为也。尧、舜之道，孝弟而已矣；子服尧之服，诵尧之言，行尧之行，是尧而已矣；子服桀之服，诵桀之言，行桀之行，是桀而已矣。"曰："交得见于邹君，可以假馆，愿留而受业于门。"曰："夫道，若大路然，岂难知哉？人病不求耳。子归而求之，有馀师。"

曹交盖不学无术之人，徒以己身高九尺四寸而思与汤及文王比肩，而不思内省其德，故以问孟子。孟子惟告以孝悌之道，而不及其馀。以为尧舜之道亦不外孝悌而已，且拒其为及门弟子。此犹本篇末章所记"予不屑之教诲也者，是亦教诲之而已矣"之意。

公孙丑问曰："高子曰：'《小弁》，小人之诗也。'"孟子曰："何以言之？"曰："怨。"曰："固哉，高叟之为诗也！有人于此，越人关弓而射之，则己谈笑而道之；无他，疏之也。其兄关弓而射之，则己垂涕泣而道之；无他，戚之也。《小弁》之怨，亲亲也。亲亲，仁也。固矣夫，高叟之为诗也！"曰："《凯风》何以不怨？"曰："《凯风》，亲之过小者也；《小弁》，亲之过大者也。亲之过大而不怨，是愈疏也；亲之过小而怨，是不可矶也。愈疏，不孝也；不可矶，亦不孝也。孔子曰：'舜其至孝矣，五十而慕。'"

此章见孟子之诗论。据朱熹《诗序辨说》，《小弁》实视亲子被逸而亟申怨慕之诗。虽未必为幽王废太子宜臼自作，要之为怨诗可知。昔人称《小雅》怨诽而不乱。怨诗固有其现实意义与美学价值，不得以其怨而斥为小人之诗，故孟子讥高叟为"固"。是就其亲亲立场言之。然至于《凯风》，实为子者自责之作，其母未必生子七人而改适，旧说诚未必是。其为"固"则一也。孟子以为亲之过小，犹依旧说耳。

宋牼将之楚，孟子遇于石丘。曰："先生将何之？"曰："吾闻秦、楚构兵，我将见楚王说而罢之。楚王不悦，我将见秦王说而罢之。二王我将有所遇焉。"曰："轲也请无问其详，愿闻其指。说之将何如？"曰："我将言其不利也。"曰："先生之志则大矣，先生之号则不可。先生以利说秦、楚之王，秦、楚之王悦于利，以罢三军之师，是三军之士乐罢而悦于利也。为人臣者怀利以事其君，为人子者怀利以事其父，为人弟者怀利以事其兄，是君臣、父子、兄弟终去仁义，怀利以相接，然而不亡者，未之有也。先生以仁义说秦、楚之王，秦、楚之王悦于仁义，而罢三军之师，是三军之士乐罢而悦于仁义也。为人臣者怀仁义以事其君，为人子者怀仁义以事其父，为人弟者怀仁义以事其兄，是君臣、父子、兄弟去利，怀仁义以相接也，然而不王者，未之有也。何必曰利？"

战国诸侯黩武构兵，实司空见惯。罢兵之道，一说之以利，一说之以仁义。此章与梁惠王篇第一章之旨正同，故孟子力主不以利说诸侯，然宋牼生于战国，倘不以利说人君，人君其孰听之？故战国诸侯及纵横游说之士，皆以孟子言必称尧舜，政必主仁义为迂阔而远于事理。先贤每以为宋牼即宋钘，其说近是。

孟子居邹。季任为任处守，以币交，受之而不报。处于平陆，储子为相，以币交，受之而不报。他日，由邹之任，见季子；由平陆之齐，不见储子。屋庐子喜曰："连得间矣！"问曰："夫子之任见季子，之齐不见储子，为其为相与？"曰："非也。《书》曰；'享多仪，仪不及物曰不享，惟不役志于享。'为其不成享也。"屋庐子悦。或问之，屋庐子曰："季子不得之邹，储子得之平陆。"

此章犹《论语》孔子说诗谓子贡"告诸往而知来者"，孟子引《尚书·汤诰》之言，屋庐子即悟孟子见任季子而不见储子之故，此皆读书能得间，举一隅便可三隅反也。

淳于髡曰："先名实者，为人也；后名实者，自为也。夫子在三卿之中，名实未加于上下而去之，仁者固如此乎？"孟子曰："居下位，不以贤事不肖者，伯夷也；五就汤，五就桀者，伊尹也；不恶污君，不辞小官者，柳下惠也。三子者不同道，其趋一也。""一者何也？"曰："仁也。君子亦仁而已矣，何必同？"曰："鲁缪公之时，公仪子为政，子柳、子思为臣，鲁之削也滋甚。若是乎贤者之无益于国也！"曰："虞不用百里奚而亡，秦缪公用之而霸。不用贤则亡，削何可得欤？"曰："昔者王豹处于淇，而河西善讴。绵驹处于高唐，而齐右善歌；华周、杞梁之妻善哭其夫，而变国俗。有诸内必形诸外。为其事而无其功者，髡未尝睹之也。是故无贤者也，有则髡必识之。"曰："孔子为鲁司寇，不用，从而祭，燔肉不至，不税冕而行。不知者以为为肉也，其知者以为为无礼也。乃孔子则欲以微罪行，不欲为苟去。君子之所为，众人固不识也。"

淳于髡信可谓善辩之士也。然于孟子，实近求全责备之意。孟子始答以仁者之出处未必尽同，以示己之所以不得志于齐，非己不仁，而在于齐王不能行仁政也。然髡又质以贤者在位，鲁地日削，贤者岂无益于国乎？孟子对此，实不能正面作答。盖鲁之国力不如人，强邻压境，加之以兵，不亡已属万幸。纵贤者在位，亦无可如何。故以百里奚为喻。意谓非贤者无益于国，乃人君有贤臣而不能言听计从耳。然后髡又举三例，以见民之风俗，首重潜移默化。何子思辈不能使民得耳濡目染之风，以至于政令不行，国土日削？岂子思辈非贤者欤？孟子于此，仍不能正面作答，但举孔子去鲁事应之。盖人君有仁臣贤士而不能用，虽孔子亦不得不去，矧己之于齐，尚不及孔子之在鲁也。此与"嫂溺援之以手"章大旨相似，孟子自有其不得已之苦衷，又不愿以失落感明告淳于髡，故不免支离其词耳。

孟子曰："五霸者，三王之罪人也；今之诸侯，五霸之罪人也；今之大夫，今之诸侯之罪人也。天子适诸侯曰巡狩，诸侯朝于天子曰述职。春省耕而补不足，秋省敛而助不给。入其疆，土地辟，田野治，养老尊贤，俊杰在位，则有庆，庆以地。入其疆，土地荒芜，遗老失贤，掊克在位，则有让。一不朝，则贬其爵；再不朝，则削其地；三不朝，则六师移之。是故天子讨而不伐，诸侯伐而不讨。五霸者，搂诸侯以伐诸侯者也，故曰：五霸者，三王之罪人也。五霸，桓公为盛。葵丘之会诸侯，束牲、载书而不歃血。初命曰：'诛不孝，无易树子，无以妾为妻。'再命曰：'尊贤育才，以彰有德。'三命曰：'敬老慈幼，无忘宾旅。'四命曰：'士无世官，官事无摄，取士必得，无专杀大夫。'五命曰：'无曲防，无遏籴，无有封而不告。'曰：'凡我同盟之人，既盟之后，言归于好。'今之诸侯皆犯此五禁，故曰今之诸侯，五霸之罪人也。长君之恶其罪小，逢君之恶其罪大。今之大夫，皆逢君之恶，故曰：今之大夫，今之诸侯之罪人也。"

此孟子之历史观也。自孟子观之，以为五霸不能以礼事天子，而联合部分诸侯以伐不听命于己之诸侯，然后开疆拓土，争为诸侯长，且欲取天子之位而代之，故视之为罪人。其实周行封建制，诸侯日强而王纲解纽，天子徒具空名，此正历史发展之必然也。春秋时代，诸侯日强大，而为霸主如齐桓公，犹能约束诸侯，以五事为盟约内容，令行禁止。及五霸既衰，诸侯上下交征利，犯五禁而见利忘义，日以兵戎相见，强侵弱，众暴寡，陷民于水深火热之中，故又为五霸之罪人矣。各诸侯国之为大夫者，皆自图保性命禄位，唯以君之好恶为好恶，故又为诸侯之罪人矣。以古例今，联合国宪章宜为国际所共同遵守；五常任安全理事国，犹春秋时之五霸也。然不遵宪章者，往往为某常任理事国中之大者强者；而一国之中，又往往以国家首脑行专制独裁之权者得在位而行政，而政府官员又多畏首畏尾而不敢直言。今人动辄言以史为鉴，读此章，是可以为鉴矣。

鲁欲使慎子为将军。孟子曰："不教民而用之，谓之殃民。殃民者，不容于尧、舜之世。一战胜齐，遂有南阳，然且不可。"慎子勃然不悦曰："此则滑釐所不识也。"曰："吾明告子。天子之地方千里；不千里，不足以待诸侯。诸侯之地方百里；不百里，不足以守宗庙之典籍。周公之封于鲁，为方百里也；地非不足，而俭于百里。太公之封于齐也，亦为方百里也；地非不足也，而俭于百里。今鲁方百里者五，子以为有王者作，则鲁在所损乎，在所益乎？徒取诸彼以与此，然且仁者不为，况于杀人以求之乎？君子之事君也，务引其君以当道，志于仁而已。"

此章为孟子之反战观。战国时战祸频繁，无非攻城略地。盖生产力滞后，而统治者贪欲无已，非攻城略地以增加人口与田亩，不足以厌其欲。当时鲁已日益衰微，齐为强邻，威胁至大。慎滑釐乃欲以兵力取齐地，风险在所难免。孟子则以为鲁之初封仅限在百里之内，今已有其五倍，自不宜再行开拓。而其理念则行仁政，宜乎不为鲁之君臣所认同矣。"俭"同"检"，检束之意，"俭于百里"，即限于百里之内。与"温良恭俭让"之"俭"同义。

孟子曰："今之事君者皆曰：'我能为君辟土地，充府库。'今之所谓良臣，古之所谓民贼也。君不乡道，不志于仁，而求富之，是富桀也。'我能为君约与国，战必克。'今之所谓良臣，古之所谓民贼也。君不乡道，不志于仁，而求为之强战，是辅桀也。由今之道，无变今之俗，虽与之天下，不能一朝居也。"

此当与上章合看。战国之君臣，惟辟土地、充府库是务，唯以战争攻城略地是务。孟子力非之，视良臣良将为民贼，视诸侯之君为桀纣，故其结论为"虽与之天下，不能一朝居"。及秦统一天下，二世而亡，是孟子诚为预言家，果不幸而言中矣。

白圭曰："吾欲二十而取一，何如？"孟子曰："子之道，貉道也。万室之国，一人陶，则可乎？"曰："不可，器不足用也。"曰："夫貉，五谷不生，惟黍生之。无城郭、宫室、宗庙、祭祀之礼，无诸侯币帛饔飧，无百官有司，故二十取一而足也。今居中国，去人伦，无君子，如之何其可也？陶以寡，且不可以为国，况无君子乎？欲轻之于尧、舜之道者，大貉小貉也；欲重之于尧、舜之道者，大桀小桀也。"

此孟子之进化论也。自周以来，税法为十取其一。战国以降，取于民远逾其数。今白圭拟以二十取一，似欲宽民之税法，而实不可行，故孟子以为是将使社会退化，其后果亦将使社会动乱。孟子之言虽非定论，然可以借鉴。所谓以民为本，正需取予得中。过与不及，皆为民害。

白圭曰："丹之治水也愈于禹。"孟子曰："子过矣。禹之治水，水之道也。是故禹以四海为壑，今吾子以邻国为壑。水逆行，谓之洚水。洚水者，洪水也。仁人之所恶也。吾子过矣。"

以邻为壑，今已为贬义成语，所谓嫁祸于人是也。今之求政绩者，往往以邻为壑。即如今之工程，亦有如是者，此孟子所谓"仁人之所恶也"。岂有仁人在位，罔民而可为也？

孟子曰："君子不亮，恶乎执？"

不亮者，不讲诚信，不足取信于民也。然犹固执己见，知过不改。读《孟子》至此章，虽仅片言，已令人长太息矣。

鲁欲使乐正子为政。孟子曰："吾闻之，喜而不寐。"公孙丑曰："乐正子强乎？"曰："否。""有知虑乎？"曰："否。""多闻识乎？"曰："否。""然则奚为喜而不寐？"曰："其为人也好善。""好善足乎？"曰："好善优于天下，而况鲁国乎？夫苟好善，则四海之内，皆将轻千里而来告之以善。夫苟不好善，则人将曰：'訑訑，予既已知之矣。'訑訑之声音颜色，距人于千里之外。士止于千里之外，则谗谄面谀之人至矣。与谗谄面谀之人居，国欲治，可得乎？

孟子所取于乐正子者，在于"其为人也好善"。所谓好善，鄙意在于能宽容而纳忠言。苟能宽容而纳忠言，既无拒人千里之外之颜色，又不予谗谄面谀之人以可乘之机。故得孟子之首肯。今之为政者，或竟居高临下，拒人千里之外；又或喜近谗谄面谀之人，使阿其所好者日夤缘跻于高位。夫如是，国虽治，可得乎？

陈子曰："古之君子何如则仕？"孟子曰："所就三，所去三。迎之致敬以有礼，言将行其言也，则就之；礼貌未衰，言弗行也，则去之。其次，虽未行其言也，迎之致敬以有礼，则就之；礼貌衰，则去之。其下，朝不食，夕不食，饥饿不能出门户。君闻之，曰：'吾大者不能行其道，又不能从其言也，使饥饿于我土地，吾耻之。'周之，亦可受也，免死而已矣。"

所谓"所就三，所去三"，盖谓士之出处大节也。使今之扶贫政策，不过使其民免死而已，其去民穷财尽亦不远矣。

孟子曰："舜发于畎亩之中，傅说举于版筑之间，胶鬲举于鱼盐之中，管夷吾举于士，孙叔敖举于海，百里奚举于市。故天将降大任于是人也，必先苦其心志，劳其筋骨，饿其体肤，空乏其身，行拂乱其所为，所以动心忍性，曾益其所不能。人恒过，然后能改；困于心，衡于虑，而后作；征于色，发于声，而后喻。入则无法家拂士，出则无敌国外患者，国恒亡。然后知生于忧患而死于安乐也。"

仆向有小文专论此章，见后附，且加笺释，今不赘。

孟子曰："教亦多术矣，予不屑之教诲也者，是亦教诲之而已矣。"

不屑教诲是亦教诲之道，其言诚是，而能从中领悟其旨者鲜矣。仆宁取孔子"诲人不倦"之义。

附:《孟子·舜发于畎亩之中章》笺析

一　前言

本篇见于《孟子·告子下》，是一篇思想健康、结构谨严、篇幅简短而语言精练的说理文，与《孟子》中许多气势浩瀚、议论纵横的论辩体文章在风格上有所不同。作为一篇古典范文，原很合适。只是由于它是儒家第二号人物孟轲的言论，因此在那乌烟瘴气、人妖颠倒的"评法批儒"的年月里，就遭到永世不得翻身的命运。经过"十年浩劫"，重温这篇文章，我们感到：中国人民和广大优秀正直的中国共产党党员在"四害"横行时受到史无前例的折磨和锻炼，这对我们承担实现四化的"大任"来说，尽管付出的代价是太大了，但在某种意义上也未尝不是好事。特别是在今后新长征的道路上，困难和阻力当然还是有的，而人民生活会日益改善、物质生产会日益提高的美好前景，却也并非十分遥远的事。那么，"生于忧患，死于安乐"的提法，即使在将来也仍不失其积极的借鉴作用。这就是我们把这篇短文介绍给读者的原因和目的。

二　笺注

（笺注略加考释，包括笔者看法在内，不仅是一般疏通字句。）

[1] 舜：儒家传说中的古代圣君。本在历山耕田，受到父母虐待。后被尧选拔，代尧为君。　发：《广雅》作"举"解，则与下文若干"举"字同义，于古汉语为受式。"发于""举于"，都是被起用、选拔的意思。但清人刁包《四书翊注》云："舜独言'发'，君也，奋起自己（由自己奋发而兴起）也；五人皆言'举'，臣也，甄拔自人（由别人甄选提拔而被任用）也。"其说可供参考。　畎：

音犬，同甽，原指深一尺、广一尺的田间水沟。如"畎亩"连用，则泛指田地。然义亦微有区别。《国语·周语》："或在畎亩。"韦昭注："下曰畎，高曰亩。亩，垄也。"《庄子·让王篇》司马彪注："垄上曰亩，垄中曰畎。"（见《经典释文》引）又成玄英《庄子疏》："垄上曰亩，垄下曰畎。"

[2] 傅说（yuè）：殷高宗武丁时贤相。相传傅说被判徒刑，给人当了泥瓦匠，被武丁访求，举以为相。版：筑墙用的木板。古代筑墙，两边用木板夹起，中填土石，然后加以夯筑使之牢固。这里"版筑"连用，指泥瓦匠的劳动。

[3] 胶鬲：殷纣时贤人，贩卖鱼盐，为周文王所举用，后佐周武王。鬲有二音：作为人名或姓氏音隔（gé）；作为容器（所谓"鼎鬲"或"釜鬲"）音历（lì）。

[4] 管夷吾：即管仲。仲初佐齐公子纠。纠与公子小白争夺君位，管仲曾箭射小白，误中衣上带钩，故小白未死。及小白立为齐桓公，公子纠死，管仲下狱。经鲍叔牙推荐，桓公举管仲于狱中，任他为相，齐国大治。 士：旧注皆指主管囚犯的司法官。但"士官"本狱名，与"囹圄"等名称相类（见蔡邕《独断》）。《孟子·梁惠王下》："士师不能治士。"赵岐注："士师，狱官吏也，不能治狱。"则"士师"乃狱官，而"士"乃狱也。此处之"士"，疑亦为"士官"之省称，实指狱而言。下文"举于海""举于市"，"海""市"皆为具体地点，则"士"似亦不当指狱官。

[5] 孙叔敖（áo）：楚庄王时贤相。据清毛奇龄《经问》的考订，孙叔敖原是淮海地区蓼国的处士。庄王灭蓼，遂举孙叔敖于海滨，用为令尹（楚国宰相称令尹）。 海：指今淮海地区。当时是荒僻之地。详见清焦循《孟子正义》。

[6] 百里奚：春秋时虞国大夫。后见虞将亡，逃往楚国，做了奴隶。秦国的商人用五张羊皮把他赎回，被秦穆公发现而委以重任。市：集市。古代奴隶也同货物一样可在集市贩卖。

[7] 大任：等于说重担。任，本指行李之类。《孟子·滕文公上·许行章》："门人治任将归。"是人：这一类人，指上述所谓圣君贤相。

[8] 空（kòng）乏：本是状词，这里作及物动词用。这句指缺乏资财而贫穷。

[9] 行（xìng）：具体行动，引申为经历、遭遇。 拂：违反。

乱：干扰，打乱。　所为：这里指事先的计划、打算。这句说客观不幸遭遇打乱了他预先打算要做的事。

[10] 动心：震撼其心。　忍性：坚忍其性。

[11] 这句说增加了他原来不具备的能力。

[12] 恒：经常。这两句说人经常犯错误，但只要从中吸取教训，是可以改正错误的。

[13] 衡：通"横"。有错综的意思。衡于虑：指思想上有矛盾斗争，在心里横七竖八地摆脱不开。作：振作，奋起。

[14] 征：体现，验证。发：发作起来。　喻：理解，觉悟。这里的"声""色"指别人的脸色或语声（有的注解释为自己的面色和语声，则与下文"喻"字不好贯穿起来讲）。一个人犯了错误，别人就会把不满的情绪摆在脸上给你看，说不入耳的话让你听，这才使自己认识到犯了错误。

[15] 法家：指守法度的世族臣僚。　拂：同"弼"，辅助、匡正的意思。　弼士：辅弼之士，即敢于提出意见来纠正国君的错误以辅佐他把国家治理好的人。

三　简析

这篇短短的说理文，所论的内容主要是为封建统治者考虑，如何才能保持和巩固其统治权。从这一点说，它当然是为封建统治阶级服务的。但孟子对问题的看法在当时还是有进步意义的，在今天仍不失其借鉴作用。他认为一个最高统治者要负荷治天下的重任（是上天把这副担子加到他身上的），必须了解民间疾苦；从这些统治者本身来说，应该亲身体验体验这些疾苦，即使作为对自己的磨炼（孟子则说是上天有意识地要磨炼他们），也是完全必要的。文章的结构很有意思。一共是四个自然段，除最末一段是结论（即题旨），用以点明作意外，前三段共三层，在提法上是两正一反。然后水到渠成地点出题旨来。

第一段，孟子从正面举出从上古到春秋时代一系列的圣君贤相作为当时统治者的榜样，说明这些大有作为的人出身微贱，在施展其作为以前都从困苦的环境中经过不同程度的锻炼和考验，耐得住折磨，然后才干出了治国平天下的大事。一个人多吃点苦，多受点罪，看去像坏事，其实倒是好事。因为这样可以"增益其所不能",对负担"大任"有好处。就修辞造句的特点来看,一上来平列了六个人,形成排句。但在整齐中也略有变化。舜是君,其他五人是臣。"发"和"举"在意义上有所不同,已详笺注。畎亩、版筑、鱼盐是名词,而有农耕、匠役、商贩等性质上的区别,都是用双音代表一事,下面加上"之中""之间"等字样作为补充;而士、海、市则为单音名词,都指具体所在地(因而可以不再用"之中"等字样了),但就其所在地也体现出所举之人有罪犯、隐者和奴隶等身份上的差异。这就显得文章不平板,所举的人各有其不同的代表性(但又有共性),因为不是统计表而是写文章。

下面"苦其心志"等五句也是排句,但四短一长,句式仍小有变异。苦、劳、饿、空乏、拂乱等都是动词,但有单、双音之分。"苦其心志"是指精神世界受折磨,"劳其筋骨"是指体力方面被消耗;"饿其体肤"二句,是指生活上吃苦,即挨饿与受穷。这四句是从主观方面说的,即一个人的身心受到痛苦的磨炼;而第五句则是从客观方面说的,即自己的打算、意图被客观上的障碍和阻力给干扰、打乱了,要做的事做不成功。这从实际意义上说,比个人身心所受的打击可能还要严重些。但这样痛苦的磨炼却能使一个人"动心忍性",增长生活见识和人生经验。"动心"和"忍性"看似平列,实有先后之分,即先"动心"然后才能"忍性",而重点更在于"忍性"(光使精神受到震撼是不够的,必须磨炼得对人、对事、对困难能坚韧不拔),故似平列而实有所侧重。最后一句归结并落实到承担"大任"上,所谓"增益其所不能",就是指这些人本来不善于、或者竟不会、不敢承担"大任",而现在本领增长了,信心加强了,对如何统治天下有了进一步的理解,并培训和增加了治天下的工作能力。也就是说,这一番痛苦的磨炼,未尝不是这些人之所以成为圣君贤相的一个必要的步骤,是他们进步转化的关键。

第二段,作者从正面说到一般人总是经常有可能犯错误的,然而不经一事,不长一智,只有接受教训,才能改正错误。换言之,人只有在犯错误的过程中才有提高认识、改正错误的可能性。犯错误当然是坏事,但也未尝不能变为好事,因为这可以使人改过自新。不过改正错误也并不那么简单,既要经过内心的思想斗争,又要承受外界的压力影响。对一个犯错误的人来说,越是在他内心展开斗争或是外界施加压力的时候,越会感到犯错误是坏事。然而内心的斗争和外在的压力又是促进自己觉悟的关键，通过内外的斗争和压力，可以使人尽快改正错误，于是坏事仍能变成好事。这一段又分三层。第一层是总说，说明犯错误与改过自新两者的关系。以下两层是分说，先说主观上的思想斗争，后说客观上的外在压力。"困于心"是思想上走投无路，"衡于虑"是自己内心的正反两种思想认识在斗争；"作"则是感性上的奋发图强，是下决心的表示。至于"征于色""发于声"，则是通过客观压力对自己的冲击而引起的反省，"喻"是理性上有所认识并有所觉悟，这样自己才感到非改不可。可见光有决心而缺乏认识是不行的；但有了认识而下不了决心，仍旧改正不了错误。孟子在这儿把犯错误的人如何由"知过"转化为"必改"的心理活动算是琢磨到家了。可是他一共才用了十八个字。这种认识深度和概括能力是惊人的。然而也正由于认识深刻，才能概括得如此精练。可见写文章的精练透辟与否，是同认识的深浅分不开的。

第三段却从反面说，一个最高统治者，内无"法家拂士"，就可能听不到逆耳的忠言，遇不上什么扫兴的阻拦，为所欲为，爱怎样就怎样，办事说话，发号施令，全很舒心。外无敌国，则可唯我独尊；无外患，则可高枕无忧。这一切看起来很顺利，像是好事，结果却会放松警惕，麻痹斗志，贪图享乐，苟且偷安，而国家就在这种情况下走向灭亡，终于变成无法挽回不可收拾的坏事。作者说"入""出"，犹言"内""外"。但"内""外"只表静态，如说国内国外，朝廷之上或四境之外。而"入"则有内顾的含义，"出"则有与四邻各国发生交往之意，是两个表动态的词，较"内""外"更准确、更生动，含义也更丰富。"法家"的"家"是"世家"的意思，故"法家"指世臣、旧臣。"拂士"则指敢于抗君命、匡君过的知识分子，是新兴、新进之臣。"敌国"，敌体之国，即势均力敌的邻国。"外患"，由外因导致的忧患。忧患是可以致人死命，可以使国家灭亡的；相反，安乐是可以使人满足，使人幸福的。可是作者行文至此，写下了"国恒亡"之后，紧接着有意识地用反话做了总结，点明了一篇的题旨，而以"然后知"作为这第三段和第四段之间相互的关联，这三个字就上文三意看出，"有恍然而悟光景"（《苏批孟子》）。

总之，这样两正一反的三层意思，足以说明好坏事是可以互相转化的。而这些事例乃是对实际生活现象做出的有力的概括，合乎生活的辩证关系，所以使人信服。然后就在这个基础上得出了最后的结论："生于忧患而死于安乐"。其所以有很强的说服力，正由于作者是从正反两面说的，而且说得生动、真实、深刻。其所以生动，是由于作者把道理讲活了；其所以真实，是作者以现实生活为依据、以历史事实为验证的结果；其所以深刻，则在于作者把道理挖掘得很透，言简而意赅，文字中含有丰富的内容，其含义的密度是相当大的。

　　以上是就文章的结构来分析其表达思想内容的手法。下面我们还可以就孟子在文中所举的几种类型的"人"来分析。上面说过，孟子这篇短文的主旨在于警告最高统治者。而第三层从反面立论，那个"入则无法家拂士，出则无敌国外患者"的"者"，就是他所要警告的对象的代称，这很容易理解。而第一层所说的"天将降大任于是人"的"人"，就是一开头所列举的圣君贤相，他们是普通人而又非普通人，既是出身微贱的人，又是地位高贵的人。这些人，是作者为他目前所同时存在的统治阶级树立的正面榜样。这一层也好理解。而第二层所谓"人恒过，然后能改"的人，则指的是一般人，可以指被统治阶级，也可以指统治阶级中的比较下层的人，至少是没有贵族身份的人。作者为什么提到各个阶层、各种不同类型的"人"呢？这同孟子思想中的进步因素有联系。在西周时代，贵族永远是贵族，永远处于统治地位；一般人是不可能取而代之的。经春秋而到战国，即到了孟轲所生活的时代，旧的奴隶主贵族有的垮了，有的转化为新兴地主阶级了，"士"的地位则提高了。于是儒家学派中代表人物如孔丘、孟轲，提出了"尧舜与人同耳""人皆可以为尧舜"的观点，认为普通人与贵族统治阶级之间有了一定的共性。孟子在这篇短论中就论证了这一点。第一段里孟子所提到的那些大人物，原来并非大人物；而是小人物经过了刻苦磨炼而成了大人物。第二段则指出，因犯错误而产生思想斗争并受到外来压力，是任何人，特别是大多数的普通人，都能遇到的。第三段说，当前在位的统治者未必都是圣君贤相，那么他们也应该尝尝普通人以及由普通人变成的圣君贤相所遇到的苦头。如果不尝点苦头，就很可能倒大霉，面临亡国之惨祸。三层用三种人做例证，所以我们才感到丰富、全面。

　　这四段文章的表现手法也各不相同。第一段用的是铺排写法。这是为了达到以下的目的：一、列举了很多大人物（圣君贤相），一面表示历史上这样的由普通人转化而成的大人物远远不止一个，现今的统治阶级并非不可企及；另一方面表示作者在引经据典，绝非单例孤证，以增强说服力。二、孔、孟是言必称尧舜的，并强调"人皆可以为尧舜""尧舜与人同"的，必须多举例证以起到示范作用。三、必须着力描写承担"大任"者受折磨的具体情况，来加强自己的论点。第二段用的是因果写法，说明犯错误与改正错误（包括"过而能改"和"知过必改"以及改过是坏事变好事等）的辩证关系（这是孟轲从生活经验中得到的朴素辩证法）。第三段在前两段基础上从反面来说，加强了警告作用，这叫反衬法。第四段是总结，为了收束有力，并对上文两正一反三层文字做出相应的概括，所以用对比写法。总之，第一层广，第二层深，第三层因反写而显得锋锐警策，第四层不对比不足以力绾全篇，并且只有对比才显示出本文对当时封建统治阶级有多么重大的利害关系。然而，这样一篇文章还不到一百五十字呢！

卷十三 尽心（上）

孟子曰："尽其心者，知其性也。知其性，则知天矣。存其心，养其性，所以事天也。殀寿不贰，修身以俟之，所以立命也。"

孟子曰："莫非命也，顺受其正。是故知命者，不立乎岩墙之下。尽其道而死者，正命也。桎梏死者，非正命也。"

此二章为宋明诸儒性命之学主要依据，深奥玄秘，难得其解。而理学家之言甚纷呶无已。鄙意释此二章无须刻意求深。所谓"尽心"，即与梁惠王所言"尽心焉耳矣"之"尽心"同义，意谓殚思竭虑，尽己最大努力以完成心目中之最高目标，如此而已。人能尽其心，则知其人之性乃求止于至善者。夫"天命之谓性"，如人能自知其性，则自然"知天"矣。存其殚思竭虑之心，以养其求止于至善之性，则于天也自然敬而事之，孔子所谓畏天命是也。天命如何，人不能预知，惟修身以俟之。然修身矣，而未必不遇逆境，惟顺受其正而已。虽然，知命者不可自蹈死路，徒死无益，故不立乎岩墙之下。至于杀身成仁，舍生取义，是尽其道而死者，乃为正命。触犯刑律，因己之恶而致死，则非正命。虽死而犹有余辜，所谓自作孽不可活，故不足惜也。

孟子曰："求则得之，舍则失之，是求有益于得也，求在我者也。求之有道，得之有命，是求无益于得也，求在外者也。"

我求为善，不求则失之，则已自应力求且躬行实践；如求之有道，而客观条件或环境机遇不使己得之，则虽求而无益于得，故言求在外。然孔子主入世，虽知其不可而犹为之；孟子则但言视外在条件与环境是否有益于得。此犹君子知命，不立乎岩墙之下，不强其必得也。

孟子曰："万物皆备于我矣。反身而诚，乐莫大焉。强恕而行，求仁莫近焉。"

此章首句乃结论。己能反身而诚，强恕而行，自然万物皆备于我。今人述孟子语，但引此一句，遂贻人以唯心主义之讥，是断章取义耳。

孟子曰："行之而不著焉，习矣而不察焉，终身由之而不知其道者，众也。"

此章孟子盖劝众人应以理性指导己之言行，不宜但凭感情用事或由下意识盲目行事。关键在于"知其道"。故孔子有名言："朝闻道，夕死可矣。"

孟子曰："人不可以无耻。无耻之耻，无耻矣。"

焦循释"无耻之耻"，谓"之"者往也，人由无耻而知有耻，自然终身无复有耻辱之累。鄙意不然。夫"无耻"，贬义词也，人已无耻，则其非人也可知；而犹行可耻之事，则其人无耻已极，必不可救药矣。

孟子曰："耻之于人大矣。为机变之巧者，无所用耻焉。不耻不若人，何若人有？"

此承上章而言，言人但为机变之巧，自然不知耻为何物；人而不求上进，虽明知不如人而犹甘居下流，则其人将永无追及他人之可能矣，是无耻者之恶果也。

孟子曰："古之贤王好善而忘势，古之贤士何独不然？乐其道而忘人之势。故王公不致敬尽礼，则不得亟见之。见且由不得亟，而况得而臣之乎？"

此可以与《战国策·齐策》"齐宣王见颜斶"章参看。在上者鲜能忘其权势，而为士者欲希名利，鲜有不慕势者。孟子之言，正对此而发。

孟子谓宋句践曰："子好游乎？吾语子游。人知之，亦嚣嚣；人不知，亦嚣嚣。"曰："何如斯可以嚣嚣矣？"曰："尊德乐义，则可以嚣嚣矣。故士穷不失义，达不离道。穷不失义，故士得己焉；达不离道，故民不失望焉。古之人，得志，泽加于民；不得志，修身见于世。穷则独善其身，达则兼善天下。"

"嚣嚣"已见《万章下》。赵岐注"嚣嚣，自得无欲之貌。"朱熹《集注》引之。焦循引《尔雅·释言》郭注："嚣然，闲暇貌。"朱起凤《辞通》谓"嚣嚣"即"嗷嗷"，训大言不惭貌，而以赵、朱之训为非。鄙意"嚣嚣"之"嚣"似为"翛"之通假字，《庄子·大宗师》有"翛然而往""翛然而来"之语，盖自然超脱之意，与"自得无欲"义正相合。至于《诗·鸱鸮》"翛翛"之训残缺败落，乃别一义。又，此章关键语乃"穷则独善其身，达则兼善天下"二句，故禹稷与颜回，易地则皆然也。

孟子曰："待文王而后兴者，凡民也。若夫豪杰之士，虽无文王犹兴。"

近人吴闿生以为"豪杰之士"乃孟子自谓。然孟子之世无文王其人，孟子亦无由"兴"，此不过孟子自述其理想耳。

孟子曰："附之以韩、魏之家，如其自视欿然，则过人远矣。"

此即孔子言"富而不可求，从吾所好"与孟子言"富贵不能淫"之义。

孟子曰："以佚道使民，虽劳不怨；以生道杀民，虽死不怨杀者。"

以佚道使民，在上者使民以仁心仁术也，故民虽劳不怨；以生道杀民者，谓执法者公正无私，故虽死不怨。如管仲夺伯氏邑，与诸葛孔明挥泪斩马谡，皆使受者无怨。无他，公而无私耳。

孟子曰："霸者之民，驩虞如也；王者之民，皞皞如也。杀之而不怨，利之而不庸，民日迁善而不知为之者。夫君子所过者化，所存者神，上下与天地同流，岂曰小补之哉？"

霸者成事，民亦得其赐，故驩虞如也，"驩虞"即"欢娱"。如孔子之赞管仲是也。然王者之民，如击壤而歌者，反不知帝力于我何有矣。"杀之而不怨"三句，自指王者之民言之。"君子"指王者而言，谓其功德可上下与天地同流，非不无小补者，如尧舜是也。盖战国末叶，即霸者亦难得。霸者犹可小补于当世，而王者则大而化之，存而神之，不独小补而已。

孟子曰："仁言，不如仁声之入人深也。善政，不如善教之得民也。善政，民畏之；善教，民爱之。善政得民财，善教得民心。"

仁言者，犹今之好话多说，然为政者往往徒托空言而不见诸行动。仁声，指为政者之言行举止皆合于民心，民乃于为政者有颂声之谓。善政，朱熹释为"谓法度禁令，所以制其外也"；善教，则以孝悌忠信诸伦理道德对民进行正面教育，故民爱之，且使执政者得民心。得民财，民未必能安居乐业，故终不及得民心之难能可贵。

孟子曰："人之所不学而能者，其良能也；所不虑而知者，其良知也。孩提之童无不知爱其亲者；及其长也，无不知敬其兄也。亲亲，仁也；敬长，义也；无他，达之天下也。"

良知良能之说，始见于此，即性善论之根本依据。良知，即人皆有不忍人之心；良能，即人先天不待学而能者，如婴儿生而知吮母乳，男子成年知好色则慕少艾之类是也。而孟子以为性善之表现，重在知仁义，即孝亲与敬长。持性恶论者，纵令之孝亲与敬长，然"其善者伪也"，终属无源之水。故荀子于仁义之外强调"礼"，而李斯、韩非则进而强调"法"。此自孔子已知之，故其言曰："道之以政，齐之以刑，民免而无耻。道之以德，齐之以礼，有耻且格。"盖性善者始能知耻，性恶者虽免而无耻。良知良能，必知耻而后可以发扬光大也。

孟子曰："舜之居深山之中，与木石居，与鹿豕游，其所以异于深山之野人者几希。及其闻一善言，见一善行，若决江河，沛然莫之能御也。"

此亦孟子强调性善说之明证。如换位而言之，虽深山之野人，能闻一善言见一善行，亦可以成尧舜。此即孟子之所以言"人皆可以为尧舜"之依据也。

孟子曰："无为其所不为，无欲其所不欲，如此而已矣。"

"所不为"者，所不当为之事，即不仁不义之事也。"所不欲"者，超出所当欲之范围，如好色而淫乱，贪财而枉法之类是也。不为不当为之事，不欲非礼非分之欲，则洁身自好者多，人际可以和睦相处，社会亦可安定团结矣。

孟子曰："人之有德慧术知者，恒存乎疢疾。独孤臣孽子，其操心也危，其虑患也深，故达。"

人有才智，而往往生不逢时，四处碰壁。独孤臣孽子，其初生即处于逆境之中，故时时操心虑患，历险恶艰辛而能战胜之，反而能促成其遂愿达志，此与"舜发于畎亩"一章可互参。

孟子曰:"有事君人者,事是君则为容悦者也。有安社稷臣者,以安社稷为悦者也。有天民者,达可行于天下而后行之者也。有大人者,正己而物正者也。"

此章言人有四等,皆指为臣民者。"事君人者",专以取悦于君为事,以求己之富贵利达者也。"安社稷臣者",以佐君安社稷为事,管仲、诸葛孔明之属是也。"天民",则不必力求仕进,如朱熹所谓"宁没世不见知而不悔,不肯小用其道以殉于人"者,如陶渊明是也。而真正之"大人",惟思正己,则物自正。不必出仕,亦不必求名利,惟行己之正而已。此诚世所罕见者,故史迁以伯夷居列传之首,良有以也。

孟子曰:"君子有三乐,而王天下不与存焉。父母俱存,兄弟无故,一乐也;仰不愧于天,俯不怍于人,二乐也;得天下英才而教育之,三乐也。君子有三乐,而王天下不与存焉。"

此孟子游诸侯而无功,归而不得已求其次,故言三乐者,虽王天下不与存也。然仰不愧天,俯不怍人,已大不易。若得天下英才而教育之,则己之道不行,惟寄希望于下一代耳。此犹孔子"有朋自远方来不亦乐乎"之义。

孟子曰:"广土众民,君子欲之,所乐不存焉。中天下而立,定四海之民,君子乐之,所性不存焉。君子所性,虽大行不加焉,虽穷居不损焉,分定故也。君子所性,仁义礼智根于心。其生色也,睟然见于面,盎于背,施于四体,四体不言而喻。"

此即《大学》修齐治平正心诚意之旨,所谓"一是皆以修身为本"是也。大行不加,穷居不损,即富贵不能淫、贫贱不能移、威武不能屈之意。

孟子曰："伯夷辟纣，居北海之滨，闻文王作兴，曰：'盍归乎来？吾闻西伯善养老者。'太公辟纣，居东海之滨，闻文王作兴，曰：'盍归乎来？吾闻西伯善养老者。'天下有善养老，则仁人以为己归矣。五亩之宅，树墙下以桑，匹妇蚕之，则老者足以衣帛矣。五母鸡，二母彘，无失其时，老者足以无失肉矣。百亩之田，匹夫耕之，八口之家足以无饥矣。所谓西伯善养老者，制其田里，教之树畜，导其妻子，使养其老。五十非帛不暖，七十非肉不饱。不暖不饱，谓之冻馁。文王之民，无冻馁之老者，此之谓也。"

此章之意，孟子数言之，以为此乃王道之始。文王之道，犹王道也。此孟子之政治理想，故屡及之。然战国之时，民已有冻馁之虞，故孟子以民无冻馁为王道之最低标准。

孟子曰："易其田畴，薄其税敛，民可使富也。食之以时，用之以礼，财不可胜用也。民非水火不生活，昏暮叩人之门户，求水火，无弗与者，至足矣。圣人治天下，使有菽粟如水火。菽粟如水火，而民焉有不仁者乎？"

此章章旨与上章同，所谓圣人治天下，使有菽粟如水火，亦属最低标准。

孟子曰："孔子登东山而小鲁，登泰山而小天下。故观于海者难为水，游于圣人之门者难为言。观水有术，必观其澜。日月有明，容光必照焉。流水之为物也，不盈科不行；君子之志于道也，不成章不达。"

此章所论"观水有术"与"日月有明"本二事，而魏武诗《观沧海》乃合而言之。读此章而后诵魏武诗，始能悟其诗之沉雄豪迈之美，否则但以为记景而已，不惟不悟孟子之志，亦不能窥魏武之襟怀。

孟子曰："鸡鸣而起，孳孳为善者，舜之徒也。鸡鸣而起，孳孳为利者，跖之徒也。欲知舜与跖之分，无他，利与善之间也。"

孔孟皆尝以义利并举，此则以善与利并举。盖舜行善政即为仁政，亦即王道。以善与利对举，盖溯其本而言之。

孟子曰："杨子取为我，拔一毛而利天下，不为也。墨子兼爱，摩顶放踵利天下，为之。子莫执中，执中为近之，执中无权，犹执一也。所恶执一者，为其贼道也，举一而废百也。"

孟子解杨墨，已见前篇。此虽言杨墨，实论执中之利弊。盖执中不知权变则太胶执，其实质乃执一，执一则害道矣。今之所谓一言堂者，其弊即在举一而废百也。故为政者往往其言似执中，而其行则执一，其弊至于铸大错而不自知，且不知悔，于是民不堪命矣。

孟子曰："饥者甘食，渴者甘饮，是未得饮食之正也，饥渴害之也。岂惟口腹有饥渴之害？人心亦皆有害。人能无以饥渴之害为心害，则不及人不为忧矣。"

焦循曰："饥渴者急欲得食，故以不甘为甘。""十年浩劫"，桎梏人心，一旦解脱，众乃饥不择食矣。今之急功近利，世风浮躁，皆"十年浩劫"反弹之过也。

孟子曰："柳下惠不以三公易其介。"

陆德明《音义》："介，谓特立之行。"焦循《正义》引刘熙云："介，操也。"《北山移文》有"耿介拔俗"之语，自以刘、陆之说为长。盖柳下惠三仕三见黜于君，而其志不改，"进不隐贤，必以其道"，虽以朝衣朝冠坐于涂炭亦不以为忤，是真特立之行矣。

孟子曰："有为者辟若掘井，掘井九轫而不及泉，犹为弃井也。"

此与"为山九仞，功亏一篑"同义。

孟子曰："尧、舜，性之也；汤、武，身之也；五霸，假之也。久假而不归，恶知其非有也。"

五霸假之者，假仁义之名，而行霸业之实也。久假而不归有三解：一谓久假不归，即为真有。盖五霸虽非真行仁义，犹得使民沾溉其泽。一谓假借仁义之名，以求济其贪欲之私。此二义正相反。另一则谓叹世人莫觉其伪，朱熹以为亦可通。鄙意孟子处战国之世，诸侯互不相让，民生不堪其扰。五霸虽假仁义之名，犹视战乱频仍、陷民于水火之中为愈。故孟子以为虽久假不归，而于民未觉无利，虽功烈视尧舜汤武为卑，亦胜当时诸侯一筹，故曰"恶知其非有"。其词若有憾焉，其实乃叹今不如昔也。

公孙丑曰："伊尹曰：'予不狎于不顺'，放太甲于桐，民大悦。太甲贤，又反之，民大悦。贤者之为人臣也，其君不贤，则固可放与？"孟子曰："有伊尹之志，则可；无伊尹之志，则篡也。"

判断此事有二前提。一曰，伊尹之行，民皆大悦，故以臣放君，当视民心向背而定其是非。若共伯之放周厉王，即世称"共和"之始，以视民心之向背而定其是非也。二曰伊尹见太甲贤，乃反之。若后世篡位易号之权臣，必无"反其君"者。此能"反其君"，即证明伊尹之非篡。然后世统治者每假仁义之美名行罪恶之事实，且以伊尹为借口，则大可畏矣。故读此章之应借鉴者，乃启迪后之人宜循名责实，听其言观其行，不可为虚妄美言所误。

公孙丑曰："《诗》曰：'不素餐兮'，君子之不耕而食，何也？"
孟子曰："君子居是国也，其君用之，则安富尊荣；其子弟从之，则孝悌忠信。'不素餐兮',孰大于是?"

此自是《伐檀》"彼君子兮,不素餐兮"之正解。自"五四"以还,世多以此二句为讽刺"君子"之言,已属误读。近且有谓孟子以己主观之"意"逆诗人之"志",曲解此诗,从而否定孟子"以意逆志"之说。非独误读《诗》之本文,且厚诬孟子矣。故为学不可不慎也。

王子垫问曰:"士何事?"孟子曰:"尚志。"曰:"何谓尚志?"曰:"仁义而已矣。杀一无罪,非仁也;非其有而取之,非义也。居恶在?仁是也;路恶在?义是也。居仁由义,大人之事备矣。"

孟子以为居仁由义,乃"大人之事",然则士之尚志,当以"大人"为最高楷模。而仁义之最低标准,莫过于不妄杀无罪之人与不妄取非己应有之物。然此已大不易矣。

孟子曰:"仲子,不义与之齐国而弗受,人皆信之,是舍箪食豆羹之义也。人莫大焉亡亲戚、君臣、上下。以其小者信其大者,奚可哉?"

此所谓"小信未孚",以"煦煦为仁,孑孑为义"者也。陈仲子能为小义,人乃信其可以为大义,而孟子不信之耳。

桃应问曰:"舜为天子,皋陶为士,瞽瞍杀人,则如之何?"孟子曰:"执之而已矣。""然则舜不禁与?"曰:"夫舜恶得而禁之?夫有所受之也。""然则舜如之何?"曰:"舜视弃天下犹弃敝屣也。窃负而逃,遵海滨而处,终身䜣然,乐而忘天下。"

此孟子假设之辞。皋陶执法,舜自不能禁;然舜有大孝之名,又不能坐视其父之死,故唯有窃负而逃耳。后世之居高位者,岂惟其父杀人可以无罪,且

"一人得道，鸡犬升天"，即奴仆亦仗势欺人，而法莫之能禁也。倘居高位者能洁身自好，引咎辞职，已足可称矣。唯世不唯无舜，抑且无皋陶。倘居高位者之父杀人，而执法者能治以罪，则可以称盛世矣。

孟子自范之齐，望见齐王之子。喟然叹曰："居移气，养移体，大哉居乎！夫非尽人之子与？"孟子曰："王子宫室、车马、衣服多与人同，而王子若彼者，其居使之然也。况居天下之广居者乎？鲁君之宋，呼于垤泽之门。守者曰：'此非吾君也，何其声之似我君也？'此无他，居相似也。"

此章非徒谓贵族子弟可以颐指气使，习惯成自然而有贵族气派也。而宜从孟子"喟然叹曰"进而深思之。夫一为贵族，其子弟便可世袭富贵权势。一旦失势，如辛亥革命后之八旗子弟，非坐吃山空即沦为乞丐，犹前章言"富岁子弟多赖，凶岁子弟多暴"，然后知"居移气，养移体"之不可恃也。

孟子曰："食而弗爱，豕交之也；爱而不敬，兽畜之也。恭敬者，币之未将者也。恭敬而无实，君子不可虚拘。"

此章指为君者宜礼贤下士，可与《论语》"今之孝者，是谓能养，至于犬马，皆能有养，不敬何以别乎"一章参看。

孟子曰："形色，天性也。惟圣人，然后可以践形。"

此章之义，在于圣人之言行形色能表里如一，无烦深解。

齐宣王欲短丧。公孙丑曰："为期之丧，犹愈于已乎？"孟子曰："是犹或紾其兄之臂，子谓之姑徐徐云尔，亦教之孝弟而已矣。"王子有其母死者，其傅为之请数月之丧。公孙丑曰："若此者，何如也？"曰："是欲终之而不可得也。虽加一日愈于已，谓夫莫之禁而弗为者也。"

此即"执中而权"之义。不应短丧而短，非礼也；不许为母丧而乞数月之丧，虽无是礼而为子者愿尽孝于母，自宜允之。如执一，则反为不公平。故"莫之禁而弗为"，孟子以为非是。

> 孟子曰："君子之所以教者五：有如时雨化之者，有成德者，有达财者，有答问者，有私淑艾者。此五者，君子之所以教也。"

"如时雨化"，指耳濡目染，能举一反三，告诸往而知来者；"成德"，谓指其人本有立德之基，为师者得进而促成之；"达财"，"财"通"材"，指其人为可造之材，乃因材而施教；"答问"，指"小扣则小鸣，大扣则大鸣"。至于"私淑"，则指其人已没，后之人求师不得，乃私以师为模范，己力行自修之谓。"艾"训治，犹言自治，今之自修、自学是也。五者自近而远，自深而浅。

> 公孙丑曰："道则高矣，美矣，宜若登天然，似不可及也。何不使彼为可几及而日孳孳也？"孟子曰："大匠不为拙工改废绳墨，羿不为拙射变其彀率。君子引而不发，跃如也。中道而立，能者从之。"

传道授业，宜高悬标准，不宜迁就庸才。今人但求普及，而不务提高，则舍本而逐末矣。此今日教育所以失败原因之一也。

> 孟子曰："天下有道，以道殉身；天下无道，以身殉道。未闻以道殉乎人者也。"

"以道殉身"，指天下有道，己为道而可以死；"以身殉道"，谓天下无道，己宁死而不屈从于无道。"以道殉人"，则为一己之私而甘心驱走于权贵之门，不计其是否合于道，则丧失原则矣。

公都子曰:"滕更之在门也,若在所礼。而不答,何也?"孟子曰:"挟贵而问,挟贤而问,挟长而问,挟有勋劳而问,挟故而问,皆所不答也。滕更有二焉。"

有所"挟"而向人求教,其非诚而有礼可知,故不答。今之为师者,视人之是否富贵利达有权势而有所取舍,失为师之道矣,然滔滔者天下皆是也。孔子所谓"有教无类",孟子所谓"得天下英才而教育之",久已不得而见之矣。

孟子曰:"于不可已而已者,无所不已;于所厚者薄,无所不薄也。其进锐者,其退速。"

人而无所不已,无所不薄,自然进锐而退速矣。

孟子曰:"君子之于物也,爱之而弗仁;于民也,仁之而弗亲。亲亲而仁民,仁民而爱物。"

此可与《论语》"泛爱众而亲仁"参看。

孟子曰:"知者无不知也,当务之为急;仁者无不爱也,急亲贤之为务。尧、舜之知而不遍物,急先务也;尧、舜之仁不遍爱人,急亲贤也。不能三年之丧,而缌小功之察;放饭流歠,而问无齿决,是之谓不知务。"

当务之急,不妨"抓大放小";如但知从小节入手而忽其大者,即所谓"不知务"。此二者无论为政与求学,皆不可不辨。

卷十四　尽心（下）

　　孟子曰："不仁哉，梁惠王也！仁者以其所爱及其所不爱，不仁者以其所不爱及其所爱。"公孙丑问曰："何谓也？""梁惠王以土地之故，糜烂其民而战之，大败，将复之，恐不能胜，故驱其所爱子弟以殉之，是之谓以其所不爱及其所爱也。"

　　每读此章，辄为之不怿也久之。梁惠王欲开疆辟土，不惜糜烂其民以行不义之战，不胜而竟以己之子弟殉之，是不独不爱其民，且失亲亲之道，故孟子非之。然梁惠王犹愈于今之帝国主义与霸权主义者也。昔者日寇侵华，我国亿万人民奋勇抗敌，虽伤亡惨重，乃义战也；而日寇则糜烂其民矣。虽然，未闻日之皇室贵族子弟及高层领导，亲临前线以殉此不义之战也。时至今日，霸权主义统治者悍然干涉他国内政，调兵遣将入人之国，至今犹未撤兵，而死于异乡者，皆其国之无辜公民也。未闻其总统与上层领导之子弟亲眷死于战火前线，是霸权统治者不惜糜烂其公民以谋其上层集团一己之利，岂不更逊梁惠王一筹乎？以国家纳税人之血汗与公民血肉之躯谋上层集团之利，是以己之所欲强施于人，残民以逞，而其志卒未毕逞，劳民伤财，莫此为甚，是犹得为自由民主之国家乎？读先辈古书，每发人深思，非徒问责于人，亦将以三省己身也。

　　孟子曰："春秋无义战。彼善于此，则有之矣。征者上伐下也，敌国不相征也。"

　　春秋无义战，古人屡言之。而敌国不相征，其义已早泯失。今联合国为全球百余国之组织，以常理度之，宜无大小贫富强弱之分，皆平等相待。是犹孟子所谓敌国也。敌者对等之谓。敌国之间无上下之别，故相征即为违法。自"二战"结束以来，逾六十年矣，而局部战争迄今未已。除内讧外，皆以强凌弱，以大侵小，是敌国相征也。读孟子至此章，未尝不废书而叹。

孟子曰："尽信《书》，则不如无《书》。吾于《武成》，取二三策而已矣。仁人无敌于天下。以至仁伐至不仁，而何其血之流杵也？"

此章有二义：一、尽信《书》则不如无《书》，是古史中不实处不一而足，宜乎"五四"以来有疑古学派也。二、仆屡言汤武革命，非至仁伐至不仁；以此章反证之，实缘纣失民心，而武王以武力取胜，故血流可以漂杵。自古迄今，战争未有不流血者，而死者多为士卒平民，所谓"一将功成万骨枯"是已。古史虽不可尽信，然以史为鉴，则不诬也。读书而正人心，是可读之书也；读书而坏人心术，则不可读之书也。今之阐释古书与著书立说者，当知所取法。

孟子曰："有人曰：'我善为陈，我善为战。'大罪也。国君好仁，天下无敌焉。南面而征，北狄怨；东面而征，西夷怨。曰：'奚为后我？'武王之伐殷也，革车三百两，虎贲三千人。王曰：'无畏！宁尔也，非敌百姓也。'若崩厥角稽首。征之为言正也，各欲正己也，焉用战？"

此孟子之反战论也，亦即理想之仁政。当战国之际，此固为振聋发聩之言，然终不免为人讥为迂拘，以好战者多，无人能入耳也。

孟子曰："梓匠轮舆能与人规矩，不能使人巧。"

此当与《论语》"举一隅不以三隅反，则不复也"章参看。今人但求巧，以能走捷径为得，而不欲以规矩绳之，于是世风大不正矣。

孟子曰："舜之饭糗茹草也，若将终身焉；及其为天子也，被袗衣，鼓琴，二女果，若固有之。"

今官吏之弊，在于能上不能下，使舜为天子，及禅位于禹，仍饭糗茹草，甘为平民，则真圣人矣。读孟子此章，宜从反面思考。

孟子曰："吾今而后知杀人亲之重也。杀人之父，人亦杀其父；杀人之兄，人亦杀其兄。然则非自杀之也，一间耳。"

此章言残贼杀人之为害。唐人如韩柳皆议及复仇之利弊。今法律严于死刑之判决，固基于以人为本之理念，然杀人者死，自刘邦已约为法。如杀人者每幸免于死，则被杀者之亲眷乃往往有复仇之举。故量刑不可不慎。且乱世宜用重典，所以示儆也。仆不谙法律，然王法不外乎人情，惟情不能大于法耳。

孟子曰："古之为关也，将以御暴；今之为关也，将以为暴。"

国家设法院与检察院，设公安与国家安全部门，皆所以卫民护民者。党有纪检委，国有监管局，皆所以防范奸宄之害民者。而今卫民护民者往往害民，防奸杜奸者往往纵奸，正《孟子》此章所言之弊。

孟子曰："身不行道，不行于妻子；使人不以道，不能行于妻子。"

今之贪官污吏皆身不行道者，而妻子竟助纣为虐，可见世风之日下。

孟子曰："周于利者，凶年不能杀；周于德者，邪世不能乱。"

此章之"利"，谓利民也。民得温饱，则凶年可无饥寒之虞；民知礼义，则邪世无乱离之苦。晚清庚子之变，慈禧执政，以人谋不臧，自造邪世，故民死伤离乱。丧权辱国,莫此为甚。故欲求社会和谐,必先使民遭凶年天灾而无死亡流乱之苦,尤不能自造邪世,招来祸患。

孟子曰:"好名之人,能让千乘之国;苟非其人,箪食豆羹见于色。"

所谓"能让千乘之国",实违心虚妄之言。夫箪食豆羹犹见于颜色,岂能真以千乘之国让人乎?此孟子于好名者诛心之论也。

孟子曰:"不信仁贤,则国空虚;无礼义,则上下乱;无政事,则财用不足。"

孟子曰:"不仁而得国者,有之矣;不仁而得天下者,未之有也。"

此二章皆孟子针对战国时局而言。当时各国诸侯,不徒国空虚,抑且财用不足,故上下乱。而秦之吞并六国,是不仁而得国者;然二世而亡,是不仁而不能得天下也。故孟子所言,其预见性真不可及。

孟子曰:"民为贵,社稷次之,君为轻。是故得乎丘民而为天子,得乎天子为诸侯,得乎诸侯为大夫。诸侯危社稷,则变置。牺牲既成,粢盛既洁,祭祀以时,然而旱干水溢,则变置社稷。"

此章以"民贵君轻"有民本思想而广为人知。然世人读此,每断章取义,但引述前三句。如通读全章,则变置"社稷"云者,亦近乎迂执。盖旱干水溢,今犹为害,皆人类破坏大自然所导致之恶果,非土谷之神不能御灾捍患也。故"社稷次之",宜解为人类应重视大自然,乃合于今义。

孟子曰:"圣人,百世之师也,伯夷、柳下惠是也。故闻伯夷之风者,顽夫廉,懦夫有立志;闻柳下惠之风者,薄夫敦,鄙夫宽。奋乎百世之上。百世之下，闻者莫不兴起也。非圣人而能若是乎，而况于亲炙之者乎？"

此章之意，前已屡言之。在孟子心目中，圣人与常人不过相去一间，故伯夷、柳下惠皆可以称圣人。孔子自春秋末年传道授业，七十子一传再传，影响至巨，故门人与传人皆以圣人尊之。如子贡即有夫子既圣矣之叹。孔孟不以圣自居是我国传统美德夙以谦抑为作人之本也。后世统治者立孔子为偶像，要亦有所依据，非尽用己主观之意以愚民。"五四"以来，或言孔子不过常人而已，不得以圣人称之，盖不欲以偶像视之，固未可厚非。而近乃有人据《史记·孔子世家》，谓孔子不过一丧家狗。夫丧家之狗，"丧"字应读平声，乃指人家有丧事，人皆悲泣，即其家所豢养之狗亦嗒然无精打采，而非丧失其家流浪之狗也。后世读"丧"为去声，久失其本义。今乃据讹误之说引而申之，以释《论语》，是已误导读者。复用此以形容孔子有失落感，则强调儒家之消极一面。虽曰还孔子之本来面目，实则以偏概全，犹属片面。以此立言而竟不顾七十子及其后学如孟、荀诸家对孔子之评价，名为学术研究而竟专走偏锋以哗众，此真以紫夺朱矣，夫复何言！

孟子曰："仁也者，人也。合而言之，道也。"

此章疑有佚文，见朱注。
附：朱注：或曰："外国本，人也之下，有'义也者宜也，礼也者履也，智也者知也，信也者实也。'凡二十字。"今按如此，则理极分明，然未详其是否也。

孟子曰："孔子之去鲁，曰：'迟迟吾行也。'去父母国之道也。去齐，接淅而行，去他国之道也。"

此章重复。

孟子曰："君子之厄于陈、蔡之间，无上下之交也。"

此章有二解。一指孔子厄于陈蔡之间，陈蔡之君臣皆不与交；一指孔子身在危难之中，不欲假借当地得势之人以求免于厄。从前解可证当时统治者有势利之心，不欲救人于危难之中，此在今世，亦不罕见；从后解则谓孔子不求假势利之交以苟免于难。要之皆孟子慨叹世道沦溺之言。鄙意可两说并存。在人乃见死不救，在孔子则宁死不屈。如此解之，庶几得孟子本意。

貉稽曰："稽大不理于口。"孟子曰："无伤也。士憎兹多口。《诗》云：'忧心悄悄，愠于群小。'孔子也。'肆不殄厥愠，亦不殒厥问。'文王也。"

此章明人言之可畏，虽文王、孔子，亦不免以愠于群小而招谤。由是观之，自先秦及于今世，数千年于兹，社会风气之劣自古已然，不独今之人轻信谗言也。

孟子曰："贤者以其昭昭，使人昭昭；今以其昏昏，使人昭昭。"

今人以其昏昏而欲使人昭昭，比比皆是也。此无他，一则无自知之明，以为外行可以领导内行；二则人之患在好为人师；三则居高位，掌大权，颐指气使，以一言堂压服群言。于是忘己之昏昏，卒之使昭昭者亦昏昏，而天下事不可收拾矣。

孟子谓高子曰："山径之蹊间，介然用之而成路。为间不用，则茅塞之矣。今茅塞子之心矣。"

仆十四五时，先君诲之曰："茅塞子之心，《庄子》中亦有之，汝知之乎？"对曰："不知也。"先君未即告。后数年读《庄子·逍遥游》，庄子谓惠施曰："则夫子犹有蓬之心也夫！"固悟此即与"茅塞子之心"同义。屈指计之，距今逾七十年，先君墓木已拱矣。

　　高子曰："禹之声尚文王之声。"孟子曰："何以言之？"曰："以追蠡。"曰："是奚足哉？城门之轨，两马之力与？"

此章朱熹释之甚详，然犹言所谓"未知其是否"，足见古人虚怀若谷。夫钟声之悦耳，不在钟钮之磨损与否。盖禹之世距文王之世为远，钟钮自易磨损，不得即由此得出文王之乐不及禹乐之结论。犹城门之轨辙，固由车马碾压而成；然轨辙之迹印，必非一车两马一次之力所致，由此引发二义：一、不得从表面现象得出本质性结论；二、事物之成，多由积渐而后使然。如水滴久可使穿石，犹钟钮之磨损与轨辙之印迹，皆非一时而使然。

　　齐饥。陈臻曰："国人皆以夫子将复为发棠，殆不可复。"孟子曰："是为冯妇也。晋人有冯妇者，善搏虎，卒为善士。则之野，有众逐虎。虎负嵎，莫之敢撄。望见冯妇，趋而迎之。冯妇攘臂下车。众皆悦之，其为士者笑之。"

重作冯妇之典出此章。孟子之意，盖谓己既去齐，必不再过问齐事，否则即为匹夫之勇如冯妇之流矣。

　　孟子曰："口之于味也，目之于色也，耳之于声也，鼻之于臭也，四肢之于安佚也，性也。有命焉，君子不谓性也。仁之于父子也，义之于君臣也，礼之于宾主也，知之于贤者也，圣人之于天道也，命也。有性焉，君子不谓命也。"

命者，命运也，求之而未必可得也；性者，此处指人之本能与良知，人之所求而期于必得者也。求之而未必得，虽性之所必期，亦当知命而安之。仁义礼智者，天命之谓性也，然虽求之而不能得，即颠沛造次，亦必守之勿失。此即存天理而抑人欲之意。

浩生不害问曰:"乐正子,何人也?"孟子曰:"善人也,信人也。""何谓善?何谓信?"曰:"可欲之谓善,有诸己之谓信。充实之谓美,充实而有光辉之谓大,大而化之之谓圣,圣而不可知之之谓神。乐正子,二之中,四之下也。"

所谓二之中,即人当为善与守信。其上之四阶段,非常人所能及,姑置之可也。

孟子曰:"逃墨必归于杨,逃杨必归于儒。归,斯受之而已矣。今之与杨、墨辩者,如追放豚,既入其苙,又从而招之。"

此章宜从焦循解。盖与"归斯受之"之意相贯连也。"入其苙"者,指已归于儒者;"从而招之"者,谓尚未归于儒之人,当积极招之使来归也。较赵岐、朱熹之解为优。

孟子曰:"有布缕之征,粟米之征,力役之征。君子用其一,缓其二。用其二而民有殍,用其三而父子离。"

此反苛政之论。使三者并征,则竭泽而渔,民不堪命矣。

孟子曰:"诸侯之宝三:土地、人民、政事。宝珠玉者,殃必及身。"

此反贪之论。两"宝"字皆作动词用。为政者失土地与人民,则政事必不修。如此则都大都以珠玉为宝矣,必殃及其身无疑。

盆成括仕于齐。孟子曰:"死矣盆成括!"盆成括见杀。门人问曰:"夫子何以知其将见杀?"曰:"其为人也小有才,未闻君子之大道也，则足以杀其躯而已矣。"

小有才者必恃才妄作，是自食恶果也。

孟子之滕，馆于上宫。有业屦于牖上，馆人求之弗得。或问之曰："若是乎从者之廋也？"曰："子以是为窃屦来与？"曰："殆非也。夫子之设科也，往者不追，来者不拒。苟以是心至，斯受之而已矣。"

此孟子之恕道，"往者不追，来者不拒"，是一篇关键。

孟子曰："人皆有所不忍，达之于其所忍，仁也；人皆有所不为，达之于其所为，义也。人能充无欲害人之心，而仁不可胜用也；人能充无穿踰之心，而义不可胜用也；人能充无受尔汝之实，无所往而不为义也。士未可以言而言，是以言餂之也；可以言而不言，是以不言餂之也。是皆穿踰之类也。"

"达"即"己欲达而达人"之"达"。"达"在于能"充"，即扩而充之之意。篇末谓以言"餂"士，即俗所谓"引蛇出洞"之意。所谓以不言餂士，则人皆成惊弓之鸟，虽欲言亦不言矣。证以近半世纪中之事，则士之受"餂"者众，盖不知餂人者乃穿踰之类也。

孟子曰："言近而指远者，善言也；守约而施博者，善道也。君子之言也，不下带而道存焉。君子之守，修其身而天下平。人病舍其田而芸人之田，所求于人者重，而所以自任者轻。"

此章末二句最警策。世之舍己而芸人之田者与夫所求于人者重而所以自任者轻，比比皆是也。

孟子曰："尧、舜，性者也；汤、武，反之也。动容周旋中礼者，盛德之至也。哭死而哀，非为生者也。经德不回，非以干禄也。言语必信，非以正行也。君子行法，以俟命而已矣。"

孟子此章已明言汤武与尧舜有别，"反之"者，反其性归之于善也。其下诸语，旨在求为人必表里如一，言行皆发之于心，所谓"诚于中形于外"。如此行事，而不见容，则俟命而已，不宜强求也。

孟子曰："说大人则藐之，勿视其巍巍然。堂高数仞，榱题数尺，我得志弗为也；食前方丈，侍妾数百人，我得志弗为也；般乐饮酒，驱骋田猎，后车千乘，我得志弗为也。在彼者，皆我所不为也；在我者，皆古之制也，吾何畏彼哉？"

此即富贵不能淫之意，且以讥富贵利达者。

孟子曰："养心莫善于寡欲。其为人也寡欲，虽有不存焉者，寡矣；其为人也多欲，虽有存焉者，寡矣。"

孟子但言寡欲，不言灭绝人欲。因知宋儒之弊，一曰以己所欲强施于人，二曰持理欲为两端，而以走极端之绝对方式谈哲理学术，于是其弊乃不可收拾。

曾皙嗜羊枣，而曾子不忍食羊枣。公孙丑问曰："脍炙与羊枣孰美？"孟子曰："脍炙哉！"公孙丑曰："然则曾子何为食脍炙而不食羊枣？"曰："脍炙所同也，羊枣所独也。讳名不讳姓，姓所同也，名所独也。"

曾参不食羊枣，殆思亲而不忍食之，与美味无关。

万章问曰："孔子在陈曰：'盍归乎来！吾党之士狂简，进取，不忘其初。'孔子在陈，何思鲁之狂士？"孟子曰："孔子'不得中道而与之，必也狂狷乎！狂者进取，狷者有所不为也'。孔子岂不欲中道哉？不可必得，故思其次也。""敢问何如斯可谓狂矣？"曰："如琴张、曾晳、牧皮者，孔子之所谓狂矣。""何以谓之狂也？"曰："其志嘐嘐然，曰：'古之人，古之人。'夷考其行，而不掩焉者也。狂者又不可得，欲得不屑不洁之士而与之，是狷也，是又其次也。孔子曰：'过我门而不入我室，我不憾焉者，其惟乡原乎！乡原，德之贼也。'"曰："何如斯可谓之乡原矣？"曰："何以是嘐嘐也？言不顾行，行不顾言，则曰：'古之人，古之人。行何为踽踽凉凉？生斯世也，为斯世也，善斯可矣'。阉然媚于世也者，是乡原也。"万子曰："一乡皆称原人焉，无所往而不为原人，孔子以为德之贼，何哉？"曰："非之无举也，刺之无刺也。同乎流俗，合乎污世。居之似忠信，行之似廉洁，众皆悦之，自以为是，而不可与入尧、舜之道，故曰'德之贼'也。孔子曰：'恶似而非者，恶莠，恐其乱苗也；恶佞，恐其乱义也；恶利口，恐其乱信也；恶郑声，恐其乱乐也；恶紫，恐其乱朱也；恶乡原，恐其乱德也。'君子反经而已矣。经正，则庶民兴；庶民兴，斯无邪慝矣。"

此章所论为三种人，一曰狂者，一曰狷者，一曰乡愿。孔子曰："狂者进取，狷者有所不为也。"要之皆心口如一之人。而乡愿之徒，曲学阿世，言行不相顾，或口蜜腹剑，或同流合污，以伪善之面目示人，要之皆德之贼也。此章宜反复诵习，切身反省，庶几能洁身自好矣。

孟子曰："由尧、舜至于汤，五百有余岁。若禹、皋陶，则见而知之；若汤，则闻而知之。由汤至于文王，五百有余岁。若伊尹、莱朱，则见而知之；若文王，则闻而知之。由文王至于孔子，五百有余岁。若太公望、散宜生，则见而知之；若孔子，则闻而知之。由孔子而来，至于今百有余岁，去圣人之世，若此其未远也；近圣人之居，若此其甚也，然而无有乎尔，则亦无有乎尔。"

此《孟子》全书自序之言也。盖五百年必有王者兴，王者不兴，乃有孔子。孟子去孔子未远，传孔子之道，受孔子之业，继孔子之志，宜若可为也。而卒"无有乎尔"，岂不足五百年，便无所成事耶！于是效孔子之道，改为"立言"，以己之文行出处昭示后人，此不得已而为之，亦知其不可而为之也。今人乃谓孔孟之徒以思用世而不得，于是有失落感，此未免以小人之心度君子矣。设想世无孔孟，并其语录文本亦无之，则后世之文化学术当如何，益不可问矣。

自丙戌至丁亥，约岁余。手录《孟子》一通，每章略加浅解，聊陈鄙见而已，非敢云学术心得，以招物议。初拟节录，因思仲尼温故知新之言，乃未芟选。重读蒙经，深感时节如流，儿时雒诵，宛同梦幻。所录字迹不免潦草，以文稿不宜过于端正，反贻人故作雕饰、刻意求工之讥也。少年时喜抄书，独于论孟，以日所诵习，竟未著一字。今老病侵寻，桑榆迟暮，乃录以成帙，亦聊收秉烛馀光之末效耳。丁亥小暑莎斋谨识。

吴小如讲杜诗

自　序 / 145

第一讲　白鸥没浩荡　万里谁能驯 / 148

第二讲　长安苦寒谁独悲　杜陵野老骨欲折 / 160

第三讲　边庭流血成海水　武皇开边意未已 / 170

第四讲　忧端齐终南　颒洞不可掇 / 179

第五讲　少陵野老吞声哭　春日潜行曲江曲 / 187

第六讲　冉冉征途间　谁是长年者 / 195

第七讲　夜阑更秉烛　相对如梦寐 / 203

第八讲　每日江头尽醉归 / 211

第九讲　安得壮士挽天河　净洗甲兵长不用（上）/ 222

第十讲　安得壮士挽天河　净洗甲兵长不用（下）/ 234

第十一讲　诸葛大名垂宇宙 / 244

第十二讲　此意陶潜解 / 256

第十三讲　怅望千秋一洒泪　萧条异代不同时 / 269

第十四讲　彩笔昔曾干气象——《秋兴》/ 282

第十五讲　落日心犹壮　秋风病欲苏 / 298

　附录　2003 年秋讲杜诗第一卷 / 316

自　序

我一辈子对杜诗有兴趣、有感情，只可惜用功不够。在这篇序言里，想简要回顾一下我这一生和老杜的"缘分"，同时谈谈本书出版的一些情况。

我最早接触唐诗，是在上小学的时候。记得我十岁左右，每天早晨起来，父亲准备上班，我则要上学，同在盥洗室里，父亲于洗脸漱口时，口授一首唐诗给我，有时也略解释一下。开始都是绝句，有五言的，也有七言的，我就背下来。晚上放学回来，再用毛笔抄在本子上。这里当然包括杜诗，像《八阵图》《江南逢李龟年》《赠花卿》等绝句，我很早就能成诵。父亲也教过几首老杜的七律，比如《客至》"舍南舍北皆春水"。但那时对于杜诗，还只是零散地念。

真正系统地读杜诗，是 1937—1938 年间。由于时局的缘故，这一年里我没上学，自己在家自学，主要学古文和杜诗。读杜诗我用的是仇兆鳌《杜诗详注》本，从第一首开始念，慢慢地集腋成裘，从《游龙门奉先寺》一直读到《秦州杂诗》。这时，我看到某位诗评家的议论，说是老杜夔州以后的诗风光独好，别有一番境界。于是我跳过中间一段，专看老杜出川以后的诗。一直到 1944 年，我读古典诗歌都是以老杜为中心的。

1941 年，我中学毕业，之后念了两年的商科。1943 年，我开始教中学语文。我在教学中发现，如果自己不会写古文、作古体诗，教课往往搔不到痒处，讲不透彻。如同看戏，看多了，就想知道台上是怎么回事，于是就自己去学戏。光看不学，永远不知道里面的甘苦。有鉴于此，我在 1944 年开始学作古体诗和桐城派古文。我并不想成为一个诗人、古文家，但我认为学会了以后，肯定对我的教学和研究能起良好的促进作用。我学作古体诗，就是以杜诗为范本的。1945 年抗战胜利，我重新报考燕京大学，记得有一道填空题，"映阶碧草（　）

春色"，因我读杜诗中间缺了一段，只好老实地填"未读过"。后来才把从《秦州杂诗》之后到夔州之前的一段给补上了。这是我早年读杜诗的过程。

1946—1948年，我念了清华、北大两所名校，其间听俞平伯先生、废名先生讲诗，受益匪浅，特别让我加深了对杜诗的理解。我前后听俞平伯先生讲了两年的杜诗，现在关于杜诗的一些讲法，比如《望岳》"岱宗夫如何"的"夫"字、《月夜》"香雾云鬟湿"一联究竟何指等等，都是秉承俞先生的观点。我还听过废名先生讲陶诗，他偶尔也会谈到杜诗，像《咏怀古迹》里"五溪衣服共云山"一句，废名先生认为，少数民族的服装五颜六色，恰与周围云山之形色相配合。我觉得很有道理，后来也这么讲。

1949年以后，我开始教大学。当年在津沽大学，我开了《论语》的专题课，颇博好评。因我对杜诗既有兴趣，又下过功夫，于是很想开杜诗的专题课。第二年，我开了《诗经》和《杜诗》两门专题课，遗憾的是，碰到"课改"，砍掉了《杜诗》。院系调整后，我到了北大，研治古典文学。因对唐诗的爱好，本想搞魏晋至唐一段，可是却被分配到宋元明清一段。这样一来，我便失去了讲杜诗的机会。我羡慕我的同事能开杜诗专题课，而我再无机缘碰心仪的老杜了。一直到退休，我对杜诗只写过几篇简短的札记而已。

我之于杜诗，确有浓厚的兴趣。我看过不少关于杜诗的专书，王嗣奭的《杜臆》、钱谦益的《钱注杜诗》、朱鹤龄的《杜工部诗集辑注》、浦起龙的《读杜心解》、仇兆鳌的《杜诗详注》、吴见思的《杜诗论文》、杨伦的《杜诗镜铨》等，我都一一寓目。此外，读到诗话、笔记里论杜的内容，认为有见地的，我都抄录下来。但我有自知之明，我自忖不是研治杜诗的专家，却对杜诗有感情，下过一定的功夫。

2009年，因我的学生谷曙光要开杜诗的专题课，向我求教，于是我给他讲了一个学期的杜诗。这一次是从头至尾比较系统地讲，主要根据我这一辈子读杜、研杜的理解和体会。毕竟我的年纪大了，体力不济，容有不足之处，但总算过了一把讲杜诗的瘾！现在，刘宁（她是旁听者之一）、谷曙光不辞辛劳地把这次听讲的录音整理出来，而天津古籍出版社又慨然予以出版，让我得到向读者求教的机会，真是非常感谢。

顺便谈一下附录的内容。其实在2003年，我曾给檀作文、谷曙光讲过一段时间的杜诗，从《游龙门奉先寺》开始，一首一首地讲，可惜第一卷未完便中止了。幸而存有部分录音，现也整理出来，此为附录一。再有，我把以前所写的涉及杜诗的零碎文章，也一并收入，作为附录二。这样，我一生关于杜诗的所讲、所作，基本汇集于此矣。虽不系统，但总有点滴的心得和体会。最后，刘宁、谷曙光在事后，各写了一篇"听后感"，姑且作为附录三，以纪念这次讲杜诗的师生缘分，但他们的褒奖则愧不敢当。

老杜《槐叶冷淘》有句云："献芹则小小，荐藻明区区。"大约我这本小书，也如同常见而易得的"芹""藻"之类，卑之无甚高论，权当抛砖引玉吧。因为自己的研究不够深入、全面，所以在讲授过程中，难免有遗漏、讹误、欠妥的地方，衷心希望得到读者的匡正、专家的批评。

第一讲　白鸥没浩荡　万里谁能驯

今天讲的内容都在《杜诗详注》卷一。两首五古,《望岳》和《奉赠韦左丞丈二十二韵》;四首五律《登兖州城楼》《夜宴左氏庄》《房兵曹胡马》《画鹰》。选这四首五律有我的理由,下面再说。先讲两首古诗。

望　岳

（开元二十四年兖州）

岱宗夫如何,齐鲁青未了。
造化钟神秀,阴阳割昏晓。
荡胸生层云,决眦入归鸟。
会当凌绝顶,一览众山小。

我原先写过关于《望岳》的文章,收在《莎斋笔记》里,文中引了翁方纲《复初斋文集》及《石洲诗话》卷六里讨论"岱宗夫如何"的"夫"的《与友人论少陵＜望岳＞诗》:"此一'夫'字,实指岱宗言之,即下七句全在此一'夫'字内。盖少陵纵目遍齐、鲁二大邦,而其青未了,所以不得不仰叹之。此'夫'字犹言'不图为乐之至于斯''斯'字神理,乃将'造化钟神秀'、'荡胸生层云'诸句,皆摄入此一'夫'字内,神光直叩真宰矣,岂得以虚活字妄拟之乎?"又云:"'如何'者,仰而讶之之词。"

翁方纲有大段文字纵论"岱宗夫如何"的"夫"字。我听俞平伯先生在课堂上讲这首诗,他认为这个"夫",是用《鲁论语》。《论语·阳货》:"子曰:'予欲无言。'子贡曰:'夫子不言,则小子何述焉?'子曰:'天何言哉,四时行焉,百物生焉。'"其中通行本作"天何言哉",而《鲁论语》作"夫何言哉"。俞先生认为这个"夫何言哉"的"夫",就是"岱宗夫如何"的"夫"。当然,他不是说这个"夫"就出典在《鲁论》,杜甫也不一定用这个生僻的典。我认为俞先生的意思是说,这两个"夫"字的用法相近。

俞先生的讲法我那篇文章里已经引了,这里想要补充的是:第一,从古文的角度看,这个"夫"本来是文章中的虚词,是多用于句首的虚词,而在古文中几乎没有置于句中的。钱锺书先生《谈艺录》经常谈到这个问题,说宋代以后的诗不好,因为虚词特别多,把文章里的虚词都用到诗里,他认为这是一个缺点。文章中的虚词本不宜搁在诗词里,但也不必完全排斥。杜甫这里放在中间,"夫"是指代词,就是指"岱宗"。然则它是否多余呢?我认为这是杜甫的创造,他有意识放在中间。翁方纲认为,把"夫"放在第一句,不仅可以笼罩全篇,使一首古诗有气势,而且起到感叹的作用,加重语气。俞先生也有这样的意思。根据前人的意见,我认为加重语气,和下面的"如何"很有关系。杜诗中"如何"出现过两次,一是"岱宗夫如何",一是《送高三十五书记(适)》"美名人不及,佳句法如何"。杜诗中的"如何",不是疑问词,而是一个赞叹词,如果讲成疑问词,"佳句法如何"就成了挖苦。这句诗是说人好,诗写得更好。假如《望岳》里换一个其他的虚词,比如说"岱宗其如何",这不是不通,而是软了,没有力量了。用"岱宗彼如何",也不行。再用别的,"果如何""竟如何",哪个都不行。可见,杜甫在这个字上,确实下了一番功夫,思考这个"夫"的特点,不是说翁方纲钻牛角尖,而俞先生征引"夫何言哉"也不算过于牵强。杜甫把一个虚字放在句中,可以笼罩全篇,让全篇都受这一个字的影响,可见他是下了很大的功夫。陈贻焮在《杜甫评传》中认为《望岳》是杜甫的不朽之作,确实是好。换其他虚字,不如这个"夫"自然、妥帖。下面那个"如何",表示不但感叹,而且惊诧,所以我觉得杜诗既有功力,也有天才。这样平常的一句,仔细分析有这么多可讲,可见他不是随便写的。

第二点我要补充的是,那篇谈《望岳》的文章是早年写的,时至今日,我对这首诗的理解又有加深。我以前对第三句有点忽略了。"造化钟神秀",我总以为这句有点儿凑数。我以前讲此诗,认为杜甫胆子够大,八句五言只有三句是实写,即"阴阳割昏晓""荡胸生层云""决眦入归鸟"。"会当"两句是期望,开篇"岱宗夫如何"是发问,"齐鲁青未了"是宏观地写,而"造化钟神秀"也显得比较虚,我始终没有深刻地理解"造化"一句的佳妙。

这次我再读,才豁然有所悟。盖有了第三句才显出泰山的不平凡。它是说,大自然把最神奇突出的、最不平凡的、最秀美的东西都放在泰山上,使泰山成为让你天然就觉得了不起的东西。没有这个第三句,后面那些话就没力气。第一句、第二句,多少是虚写,看见远景"齐鲁青未了",开始有感性的认识,再过渡到四、五、六三句去,这是实际的感受,中间必须有第三句作铺垫,所以这一句很重要,说明了后面那些具体的感受。

望岳,是边望边向高处走,不是静止地在那里望。对于"阴阳割昏晓",我以前指出过仇注和其他的注欠妥,"山北为阴,山南为阳"本不错,但实际望山却又不能如此拘泥。假定从济南,由齐向鲁走,只能看见泰山的一面,是看不见另外一面的,连站在山顶都未必能看见"割昏晓",何况站在山的一面,如何能看见"割昏晓"呢?我突然联想到一个近在眼前的例子,可以拿来作旁证,这诗熟极了,就是王维的《终南山》:

> 太乙近天都,连山到海隅。
> 白云回望合,青霭入看无。
> 分野中峰变,阴晴众壑殊。
> 欲投人处宿,隔水问樵夫。

"太乙近天都,连山到海隅",这不正是"齐鲁青未了"吗?"白云回望合,青霭入看无",不正是"荡胸生层云"吗?"阴阳割昏晓"在王维的诗中就是"分野中峰变,阴晴众壑殊",分野是古代用天上二十八宿来看地上区域的格局,王勃《滕王阁序》"星分翼轸,地接衡庐",南昌在翼轸的分野里。王维说终南山太大,主峰是两个区域的分界。"阴晴众壑殊",就是"阴阳割昏晓"的最好注脚。山是高低起伏,有凹有凸的,接受到阳光的为阳,接受不到的为阴。在王维的视野里,众壑皆在眼前,有的是亮的,有的是暗的,而亮和暗在一个人的视觉里变化极快,这里是亮的,转过身去便是背阴,所以杜甫用了一个很厉害的字——"割"。我们设想他在登泰山时,光线忽明忽暗,变化极骤,刺激眼睛，所以诗人于岗峦起伏之间，感官也随光线产生了急剧变化。"荡胸"句仇注引王嗣奭"荡胸者，胸怀阔大"，所解不免穿凿，这句是说登山渐高，云气层生，在人胸前回荡，如同逐渐走到云彩里。王诗是"白云回望合，青霭入看无"，那是走到"青霭"中反而看不见"青霭"了。《论语》："能近取譬，可谓仁之方也已。"这首诗我讲了不知道多少遍，可就是没联想到王维的诗。王诗没有"决眦入归鸟"，这是写入山渐深，用尽目力追踪归鸟，直到最大限度。我就补充这三点。

陈贻焮引《孟子》"登东山而小鲁，登泰山而小天下"来讲最后一句，有人说杜甫不一定是用《孟子》的典故，因为他说"众山小"，没有"小天下"的意思。我说这是诗，如果改成"会当凌绝顶，一览天下小"，就不是诗了。"众山"不一定指泰山附近的山，而是说天下的山都比它小。

杜甫时刻在探索、钻研、实验。古诗可不可以当律诗来写？这诗是古诗，平仄也跟格律不相干，但他故意要把中间四句对仗起来，这就是创新。

奉赠韦左丞丈二十二韵
（天宝七载，长安）

纨袴不饿死，儒冠多误身。丈人试静听，贱子请具陈。甫昔少年日，早充观国宾。读书破万卷，下笔如有神。赋料扬雄敌，诗看子建亲。李邕求识面，王翰愿卜邻。自谓颇挺出，立登要路津。致君尧舜上，再使风俗淳。此意竟萧条，行歌非隐沦。骑驴十三载，旅食京华春。朝扣富儿门，暮随肥马尘。残杯与冷炙，到处潜悲辛。主上顷见征，欻然欲求伸。青冥却垂翅，蹭蹬无纵鳞。甚愧丈人厚，甚知丈人真。每于百僚上，猥诵佳句新。窃效贡公喜，难甘原宪贫。焉能心怏怏，只是走踆踆。今欲东入海，即将西去秦。尚怜终南山，回首清渭滨。常拟报一饭，况怀辞大臣。白鸥没浩荡，万里谁能驯？

此诗也是古诗，但向排律上靠，也是一种探索。杜甫有两句话"晚节渐于诗律细""语不惊人死不休"。"语不惊人死不休"，不是说怪话，真正"语不惊人"的是李贺，有时写得让人不懂。杜甫的创新、探索不用荒诞怪僻来表现，所以

《奉赠韦左丞丈二十二韵》中他自我肯定"读书破万卷,下笔如有神",这就不限于单纯的诗歌形式了,拿"岱宗夫如何"的"夫""阴阳割昏晓"的"割"来说,就是成功的尝试。他的"语不惊人"就体现在这些地方。

这首诗本是五古,写法上却向五排靠拢,也是一种尝试。《杜诗详注》卷一里有三首跟韦左丞有关系。韦左丞是韦济,开始在河南为地方官,后入朝为左丞,杜甫给他写诗,实即干谒。李白多干谒,杜甫不免求人汲引,韩愈也写过《三上宰相书》。干谒是唐朝的风气,不足为病。当时儒家指导思想就是人要做官,理想才能实现。当然,在历史上颜回、原宪是了不起的,魏晋南北朝还出了一个特立独行的陶渊明。可是这种人毕竟是凤毛麟角啊!

我在准备这首诗时,也看了另两首和韦济有关的诗,《赠韦左丞丈济》中有句云:"老骥思千里,饥鹰待一呼。君能微感激,亦足慰榛芜。"仇注说:"老骥,况己之衰。"实误。我认为"老骥思千里"是指对方。诗人的意思是,韦济老当益壮,应思更有作为,而"饥鹰待一呼"则是希望对方能提拔我。杜甫以鹰自比,无奈是"饥鹰"。李、杜的差别就在这儿,李白说自己是大鹏,杜甫说自己是饥鹰。《奉赠韦左丞丈二十二韵》中说得更可怜,李白从不这么说,但两人要表达的意思是一样的。李白老是"端着",杜甫要说自己可怜,是真可怜。李白说愁是"白发三千丈",杜甫说愁是"白头搔更短,浑欲不胜簪"。李白动辄说大话,什么"人生得意须尽欢",没钱了,就"五花马,千金裘,呼儿将出换美酒,与尔同销万古愁",而杜甫是"朝回日日典春衣"。都是典当,两人不同如此。《醉时歌》也是杜甫的风格。

《奉赠韦左丞丈二十二韵》二百二十字,是长诗,就得有章法。做文章、写诗都要有章法。谢灵运写景、写旅行的经过,往往有一个玄言的尾巴,有人认为这个尾巴不好。其实我认为,这是不太懂得诗的规律。当你深入现实的环境时,就必须写客观的事物;当离开现实的环境时,就适宜发表思想。举两个例子,杜甫《茅屋为秋风所破歌》里,那些富有人民性的思想,是睡不着觉时在那里想的,当他追赶抱茅而去的孩童时,匆忙慌迫,是不会去写思想如何的,等到睡不着时,才有议论和思想活动,因此议论必然在诗的末尾。同理,谢灵运游山玩水的时候,他必然写自然环境,那议论不放在结尾放在哪里?再举一个例子,韩愈《山石》开篇"山石荦确行径微,黄昏到寺蝙蝠飞"以下数句,是写在山寺看画等活动，第二天下山，在下山路上想"岂必拘束为人羁"，有思想了，也是不能放在前面。所以批评谢灵运，要注意到写诗有潜在的规律。陶渊明《归园田居》前面写了一大段田园生活，最后才归结到"久在樊笼里，复得返自然"。乐府《长歌行》"青青园中葵，朝露待日晞。阳春布德泽，万物生光辉。常恐秋节至，焜黄华叶衰。百川东到海，何日复西归"，写的都是形象，最后才是"少壮不努力，老大徒伤悲"，主题在后面。如果只要这两句，前面全不要，那就不是诗了。没有前面，最后两句如何体现？

杜甫《奉赠韦左丞丈二十二韵》打破了这个格律，主题开篇就提出来。"纨袴不饿死，儒冠多误身"，一首诗的主题就在这里。这就叫"语不惊人死不休"。这就是杜甫的创造性。当年俞平伯先生讲诗，讲比兴，"日出东南隅，照我秦氏楼"（《陌上桑》），这是"兴"；"孔雀东南飞，五里一徘徊"（《孔雀东南飞》），这与后面焦仲卿、刘兰芝的事有什么关系呢？这也是"兴"，或者说"比兴"。一般来说，"比兴"多在开头。"关关雎鸠，在河之洲"，对于"窈窕淑女，君子好逑"来讲也是"兴"。这也是在前面，但也有在后面的，《木兰诗》的比兴就在后面，"雄兔脚扑朔，雌兔眼迷离，双兔傍地走，安能辨我是雄雌？"这就是创新，这个比兴放在后面才精彩。

"纨袴不饿死，儒冠多误身。"纨袴子弟受父祖余荫，饿不死。袴，多作"绔"，应该作"袴"。"丈人试静听"，不是叫丈人安安静静，不要讲话。《说文解字》："静，审也。"审，详细、仔细。静听就是谛听，白话即"细听"。所以说，治文学宜略通小学。《夜宴左氏庄》："林风纤月落，衣露静琴张。"或作"净"，或作"静"，这都是省略的写法，真正应该写"瀞"。"净"与"静"都是假借字，不是本字。本字是"瀞"。《老子》"清净无为"，或作"清静无为"，应该作"清瀞无为"。北大的张鸣同志问我，这琴到底弹没弹？这是杜甫留给人想象的余地，但"静琴"不是说这琴很干净，也不是说这琴很安静。这是指琴的音色，一定清脆悦耳。"静琴张"的"张"是说琴摆在那里，可以设想正在弹，或尚未弹，但音色一定很美。"淨"字最早不念"静"，念"争"。除了"淨"，还有"埩"，见于《公羊传·闵公二年》，鲁国北门为"埩"。护城河为"淨"，城谓之"埩"。所以"淨"是城名、水名。"埩"读仄声，本是动词，实际上就是"整"，整治的"整"。安静的静，应作"靖"。丈人静听，即丈人细听。仇注引鲍照"主人且勿喧",不对,应引刘伶《酒德颂》"静听不闻雷霆之声"。静听,即是细听。《诗经》"静女其姝",这个"静"不是幽闲贞静、贤德之义,而是"靓",即美的意思。漂亮的女人长得真美。"静"还作"好","琴瑟在御,莫不静好"。《后汉书》里说王昭君"丰容靓饰"。所以治文学宜略通小学,不妨以诗证诗。"秦氏有好女",好女,美女也。"借问谁家姝",余冠英先生注《诗经》,释"好人"为善人,不确,应该是美人。

前四句是一个总纲,中间仇注说得很清楚,分四段。中间十二句说自己,又十二句是事与愿违。自己的抱负超出常人,但遇到了"骑驴十三载"的遭遇,"主上顷见征","欻"一般读"xū",这个字与"倏"同义。结果李林甫压制,野无遗贤,大家都上当受骗了。"观国宾",见于《易经·观卦》。"观",名词当读去声。秦观,字少游;陆游,字务观。当代人钱世明,认为秦观读平声,务观读去声。严格地讲,大观园,应读大 guàn 园。"早充观国宾",是说自己早年来长安,很露脸。"赋料",仇注注得不清楚,"料"名词读去声 liào,动词读平声 liáo。意思是,我自己琢磨赋可以和扬雄比肩。"自谓颇挺出,立登要路津",可是期望越高,失望越大。"致君尧舜上",这有两个讲法,一是使君王与尧舜一样;一是比喻贞观之治。尧舜之君如比唐太宗李世民,就是希望玄宗和太宗一样。

"此意竟萧条,行歌非隐沦","行歌",用《论语》"楚狂接舆"的典故,用白话讲就是要饭的,边唱边行乞。我不是想隐居,而是没饭吃。"残杯与冷炙","炙"名词读 zhà,动词读 zhì。可是"青冥却垂翅,蹭蹬无纵鳞",后十二句说自己如何如何倒霉。

最后十六句,说到眼前,"甚愧丈人厚",感谢韦济在人前称道自己的诗作;"窃效贡公喜"用"弹冠相庆"的典故,你如今升官,我感到高兴,但我"难甘原宪贫"啊。杜诗的沉郁顿挫就在这儿。这样的环境,我不该心怏怏,但"只是走踆踆(cún)"。老太太下台阶把脚"踆"了,就是这个字。"今欲东入海",仇注引《庄子》,不确,而是《论语》孔子"道不行乘桴浮于海"。"去秦",离开秦地。仇注引李斯《谏逐客书》是对的,但没有引到点子上,当引"非秦者去,为客者逐"两句。《论语》云:"迟迟吾行也,去父母之邦也。"他舍不得走,但表达得很含蓄,说"尚怜终南山,回首清渭滨",我留恋终南山。

"常拟报一饭,况怀辞大臣",一饭之恩尚且要相报,我总想报答你,何况还是辞别朝廷的大臣,表达不失身份。最后又把自己的尊严和身份表达出来,"白鸥没浩荡,万里谁能驯",我好像一只漂流无归的白鸥,尽管飞到万里之外,但我不是能被任何人驯服的。用《列子》"鸥鹭忘机"的典故。"舍南舍北皆春水,但见群鸥日日来"(《客至》),也是用此典。

杜诗把这些想法,说得委婉曲折,既表达了困境,也不失身份。杜甫与李白不同,李白是穷摆谱。我常打一个比喻,李白的诗不好学。李白真正是一个千年不遇的天才,好比一个歌者,天赋的好嗓子,愿意怎么唱就怎么唱,怎么唱都对,即使不搭调,也是好。李白的"牛渚西江夜",五律,一句对仗没有,可真是好诗,但不能照着学。学杜甫的人多,因为他讲究规矩、法则。拿京戏来比附,老生里的杨宝森虽然嗓子差些,也能唱出好味道来。尽管天赋不够,守着规矩去唱,照样可以。许多学习谭(鑫培)派的,嗓子都不好,像余叔岩、杨宝森嗓子皆如此,孟小冬是女的,情况不一样,杨宝忠嗓子也不好。但不能因为嗓子不好就不走这条道儿。言菊朋后来弄成了"扬州八怪""后现代",那就不行了。不过言菊朋虽然怪,但还是从规矩中出来的。标新勿立异。杜甫给人看的一面是法度、规范、圆满的结构和作诗的路数,中才之人照着学也能像诗。学李白则让人无从措手,太难了。

下面看几首律诗。

登兖州城楼

(开元二十五年,兖州)

东郡趋庭日,南楼纵目初。
浮云连海岱,平野入青徐。
孤嶂秦碑在,荒城鲁殿馀。
从来多古意,临眺独踌躇。

陈贻焮认为开元二十四五年杜甫父亲在兖州做司马,未有理由。仇注引张𬘯注云:"考公作此诗时,年甫十五,而所作已如此,其得之天者,良不偶也。"张𬘯考证杜甫作此诗,才十五岁,也未交代理由。"趋庭日"必是杜甫的父亲在兖州做司马。年龄最大不超过二十四五岁。

我听俞平伯先生讲诗,他开宗明义第一首诗一定讲这一首,但他不像仇注引的各种说法,把此诗说得如何如何好,他认为这只是一首普通的五律,我同意他的说法。这就是一首普通的怀古诗,没有什么多深刻的内容。杜甫到夔州,饱经沧桑,他写了《白帝》(大历元年白帝城):

> 白帝城中云出门,白帝城下雨翻盆。
> 高江急峡雷霆斗,古木苍藤日月昏。
> 戎马不如归马逸,千家今有百家存。
> 哀哀寡妇诛求尽,恸哭秋原何处村。

前四句写景,很有气势,后四句很有思想,和《登兖州城楼》是不同的。仇注还说此诗与《登岳阳楼》接近,其实《登岳阳楼》要高得多。此诗有章法,有分寸。如把这些技巧性的东西抽出来,诗便四平八稳,没毛病,可也没什么突出的。按思想性来讲,人人都讲得出。俞先生说,你能说杜甫没有天才吗?二十岁写的诗如老吏断狱一般,完整、平稳、妥帖。一个用功学诗的人学几十年能达到这个水平已经不容易,可杜甫刚出道儿就到这个水平,俞先生说,他比别人早熟了二三十年。从内容上讲,这首诗比较空泛,换成登其他名胜古迹也可以。俞先生说,能写这种诗的才子不难得,初唐四杰、李贺都是才子,可是早死,李商隐活得也不长,但杜甫的成就远远超过了四杰、李贺、李商隐。像李贺的"才",怪诞,而杜甫的"才"是中正和平。通大路的。

依照我个人的兴趣,对《夜宴左氏庄》特别喜欢。

> 夜宴左氏庄
> (约开元二十九年,齐赵间)
> 林风纤月落,衣露静琴张。
> 暗水流花径,春星带草堂。
> 检书烧烛短,看剑引杯长。
> 诗罢闻吴咏,扁舟意不忘。

"林风",《杜诗详注》本作"林风",他本多作"风林",究竟作哪个好?自然是"林风"好。盖"风林"风大,"林风"风小,此处风一定小。纤月本易落,诗人看着纤月落下去。言"落",其实是从未落写起。写诗要懂一点辩证法,比如《秦州杂诗》"抱叶寒蝉静"。如果蝉不叫,如何知道树上有蝉呢?蝉还叫,但气力渐微,逐渐不叫了。"归山独鸟迟",这鸟一定飞得特别快,时间虽晚,可鸟的速度是快的。诗词多有反语,这也是反语。范仲淹《苏幕遮》"夜夜除非,好梦留人睡",其实是夜夜无梦、无眠;"明月楼高休独倚",实际是曾经倚过楼。俞先生在课堂讲词,"一年灯火要人归"(姜夔《浣溪沙》"燕怯重云不肯啼"),正是此人归不得也。"一春须有忆人时"(周邦彦《浣溪沙》"雨过残红湿未飞"),"须有",其实是无有也。周邦彦"定有残英,待客携樽俎"(《琐窗寒》"暗柳啼鸦"),"定有",是未必有。李后主"梦里不知身是客,一晌贪欢"(《浪淘沙》),醒时如何呢?想必是不满。"小楼昨夜又东风",又到春天,"故国不堪回首月明中",故性命难保。如果换了阿斗,"此间乐,不思蜀",自是善终。苏轼"我欲乘风归去,又恐琼楼玉宇,高处不胜寒"(《水调歌头》),宋神宗认为他还是眷恋朝廷;而宋高宗看见辛弃疾的词"休去倚危阑,斜阳正在烟柳断肠处"(《摸鱼儿》),认为他对朝廷不满,可见当年的皇帝还是懂诗的。

回到《夜宴左氏庄》,这诗写夜景特别好,写幽静极了的环境。暗水,不见水而可闻其声。"带",就是《兰亭序》"又有清流激湍,映带左右"的"映带"。"带"如果换成"映",星光就太亮,把人的注意力都引向星星,而这里是写星光里草堂的轮廓,突出的是草堂。"检书"为作诗,"看剑"是欣赏宝剑。"诗罢闻吴咏,扁舟意不忘。"有人诗成,用吴语来吟咏。杜甫早年去过吴越,此时听见吴语吟诗,一是心里有了游兴,二是有了隐逸之思。苏轼说王维"诗中有画,画中有诗"。王维的诗是写自然景物,而杜甫此诗是写文人雅集。《韩熙载夜宴图》是名画,但画中无诗,只有豪华热闹,没有诗意,缺乏书卷气。杜甫才是诗中有画,我很欣赏此诗。

房兵曹胡马
（约开元二十八九年间，齐赵间）

胡马大宛名，锋棱瘦骨成。
竹批双耳峻，风入四蹄轻。
所向无空阔，真堪托死生。
骁腾有如此，万里可横行。

中国国产的马讲求膘肥体壮，胡马天生是瘦的。"竹批"是外形，"风入"写马奔跑之快，蹄如悬空。这样的马要上前线，"真堪托死生"。写马是写活物，不光要写外形，还应写内在的精神。"万里可横行"实是说人可横行。

画鹰
（创作时地不详）

素练风霜起，苍鹰画作殊。
㧐身思狡兔，侧目似愁胡。
绦镟光堪摘，轩楹势可呼。
何当击凡鸟，毛血洒平芜。

这是写静物。朱自清先生有文章《逼真与如画》，《房兵曹胡马》是如画，《画鹰》则是逼真。风霜似从画布上涌出，未画即已令人心动。画上的鹰仿佛要捕捉活兔。鹰眼绿，故云"似愁胡"。"胡"假借为"猢"。"绦镟"，是锁鹰的链子，发着光，仿佛真可以摘下来，"轩楹"，画上的鹰背靠柱子，一呼便可飞去。前诗写真马，写其精神。这是画，故写得越加逼真。

讲杜诗要以意逆志，"以意逆志"有两个讲法，一是以读者之意逆作者之志，这个讲法不对。读者之意难免主观，故要以文本所体现的作者之意，逆作者之志。所以必须有根据。先逆作者之意，然后知其为何如此写。"诗无达诂"，达者通也，不能用一个诂训，解所有的文本。这是强调诗的特殊性。

这次讲了六首，前两首是古诗，但老杜用了律诗的手法去写，《奉赠韦左丞丈二十二韵》更往排律上靠，都显示出创新色彩。后四首律诗，看出杜甫在早期律诗已经很成熟了。尤其《登兖州城楼》，二十岁左右就那么老练，太不同寻常了。当然，精彩的是《夜宴左氏庄》和《画鹰》《房兵曹胡马》。《夜宴左氏庄》的前四句写宴前，有背景、环境，后四写宴后，诗题曰"宴"，但诗里一个"宴"字也没有，不涉及吃饭。整首诗都是文人雅集，写景有风、露、星、月，叙事有琴、书、剑、诗、酒，最后的"扁舟"句让人联想到归隐山林。诗的风格跟其他杜诗也不同。在工整之中有含蓄明快之美，潜气内转，用意精妙。《画鹰》和《房兵曹胡马》恰成比照，画的鹰倒逼真，而真的马却如画。画上的鹰似从纸上飞去，攻击凡鸟；真马则特意写出马的主人，所谓马万里横行者，实乃马主人横行，题目与诗意契合。

第二讲　长安苦寒谁独悲　杜陵野老骨欲折

饮中八仙歌
（天宝间作，长安）

知章骑马似乘船，眼花落井水底眠。汝阳三斗始朝天，道逢曲车口流涎，恨不移封向酒泉。左相日兴费万钱，饮如长鲸吸百川，衔杯乐圣称避贤。宗之潇洒美少年，举觞白眼望青天，皎如玉树临风前。苏晋长斋绣佛前，醉中往往爱逃禅。李白一斗诗百篇，长安市上酒家眠。天子呼来不上船，自称臣是酒中仙。张旭三杯草圣传，脱帽露顶王公前，挥毫落纸如云烟。焦遂五斗方卓然，高谈雄辩惊四筵。

在杜甫集中，这样的体裁只出现一次，是杜甫一次创新的探索。七言古诗，句句押韵，最早相传是汉代的《柏梁台诗》。那是联句，诗本身没什么意思，各人说自己做什么官，干什么，从皇帝到大臣，带有一点儿诙谐，即俳谐的味道。杜甫此诗效仿柏梁体，但不是联句，是联章。写八个人，每人一段。所谓联章，就是这八个人可以有分有合，相对独立，主题是统一的。此诗我以前也听老先生讲过，有的老师说此诗描写八个酒鬼，这太表面化。我这次备课，重新思考。我没听俞平伯先生讲过此诗，浦江清先生也只是一带而过，都不认为此诗是杜甫的代表作。但是，它还是有创造性的。

我这次仔细一读，觉得它很大程度上体现了力求突破当时的所谓礼教、等级制（用现在的话讲）的想法。他故意要突破传统生活的规范法则。杜甫也表现了独立人格，自由的理念。更突出的是，他把唐代当时吹捧大人物的世俗陋习，给突破了，张扬个性。当然这也是杜甫的尝试，他以后再无这样的诗。有人说此诗有毛病,重韵之处不少,"眠""天""船"出现两次,"前"出现三次。不过请注意,重复的并不属于一个人的名下。分章分段,还可以通融。

老杜形容每一个人,用的句子的数目不同,李白四句,在李白前后,汝阳王李琎(卷一有一首排律赠他,即《赠特进汝阳王二十二韵》,汝阳除封王外,官职不小)、崔宗之、张旭是三句,左相,副宰相,指李适之,《唐书》记此人不怎么样,但杜甫对他有一定同情,因李是被宰相李林甫排挤走的。李适之也是三句。李氏有诗"避贤初罢相,乐圣且衔杯",他喝酒有牢骚。其余三个人只写两句:贺知章、焦遂、苏晋。八个人,或四句,或三句,或两句,看起来参差错落。但数量还是体现了质量,表现了对诸人的轻重看法。李白名望最大,但在当时长安的地位不高。虽然玄宗拜他为翰林供奉,但无实职。不过老杜写他最多,可知看重。

"知章骑马似乘船,眼花落井水底眠",老杜无一字无来历,仇注说"水底眠"是用典,这是夸张。贺知章是名士派儿,在朝很久,也选拔过人才,如李白即是他所推荐的,但贺本人究竟有多少建树,看不出来。不过是知名度很高的名士,所以这两句分量不太重。到下面就不一样了。"汝阳三斗始朝天,道逢曲车口流涎,恨不移封向酒泉",汝阳王官职不小,身份是仅次于皇帝的王,但"道逢曲车口流涎",这把大贵族形容得太寒碜。酒曲,是酒糟,酒成时就当垃圾拉走。而且他在长安,根据其本传,是有职有权,不是普通的王。但"恨不移封向酒泉"。相传酒泉是饮酒最方便的。司马昭问阮籍想任何官,阮说步兵校尉,因为官衙有大量好酒,上任喝完酒就辞官不做。汝阳觉得酒比他身份地位还重要,张扬个性比做官有地位、当贵族还重要。李适之在《唐书》中,不是特别清高的人,比张九龄、姚崇、宋璟都不如。"左相日兴废万钱","衔杯乐圣称避贤","圣"指高档酒,次一点的是"贤"。乐圣是爱喝好酒,这里有双关的意思。既然排挤我,我不干了,喝酒去了。崔宗之大概是很漂亮的,"皎如玉树临风前","玉树临风"典出《世说新语》,形容一个人有派头、仪表不凡。但他一喝酒,"举觞白眼望青天"。阮籍能做青白眼,是目中无人之状。这里面都带有张扬个性,轻视世俗等级的观念和陋习的成分。"苏晋长斋绣佛前",佛教有五戒:杀、盗、淫、妄、酒。但苏饮酒不守戒。宗教起到规范和拘束的作用,但苏晋敢于违反宗教的戒律。

接下去写李白,更是连天子也没有放在眼里,"天子呼来不上船",李白不仅仅傲视王侯,而且对天子,也似乎没有放在眼里,写出李白狂傲的个性。旧注穿凿附会,说"不上船"是不系衣服的袢,游国恩先生认为此说不足信。张旭、李白社会地位不高,但名望高,"张旭三杯草圣传",要紧的是"脱帽露顶王公前",不守礼法,那些王公大臣所以重视张旭,是因为他的书法高明,但张要饮酒而醉才写,"挥毫落纸如云烟",字写得真好,"脱帽露顶王公前"又带有藐视权贵的态度。"焦遂五斗方卓然,高谈雄辩惊四筵",以前正式的场合,是不宜于高谈阔论的,尤其是有身份地位的,唐代时礼节还是很讲究,郑重场合不能随便高谈阔论。焦遂所为也是突破礼法。印证于李白本人的诗"安能摧眉折腰事权贵,使我不得开心颜",也有相通之处。可见,《饮中八仙歌》表面是写八个嗜酒如命的人,但此八人都有突破世俗陈规陋习的愿望。杜甫所取的,是他们的生活态度,追求个性,而不是烂醉如泥。开元时代很开放,但这些人在相对宽松的环境里还要力图突破礼教之束缚,此正是杜甫写八仙歌的意图所在。

"饮中八仙"都是有身份、被上层社会接纳的人,尽管李白身份不是很高,但上层接纳他。真正心里有牢骚,社会地位又很低,没有王公贵族把他看在眼里的,其实是杜甫本人。

杜甫前半生最好的朋友是郑虔。对于郑虔,要看卷三的《醉时歌》:

醉时歌

(天宝十三载,长安)

诸公衮衮登台省,广文先生官独冷。
甲第纷纷厌粱肉,广文先生饭不足。
先生有道出羲皇,先生有才过屈宋。
德尊一代常坎轲,名垂万古知何用?
杜陵野客人更嗤,被褐短窄鬓如丝。
日籴太仓五升米,时赴郑老同襟期。
得钱即相觅,沽酒不复疑。
忘形到尔汝,痛饮真吾师。

> 清夜沉沉动春酌，灯前细雨檐花落。
> 但觉高歌有鬼神，焉知饿死填沟壑？
> 相如逸才亲涤器，子云识字终投阁。
> 先生早赋归去来，石田茅屋荒苍苔。
> 儒术于我何有哉，孔丘盗跖俱尘埃！
> 不须闻此意惨怆，生前相遇且衔杯。

根据仇注，此诗的写作已在天宝后期，郑虔已到广文馆，属于"低薪阶层"。郑虔的本事很大，诗书画三绝。杜甫一生写过许多描写画的诗，歌颂画家，但杜甫一生就佩服两个画家，前期是郑虔，后期是曹霸。杜甫晚年有"郑公粉绘随长夜，曹霸丹青已白头。天下何曾有山水，人间不解重骅骝。"（《存殁口号》）曹霸这样的人就是人中骅骝，可叹无人赏识，写得很沉痛，同时对郑的评价也相当高。《醉时歌》是一首七古，仇注和之前的人，对孔子之尊崇，到了要改杜诗的程度，主张要改"孔丘"为"尼父"。其实，杜甫这里要是还把孔子当圣人，就不会写这句话了。杜甫忠君爱国，肯定受儒家影响，"致君尧舜上"，但他在诗中说出"孔丘"，这才是真正的杜甫。不妨把《醉时歌》与《饮中八仙歌》对读。

此诗很感慨，第一段写郑虔，第二段写自己。郑虔待遇很低，"诸公衮衮登台省"，都进入内阁了，享受高官厚禄。插一句，写此诗时，杜甫还没有发展到后来"穷年忧黎元"的程度。《自京赴奉先县咏怀五百字》的"默思失业徒，因念远戍卒"，则又进了一步，此诗只就自己和郑虔来论。"甲第纷纷厌粱肉"，汪少华写《古诗文词义训释十四讲》，驳斥将"朱门酒肉臭"之"臭"讲成"嗅"，当"香"讲，认为就是"臭"，不是《大学》"如恶恶臭"之"臭"。意思就是朱门酒肉腐败，然而我们可敬的广文先生却恰恰"饭不足"。"先生有道出羲皇，先生有才过屈宋"，郑虔之道德、人品高出古之古人，羲皇不仅是今之古人，而且是古之古人。先生之才华超过屈原、宋玉。"德尊一代常坎轲，名垂万古知何用"，人发牢骚要掷地做金石声，此处笔力千钧。

下面说到自己，"杜陵野客人更嗤，披褐短窄鬓如丝"，窄，仄声，老杜头发年轻时就白了，每天领些救济粮，拿着米来找郑虔，"同襟期"，是志同道合，我们的心怀是相同的。谁手里有了钱，就相聚，"痛饮"。我们两人不拘形迹。看起来奔放潇洒，实际很沉痛。杜甫用"痛饮"不止一次，他说李白"痛饮狂歌空度日，飞扬跋扈为谁雄"（《赠李白》），李、杜两人命运不好，放浪游荡，李白丹未炼成，比葛洪不如。两人整日喝酒混日子，李白饮酒之后，还是傲视一切，所以说"飞扬跋扈"。看上去批评，实际上很同情他。但你这样，谁又理会你呢？这与《八仙歌》不同，那是阔气的喝酒，"五花马，千金裘，呼儿将出换美酒"。这里是"日籴太仓五升米，时赴郑老同襟期"。《曲江二首》里说"酒债寻常行处有，人生七十古来稀"，七尺为寻，八尺为常（另一说倍寻为常），意思是走不多远的酒店，就有自己欠的酒资，但"人生七十古来稀"，虽然如此，还是喝吧。《八仙歌》中则是"日兴废万钱"。古人苦闷的时候离不开酒。

下面写饮酒情状，不是表面的情状，而是写两人喝酒的精神状态，"清夜沉沉动春酌"，一直喝到半夜，但两人还在喝。"灯前细雨檐花落"，有人认为当作"檐前细雨灯花落"。这是碰上缺乏文学细胞的人了。两者不能调，调过来没味儿了。有一次，一个学生来问我，说他们在中学讲欧阳修的《醉翁亭记》，有人提出其中"酿泉为酒，泉香而酒洌"，不妥，应该改为"酒香而泉洌"。这就把欧阳修糟蹋了。泉本不香，因用泉酿酒，所以泉香；酒本不洌，因用泉水酿造，所以喝到嘴里很清洌。作诗要懂参差错综之美。饮酒之时，外面开始下雨，雨打花落，屋檐前飘落花瓣。这是描写一点动静、声音没有的环境。

下面"但觉"两句，又和"德尊"两句一样，都是用大力来写。就在我们开怀畅饮之时，"有鬼神"，说我们的心可以和鬼神相通，我们自己可以脱离凡尘的名利的干扰。谁还考虑到有朝一日，我们会成为饿殍呢？这看上去夸张，但从杜、郑的实际生活来看，是真实的，杜甫就几次提到自己的儿子饿死。下面说我们也不用太抱怨，贤如司马相如，还当过跑堂的；扬雄学问大，识得许多稀奇古怪的字，但受到诽谤，怕受辱。正在天禄阁校书，听到官吏来抓他，就投阁寻死。我们的命运又该如何呢？

"先生早赋归去来，石田茅屋荒苍苔"，我的讲法与旧注不同，仇注认为是希望郑早日归隐，如果早日归隐，也不至于陷于安禄山伪朝。我认为，杜甫说自己也未尝不想劝郑虔早日归隐，但他穷得家里地也没的可耕，是石田。茅屋很破旧，长着青苔，回家也是挨饿。到此，杜甫是沉不住气了，"儒术于我何有哉",我们读书一辈子,又能怎样呢?真心痛!"孔丘盗跖俱尘埃",这话表面上很尖锐,实际上很沉痛、很无奈。诗要结尾了,语气要缓和,"不须闻此意惨怆,生前相遇且衔杯"。

喝酒的背景不同,生活不同,遭遇不同。安史之乱中,郑虔、王维等都没有逃走,郑虔因为接受了一个伪职,后来就被贬。我常想,抗战八年,很多人留在北京、天津。现在不少人替周作人辩护,但当汉奸这事,究竟是差了点儿。我最近看见一个故事,说上海出版界和有关研究现代文学的人,曾在俞平老生前去见他,请他写《知堂回忆录》,俞先生正颜厉色地说"我不写",当时那两人很尴尬。后来,俞老外孙韦奈解释说,俞老经过多次政治运动沧桑,"文革"后厌倦了,不想说话了。我跟了俞老四十五年,最后几次我去看俞先生,就是他做九十大寿以前,每一次他说的话,不客气讲,都带有遗嘱性质。他说,你是我的学生,你要替我说几件事情,第一,我不是单纯的红学家;第二,我不是追随周作人学晚明小品的。俞先生其实对周二先生很关切。周二先生关在国民党的监狱里,他和张奚若等好多人一起联名给胡适写信,请国民党保释周作人。"文革"当中,我三次去看俞先生,第一次,他被扣在文研所不让回家,只有师母在家,我安慰了师母半天。我从老君堂的房子出来,小孩冲我扔砖头、吐唾沫。第二次,俞先生能回家了,他让我上屋里去,说有些事情你师母不知道,我跟你说,对我谈了在所里如何如何受罪,然后问我是否知道周先生的情况。我跟他说,我可以冒着风险来看先生,但实在没有胆子去八道湾儿看周二先生。第三次去,俞先生和师母去河南下乡。这些我都写在书里,足以证明俞先生惦记老师。俞先生是我的老师,也是我的榜样。俞先生对他的老师周二先生很尊重,周先生写的《八十寿诗》,俞先生就贴在墙上,根本不避讳。抗战期间,周作人在伪北大做文学院院长,后来又做教育总署的督办,俞先生当时穷得没饭吃,家里上有老,下有小,但就是不去伪北大教书。他公与私的界线划得很清楚,他进伪北大易如反掌,钱稻孙、周作人都是他熟人,关系都不错,但他宁可挨饿。后来在伪北大任职的人待不住了,郑骞去了台湾,容庚去了中山大学。别人的是非不管,俞先生自己在大是大非面前决不往前再跨一步。他去了中国大学教书,工资极低。当时很多人去中国大学教书,因为何其巩是国民党线上的。俞先生告诉我,这条线不能跨越,私交归私交。我去看周二先生也很恭敬，因为我是俞先生的学生，他就是太老师一辈的，有事请教，跟他商量，日久也熟，但对政治始终一字不提。所以俞先生不写回忆录。我的态度跟我的老师一样，汉奸就是汉奸。

回到杜诗，郑虔告老回家也走不了，两相比较，就看出杜甫的可贵，他当时也是沦陷在长安，但他千方百计向西北跑，在凤翔见到天子。所以他尽管同情郑虔，但他的做法和郑不同，也可能他当时没做官，或安禄山没注意到他。他千辛万苦要投奔皇帝。肃宗回来，所有任伪职的人都被处分，郑虔所受的贬谪是最大的，不但贬官，而且发配到浙江台州。后来，杜甫在郑发配的时候没去送行，做了一首诗，《送郑十八虔贬台州司户伤其临老陷贼之故阙为面别情见于诗》：

（至德二载　长安）
郑公樗散鬓如丝，酒后常称老画师。
万里伤心严谴日，百年垂死中兴时。
苍惶已就长途往，邂逅无端出饯迟。
便与先生应永诀，九重泉路尽交期。

杜甫不是有事没去，我估计是心里太难过，所以没去。"情见于诗"，就是我的感情都在诗里。杜甫诗中最闪光的，《兵车行》《自奉先县咏怀五百字》、"三吏""三别"都好，但我认为他最闪光的是这首七律，还有《赠卫八处士》。人情味儿最重，但很多人选诗不选这一首，因为它没有什么文采。诗写得直截了当，"郑公樗散鬓如丝"，樗，是一种不成材的树，这句是说他身体坏到要散架了，头发也白了。三、四两句太好了，"万里伤心严谴日，百年垂死中兴时"，对郑的处分太过了，他此去不会再回来了。"中"，读去声，现在正是朝廷恢复的时候，国家转弱为强的时候，这时把郑远贬，怎么一点宽容的意思都没有呢？"苍惶已就长途往"，走的时候很匆忙；"邂逅无端出饯迟"，我应该给他饯行，但没去。"便与先生应永诀"，现在生离死别，我们在九泉之下再重逢。杜甫对朝廷处理郑虔的方式是不满的。

再看王维，他也没走，但名气比郑大，地位更高。开元、天宝时候，他和权贵结交很多,他的弟弟后来做宰相,他本人也不穷,在玄宗时,在辋川就有别墅。但王维也投降了,当然做出一些表示,如嗓子哑了,写了一首《凝碧池》的诗表明心志。后来肃宗赦免了他,命他为中允,是辅佐太子的官。这与郑虔远贬台州回不来,大不一样。所以我就联想,同样沦陷长安,三个人三个表现,杜甫千方百计逃;郑虔任伪职,后来被发配;王维也是没走,我觉得王维有些"作秀"。杜甫给王维的诗《奉赠王中允维》(乾元元年,长安):

中允声名久,如今契阔深。
共传收庾信,不比得陈琳。
一病缘明主,三年独此心。
穷愁应有作,试诵《白头吟》。

以往大家都认为这是为王维抱不平,后来我认为诗中用的典故有点不合适。"中允声名久",你大名鼎鼎,如今我们久未见面,消息隔绝。"共传收庾信",这句仇注注得还不确切,梁简文帝派庾信带兵,结果兵败,庾信无奈只好投奔江陵梁元帝,梁元帝又派庾信出使北周,此时梁亡,回不去了,只好在北周做官。这里用庾信的典故,王维是被安禄山扣下,安是叛国的军阀,用他来比北周皇帝、梁元帝,都不太准确。杜甫用这个典故,将王维比庾信,背景似乎不太合适。陈琳原本是袁绍的部下,写檄文骂曹操,后来又被曹操收为部下。王维可以比陈琳,但安禄山也比不了曹操。"一病缘明主,三年独此心",王维装病,表明他仍相信唐朝皇帝,肃宗也因此赦免了他,后一句说他这几年也不容易。"穷愁应有作,试诵《白头吟》",现在倒霉,也应写作品,《白头吟》是司马相如抛弃了卓文君,卓文君做《白头吟》和他决绝。杜甫让王维念《白头吟》,我总觉得这里有讽刺,卓文君责备司马相如移心,让王念《白头吟》,是说王之降是不得已,还是唐朝有亏欠于他呢?说好听是不沾边,说得不好听是有点挖苦。对此我也没有定论,过去没人说此诗有讥讽,说是为王维辩白了。但我认为,这诗至少是不如杜甫给郑虔的"万里伤心严谴日,百年垂死中兴时",那是什么感情!我介绍出来,就是请大家都思考思考,我也不下结论。

下面看一首《投简咸华两县诸子》(天宝十一载,长安):

> 赤县官曹拥才杰，软裘快马当冰雪。长安苦寒谁独悲，杜陵野老骨欲折。南山豆苗早荒秽，青门瓜地新冻裂。乡里儿童项领成，朝廷故旧礼数绝。自然弃掷与时异，况乃疏顽临事拙。饥卧动即向一旬，敝衣何啻联百结。君不见空墙日色晚，此老无声泪垂血。

这表达了和《醉时歌》同样的内容，杜甫给咸、华两县的人写了这么一首诗。当时杜甫参加了一次考试，咸、华两县诸子与考试有关系，或为评判试卷的人，或与之有关，杜甫给他们写了一首公开诗。"赤县官曹拥才杰，软裘快马当冰雪。长安苦寒谁独悲，杜陵野老骨欲折。"帝都官曹都是了不起的人物，大冷天轻裘快马在冰雪中走，而我都快要冻死了。"南山豆苗早荒秽，青门瓜地新冻裂"，说是写实，也是比兴。"南山豆苗早荒秽"用《汉书·杨恽传》的典故，杨作了一首诗，"田彼南山，芜秽不治。种一顷豆，落而为萁。人生行乐耳，须富贵何时"。意思是我在朝廷里推荐了一些人，结果这些人都是无耻小人，就像《离骚》里讲的："余既滋兰之九畹兮，又树蕙之百亩"，结果都变成恶草，所谓"薋菉葹以盈室兮"。"青门瓜地新冻裂"，秦朝亡了，邵平隐居咸阳东门之外种瓜。我倒霉透了，种豆不收，种瓜地裂。"乡里儿童项领成"，就是"同学少年多不贱"，当时在我看来是孩子的人，现在都升官发财，一个个脖子都直了。"朝廷故旧礼数绝"，父亲过去在朝为官，朝中也并非没有故旧，只要为我说一两句话，也不至于到今天，但这些故旧跟我没有来往了。"自然弃掷与时异"，我这样的人自然会被时代抛弃，更何况我自己不会做人，处事太笨。结果自己动不动就十天半个月没饭吃，破衣满是补丁。住的破房子，"环堵萧然，不蔽风日"，自己都哭出血来了，可是又有谁怜念呢？这与《醉时歌》可以对照看，杜甫的处境一直就是这么倒霉。

这里附带讲一下《同诸公登慈恩寺塔》（天宝十载后，安禄山陷长安前，长安）：

> 高标跨苍穹，烈风无时休。自非旷士怀，登兹翻百忧。方知象教力，足可追冥搜。仰穿龙蛇窟，始出枝撑幽。七星在北户，河汉声西

流。羲和鞭白日，少昊行清秋。秦山忽破碎，泾渭不可求。俯视但一气，焉能辨皇州？回首叫虞舜，苍梧云正愁。惜哉瑶池饮，日晏昆仑丘。黄鹄去不息，哀鸣何所投？君看随阳雁，各有稻粱谋。

登慈恩寺塔，其他人也有诗，岑参的收在《唐诗三百首》里。岑诗就塔言塔，最后说佛教是让人超脱了，登塔之后，我也不想做官了，希望隐居。杜甫这首诗有很强的预见性，可以与下次要讲的《丽人行》对照来读。《丽人行》是讽刺后妃、外戚，写得温柔敦厚，用宫体诗的笔法，很含蓄。此诗写于安史之乱前，游览名胜，但杜甫一上塔便全是牢骚。

"高标跨苍穹"，几何图形中，垂直线最高的称为标，"标竿"一词保留古义，很长的竿子，顶端挂着奖品，比赛时，先胜的人，获得那个奖品。夺锦标，即是标竿上挂着作为奖品的丝织品。标准，标是几何上的垂直线，准是几何上的水平线，标准即是坐标。"高标"是说塔很高，高得跨在天上。"烈风无时休"，这里也有比兴。诗中都是忧，忧的是安史之乱。这我才知道佛教有它的力量，"冥搜"是人们发现不了的地方，利用塔的高度可以找到。佛教可以帮你看到平时看不到的地方。登塔时，穿过曲折之处，才走出幽深的木架子。从塔中支架盘旋着向上。在塔上观天象，北见七星，西见河汉。当时大概是初秋的时候，少昊行令。秦山指终南山或秦岭。登高下望，山四分五裂，意思是我们的版图不太完整；清的泾水、浊的渭水，分不清了。"俯视但一气"，长安城难以分辨在哪里，意思是皇都或许要沦陷了。"回首"一句，《孟子》"舜往于野，号泣于旻天"。舜南巡死在苍梧。《礼记·檀弓》："舜葬于苍梧之野。"这里用《楚辞》"跪敷衽以陈辞兮"。意思是，你回来吧，你要死在那里了，你流连忘返，就像周穆王流连西王母瑶池之宴。这说的是玄宗在华清宫饮酒行乐。"黄鹄去不息，哀鸣何所投？"有人看出局势不对，但无处可去。黄鹄即天鹅，毕竟天鹅是少数，那些找饭碗的人是多数，他们没什么眼光远见，想的是为自己找饭碗而已。杜甫说我已经看出局势不对，但现在这些人还在醉生梦死。没有多久，安史之乱爆发。所以说，此诗体现了很强的预见性。关于杜甫在天宝之乱以前的创作，就讲以上几首诗，他的爱国与忧国不是抽象的，而是有具体的作品摆在这里。

第三讲　边庭流血成海水　武皇开边意未已

兵车行
（天宝年间，长安）

　　车辚辚，马萧萧，行人弓箭各在腰。耶娘妻子走相送，尘埃不见咸阳桥。牵衣顿足拦道哭，哭声直上干云霄。道旁过者问行人，行人但云点行频。或从十五北防河，便至四十西营田。去时里正与裹头，归来头白还戍边。边庭流血成海水，武皇开边意未已。君不闻，汉家山东二百州，千村万落生荆杞。纵有健妇把锄犁，禾生陇亩无东西。况复秦兵耐苦战，被驱不异犬与鸡。长者虽有问，役夫敢伸恨？且如今年冬，未休关西卒。县官急索租，租税从何出？信知生男恶，反是生女好。生女犹得嫁比邻，生男埋没随百草。君不见，青海头，古来白骨无人收。新鬼烦冤旧鬼哭，天阴雨湿声啾啾。

这次的重点是《兵车行》和《丽人行》，两篇都是拟乐府。乐府诗发展到唐代，除了用乐府古题写诗外，还产生了拟乐府，到白居易就成了新乐府。拟乐府和新乐府的特点是不能唱。过去的乐府诗是能唱的，唐代即使用乐府古题，也不入乐了。歌行的行，这个字可念行（xíng），也可念行（háng）。通过拟乐府就出现了大量的七言古诗。七言古诗虽然名上叫古诗，实际是唐代一个新的创作。六朝作家鲍照有七言诗，庾信的一些赋，也是七言句。到唐代大量七言诗出现，是创新，是新体。以前讲唐诗的人，提出这是唐人新开辟的一个战场。七言诗大行之后，还有一个情况，就是七言诗中有杂言，比如有五言的句子，这也是乐府体的特点。这是从北朝开始的。《木兰诗》，我认为是北朝的作品，古人今人很多都认为是唐人的作品,名词、句法是唐人的。我不同意,恰好相反,是先有《木兰诗》这样五、七言错杂的做法,唐代才有杂言加入七言。后来诗歌分体有一种情况不科学,一首诗无一句为七言却算七言古诗。陈子昂《登幽州台歌》没有一句七言,"前不见古人,后不见来者。念天地之悠悠,独怆然而涕下。"但被算成七言诗。甚至有人说此诗不押韵,其实"者"读zhǎ,下,读上声xiǎ。它实际上是杂言,句式可以参差。

歌行体到盛唐很普遍,不但李、杜有大量歌行体,高适、岑参都有,很有活力。《兵车行》就是一个实际的拟乐府的例子。

"车辚辚,马萧萧,行人弓箭各在腰。耶娘妻子走相送,尘埃不见咸阳桥。牵衣顿足拦道哭,哭声直上干云霄。"诗至此算一个段落,是客观描写。杜甫用现成语,"辚辚""萧萧"都是出于《诗经》。诗经为四言,杜甫省掉一字,变成两个三言,如果是四言,就是"车声辚辚""马鸣萧萧"。这个地方省一个字,节奏就加快了,不是一匹马、一辆车,而有乱哄哄、乱糟糟、热闹极了的意思。"车辚辚,马萧萧,行人弓箭各在腰"读起来像快板。场面变了,气氛也变了。这里岔开一句,《后出塞》"马鸣风萧萧",李白"挥手自兹去,萧萧班马鸣",这三个"萧萧"意境、训诂上有什么不同?李白诗充满了感情,"班马"始见于《左传》,班,别也。夜间行军,马互相之间不得见,靠马鸣以使马群不会走散。李白此诗好在"班马鸣",两人依依惜别,连马也彼此舍不得分别,萧萧而鸣。《后出塞》之"马鸣风萧萧",是风"萧萧"。马一鸣,风与树都受影响。《易水歌》"风萧萧兮易水寒",在风萧萧的环境里,马也叫,就有悲壮、苍凉的气氛。同是唐诗,同用"萧萧",很不一样。

《兵车行》政治性很强,就是反战。这样类型的诗,杜甫写了只一首,就不写了。类似的题材还有,但写法不同,《前出塞》《后出塞》,与"三吏""三别"有关系。《丽人行》辞藻华丽,有宫体意味,但也就这一首。以后再写,就是"绝代有佳人,幽居在空谷"(《佳人》)。《饮中八仙歌》也是只此一首。福楼拜说,第一个把女性比成花的是天才,第二个就是蠢材。杜甫利用创新的手法,写过一首作品,往往就不再写了。

这首诗的特殊之处在于,杜甫自己没有站出来说话,通过"兵"和诗人对话,发牢骚,更亲切,比诗人替被征的兵抱不平,表现力更强。"长者虽有问,役夫敢伸恨？"以不敢发牢骚来写牢骚。前、后出塞也是通过那个兵来直接说，这比作者自己说更亲切，更逼真。从军者全是脱离了土地被征到军队里，到远地打仗的农民，一般都是有去无还。这是安史之乱前的作品，杜甫有很强的预见性。诗中涉及内地的广大农村。诗中与杜甫对话的人，是被征兵的人。

"去时里正与裹头，归来头白还戍边"，这就是"三别"中的《无家别》《垂老别》。"点行频"，是说不止一次。"或从十五北防河，便至四十西营田"。被征发的人，其中年纪小的只有十五岁，这两句是错综句，"或从十五北防河"之人，是"去时里正与裹头"；"便至四十西营田"之人，是"归来头白还戍边"。"武皇"开边两句，很沉痛，"开边"是开拓自己的疆土，侵略别人。杜甫是反侵略的，是反战的。

士兵都是农民，所以涉及生产问题。"君不闻，汉家山东二百州，千村万落生荆杞。纵有健妇把锄犁，禾生陇亩无东西。"土地荒芜，妇女没有耕种经验，所以地荒了。"况复秦兵耐苦战，被驱不异犬与鸡。"秦兵战斗力很强，但受到的待遇是鸡狗不如。土地荒芜，粮草跟不上，就影响前方的战争。诸葛亮所以六出祁山不成功，就是因为后方补给跟不上。

有的注解认为此诗是指公元751年征伐云南，我认为此诗不要局限在某一次战争、战役。县官，指政府。大到天子可以称县官，小到地方官也称县官。打仗要粮食接济，所以"急索租"。但没有收成，上哪里收粮食呢？接下来，借征夫之口，说出一个悖于当时常情的话"信知生男恶，反是生女好"。

"君不见，青海头，古来白骨无人收。新鬼烦冤旧鬼哭，天阴雨湿声啾啾。"俞平老在课上讲，为什么前面用"君不闻"，而这里用"君不见"？"千村万落生荆杞"应该是眼见，而"天阴雨湿声啾啾"应该是听闻所得。仇注里有前人的各种解释。我们归纳今古人意见，"千村万落生荆杞"不止长安附近，范围很广，一个农民无法全部目睹，只凭消息听说；"君不见"则是战士表示自己亲眼得见，不要以为是我夸大的话。不光一次战争，一代战争的战骨，而是从古以来的战骨。杜甫的反战不限于某一次战争，有广泛的普遍意义。引发他的是这一次亲眼所见的征兵，但内容有普遍性。读诗不能只了解表面，要了解深一层的意思。

前出塞九首
（天宝年间，长安）

戚戚去故里，悠悠赴交河。公家有程期，亡命婴祸罗。君已富土境，开边一何多。弃绝父母恩，吞声行负戈。

出门日已远，不受徒旅欺。骨肉恩岂断，男儿死无时。走马脱辔头，手中挑青丝。捷下万仞冈，俯身试搴旗。

磨刀鸣咽水，水赤刃伤手。欲轻肠断声，心绪乱已久。丈夫誓许国，愤惋复何有。功名图麒麟，战骨当速朽。

送徒既有长，远戍亦有身。生死向前去，不劳吏怒嗔。路逢相识人，附书与六亲。哀哉两决绝，不复同苦辛。

迢迢万里馀，领我赴三军。军中异苦乐，主将宁尽闻。隔河见胡骑，倏忽数百群。我始为奴仆，几时树功勋。

挽弓当挽强，用箭当用长。射人先射马，擒贼先擒王。杀人亦有限，列国自有疆。苟能制侵陵，岂在多杀伤。

驱马天雨雪，军行入高山。径危抱寒石，指落曾冰间。已去汉月远，何时筑城还？浮云暮南征，可望不可攀。

单于寇我垒，百里风尘昏。雄剑四五动，彼军为我奔。掳其名王归，系颈授辕门。潜身备行列，一胜何足论。

从军十年馀，能无分寸功。众人贵苟得，欲语羞雷同。中原有斗争，况在狄与戎。丈夫四方志，安可辞固穷。

后出塞五首（天宝十四载，长安）

男儿生世间，及壮当封侯。战伐有功业，焉能守旧丘。召募赴蓟门，军动不可留。千金装马鞭，百金装刀头。闾里送我行，亲戚拥道周。斑白居上列，酒酣进庶羞。少年别有赠，含笑看吴钩。

朝进东门营，暮上河阳桥。落日照大旗，马鸣风萧萧。平沙列万幕，部伍各见招。中天悬明月，令严夜寂寥。悲笳数声动，壮士惨不骄。借问大将谁，恐是霍嫖姚。

古人重守边，今人重高勋。岂知英雄主，出师亘长云。六合已一家，四夷且孤军。遂使貔虎士，奋身勇所闻。拔剑击大荒，日收胡马群。誓开玄冥北，持以奉吾君。

献凯日继踵，两蕃静无虞。渔阳豪侠地，击鼓吹笙竽。云帆转辽海，粳稻来东吴。越罗与楚练，照耀舆台躯。主将位益崇，气骄凌上都。边人不敢议，议者死路衢。

我本良家子，出师亦多门。将骄益愁思，身贵不足论。跃马二十年，恐孤明主恩。坐见幽州骑，长驱河洛昏。中夜间道归，故里但空村。恶名幸脱免，穷老无儿孙。

《前出塞》是安史之乱前的诗，《后出塞》则已经面临安史之乱；《前出塞》的主人公是一个普通士兵，《后出塞》的主人公则是一个有身份、有地位、家里有背景的人，出门时信心很足，是个武官，说是从军，其实是去当官。故《后出塞》第一首，"含笑看吴钩"，是期望出去身份提高，对前途充满希望，口气也不一样。

《前出塞》第一首写了一个不情愿、被迫的士兵。"戚戚去故里，悠悠赴交河。公家有程期，亡命婴祸罗"，公家限期报到，耽误了期限就犯罪了。"君已富土境，开边一何多"，这样的开边之战，为什么要打呢？"弃绝父母恩，吞声行负戈"，是被动的，想亡命都不行。后面四句，当兵的思想未必有这么深刻，是作者借这个被征者说的。

第二首，"出门日已远，不受徒旅欺"，年轻的孩子出门，没有阅历和经验，受人欺负。出门日子长了，有经验和阅历了，别人不敢欺负了。"骨肉恩岂断，男儿死无时"，是说自己还是想家。打仗死的几率比生的几率大多了，说不定什么时候就完了。因此，豁出去了，"走马脱辔头，手中挑青丝。捷下万仞冈，俯身试搴旗"。有人讲，此四句写这个战士多么勇敢，实则不是勇敢，而是豁出去了。不抓缰绳，马上拔旗。明知必死，所以是豁出去了。

第三首，一边磨刀，一边想家，不知不觉中把手割破了，伤了手也不愿意哭。他不是因为伤手而哭，而是想念家人而哭，写心思既细腻又深刻。"丈夫誓许国，愤惋复何有"，将来打了胜仗，那些将军才会名标麒麟，而我们这些士兵，活该速朽，谁拿我们当人呢？

第四首我有一个讲法，有点与众不同，说出来和大家商量。"送徒既有长，远戍亦有身",征兵时,有带队的;远戍,戍守边疆,"亦有身"的"身"不是身体的"身",是身份证的"身",唐代当官的都有"身",颜真卿有《自书告身帖》。士兵有花名册,身上要有身份的证明、证件,死了也可以验明正身。讲成身体的"身",意思是有命一条,这不妥当。我这样讲有一点离经叛道。我会拼命杀敌,不用呵斥我。"路逢相识人,附书与六亲",杜甫没有现实生活,写不出来,他真能表现。家里很穷,生活不好,我请父母多原谅,此去死活难定。要是能回家"同苦辛",还是幸福,你们不要再想着我。我不能和你们一起受罪,这比说和家人一起享福要沉痛得多。

第五首,"迢迢万里馀,领我赴三军。军中异苦乐,主将宁尽闻",上层军官并无性命之忧,普通士兵生活困苦,有生命危险。对面的敌人来得很多,不是"数百人",而是"数百群"。我不过是一个底层的人,普通一卒,什么时候能树功勋呢?

这五首已经够沉痛。第六首,作者直接站出来发表议论,打仗武器要厉害,"射人先射马"这是战术,"擒贼先擒王"意思是谁发动了战争,谁就是真正的罪魁祸首。"杀人亦有限",指杀人应该有一个限度,不能无限杀人。"列国亦有疆",不能侵占别人的土地。如果能把侵略制止了,又岂在多杀伤?开疆拓土,从汉武帝、唐明皇,到康、雍、乾都有这个问题。这是典型的人道主义。

第七、八、九首近于绝望。到前线,有许多自然条件的限制,"层冰"是很厚的冰。月亮不是故乡的月亮,何时能筑城撤兵呢?刮西北风时,云向南飘,感叹浮云还能向南回到故乡,自己连浮云还不如。最后写了打胜仗,"单于寇我垒",敌人打退了,贼首也被俘虏。这是好事儿,但我是行列中一个小兵,只有主帅立功,打胜仗没我们什么事儿。十几年过去了,没功劳还有苦劳,可是有的人争功。"众人贵苟得,欲语羞雷同",我虽然也想表白,但羞于跟争功者为伍,算了吧!"中原有斗争",内部还没有平定,何况边疆,大丈夫志在四方,倒霉就倒霉吧。牢骚话讲得大方。是说我既升不了官,也发不了财。

全诗写一个普通的士兵,从出征到打胜仗,到最后不争功,一辈子倒霉。这九首写得够深刻,中心思想就是"挽弓当挽强"一首,生命不能当儿戏,但主帅却拿士兵的生命当儿戏。

《后出塞》这组诗一开头就不一样,信心十足,要出去干一番事业。

"召募赴蓟门，军动不可留"，部队要出发，不能停留。"千金装马鞭，百金装刀头。闾里送我行，亲戚拥道周。"亲人相送景象，光荣出征，亲戚朋友欢送。"斑白居上列，酒酣进庶羞。"摆宴席相送，年辈高的人坐在上座。同龄之人，以刨刀吴钩相赠，很是得意。

第二首心情有些悲凉。霍去病固然是勇将，但他所以能统兵，可是靠了裙带关系。

第三首，古人重守边，不许敌人侵犯。今人重高勋，是要靠打别人，开疆拓土。这里对"英主"是有微词的，猜不透那个英主是如何想的。他是为了占领别人的土地，杀敌立功，出人头地。大唐天下稳固，四夷已经是孤军。千军万马围攻一个部落，何苦呢？当官的每天都有战果，"誓开玄冥北"，一定要把荒无人烟之地占领来，为统治者增光。这就是"开边意未已"的意思。

第四首，打了胜仗，捷报一个个传到都城。实际上边疆已经都平静了。"渔阳豪侠地"两句，军队奏乐，表示庆功。队伍要坐船往辽东去。队伍越远，粮食也运得越远。主将还有赏赐，"舆台"是运东西的兵。绸缎把这些士兵都照亮了。主将的气焰更厉害。"边人不敢议"，老百姓不敢言。都说白居易的新乐府"卒章显志"，其实这句杜诗就是"卒章显志"。安、史就是当时的主将，后来造反了。

最后一首，"我本良家子"，多少次战役我都参加了。主将喜怒不可测，我就是身份提高了也不值一提，算不了什么。当了不少年兵，本身也是带兵的。"辜负"古人写作"孤负"。我唯恐辜负皇帝的恩宠，但现在无法在军队中待下去，所以中夜逃走。回到家乡，"故里但空村"，家中已经没有人了。二十年后归来，自己穷老无儿孙。这组诗从一个军官，一个有雄心壮志的人的角度来写，最后穷老无儿孙，这就是《无家别》《垂老别》。

前后出塞联系起来看，主题很鲜明，是组诗，与《兵车行》一首诗，艺术上各有千秋。总的思想是不要去侵略别人。

丽人行
（天宝十二载，长安）

三月三日天气新，长安水边多丽人。
态浓意远淑且真，肌理细腻骨肉匀。

绣罗衣裳照暮春，蹙金孔雀银麒麟。
头上何所有，翠微㔩叶垂鬓唇。
背后何所见，珠压腰衱稳称身。
就中云幕椒房亲，赐名大国虢与秦。
紫驼之峰出翠釜，水精之盘行素鳞。
犀箸厌饫久未下，鸾刀缕切空纷纶。
黄门飞鞚不动尘，御厨络绎送八珍。
箫管哀吟感鬼神，宾从杂遝实要津。
后来鞍马何逡巡，当轩下马入锦茵。
杨花雪落覆白蘋，青鸟飞去衔红巾。
炙手可热势绝伦，慎莫近前丞相嗔。

杜甫从来不写漂亮词句，此诗却写了华丽、雍容华贵的场面。我最近备课，发现这首诗有一个鲜明特点，实际上诗中的漂亮妇女全是陪衬，主要人物不是这些女性。

诗中的女性浓妆艳抹，很神气，"肌理细腻骨肉匀"一句就是宫体诗，写外表，连皮肤、身段都漂亮。"绣罗衣裳照暮春"，衣服也是贵族的衣裳，孔雀密密地绣在一起。头上的装饰，一直垂到两侧。衱，这是指束腰，掐出线条紧身之处（或注为裙）。非常匀称，正面看穿得漂亮，背面看线条也美丽。云幕，是指贵族出外野餐用的帐篷。杜诗《江亭送眉州》有"柳影含云幕"。云幕中都是皇亲国戚。

野餐的食物都是稀见之物。用翡翠的锅烹调，拿水晶盘盛食物，可拿着精美的筷子却无处下箸。厨师的刀工好极了，鱼肉做得细致极了，但没有用。这些贵妇人要吃皇宫里送出来的食物。"黄门飞鞚不动尘"，鞚指控制马的缰绳，"飞鞚"是松开缰绳让马快跑。古代没有柏油马路，路上是有尘土的，但马快到了不动尘。杜牧那里是"一骑红尘妃子笑，无人知是荔枝来"。这里就是"风入四蹄轻"（《房兵曹胡马》）。曹植《洛神赋》有"凌波微步，罗袜生尘"，洛神在水上走，水上何来尘，但她带起的小水花，好像生尘一般。无尘之处生尘，有尘却叫"不动尘"。

有要人出场，前面有军队，吹着悠扬的乐曲，"哀"不是哀痛，而是优美悠扬之义。有帮闲之人，"宾从杂遝实要津"，随从的人把主要的路都填满了。杨国忠出场，"逡巡"，一作很快，一作不快不慢。这里应该是不快不慢的意思。下马进帐篷，下面是宫体，用隐语说荒淫无耻之事。胡太后有男宠杨白花，杨跑到南朝去，胡太后作诗想念他。白萍，大浮萍，就是说一些漂亮小伙子去拥抱漂亮的妇女，还有为苟且之事传书递信之人。《唐诗三百首》陈婉俊的注太穿凿。说到底，《丽人行》的主角居然是杨国忠！《金瓶梅》写那么多恶劣的女性，为反衬淫棍西门庆；《红楼梦》写那么多美丽多情的女性，是为了反衬贾宝玉。请注意，不要被杜甫大量的描写所掩盖其真实的主题，诗的主角实即杨国忠。说他气焰如何煊赫，如何炙手可热。杨国忠是武则天男宠张易之之子，不是弘农杨氏，所以和杨氏姐妹不伦，这是史书上的记载。

第四讲　忧端齐终南　澒洞不可掇

自京赴奉先县咏怀五百字
（天宝十四载，长安到奉先）

杜陵有布衣，老大意转拙。许身一何愚，窃比稷与契。居然成濩落，白首甘契阔。盖棺事则已，此志常觊豁。穷年忧黎元，叹息肠内热。取笑同学翁，浩歌弥激烈。非无江海志，萧洒送日月。生逢尧舜君，不忍便永诀。当今廊庙具，构厦岂云缺？葵藿倾太阳，物性固难夺。顾惟蝼蚁辈，但自求其穴。胡为慕大鲸，辄拟偃溟渤？以兹悟生理，独耻事干谒。兀兀遂至今，忍为尘埃没。终愧巢与由，未能易其节。沉饮聊自适，放歌破愁绝。岁暮百草零，疾风高冈裂。天衢阴峥嵘，客子中夜发。霜严衣带断，指直不能结。凌晨过骊山，御榻在嵽嵲。蚩尤塞寒空，蹴踏崖谷滑。瑶池气郁律，羽林相摩戛。君臣留欢娱，乐动殷胶葛。赐浴皆长缨，与宴非短褐。彤庭所分帛，本自寒女出。鞭挞其夫家，聚敛贡城阙。圣人筐篚恩，实欲邦国活。臣如忽至理，君岂弃此物。多士盈朝廷，仁者宜战栗。况闻内金盘，尽在卫霍室。中堂有神仙，烟雾蒙玉质。暖客貂鼠裘，悲管逐清瑟。劝客驼蹄羹，霜橙压香橘。朱门酒肉臭，路有冻死骨。荣枯咫尺异，惆怅难再述。北辕就泾渭，官渡又改辙。群水从西下，极目高崒兀。疑是崆峒来，恐触天柱折。河梁幸未坼，枝撑声窸窣。行李相攀援，川广不可越。老妻寄异县，十口隔风雪。谁能久不顾，庶往共饥渴。入门闻号咷，幼子饿已卒。吾宁舍一哀，里巷亦呜咽。所愧为人父，无食致夭折。岂知秋禾登，贫窭有仓卒。生常免租税，名不隶征伐。抚迹犹酸辛，平人固骚屑。默思失业徒，因念远戍卒。忧端齐终南，澒洞不可掇。

今天讲《自京赴奉先县咏怀五百字》，这是杜甫的代表作之一。古人评价杜诗"沉郁顿挫"，这一首最有代表性，《北征》还不及它。

"沉郁"偏重指思想内涵。"沉"者，深也，"郁"是凝聚的意思。杜诗有思想性，不仅有深度，而且有力度，说服力强，内在蕴涵意义深厚，不是表面上的东西。"顿挫"应该指语法、句法，或写作上的层次。这是说写作技巧、艺术方面的问题。"顿挫"是一层意思深似一层，有转折。"顿挫"如何才是好呢？打个比方，京剧四大名旦之一程砚秋有个弟子叫王吟秋，上世纪八十年代他演出，送票让我去看，演罢第二天一大早到我家来，问我有什么意见。我提了一条，程腔是有顿挫，有起伏，但无棱角。如果顿挫出现了棱角，说明演唱底气不足，或者说是不善于运用换气，顿挫的地方全让人听出来了。写诗、写文章，也是这样，希望有转折，一层深似一层，这样的顿挫引人入胜，但不要让人看出有斧凿的痕迹，不要让人觉得你拐直弯儿。如果一个九十度又接一个九十度，这就有点造作，功底不足，文章接头的地方尤其不要让人看出来有棱角。杜诗的顿挫，"杜陵有布衣，老大意转拙"，这一个"转"，就是顿挫。我本是布衣，照理应该本分安贫，但活得越大，反倒越不世故，越发拙了。"许身一何愚，窃比稷与契。"契，殷商祖先；稷，周之祖先。尧舜时期，他们都是大臣。"一何愚""意转拙"都是顿挫，但读起来很自然，一层深似一层，让人感到作者境界很高，考虑问题很深。这样的顿挫才有效果。不用顿挫，显不出思想的沉郁；没有沉郁的思想，人为地搞顿挫，那是做作。有人写文章光讲究技巧，但这样就让人只看见棱角，不是发自内心的东西，并不可贵。"沉郁"指内容，"顿挫"指表现，但两者是很有关系的。

为了更好地理解"沉郁顿挫"，我联想到宋词，今天就用宋词来说明"沉郁顿挫"，特别是"顿挫"。现在一般说词有两种风格：豪放和婉约。豪放派作家缺少顿挫，东坡词好，但"大江东去"这首词是一气呵成。前人把苏、辛比李、杜，苏轼接近李白，辛弃疾接近杜甫。

王国维认为词中只有周邦彦够得上杜甫，我问俞平伯先生这如何理解，先生没有直接回答，而是说念多了你就知道了。今天我们要搞清楚什么是沉郁顿挫。首先，豪放和婉约是什么意思？有人说，爱国便是豪放，爱情便是婉约，我不同意。李后主，我不同意他是婉约派，李中主倒是婉约派。中主的词很曲折，蕴涵很多内容。李后主"春花秋月何时了，往事知多少"，说得很直；还有李清照，他们其实都是白描，易安的《声声慢》"寻寻觅觅，冷冷清清，凄凄惨惨戚戚"，描写自己早上起来心里空荡荡，思想情感没有着落，寻寻觅觅，到处冷冷清清。要我说这是"豪放"，一点也不婉约，整首词都是直白地抒写自己的感情。后主早年写香艳的词，也不婉约，比如"奴为出来难，教君恣意怜"，大白话都说出来了；"人生愁恨何能免，消魂独我情何限。故国梦重归，觉来双泪垂。"也不婉约，很直接。"帘外雨潺潺，春意阑珊，罗衾不耐五更寒。梦里不知身是客，一晌贪欢。"稍微有一点曲折，这都不是典型的婉约。真正的婉约到南宋有了，姜夔、吴文英说话吞吞吐吐，让你猜不透他其中的意思，但他们在抒发忧患意识的时候，也婉约不起来，姜夔"自胡马窥江去后，废池乔木，犹厌言兵"（《扬州慢》），这婉约吗？

我曾经谈阳刚、阴柔之美。有人说阴柔不好，要阳刚，我写文章举过一个例子，这也可以说明婉约和豪放的关系，鲁迅的名诗"惯于长夜过春时，挈妇将雏鬓有丝。梦里依稀慈母泪，城头变幻大王旗。忍看朋辈成新鬼，怒向刀丛觅小诗。吟罢低眉无写处，月光如水照缁衣。"头两句很含蓄，中间四句除了"梦里依稀慈母泪"之外，其他三句都很豪放，最后两句是地道的婉约。一首诗既有豪放，也有婉约；既有阳刚，也有阴柔。鲁迅的诗没有后两句，诗的味道就差多了。中国的诗不能像小孩分好人、坏人一样，把豪放、婉约分得那么清楚。

再看辛弃疾《摸鱼儿》：

> 更能消几番风雨，匆匆春又归去。惜春长怕花开早，何况落红无数。春且住，见说道，天涯芳草无归路。怨春不语，算只有殷勤，画檐蛛网，尽日惹飞絮。　长门事，准拟佳期又误，蛾眉曾有人妒。千金纵买相如赋，脉脉此情谁诉。君莫舞，君不见，玉环飞燕皆尘土，闲愁最苦。休去倚危栏，斜阳正在，烟柳断肠处。

春天本是百花齐放，但花能经受几番风雨呢？在风雨过程中，春天就过去了，下面"惜春长怕花开早，何况落红无数"这便是顿挫。我认为辛弃疾的词，要选冠军，就是这首词。"更能消几番风雨"，再美丽，再丰富多彩，也经不住多少风吹雨打。风雨过去，春天也过去了。接下来他不顺着往下说，而说"惜春长怕花开早，何况落红无数"，上面这四句词，便是四个转折，但辛词接得很自然，有顿挫，没有棱角。"春且住，见说道，天涯芳草无归路。"劝春天不要走，等到天涯都是芳草，那就是夏天了，春天就一去不复返了。但春天并不理会人们惜春的心情，"怨春不语"，花都谢了，留下的都是负面的形象和感受，就剩下"画檐蛛网，尽日惹飞絮"，蛛网是陷阱，杨花比小人，这是比兴。美好的东西好景不长，消失了，留下的全是令人厌恶的东西。画檐本是漂亮的，但这里很冷落，都是蛛网。用比兴的手法，比人类社会，好的不长久，讨厌的事却在眼前。这里向下片过渡。

下片人事的描写和上面是衔接的。"长门事，准拟佳期又误，蛾眉曾有人妒。千金纵买相如赋，脉脉此情谁诉"，就是有人替陈皇后说话，武帝也不动心。下面写得太好了——"君莫舞，君不见，玉环飞燕皆尘土"，不要高兴得太早，杨玉环、赵飞燕当年很得宠，但是哪一个又有好结果呢？辛弃疾学老杜的沉郁，用在词上了。这几句就很沉郁，用曲折的写法，写出小人得志，其结果又当如何呢？作者话说得很冲，里边蕴涵着很多作者本人的人生经验、人生的痛苦。淮南王刘安说"国风好色而不淫，小雅怨悱而不乱"。杜诗、辛词就是"怨悱而不乱"。这里也有沉郁的成分，他的思想不停留在表面，"闲愁最苦"。"休去倚危栏"。李商隐有诗"轻命倚危栏"，此处"休去倚危栏"用李商隐典。"倚危栏"是危险的，"斜阳正在，烟柳断肠处"，国家好景不长了，局面维持不了多久了。

宋太宗看了李后主的词，非要了他的命不可。宋神宗读了苏轼的词——"我欲乘风归去，又恐琼楼玉宇，高处不胜寒"，说"苏轼终是爱君"。神宗为什么这么说呢？他读苏词，意思是自己这个皇帝若总是高高在上，便容易偏听孤立，人间的事了解不多，容易受蒙蔽。所以神宗觉得苏轼还是关心他的。所谓"处江湖之远而忧其君"。宋孝宗也懂诗，他看了辛弃疾的词——"斜阳正在，烟柳断肠处"，不高兴了（《鹤林玉露》"寿皇不悦"）。从这首词可以说，辛弃疾是词中老杜。正是这首词决定了辛弃疾在南宋一辈子坎坷。他对朝廷不满，抱悲观的态度，不可能不坎坷。

顺带讲一讲苏轼《念奴娇》"大江东去"这首词，词中也有美人的点缀，这和李白的诗中出现美人、美酒一样。我认为俞文豹《吹剑录》所记有道理，苏轼此词要关西大汉来唱，柳永的"杨柳岸"要小姑娘来唱。"今宵酒醒何处，杨柳岸，晓风残月"，这是极端婉约的典型，所谓婉约就是没有正面地点出来，这几句就很含蓄。

我讲苏轼此词，最不喜欢的讲法就是"活见鬼"，"故国神游"明明是东坡自己游赤壁。东坡未必不知道黄州赤壁不是赤壁之战的旧地，所以说"人道是"。他不过是借传说发挥自己的思想。"故国神游"，不是周瑜、孙权、诸葛亮等人神游故国。北大一位教授说自己能把诗词歌赋都翻译成英文，他说自己发现故国神游，不光有周瑜、孙权、诸葛亮，还有小乔。我最反对这样"活见鬼"的讲法。

周邦彦何以是词中杜甫，就举他最好的小令——《浣溪沙》：

楼上晴天碧四垂，楼前芳草接天涯，劝君莫上最高梯。新笋已成堂下竹，落花都上燕巢泥，忍听林表杜鹃啼。

龙榆生没选这一首，文研所《唐宋词选》选了。词写一位思妇，惦记远方的游子。天气晴朗，澄澈无边，天气越好，越显得自己的孤独。但春天已经过去了，芳草已到天涯，不知人在何处。登楼只为望远，但还是不要望吧，因为望也无益。时光过得真快，春天一晃就过去了。"新笋已成堂下竹，落花都上燕巢泥"——意思很深，燕子衔泥正忙，因为小燕要出生，但游子还不知道在哪里，杜鹃的啼声是"不如归去"，不忍心听杜鹃如此的啼鸣。这是标准的婉约。含蓄到字面上看不出来，表面上很清新，但越读越深。婉约与沉郁，本是同类的，沉郁浓度更大，婉约明快一些，表面上清新一些。以上主要是通过宋词来讲沉郁顿挫。

下面就回到《自京赴奉先县咏怀五百字》。此诗仇注分段太琐碎，我们分三大段。开头到"放歌"为第一段。"许身一何愚，窃比稷与契"，稷与契，都不是一般人敢比拟的，但杜甫仍"窃比"，尽管实现不了，杜甫还是满怀希望有一天可以实现。此诗和《赠韦左丞丈二十二韵》不同，后者只是发个人的牢骚，此诗思想进步了，"穷年忧黎元"，所忧的事更多了。《登慈恩寺塔》虽说"百忧",但不具体,只是说"黄鹄",虽有志向,但没有出路。此诗远远超出前面两首诗,他说自己比拟不伦,尽管实现不了——"居然成濩落,白首甘契阔。"头发都白了,也没有碰到机遇。"盖棺事则已,此志常觊豁。"真要死了也就罢了,现在没死,所以窃比圣贤的愿望,还希望有朝一日得到实现。"穷年忧黎元,叹息肠内热。"所忧者,老百姓,不仅仅是自己了。穷年,是一年到头的意思。我的"拙"与"愚",被"同学翁"取笑,他们一个个都飞黄腾达了,我却越来越不行,可我的志向反而更坚定了,所以是"浩歌弥激烈"。"非无江海志,萧洒送日月",我并非不想隐居于江湖,好好过我自己的日子,但是"生逢尧舜君,不忍便永诀"。杜甫赶上开元的好时代,并不觉得社会完全没有希望,不忍舍之而去。"当今廊庙具,构厦岂云缺?"现在的朝廷并非无人,好比大厦,并不缺我这根料,但是"葵藿倾太阳,物性固难夺"。我既然是唐朝子民,就要忠实于朝廷,本性就是如此。尽管处处碰壁,仍要知其不可而为之。"顾惟蝼蚁辈,但自求其穴。"如今社会上的人,都是只管自己,即《登慈恩寺塔》"君看随阳雁,各有稻粱谋"之意。"胡为慕大鲸,辄拟偃溟渤?"世上都是蝼蚁,何必要学海中的大鲸?请看这里有多少层转折?真是一句一转。"以兹悟生理,独耻事干谒",因此我懂得了人生的道理,蝼蚁需要去逢迎权贵,要想在这个社会上混下去,就要巴结权贵,而我偏不想去巴结。"兀兀遂至今,忍为尘埃没",所以倒霉至今,我也不想就这样被尘埃所没。"终愧巢与由,未能易其节。"但是很惭愧,我学不了巢父、许由,他们是天子之尊都不屑于去干,而我还想着给朝廷做点事。我只有放歌表达内心的郁闷。这一段,不说一句一转,至少两句一转,顿挫一次,意思便深入一层,把灵魂深处的东西都表达出来了,这就叫"沉郁"。

第二段是写实,杜甫走过骊山时,是最冷的天气。从长安向奉先走,山都会被吹裂,"天衢"这里指天空,"天衢阴峥嵘"(zhēng héng),天阴得很厉害。"客子中夜发",半夜动身回家。"霜严衣带断",天太冷了,衣带都断了,手指冻得无法屈伸,无法把带子结起来。"凌晨过骊山,御榻在嵽嵲。"诗人在旅途上艰难跋涉,到山上一看,皇帝正在山上避寒享乐。"蚩尤塞寒空,蹴踏崖谷滑。"天阴沉沉的,到快亮时,漫天大雾,写得很现实,山路滑而难行。"瑶池气郁律,羽林相摩戛。"山上却很温暖,瑶池蒸汽很足,卫士枪刀撞碰的声音都可以听到。"君臣留欢娱，乐动殷胶葛。"留，耽溺也，君臣沉溺在欢娱之中，音乐的声音很大且错综复杂，不是单一的某种声音。殷，大也。"赐浴皆长缨，与宴非短褐。"山上欢宴的都是高官，绝无普通百姓，辛苦赶路的人当然更与之无缘。"彤庭所分帛，本自寒女出。"这些官员，所接受的赏赐，都是老百姓受累挨冻所置办的，"鞭挞其夫家，聚敛贡城阙。"你看程砚秋的《荒山泪》就知道，剥削到残酷的程度，才把织成的丝织品收敛到一起，进贡到京城里。下面又是一个顿挫——"圣人筐篚恩，实欲邦国活"，当初皇帝把值钱的东西赐给你们这些大臣，是希望你们精心治国，让老百姓有饭吃，如果你们不明白皇帝的用心，难道皇帝就白白扔掉这些东西吗？实际上，拿到这些赏赐的人，根本没有想到老百姓，所以你看这对比多鲜明！一面要"鞭挞其夫家"，一方面"君岂弃此物"。虽然回护皇帝，其实这些东西，就是等于白扔了。"多士盈朝廷，仁者宜战栗"，你们这些人中，有点良心的人，应该内心惭愧。这么多的人，都占好处了，都接受了残酷剥削百姓所得的东西，其中但凡有一个人有良心，想想是应该后怕的！我们不妨比较一下，杜甫在《五百字》里所体现的思想深度，已经超过了李白，李白最有人民性的话就是"安能摧眉折腰事权贵"。杜甫忧国忧民的诗，深度超过了李白，这是一贯的，甚至到了夔州，他仍然是写"戎马不如归马逸，千家今有百家存。哀哀寡妇诛求尽，恸哭秋原何处村"；"堂前扑枣任西邻，无食无儿一妇人。不为穷困宁有此，只缘恐惧转须亲"。可见，杜甫"忧黎元"的思想，到死都是这样，对下层社会不但同情，而且要挽救。杜甫是"杜陵有布衣"，一个工部检校员外郎算什么？无权无钱，但他有这样的心愿。白居易有这个思想，但比他浅，没他这么沉郁，这么深。李白谈不上什么沉郁顿挫。李白最有人民性的作品也比不上老杜，韦应物"邑有流亡愧俸钱"，也只如此而已。

"多士盈朝廷，仁者宜战栗"，这是说一般的朝臣，还留着余地，下面就是鞭挞了——"况闻内金盘，尽在卫霍室。"都在皇亲国戚的手里。"中堂有神仙，烟雾蒙玉质。"神仙是指皇亲国戚、达官贵人、宫中后妃之类。"玉质"，人漂亮。他们在骊山上过着神仙一样的日子。"暖客貂鼠裘，悲管逐清瑟。"行人是"霜严衣带断，指直不能结"，对比很鲜明。"劝客驼蹄羹，霜橙压香橘。"冬天能吃到"霜橙香橘"，这在古时很不容易。"朱门酒肉臭，路有冻死骨。"最近我看汪少华《古诗文词义训释十四讲》一书，认为此处的"臭"，就是腐败之臭，不能讲成香味儿，不是《大学》"恶恶臭"。此处就是指朱门挥霍，酒肉腐败。"路有冻死骨"，是写实，不是抽象的话，如此严寒的道路，冻死是很可能的。"荣枯咫尺异，惆怅难再述"，对比如此强烈，我无法再写了。这第二段从旅途过骊山，写骊山上的情况。有人说，老杜也没参加，何以见得如此清楚？大概朝廷挥霍之状，当时百姓都清楚。

第三段，"北辕就泾渭，官渡又改辙"，车到水边，然后要过桥。"群水从西下，极目高奉兀。疑是崆峒来，恐触天柱折。"水势很凶，幸好桥没断，走在上面吱嘎作响，很危险。"行李相攀援，川广不可越。"行李，是泛指行旅之人。"老妻寄异县，十口隔风雪。谁能久不顾，庶往共饥渴。"希望回家与家人同生共死。回家入门，就听见满室哭声，幼子竟饿死了。"吾宁舍一哀，里巷亦呜咽。"我宁可不哭了，但邻居都看不下去，为我哀痛。这又是沉郁顿挫。"所愧为人父，无食致夭折。"我惭愧自己为人父，却让幼子饿死。"岂知秋禾登，贫窭有仓卒。"今年收成还不错，但太穷的人总有意外。"生常免租税，名不隶征伐"，我在百姓中还是特殊的，不纳税，也不用被征去当兵，即便如此，幼子还被活活饿死，那一般老百姓当然会更难过，更不满。"默思失业徒，因念远戍卒。"失业是专指农民丢掉土地，参见《汉书·食货志》，我写过文章。想想那些失去土地的人，在边境当兵的人。"忧端齐终南，澒洞不可掇。"我的忧愁与终南山一样高，"澒洞不可掇"，是说愁很大，大得无边。掇，出于《短歌行》"明明如月，何时可掇"。掇，用手摘。《说文》：掇，拾也。在现代汉语里有"拾掇"一词。《诗经·周南·芣苢》："采采芣苢，薄言掇之。"宋杨简《慈湖诗传》认为掇是掐的意思。林庚先生翻译《诗经》此句为"掐大的掐"，这是我提供的。"掐"是后起字，"拾"便是古写的掐，从"合"的字，读"掐"的很多，如"恰""洽"。

限于时间，《哀江头》今天就不讲了。《自京赴奉先县咏怀五百字》鞭挞卫、霍，很厉害，《哀江头》对杨贵妃的态度不一样，我向俞先生请教，他说《哀江头》主要反映的是民族矛盾，对杨贵妃有原谅、同情之意。杜甫下笔是有分寸的。在《五百字》中是批评的，在《北征》中也斥为褒姒、妲己，同样是批判的。

第五讲　少陵野老吞声哭　春日潜行曲江曲

第三讲我们讲了《丽人行》，按照次序还讲不到《哀江头》，但为了对比，我们把《哀江头》提前讲一下。这里先增加一首诗——《对雪》（至德元载，长安）

> 战哭多新鬼，愁吟独老翁。
> 乱云低薄暮，急雪舞回风。
> 瓢弃樽无绿，炉存火似红。
> 数州消息断，愁坐正书空。

《哀江头》与《月夜》都是安史之乱后，作者陷在长安敌占区写的。天宝十五载，实际上是至德元年，当年改元，私家记载有天宝十五载说法，但史书上没有，称至德元年。天宝十四载安、史发动叛乱，到当年的阴历十一月已攻陷长安。天宝十五载上半年，杜甫把家安置在鄜州，本想从鄜州去凤翔，但中途遇到安禄山的军队，他地位不高，也谈不上俘虏，但也被轰到长安去了。在长安待到至德二载四月，写《春望》以后不久，抄小路再一次奔凤翔。《对雪》是至德元载冬天所作，《哀江头》和《春望》是至德二载春天作的。我个人认为，《月夜》如果定在至德元载中秋，此时杜甫未必已至长安，所以我怀疑《月夜》不一定是中秋所作，每月十五皆有满月。仇注编在至德元载八月，但安禄山攻陷长安应该在八月之后，因此后人讲《春望》"烽火连三月"，是从至德元载十一月开始算。我认为可能是至德元载的秋天写的，但不必定死为中秋。肯定是在长安写的，但不可能是至德二载写的，此时杜甫已经到凤翔了。在长安写的不成问题，但肯定不是至德二载写的。写作年月不太能确定。至德二载的四月中旬，杜甫有《自京窜至凤翔喜达行在所》，肃宗封他一个小官左拾遗，不久去探家，写了有名的长诗《北征》，且标有明确日期，"皇帝二载秋，闰八月初吉"，这是用史官的笔法。从凤翔到鄜州，中间经过宜君县，经过玉华宫，杜甫写了五古《玉华宫》（至德二载，赴鄜州途中作）：

> 溪回松风长，苍鼠窜古瓦。
> 不知何王殿，遗构绝壁下。
> 阴房鬼火青，坏道哀湍泻。
> 万籁真笙竽，秋色正萧洒。
> 美人为黄土，况乃粉黛假。
> 当时侍金舆，故物独石马。
> 忧来藉草坐，浩歌泪盈把。
> 冉冉征途间，谁是长年者。

这首诗我是听游国恩先生讲的，有一次在先生家里和他聊天，他讲到这首诗，说这首诗开了宋诗的头儿。此诗的技巧，在宋诗里完全有体现。他说：我从年轻时开始就喜欢这一路诗。宋诗从唐诗过来，杜甫是一个开端者。另外，我还记得一个事情，浦江清先生当年选杜诗，政治性第一，所以《客至》（舍南舍北皆春水）都不选，但选了这首诗，据说是游先生认为此诗不能不选。游先生给我大概讲了一遍，我很受启发。杜甫到家后又写了《羌村》三首。

今天我们讲《哀江头》《对雪》《春望》《月夜》，下次讲《喜达行在所三首》，中间还有《述怀》《玉华宫》，如果没有时间，《北征》《羌村》三首就向后推，最后到卷六《曲江》《九日蓝田崔氏庄》以及在旅途中写的《赠卫八处士》。然后就是"三吏""三别"、《梦李白》，再选讲《秦州杂诗》。接下去就是在成都的诗。

哀江头
（至德二载　长安）

少陵野老吞声哭，春日潜行曲江曲。
江头宫殿锁千门，细柳新蒲为谁绿。

> 忆昔霓旌下南苑，苑中万物生颜色。
> 昭阳殿里第一人，同辇随君侍君侧。
> 辇前才人带弓箭，白马嚼啮黄金勒。
> 翻身向天仰射云，一笑正坠双飞翼。
> 明眸皓齿今何在？血污游魂归不得。
> 清渭东流剑阁深，去住彼此无消息。
> 人生有情泪沾臆，江草江花岂终极。
> 黄昏胡骑尘满城，欲往城南望城北。

这首诗最好与《丽人行》对读。《哀江头》写的是初春，比《丽人行》写暮春要早一点。"江头宫殿锁千门，细柳新蒲为谁绿"是初春景象，季节上要早一点。此诗一上来所刻画的气氛，你们不好体会，我是经过八年抗战的，困在租界上，也在敌占区待过，遇到日本人和高丽人的欺负，那真是"吞声哭"，出门也是"潜行"。哭也不敢大声哭，"春日潜行曲江曲"，当初长安城的曲江是游览胜地，老百姓去，帝王贵族也去。《丽人行》里写的都是贵族。此时是初春时节，"江头宫殿锁千门，细柳新蒲为谁绿"，写得好极了。是写春天来了，但春色反倒无人看了。写到此处，把笔又调过来，回想当时皇帝和贵妃游曲江的景象。"忆昔霓旌下南苑，苑中万物生颜色。"曲江在长安的南面，离皇宫不太远。"苑中万物生颜色"，万物生辉，看着都漂亮。这是皇帝出游的情景。"昭阳殿里第一人，同辇随君侍君侧。"这便是杨贵妃。杜诗的版本异文很多，有的好，有的不好，"一笑正坠双飞翼"，其中"笑"一作"箭"，但作"箭"很笨，仇注杜集选了"箭"。实则"一笑"比"一箭"不知要高明多少倍。诗中写杨贵妃陪玄宗出游，辇前才人射落双飞翼。仇注和其他注本都引潘岳《射雉赋》。我按照俞平老的意见讲，这是用《左传》中叔向讲的一个故事：

> 昔贾大夫恶，娶妻而美，三年不言不笑，御以如皋，射雉，获之。其妻始笑而言。贾大夫曰："才之不可以已，我不能射，女遂不言不笑夫！"（昭公二十八年）

这是原典，俞先生说这里一定是"一笑"。才人射箭本领高强是次要的，让杨妃高兴，是主要的。这里有讽刺，但不很明显。我在《读书丛札》中提到杜诗用事的特点，周一良先生审稿，认为这一条牵强，但我没有改。我相信俞先生的意见。《射雉赋》就用《左传》的典故，为什么这里就牵强呢？读诗词，要以意逆志。以意逆志有两种解释，一是以读者之意逆作者之志，这不对，难免一人一说，令人莫衷一是；应该是以作者之意，再探求作者为什么要这样写，即以作者之意逆作者之志。

用典该如何解释，不是太容易的事情。我以前写过一篇文章，《谈欣赏》，我说不是欣赏，阅读前人的作品，感觉到有一种美感，所以高兴，但有很多时候是"苦赏"，要反复琢磨，琢磨对了，才能"欣"，先苦后甜。这几天我在抄宋词，南宋末年刘辰翁有一首小词《柳梢青》，其中有"辇下风光，山中岁月，海上心情"。辇下是指都城，当时刘辰翁在杭州；夏承焘先生注的《唐宋词选》，文研所《唐宋词选》，胡云翼《宋词选》，几种注本的解释都说"海上心情"是感叹陆秀夫负帝投海，或是张世杰、文天祥在沿海一带抗元。但这都不是刘辰翁的心情，他已经没有力量抗元。我写过一段笔记，认为是孔子乘桴浮于海之意。后来一想，也不一定恰当。"山中岁月"，本身就有"乘桴浮于海"的意思。实际上，孔子也没有"乘桴浮于海"，只是假设"道不行"才这样的。我五十年前读夏先生的书时，批过一句"此牵强，应指苏武"，与今天的想法竟是一致的。苏武困在匈奴十九年，在北海牧羊，就是今天的贝加尔湖。刘辰翁写这首词时，宋朝已经灭亡，元人统治，词一开始就是"铁马蒙毡"，马都罩着铁甲、蒙着毡子，这显然是蒙古人的马，唱的歌、敲的鼓，都已是异族情调了。所以他说，现在杭州还很热闹，辇下风光依旧，但我要逃避尘世，过的日子是山中岁月。我的心情则是与苏武一样，一辈子都要当苏武了。典故讲得是否贴切，很要紧。不能把这个"海上"一定说是东南沿海。苏武在北海牧羊，也是"海上"。以苏武自比，才切合他困在元朝统治下的心情。既不是张世杰、文天祥的抗元，也不是孔子的"道不行，乘桴浮于海"；而是觉得自己像苏武一样，绝对不投降匈奴，乃是一种受罪的、无可奈何的处境。在这个被异族控制的杭州城，我过的是隐士一样的日子，心情则像苏武一样。这样讲更切合实际。

杜诗这里用"一笑"才合适，"一箭"太笨。为什么不说"正堕双飞翼"，而说"坠"呢?《说文》"坠""堕"都训"落"。"坠"是高空下落,所以"绿珠坠楼",不能说"堕楼"。飞机失事,说"坠落",不说"堕落"。堕,一是距离比较短,一是比较抽象。比较抽象这一点,也很重要。比如说此人"堕落",不能说"坠落"。《说文》中"堕"作隓,楷书里写作隳,贾谊《过秦论》"一夫作难而七庙隳",读阴平,与毁坏的"毁"不一样。"堕"可以假借为"隳"。坠,《说文》作"队"。坠不能通"堕"。这便与千金一笑有些接近。杜甫在这几句里微讽杨贵妃,但这首诗的主要矛盾是敌我矛盾,在思想上还是站在皇帝一边的,对贵妃怀有同情。"明眸皓齿今何在?血污游魂归不得。"一位如此美丽的妃子,再也回不来了。"清渭东流剑阁深,去住彼此无消息。"皇帝也走了,诗中的哀痛不是从字面上直接说出来的,径直说什么伤心啦、痛苦啦,那太肤浅,这里流露的是深深的哀痛,不是停留于字面,而是用具体的描写,长安附近的渭水还在流,可是皇帝已经去了四川,也不知道长安的情况,彼此消息不通。"人生有情泪沾臆,江草江花岂终极。"看到江水,细柳新蒲,它们是无情的。难道世道就这样一直乱下去,江草江花难道就一点感情没有,就这样长此以往下去吗?不言哀而哀在其中。王渔洋评价此诗,写安史之乱、杨妃遇害、玄宗西征,只四句,《长恨歌》那么长,其实也不过就是老杜这一点意思。当然,诗体不同,风格不同,白居易有他的考虑,但从精练和深度来讲,王渔洋说得有道理。白居易有些地方是渲染。前人有的批评白居易写唐明皇"孤灯挑尽未成眠",不像皇帝,像个读书人,局面太小。下面两句,"黄昏胡骑尘满城,欲往城南望城北。"我这个本子作"望",有的作"忘",还是作"望"好,指要回家,但眼光还看着城北,因为"恋阙",皇帝的宫殿在城北。

《对雪》一首,从明朝初年开始就有注家认为此诗是惋惜房琯打败仗,但讲诗最好不要讲得这么死板。安禄山入侵后,败仗不止这一次。这样解释与诗本身有矛盾,"数州消息断",又如何知道是哪个战役打败了呢?至德元载的冬天,杜甫身陷长安,一次次听到败仗的消息。"战哭多新鬼,愁吟独老翁"。这两句是对仗的。杜甫用字讲究,但此诗用了两个"愁"。我试着修改,但哪一个都动不得。"乱云低薄暮,急雪舞回风",写雪景真好。这样一个环境,住处肯定非常寒冷。"瓢弃樽无绿,炉存火似红。"这里的"绿"为与下句的"红"对仗,所以写这个。这个字可以有三种写法——"绿""渌""醁"。白居易诗"绿蚁新醅酒",今天还有古意的酒就是山西的"竹叶青",酒的颜色发绿。古代的酒,大概与今天的啤酒差不多,倒出来上面有泡沫。早年有人在朱自清先生编的《国文月刊》上写文章,把"蚁"讲成了酒上浮了一层蚂蚁。俞平伯先生看到,连说"什么话,什么话"。"瓢弃樽无绿,炉存火似红",非但没有酒喝,屋里还冷极了,炉中火其实已熄灭,但好像还着着。古有望梅止渴,杜甫这里是望炉取暖。"数州消息断,愁坐正书空"。用晋殷浩被黜后,书空"咄咄怪事"的典故。究竟国家如何,自己一无所知,只有愁坐书空,一切希望渺茫。全诗没有一个字说悲哀、悲观,但写愁很深。诗题就是"对雪"两个字,没有对雪书怀、对雪有感之语,但书怀、有感,诗中都有了。

春望
(至德二载 长安)
国破山河在,城春草木深。
感时花溅泪,恨别鸟惊心。
烽火连三月,家书抵万金。
白头搔更短,浑欲不胜簪。

"国破山河在",杜甫身在长安,周围景象还是老样子。"城春草木深","春"字一作"荒",但作"荒"便索然无味。草木无人管,自是一片荒凉景象。"感时花溅泪,恨别鸟惊心"有各种讲法。一说"感时"与"恨别"的主语是作者,"花"是"溅泪"的主语,"鸟"是"惊心"的主语。由于人感时,所以花也要哭;由于人恨别,连鸟也心惊。我觉得还是别太求之深,还是顺着讲好,"感时""恨别"是作者,平时看见花是愉快的,现在因为感时,所以看见花,反而倒难过地哭了;平时听见鸟啼是愉快的,但现在因为"恨别",反而心神不定。更难讲的是"烽火连三月"。有几种讲法:一说从安禄山陷落长安,头年十一、十二月到第二年正月,但正月尚未到春天,与诗中景象不符合;一说是正月、二月、三月,但打仗不止三个月;一说,至德元年的三月到至德二载的三月,"连三月"是连逢两个三月的意思。我认为,"三月"与"万金"都是虚指,不是实指。治文学宜略通小学,汪中有《释"三九"》上中下三篇。他认为

"三"与"九"都泛指时间比较长，颜回"其心三月不违仁"(《论语》)。"三月"不是实指。"三年无改于父之道，可谓孝矣。"(《论语》)"三年""三月"都指时间长久。《离骚》"虽九死其犹未悔"，"九死"是加重语气。汪中做了归纳，三、九多为泛指。"烽火连三月"是指从开仗以来，已经很长时间了，今后何时能结束，也很难说。"家书抵万金"是说家里没有信，已经"数州消息断"，真要来一封信，那就很珍贵了。"白头搔更短，浑欲不胜簪"，本来头发就因为发愁而白了，现在越来越少。"簪"属侵韵，闭口韵，与"深""心"同韵。

月夜
（至德元载至二载 陷长安时）
今夜鄜州月，闺中只独看。
遥怜小儿女，未解忆长安。
香雾云鬟湿，清辉玉臂寒。
何时倚虚幌，双照泪痕干。

《对雪》这样的内容，在杜诗中不止一首，《月夜》却只此一首。杜甫很少写游子思妇的诗。《佳人》写一位女性，也只此一首。《丽人行》也只此一首。《赠卫八处士》与朋友惜别，也只此一首。如果总是重复，就会令人厌烦。明朝王世贞《艺苑卮言》，说李白的诗千篇一律，但杜诗一首一样。传世杜诗一千首左右，传世的陆游诗十倍于杜甫，白居易也多，但却难免重复。杜甫很少有重复的感觉。陆游的诗有些甚至词句都差不多。诗应该非作不可，作一首便有一首的特点。"文革"刚结束时，我给邵燕祥写了一首诗，他保留着，我自己没留底，他印在他的书里，其中一句"一生能得几诗传"。现在人写诗太滥，每逢纪念日必有诗，旅行也必有诗。我对皮日休、陆龟蒙的诗就不感兴趣。读杜诗不会有这种感觉。杜甫有许多组诗，《前出塞》《后出塞》《秦州杂诗》二十首、《咏怀古迹》五首、《秋兴》八首、《诸将》五首、《八哀》八首。组诗之间也不一样。

浦起龙《读杜心解》说《月夜》是"从对面飞来之笔"。本是自己望月，但开篇说"今夜鄜州月，闺中只独看"。要是改成"今夜长安月，老夫只独看"，这就不是杜诗了。最后两句"何时倚虚幌，双照泪痕干"，这里的"双"与开篇的"独",有照应。"遥怜小儿女,未解忆长安",边连宝《杜律启蒙》引其父亲的意见,说这是"遥怜小儿女,未解其母忆长安"。我觉得这个讲法太好了。本来小儿女并不懂忆长安,直说便是废话,是妻子忆长安,小儿女不仅自己不会忆长安,也不了解他们母亲的心情,不了解忆长安是什么滋味。"何时倚虚幌,双照泪痕干",幌,可以作帐子讲,古人用床帐,也可作窗帘讲,训帷。虚幌,指透亮的窗帘或帐子。我认为作窗帘讲合适。什么时候,回到家,拉上窗帘,我们夫妻团聚,"妻孥怪我在,惊定还拭泪",难免要悲伤,在月光之下,我们都哭了,哭着哭着,又转悲为喜,所以是"双照泪痕干",这五个字里蕴涵多少意思!

最后讨论一下"香雾云鬟湿,清辉玉臂寒"。很多解释说这两句是描写杜甫的妻子,写其容貌如何美,望月久了,头发都湿了。傅庚生先生甚至认为杜甫这两句写得太香艳,在《杜甫诗论》中还替他改诗。其实这两句是写嫦娥,是指月亮。我先是在课堂上听俞先生这样讲,俞先生当时以《琵琶记》为例,后来还写了文章,发表在《大公报》"星期文艺"上。俞先生说因《琵琶记》是元代的,不一定能反证唐诗,所以对自己的意见还存疑。后来俞先生没有将这篇文章收入他的《论诗杂著》,先生说是没找到,还开玩笑说,收了怕杜太太会不高兴。其实,苏轼就写"但愿人长久,千里共婵娟",李商隐"月中霜里斗婵娟",都是通过描写嫦娥写月亮。我找到一条材料,北宋末年的宰相李纲《江南六咏》之三:"江南月,依然照吾伤离别,故人千里共清光,玉臂云鬟香未歇。"这诗太有说服力了,其中"玉臂云鬟"肯定是描写月亮。周邦彦的词,"正月十五""耿耿素娥欲下"也是一证。仇注引王嗣奭《杜臆》:"公本思家,偏想家人思己,已进一层。至念及儿女不能思,又进一层。鬟湿臂寒,看月之久也,月愈好而苦愈增,语丽情悲。"所谓看月之久,是说杜甫。可见,王嗣奭也是认为"香雾云鬟湿,清辉玉臂寒"是指月亮。月光一会儿朦胧,一会儿又明亮起来,不排斥比兴说,这里有一个他想念的人呼之欲出,但不是实写。

"何时倚虚幌,双照泪痕干",我发现一首民歌,杜甫是否受它影响不好说,但可以参考,杜诗的意思恰好与它相反。《子夜秋歌》:"凉风开窗寝,斜月垂光照。中宵无人语,罗幌有双笑。"这是男女幽会之诗,是欢快的场面。杜甫也许反用了此诗的意思,写夫妻重逢团聚的感受。

第六讲　冉冉征途间　谁是长年者

　　喜达行在所三首
　　（至德二载　凤翔）
　　西忆岐阳信，无人遂却回。眼穿当落日，心死著寒灰。茂树行相引，连山望忽开。所亲惊老瘦，辛苦贼中来。
　　愁思胡笳夕，凄凉汉苑春。生还今日事，间道暂时人。司隶章初睹，南阳气已新。喜心翻倒极，呜咽泪沾巾。
　　死去凭谁报，归来始自怜。犹瞻太白雪，喜遇武功天。影静千官里，心苏七校前。今朝汉社稷，新数中兴年。

　　这组诗的题目，一本作"原注：自京窜至凤翔"，这不对，题目就应该是《自京窜至凤翔喜达行在所》。凤翔在唐代属扶风郡，地点离长安不太远。诗开头写自己在长安，"西忆岐阳信，无人遂却回"，岐阳，就是凤翔，因在岐山之南。

　　"无人遂却回"，这里有个问题值得讨论。《羌村》第二首"娇儿不离膝，畏我复却去"，其中"复却去"，一般都讲成娇儿本围着我转，见我脸色不好，于是躲开了。正式提出疑问的是金圣叹，他认为"畏我复却去"应该是孩子怕我再走。萧涤非先生也认同，并以陈师道学习《羌村》的几首古诗，作为证明。陈诗确有怕父亲再走之义。我认为陈是学《羌村》，但陈写诗的环境与杜甫不同，不能以陈证杜。萧先生说服不了别人，俞先生、傅庚生先生、我本人都认为是躲开之义，萧先生的文章表面上反驳傅先生，捎带也反驳我，为了证明自己的讲法，甚至改诗句为"畏我却复去"。这并没有版本的依据。杜诗不仅有"却去"，这里还有"却回"，可见，"却"可连接动词"去"，也可以连接

"回"。今人蒋绍愚认为是"怕我回到原来的地方去"。我认为这样讲也不妥,杜甫已经回家,家就是他的目的地,说他还要回到原来的地方去,逻辑上讲不通。他若去凤翔上任,就要带着家眷一起走。我在《读书丛札》中有一小文,认为这样讲不合适。他们引的例子也难以自圆其说,萧先生和蒋绍愚都引用雍陶的诗,他们都把"复却"连在一起,讲不通,改成"却复"。我认为"却"就是实词,退却的意思。我跟叶圣陶先生讲过,叶老认为"孩子躲开"这个讲法不成问题,因为"娇儿不离膝",说明孩子还很小,根本不懂父亲还要走。这个问题我还是坚持我的意见。"西忆岐阳信"是说,杜甫在沦陷的长安,知道肃宗在岐阳称帝,是唐朝政权的中心,他想办法托人与凤翔方面沟通,但带信的人不再回来。杜甫在长安期盼,但带信的一个回来的也没有。"却回"是一个词,退回来的意思。心情就更加焦急,因此"眼穿当落日,心死著寒灰"。凤翔在长安的西面,他整日向日落的西方盼望,望眼欲穿,灰心到了极点。"寒灰",形容失望到了极点,燃物成灰,灰又变冷,再也扬不起来,心情是很沉痛的。"心死著寒灰",著,人声,著地,落地的意思。落地之后再也动不了谓之著。寒灰再也动不了,我的心冷得像灰一样,再也飞不起来。秦观贬郴州,有词"驿寄梅花,鱼传尺素,砌成此恨无穷数","砌"与这里的"著"是差不多的,用得很拙、很重,一层恨再加上一层恨。"驿寄梅花",用"江南无所有,聊赠一枝春"之典,指到郴州后给外面写信没消息,"鱼传尺素",用"客从远方来,遗我双鲤鱼。呼儿烹鲤鱼,中有尺素书"的典故,是说盼家里的信也没有,每件事在我心中都是一个恨,有了便推不掉,所以用了个"砌"字,"砌"和"心死著寒灰"的"著"是一样的,一重重累积。

这四句是在长安的心情。最后两句又到凤翔,"所亲惊老瘦,辛苦贼中来"。老瘦,说明在长安的生活艰难,一路也很艰难。关键是要过渡,从长安如何到凤翔。中间两句如何写?第二首里有补充,"间道暂时人"。孟浩然《过故人庄》:"故人具鸡黍,邀我至田家。绿树村边合,青山郭外斜。开轩面场圃,把酒话桑麻。待到重阳日,还来就菊花。"这诗用陶诗之意,前两句写故人邀请我到田家,后四句是到了田家。"绿树村边合,青山郭外斜"这两句就是过渡。林庚先生分析过这两句,他对前后讲得都很简单,突出讲这两句,他说:"这是全诗的灵魂,思想情感与艺术形象交融的顶峰。"说明他最重视这两句。我讲这两句，与林先生不完全一样。这一类景语，虽然是过程，却有关全诗的气氛。孟诗写从城市到农村，是愉快的心情，觉得农村蓬勃有生气，从城里走出来，看到的是绿树把村庄包围，一眼望去看不见村，只见绿树；"青山郭外斜"，是说青山并没有遮住自己的视线，青山虽然在那里，但眼界开阔敞亮，视野是很开阔的。从热闹的、人口密度很大的城市里出来，抬头一看，视野很敞亮。没有这两句，城里到农村，就不好联系。回到杜诗，"茂树行相引，连山望忽开"就是过渡。"茂树"与"绿树村边合"意思差不多。杜甫在秦州，《雨晴》写塞柳是"塞柳行疏翠，山梨实小红"，"翠"用得好，雨后的柳树很漂亮，后三字，一字一顿，塞柳整齐但不密，实，结了果子，果子不大，颜色是红的。雨后之景，写得太好了。"茂树行相引"，树虽然"茂"，但是有规律，顺着官道之树走，就会把你带到目的地。杜甫从长安出来是走小路，"连山望忽开"，跋涉之后，快到目的地时，眼界忽然打开。不是"连山"，不足以形容走得艰难。心情要从"著寒灰"，变成"喜达行在所"，就通过"行相引""望忽开"来过渡。

第二首"生还今日事，间道暂时人"两句，是补充第一首的。"愁思胡笳夕，凄凉汉苑春"，回忆长安沦陷时的情景，长安已经冷落了，听到胡笳引起愁思，看到汉苑一片凄凉。然后回到眼前，"生还今日事，间道暂时人"两句，"暂时人"，仇注谓"生死悬于顷刻"，所以是"暂时人"，这个解释最好。如今总算我是活着过来了，但当时在小路上向凤翔走的时候，生死悬于顷刻，随时可能遇到危险。"司隶章初睹，南阳气已新"，都用刘秀中兴的典故，认为肃宗的功业和汉光武一样。刘秀一开始并没做皇帝，是刘玄做皇帝，当时封刘秀为司隶校尉，刘秀做司隶校尉的时候，把西汉的典章制度都恢复了。这里的意思是唐朝的那些制度我又看到了，凤翔有新气象，就好像刘秀起兵的南阳一样。这两句当然正面看是歌颂，也包含了强烈的愿望，希望唐朝可以真正地中兴。"喜心翻倒极，呜咽泪沾巾"是痛定思痛的意思，心情由悲转喜，这里才出一个"喜"字，喜到极点，"呜咽泪沾巾"。三首诗是有呼应的，杜甫对唐肃宗是什么看法，诗里都是正面的，《洗兵马》就不是一味歌功颂德了，说的都是对朝廷的期望。这里表面是自己痛定思痛，悲极而喜，实际上是一个长时间的过程，从天宝十四载安史之乱起，到现在至德元载。

第三首仍然是有呼应的。这里可以回忆一下《自京赴奉先县咏怀五百字》，忠于唐王朝是杜甫一生的信念，所谓"葵藿倾太阳，物性固难夺"。他也有牢骚，《醉时歌》就是牢骚，但他对朝廷还是全心全意的。这首诗说自己蝼蚁不如，如果死了，又有谁给自己报信，通知朝廷，通知家人，说自己殉国而死呢？能回到朝廷，也只是自己怜惜自己，为自己高兴。其实我杜甫死了，别人也未必看重，在朝廷上，自己不过是可有可无的。在众多的达官显要那里，自己只是一个无足轻重的人，所以真正见到朝廷、皇帝，他反而"始自怜"。但是，我问心无愧，毕竟"犹瞻太白雪，喜遇武功天"。太白是凤翔附近的山，武功也在凤翔附近。郭子仪与安禄山交战，开始时打败仗，后来把兵力聚在武功，保卫凤翔。"犹瞻太白雪，喜遇武功天"，这是"茂树行相引，连山望忽开"的理想结局，"太白""武功"和"岐阳"又相呼应。唐肃宗任命杜甫为拾遗，官很小，真是有他不多，没他不少。下面写上朝，"影静千官里，心苏七校前"，一片肃静，自己站在百官的行列里，"七校"是七个军事机构，类似宋代的枢密院，今天的国防部。前面是"心死著寒灰"，这里是"心苏七校前"。我认为杜甫认识到，要想恢复，还要靠军队，靠武力。这里说明朝廷还拥有一定的兵力。"今朝汉社稷，新数中兴年"，这与第二首的"司隶章初睹，南阳气已新"两句是呼应的，杜甫一直希望肃宗是汉光武。"今朝汉社稷，新数中兴年"，"新数"，一是从零开始，一是从新做起。即毛泽东"而今迈步从头越"，现在是一个新的开始。三首诗第一首是个人的情况，第二、第三带有歌颂的成分，这是题中应有之义。题目中的"在"字应该读 zǎi，名词读去声，作动词读上声。"新数中兴年"的"中"字应读去声 zhòng。

述怀
（至德二载 凤翔）

去年潼关破，妻子隔绝久。今夏草木长，脱身得西走。麻鞋见天子，衣袖见两肘。朝廷愍生还，亲故伤老丑。涕泪受拾遗，流离主恩厚。柴门虽得去，未忍即开口。寄书问三川，不知家在否。比闻同罹祸，杀戮到鸡狗。山中漏茅屋，谁复依户牖。摧颓苍松根，地冷骨未朽。几人全性命，尽室岂相偶。嵚岑猛虎场，郁结回我首。自寄一封书，今已十月后。反畏消息来，寸心亦何有。汉运初中兴，生平老耽酒。沉思欢会处，恐作穷独叟。

这诗我们念一遍，"今夏草木长"，用陶诗。"朝廷愍生还，亲故伤老丑"，这是《喜达行在所》中的意思，"柴门虽得去，未忍即开口"，"去"，是离开的意思，现在住的这破房子我虽然可以走开，想告假回家，但刚上任，不好开口。绝不能理解成我要去柴门的意思。所以先写封信问一问，听说鄜州那里沦陷，鸡犬不留。想必家中那个破房子被毁，家人也遭难了，可能只有死尸了。家里还能有活的吗？还能有跟我在一起的吗？"反畏消息来"，不是怕家人的消息，而是怕别人带来全家遭难的消息。国家初兴，如果家人遭难，我也只能耽酒以老。这里的"欢会处"，不是往昔欢会。我再深深地想一想，恐怕我真要回去了，本可以欢会团圆的家已经没人了，只是孤零零一个老头了。这便是沉郁顿挫。

杜甫回家途中，经过玉华宫，玉华宫本是唐太宗时建的一个行宫，到高宗时已经没人住，因为离都城太远，变成庙了。经过战乱，此地已是荒凉不堪。从凤翔到鄜州，路过玉华宫。这首诗开了宋诗的头，是宋人写诗的范本。前面讲过，游国恩先生很欣赏此诗。浦江清先生选杜诗，游先生提议，这首诗应该入选。仇注引张耒的诗《离黄州》"扁舟发孤城，挥手谢送者。山回地势卷，天豁江面写……"，但张诗只是从形式来模仿，没有从神和精髓上学。没有大量念过宋诗的人，一下子难以体会《玉华宫》和宋诗的关系。学杜诗者很多，如陈师道有的诗学杜甫的《羌村》，有的学杜甫的《古柏行》。从唐诗到宋诗不是一下子变过去的，宋人学唐诗有几个阶段，北宋初年学唐诗是学白居易，唐末风气受元和长庆体影响很大，所谓诗风衰颓，是学白居易没到家，学得低俗了。王禹偁开始也学白诗，从白居易又变成深奥、神秘，转向李商隐，都没离开中晚唐。我有一次和沈玉成聊天，他问陈子昂和李白复什么古，我说当然是复汉魏之古。李白"自从建安来，绮丽不足珍"（《古风》）。建安以后的诗不足学。唐人复汉魏之古，宋人复古，不是复唐之古，有一段时间，是想复六朝之古，当时沈玉成研究魏晋南北朝的文学史，我跟他说，宋人有一段时间想复陶谢之古、鲍谢之古。杜甫说李白"清新庾开府，俊逸鲍参军"，其实李白不一定沾了这些六朝诗人多少边，说鲍照还可以，与庾信没什么关系，杜甫倒是接近庾信。杜甫此语是在他心目中觉得六朝诗人不错。阴铿也包含在里面。陈子昂、李白是复汉魏之古。宋人由白居易到李商隐，然后就到了杜甫。他们学杜又意在陶谢、鲍谢。后人学宋诗，近人陈三立说，别人都说我做的是宋诗，但倘若我对唐诗没下过功夫，就像不了宋诗。俞先生晚年嘱咐我：不要随别人一起说我学晚明，周作人提倡晚明，我俞平伯没有提倡，我并不学晚明。朱自清先生为他的《燕知草》作序，也说他学晚明，俞先生当时没有反对。俞先生说，我是读文选，学六朝小品的。可见，专学晚明，像不了晚明，必须上溯到《文选》、六朝小品、《水经注》、吴均山水小文、《六朝文絮》中的那些文章，这些读熟了，写出来才像晚明；专学唐诗，就是李梦阳、李攀龙一流。必须从诗骚汉魏下来，把唐人走过的路走一遍，才能像唐诗。

下面附带谈谈宋诗的特点。我曾应孙钦善的邀请，给编《全宋诗》的同志讲过两个月的宋诗，只写了一篇小文。宋人学唐，从杜甫入手，更受韩愈的影响，比如梅尧臣、黄庭坚，与其说像杜甫，不如说像韩愈，学杜到家的，是王安石。"同光体"被认为是清末学宋诗最到家的一个流派，代表人物是陈三立、郑孝胥。郑的诗，早年确实不错，但晚年不好。他自述是学孟郊、贾岛，陈三立评论也如此说。可我认为，郑比孟、贾要宽，他受杜、韩的影响比较大。杜、韩、孟、贾，就到了宋诗，既不通俗如白居易，也不神秘朦胧如李商隐，要求深，又要求气势，所以学韩、孟。

宋诗的特点，我认为第一是刻画工细，对自然景物、人物性格、事件、环境，刻画越来越向深、向细微里去，苏轼也有这个特点，他有时写得很细、很深。这在唐诗里不占主要的。只有杜、韩比较深、细，当然过火了就窄了，琐碎了，从黄庭坚到晚宋的四灵，又走向一个极端。刻画得好的，惟妙惟肖，既有形，又有神，达到这个水平的，北宋就是欧阳修、梅尧臣；北宋、南宋之间就是陈与义、陆游，真把唐诗，把杜、韩吃透了。

第二是夹叙夹议，好诗把议藏在叙里，王安石太分明，议和叙分得太明显，一会儿来一段议论。夹叙夹议要融合。宋人有意为之，但不及杜自然，接近韩愈，如《山石》前半描写，下山后发议论，"何必局束为人鞿"，但我说这不赖韩愈，谢灵运就有人批评他的诗有一个玄言的尾巴，但这议论难道能放在诗的中间吗？必须要先把景致写完，再表达思想，这很自然。最典型的《茅屋为秋风所破歌》，写群童抱茅而去，追之不得。回家后屋漏难眠，才开始议论感叹。北风卷屋上三重茅时，不会发议论。《玉华宫》就是把议论含在里面，这很难得。

第三，对比的成分放在一起写，正反面的、自然与人事，对比的内容融合在一起写，这也是宋人学唐诗的途径，真正得到杜甫正反融合笔法的，是辛弃疾，而且议全在叙里面，"君莫舞，君不见玉环飞燕皆尘土，闲愁最苦。"看上去是写景，其实是"议"，这真得了杜甫的神。杜甫《述怀》"沉思欢会处，恐作穷独叟"，这是翻个儿的笔法。辛弃疾《破阵子》（赠陈同甫）前面都是壮词，"醉里挑灯看剑，梦回吹角连营。八百里分麾下炙，五十弦翻塞外声。沙场秋点兵。马作的卢飞快，弓如霹雳弦惊，了却君王天下事，赢得生前身后名"，最后来一个转折，"可怜白发生"，心里的郁闷牢骚，全在这最后一句。这一句相当有力量，把一首全都推翻。这不是泄气，而是沉郁顿挫。东坡的结尾，有时结不住，"大江东去"词真是好，但结尾"人生如梦，一樽还酹江月"就有点托不住，反不如"但愿人长久，千里共婵娟"。虽然看透，还是给人希望。苏轼乐观主义的东西在《水调歌头》里，《念奴娇》有些泄气了，但辛弃疾最后一句不是泄气，是沉郁顿挫。这得体会啊。我说了不能算，你们要自己去琢磨。

把这些情况都了解了，再回来看《玉华宫》，就知道为什么像宋诗了。开头"溪回松风长"很美，和陶渊明、王维都很像，第二句就露出本相了，"苍鼠窜古瓦"，老鼠就在建筑物明面儿上窜来窜去，败落、荒凉的气氛一下子就出来了。"不知何王殿，遗构绝壁下"，这不是杜甫成心问，他猛一看，建筑讲究，但现在很荒凉，所以就怀疑，不知是哪朝哪代建造的，他是真的不知道，在绝壁之下何以有这样一个建筑，于是怀疑，而不是明知故问。进屋一看，久无人住，阴森可怕，"阴房鬼火青"，再一听，就不是"溪回松风长"了，而是"坏道哀湍泻"。庙外的溪水流得慢，这里流得比较急，声音听着也是让人"哀"的声音。"万籁真笙竽，秋色正萧洒"，是说周围的环境不错，但"美人为黄土，况乃粉黛假"。辛弃疾的词"君不见，玉环飞燕皆尘土"就从这儿出来。杜甫的议论暗藏在叙述中，即使是美人，现在已经是尘土，更何况还不是真正的美人，是靠涂脂抹粉装扮出来的美人。当年玉华宫中的宫女，侍奉皇帝出来避暑，个个都装扮一新。这里杜甫有批判，朝廷花费了大量的金钱、大量的人力，盖了这样的宫殿，远来避暑，结果现在什么都没有了。

我在课堂上讲苏轼的诗，我说不能小瞧《饮湖上初晴后雨》"欲把西湖比西子，淡妆浓抹总相宜"。用一位美女比西湖，这样一比，西湖永远年轻，永远美丽。后来我讲，又深一层。美要看本质，而不是表面，本质美，淡妆好，浓抹也好。因此，我讲《饮湖上初晴后雨》，一定是两首一起讲，不能只讲后一首"欲把西湖比西子"，更不能只讲最后两句。第一首"朝曦迎客艳重冈，晚雨留人入醉乡。此意自佳君不会，一杯当属水仙王。"有人觉得下雨不好，其实下雨亦佳，这样的佳处只有湖上的水仙王能懂。此诗也是哲理诗。西湖的本质是美的，无论怎样都美。讲东坡的哲理诗，一般不提这首诗，其实也是哲理诗，苏轼学杜甫学到神里去了。宋人的作品确有比唐诗高的地方。"美人为黄土，况乃粉黛假"，杜甫这两句很质朴。"当时侍金舆，故物独石马"，当年的仪仗随从，多么了不起，现在只剩下石马，当初最不起眼的东西却能留存下来。以上种种都是他忧的内容，今昔之感，沧桑之虑，是杜甫最有感触的，"抚事煎百虑"（《羌村》）。

　　向前走，走不了了，"忧来藉草坐，浩歌泪盈把"。杜甫是一个过客，可以参照鲁迅《过客》来读。"冉冉征途间，谁是长年者"。长年，岁数大的人。杜甫说自己参观完玉华宫，还要向前走，不过是玉华宫的过客。其实，大家都是过客，人的一生也是过客，冉冉征途间，谁是长年之人呢？如果能长年，不就可以看见太宗以来的盛衰之变吗？但无人能如此，每个人都只看见历史的一部分。陈子昂《登幽州台歌》为什么"念天地之悠悠"，他就会"独怆然而涕下"呢？一个人心中有无穷的宇宙，他看到自己只是一个短暂的片段，所以他难受，一个人如果只看到他的眼前名利，就不会有那种"前不见古人，后不见来者，念天地之悠悠，独怆然而涕下"的境界。这就是杜甫的境界，杜甫看到具体的景象——"当时侍金舆，故物独石马"，但议论全含在这具体的描写中。杜甫认为贞观之治很伟大，但逐渐转衰，今人王永兴、李锦绣考证，睿宗也是被逼退位，不是禅让。陈寅老的治学方法，用周一良先生的话讲。就是通过很小的事情，看出社会、文化的巨变。杜甫所说的"当时侍金舆，故物独石马"，你们琢磨琢磨，这里该有多深的意思！《红楼梦》从繁华着锦、烈火烹油的富贵变成衰败，好便是了，了便是好。如果人能活得足够长，就可以见证盛衰的变化，但谁也活不了这么长，看到的只是一个片段，想想过去，想想未来，所以会"泪盈把"。杜甫真正体会到唐朝的兴衰不是一个简单的问题。

第七讲　夜阑更秉烛　相对如梦寐

羌村三首

（至德二载　鄜州）

　　峥嵘赤云西，日脚下平地。柴门鸟雀噪，归客千里至。妻孥怪我在，惊定还拭泪。世乱遭飘荡，生还偶然遂。邻人满墙头，感叹亦歔欷。夜阑更秉烛，相对如梦寐。（其一）

　　晚岁迫偷生，还家少欢趣。娇儿不离膝，畏我复却去。忆昔好追凉，故绕池边树。萧萧北风劲，抚事煎百虑。赖知禾黍收，已觉糟床注。如今足斟酌，且用慰迟暮。（其二）

　　群鸡正乱叫，客至鸡斗争。驱鸡上树木，始闻叩柴荆。父老四五人，问我久远行。手中各有携，倾榼浊复清。莫辞酒味薄，黍地无人耕。兵革既未息，儿童尽东征。请为父老歌，艰难愧深情。歌罢仰天叹，四座涕纵横。（其三）

有的选本只选《羌村》的前两首，不选第三首，我认为这三首不能割裂，第一首写家里的人，包括妻儿、邻居，自己虽然回家，但居于客位，内容只限于家庭的内部；第二首写自己，自己是主角；第三首涉及全村，不要认为它不重要，这一首是写民间疾苦、村落荒凉，意义更大。"请为父老歌，艰难愧深情。歌罢仰天叹，四座涕纵横。"感情迸发得很厉害。第一首写得很生动，但只限于家庭内部。第二首着重自己的心情。从《赠韦左丞丈二十二韵》到《自京赴奉先县咏怀五百字》，看得出杜甫诗歌思想性大大提高。这一组诗，也不是为自己写，"抚事"的"事"包含国事、家事、天下事，不止限于自己。

前人说杜甫写诗"无一字无来历","每饭不忘君"。有人说杜甫一生有几个低谷,在朝为官时诗就不好。这不是读诗,只是在看杜甫的简历。杜甫在朝为官,他对朝廷期望是很高的。在古代,一个读书人,就要靠朝廷,生活离不开政治,可以远离政治中心,洁身自好,但不关心政治是不可能的。杜甫在朝为官时,生活比较安定,但未必没有好诗,比如《曲江》《九日蓝田崔氏庄》。杜甫即使写政治诗,像《丽人行》《兵车行》,"三吏""三别",也能各就一种现象来写,《石壕吏》是抓丁,老人也不能幸免;《新安吏》是写抓小孩儿,《潼关吏》是写给将领的,一方面勉励那些劳工,一方面告诫将领"甚勿学哥舒",不要学习哥舒翰。

安史之乱被平定,与安、史内部的矛盾有关,安禄山的儿子安庆绪,将安禄山刺杀,唐朝本身兵力不够,借了回纥(今天新疆的维吾尔族)的兵力。回纥不退兵,有传说郭子仪单骑谏回纥。从那时起,唐王朝名为统一,实际是藩镇割据。杜甫一生什么时候是高峰,什么时候是低谷,不能单从经济条件来看。和达官贵人来往,诗也未必不好。在成都写了不少闲适诗,也未必不好。"三别"也是三种不同的情况。《新婚别》《垂老别》《无家别》,其中《无家别》最令人不能忍受,家已无人,还要离乡背井。类似的诗不少,《夏日叹》《夏夜叹》等,每首诗的主题都不一样。《月夜》写思家,《佳人》写女性,也只一首。在成都写了不少闲适诗。"舍南舍北皆春水","秋水才深四五尺,野航恰受两三人",写得好极了。

一次在林庚先生家里谈选杜诗,一人说为什么不选"恶竹应须斩万竿"。这一句是不错,但整首诗就不见得好了。俞平伯先生讲杜诗,还专讲"低谷"时的诗,比如《端午日赐衣》:

宫衣亦有名,端午被恩荣。细葛含风软,香罗叠雪轻。自天题处湿,当暑著来清。意内称长短,终身荷圣情。

朝廷赏赐了衣服,穿上很荣幸,尺寸正合身。要说这诗内容也无聊,衣服又不是只赏你一人,但这是杜甫,他认为有必要写。杜甫不像李白,李是"打秋风"的祖师爷。杜甫和严武那么好,有人考证《宾至》大概就是迎接严武。我认为从诗句看来的这位"宾"是一位当官的，是位俗人，杜甫不是太欢迎的人。不像是杜甫的朋友严武。

宾至

幽栖地僻经过少，老病人扶再拜难。岂有文章惊海内，漫劳车马驻江干。竟日淹留佳客坐，百年粗粝腐儒餐。不嫌野外无供给，乘兴还来看药栏。

诗写得很好。对一个作家，要全面地看。王维《早朝大明宫》："九天阊阖开宫殿，万国衣冠拜冕旒。"写的是上朝所见，也是好诗。

《羌村三首》之一，"峥嵘赤云西，日脚下平地"，峥嵘，读 zhēng héng，现在都念 zhēng róng。我上中学时，好几位老师还念 zhēng héng。这是黄昏时分的晚霞，火烧云比较重；"日脚下平地"，太阳光一点点落下去，落到地平线下面。"鸟雀噪"，此诗两处反映民俗，陆贾《新语》有"乾雀噪而行人至"。翁方纲《石洲诗话》卷一认为：

> 《羌村》第一首，"归客千里至"五字，乃"鸟雀噪"之语，下转入妻子，方为警劲。鸟雀知远人之来，而妻子转若出自不意者，妙绝！妙绝！若直作少陵自说千里归家，不特本句太实太直，而下文亦都偪紧无复伸缩之理矣。此等处最是诗家关捩，而评杜者皆未及。

意思是说"归客千里至"，乃是从群鸟的叫声中反映出来的。其实，鸟雀噪不稀奇，农村树多，很常见。"群鸡正乱叫，客至鸡斗争。驱鸡上树木，始闻叩柴荆"，这是长江流域两湖的风俗，陈贻焮说湖南就有"鸡公斗，有客来"之语。1964 年我到湖北"四清"的时候，农民也这么说，来了生人，鸟就叫。"柴门闻犬吠，风雪夜归人"（刘长卿《逢雪宿芙蓉山主人》），也是这个意思。"妻孥怪我在，惊定还拭泪"，这里有三层意思：第一是"怪"，怪自己还活着。自己从长安到凤翔时，总担心家人出事，家人亦担心自己；第二是"惊"；第三，"惊定"之后，又拭泪。一个平淡的场景也有明显的顿挫。"世乱遭飘荡，生还偶然遂"，这次回来是个偶然。"遂"是个语助词，但不反映因果关系，而指突发的事情，"遂置姜氏于城颍"（《左传·隐公元年》）；"遂为母子如初"（《左传·隐公元年》）；"秦师遂东"（《左传·僖公三十二年》）。这里都不表示因果关系，而是说"就这样了"，是一个非因果关系的，人为要让它如此。这里的"遂"当然是一个实词，如愿，达到目的；"偶然遂"，则是意外。"邻人满墙头，感叹亦歔欷"，写得好，"感叹"的是老杜生还，"歔欷"的是自己家的人还不知如何，还没有消息。歔欷，就是哭，不是叹气的意思，比感叹重，现在把这词的意思淡化了。东邻西舍都来看，这些邻居都会向生还的人打听自己家人的情况，此场此景经历过抗日战争的一定记忆犹新。内地的、沦陷区的，都要互相打听对方的消息。"夜阑更秉烛，相对如梦寐"，行人远归，夜深了还秉烛相对，彼此都在想这应该不是梦。这给后来的诗人留下许多联想的空间，"乍见翻疑梦，相悲各问年"（《初见外弟又言别》）；"今宵剩把银釭照，只恐相逢是梦中"（晏几道《临江仙》），这些诗各有不同的意味。杜诗这里是很沉默的场面，没有多少话可说，即使有话，一时也不知从何说起，反而像做梦一样。前面白天邻里询问，那是一个闹吵吵的环境，等到夜深了，人都散了，家人则如梦中相对。更，读四声；再，燃完一支蜡烛，再换一支蜡烛。有人读一声，更换，我认为读四声要好一些。更与秉两个动词连着，不好。

　　第二首争论的关键是"畏我复却去"。这上次讲过，我又看了看浦江清先生的解释，他也认为是见父亲脸色不好，小孩子躲开去。小儿女既不懂"忆长安"，就不会是怕我再离开。"晚岁迫偷生，还家少欢趣。"回家住定，又感觉到前景暗淡，愁眉苦脸，小孩儿不懂，看见父亲的表情，就躲开了。却，退；去，离开。浦江清先生注杜诗，"忆昔好追凉，故绕池边树"之"故"是"常常"的意思，"清秋燕子故飞飞"（《秋兴》），"故飞飞"是常常飞。记得以前天气热的时候，常绕池边树；现在一片荒凉，池边树亦无可绕。"抚事煎百虑"，想想现在，想想过去，任何一事都让人发愁。下面是设想之辞，"赖知禾黍收，已觉糟床注。如今足斟酌，且用慰迟暮。""赖知"，幸亏知道；听说庄稼年成会不错，这样就可以有酒喝了。迟暮，一是指自己人生迟暮，一是指一年之迟暮，当时已"萧萧北风劲"，从大的方面讲，国家也尚未扭转形势。有酒喝便可以混日子了。

第三首跳出自己的小圈子，写到当地的农村，反映当时战乱的情况。这是过了一两天之后，老乡来看望。问，是安慰的意思。携，读西。"浊复清"：一说是有的酒清，有的酒浊；一说酒刚倒出来发浑，逐渐变清。不要嫌弃酒不好，庄稼无人耕种，兵火不断，连儿童都被征去。"儿童"，有两个意思：在父老眼中，被征的兵，都是儿童，这个意思上，儿童是成年人；另一个意思是说，不光成年人，连儿童都被征。《新安吏》即是旁证。这里一层比一层意思深，村子荒凉凋零。"请为父老歌，艰难愧深情。歌罢仰天叹，四座涕纵横。"歌的内容，就是你们这么艰难，但对我这么好。歌罢自己仰天叹息，父老全都哭了，所以悲痛是共同的，这不是一家一户的沉痛，而是在战乱中所有人的沉痛。三首诗越写面越宽，感情也越深。有第三首这样的感情，才会有以后的"三吏""三别"。

北征

（至德二载　由凤翔赴鄜州道中）

皇帝二载秋，闰八月初吉。杜子将北征，苍茫问家室。维时遭艰虞，朝野少暇日。顾惭恩私被，诏许归蓬荜。拜辞诣阙下，怵惕久未出。虽乏谏诤姿，恐君有遗失。君诚中兴主，经纬固密勿。东胡反未已，臣甫愤所切。挥涕恋行在，道途犹恍惚。乾坤含疮痍，忧虞何时毕。

靡靡逾阡陌，人烟眇萧瑟。所遇多被伤，呻吟更流血。回首凤翔县，旌旗晚明灭。前登寒山重，屡得饮马窟。邠郊入地底，泾水中荡潏。猛虎立我前，苍崖吼时裂。菊垂今秋花，石带古车辙。青云动高兴，幽事亦可悦。山果多琐细，罗生杂橡栗。或红如丹砂，或黑如点漆。雨露之所濡，甘苦齐结实。缅思桃源内，益叹身世拙。坡陀望鄜畤，岩谷互出没。我行已水滨，我仆犹木末。鸱鸟鸣黄桑，野鼠拱乱穴。夜深经战场，寒月照白骨。潼关百万师，往者散何卒。遂令半秦民，残害为异物。

况我堕胡尘，及归尽华发。经年至茅屋，妻子衣百结。恸哭松声回，悲泉共幽咽。平生所娇儿，颜色白胜雪。见耶背面啼，垢腻脚不袜。床前两小女，补绽才过膝。海图坼波涛，旧绣移曲折。天吴及紫凤，颠倒在裋褐。老夫情怀恶，呕泄卧数日。那无囊中帛，救汝寒凛栗。粉黛亦解苞，衾裯稍罗列。瘦妻面复光，痴女头自栉。学母无不为，晓妆随手抹。移时施朱铅，狼藉画眉阔。生还对童稚，似欲忘饥渴。问事竞挽须，谁能即嗔喝。翻思在贼愁，甘受杂乱聒。新归且慰意，生理焉得说。

至尊尚蒙尘，几日休练卒。仰观天色改，坐觉妖氛豁。阴风西北来，惨淡随回纥。其王愿助顺，其俗善驰突。送兵五千人，驱马一万匹。此辈少为贵，四方服勇决。所用皆鹰腾，破敌过箭疾。圣心颇虚伫，时议气欲夺。伊洛指掌收，西京不足拔。官军请深入，蓄锐可俱发。此举开青徐，旋瞻略恒碣。昊天积霜露，正气有肃杀。祸转亡胡岁，势成擒胡月。胡命其能久，皇纲未宜绝。

忆昨狼狈初，事与古先别。奸臣竟菹醢，同恶随荡析。不闻夏殷衰，中自诛褒妲。周汉获再兴，宣光果明哲。桓桓陈将军，仗钺奋忠烈。微尔人尽非，于今国犹活。凄凉大同殿，寂寞白兽闼。都人望翠华，佳气向金阙。园陵固有神，扫洒数不缺。煌煌太宗业，树立甚宏达。

《北征》很长，不能细讲，我读一遍。八月初吉是好日子，环境艰苦，朝廷社会皆无闲暇，而我例外，我很惭愧，皇帝对我特别照顾，允许回家。"拜辞诣阙下，怵惕久未出"，是说拜辞皇帝时，对皇帝有所陈奏。虽然我的态度不一定好，我也不一定会谏诤，但的确是怕皇上有遗失。您考虑问题诚然很周到，但安禄山叛军还没有被平定。走出来，我的思想还没集中，还很恍惚，心神不安。天下还到处是百孔千疮，我的忧虑何时能够结束呢？以上是第一段，虽然离朝，时时以国事为重，时时想到国事。

从"靡靡逾阡陌"到"遂令半秦民，残害为异物"，是第二段。靡靡，一望无边的意思，有的讲成迟疑，不妥，这与"靡望"接近。路很长，过了一条又一条，人很少，路上到处是受伤的人。过了一座山，又是一座山，经常看见山洞，洞中有水可以饮马。"邠郊"，陕西北部；路上常碰见危险的事儿，听见虎啸,山崖都裂了。菊花到了秋天就开了,石头上的车印,是远古以来留下的。青云打动了我,使我的兴致很高。"高兴",使我的兴致很高。"幽",偏僻。"山果多琐细,罗生杂橡栗。或红如丹砂,或黑如点漆。雨露之所濡,甘苦齐结实。"这一段好像是风景,好像是很安静的生活,实际是说,战乱影响了交通要道,越繁华的地方受到的破坏就越多,在山野偏僻之处,还能见到些野趣,这等于是一个世外桃源,战火还没有弥漫到这里。在这么安适的地方,就好像在桃花源。"坡陀",山势高低不平。望望家乡所在的鄜州,"岩谷互出没"。岩是高处,谷是低处,形容山路高低交互。"我行已水滨,我仆犹木末。"我走到水滨,为我扛行李的人走得慢,还在山林边上。"鸱鸟鸣黄桑,野鼠拱乱穴。夜深经战场,寒月照白骨。潼关百万师,往者散何卒(cù)。遂令半秦民,残害为异物。"卒,读促,现在写作"猝"。哥舒翰打败,军队一下子就溃败了,半个秦国的地方,都受其害。

"况我堕胡尘"到"生理焉得说",是第三段。堕与坠是有区别的。以水平线、地平线为线,地平线以上高向下落,叫坠,苹果从树上落,叫坠落,南朝时有绿珠坠楼;向水平线、地平线、正常水平以下,向下落,叫堕,所以说堕入十八层地狱,"堕胡尘"就是沦陷在敌人的包围中;堕胎,也不能说坠胎。凡是不正常的,生活水平以下的,都叫"堕"。当初,自己把妻子安顿在鄜州,欲赴凤翔而身陷胡尘,一番波折,已过去一年。妻子衣服全是补丁。"恸哭松声回,悲泉共幽咽。"这是很伤心的场景,与"溪回松风长"(《玉华宫》)不同,那是幽静的环境,这里很悲哀。自己喜欢的孩子,原来白白净净,现时却"垢腻脚不袜"。小女儿穿的连补带缝才过膝盖。杜甫祖上做过官,还有一些旧物,当初做官穿的衣服,上面有图案,现在都拆了。"颠倒在裋褐"说因补缀,衣上原来的图案已颠倒错乱。"天吴",海神名。回家后,上吐下泻。自己也带回来一些衣料、化妆品,前文"我仆犹木末",这是扛行李之人,所以这里交代了行李是什么。"瘦妻面复光,痴女头自栉。学母无不为,晓妆随手抹。移时施朱铅,狼藉画眉阔。"诗真是写活了。活着回来,看见孩子这样天真,孩子问事,还拽自己的胡子,想到自己沦陷的时候,现在孩子再嚷嚷我也情愿。写得真好。"生理",生活的计划;"生理焉得说",将来生活的计划,哪里谈得到。

下面又一下子转入时局。《北征》等于一段历史记载,开篇是史官的笔法。

到第二大段，回家之事已经结束。以下第三大段有两节："至尊尚蒙尘"到"皇纲未宜绝"是一段，写当前的局面，"忆昨狼狈初"以下是第二段。什么时候才能停止练兵，敌人的气焰还很高。"阴风西北来，惨淡随回纥"，杜甫对借回纥外兵灭内乱有看法。这是不得已而为之。回纥的王愿意和我们携手消灭敌人，他们有骑兵，善于驰骋。"四方服勇决"，各地的人都觉得回纥兵很勇敢，很果断，但"此辈少为贵"，借兵不宜太多。他们破安史敌兵比箭还快。皇帝欢迎回纥兵，但对于借回纥打安史的军队，时议不太顺心满意。君臣之间也有不同看法。伊洛可以很快收复，长安也可以一气拿下，但最好不要老用回纥兵，官军也请你们深入，养精蓄锐到一定时候，一定要出击。希望你们一下子夺取苏北山东山西河北。秋天是肃杀的季节，希望正气上扬。期望唐朝的军队有所作为，不要全指望回纥兵。

最后一段回顾安史之乱爆发时的情景，奸臣被铲服，同党的坏人一起被扫除。褒姒和妲己，都是靠外来的力量消灭的，但杨妃兄妹是靠自己的力量消灭的，所以唐朝比前代强。"不闻"就是没听说古代有这样自除奸恶的事情。"周汉获再兴，宣光果明哲"，以汉宣帝和汉光武帝的中兴来比唐朝，陈将军是指陈元礼，他逼死杨国忠、杨贵妃，算得上是忠烈之人，靠了他国家渡过危难。"凄凉大同殿，寂寞白兽闼"，长安还没有恢复，但沦陷区的人民希望皇帝快点回来，好的气象重归都城。唐朝皇帝的祖先是会保佑的。"数"，定数、命运，按照园陵扫洒的命数来看，唐朝还不会亡。唐太宗时那种国家的元气，将来一定可以恢复。"苴"，又作"菹"，我做过一个考证。"苴"，指菜剁碎了；"醢"，指肉剁碎了。苴，就是榨菜的"榨"。从"艸"为"苴"；从"木"为"柤"，现在写作"楂"。

第八讲　每日江头尽醉归

今天讲《曲江》二首、《九日蓝田崔氏庄》《独立》《赠卫八处士》。

曲江二首
（乾元元年　长安）
其一

一片花飞减却春，风飘万点正愁人。
且看欲尽花经眼，莫厌伤多酒入唇。
江上小堂巢翡翠，苑边高冢卧麒麟。
细推物理须行乐，何用浮名绊此身。

其二

朝回日日典春衣，每日江头尽醉归。
酒债寻常行处有，人生七十古来稀。
穿花蛱蝶深深见，点水蜻蜓款款飞。
传语风光共流转，暂时相赏莫相违。

《曲江》二首是杜甫返回长安后写的，肃宗回到长安，杜甫也跟着回来，在作此诗之前，有一系列在朝廷写的诗，比如《和贾至早朝大明宫》，贾至的诗，王维、岑参都有和作。这个阶段杜甫有好几首诗写朝廷，也有表示歌颂的，直到乾元二年写《洗兵马》为止，这个阶段杜甫也有一些应酬诗。杜甫的诗无论哪个阶段都有好有坏，晚年也有不好的，我不同意把在长安做官这段时期概括成杜诗的低谷。不能按照在朝做官还是流落在外，来判断其诗歌创作的高潮和低谷，这是很皮毛的看法。杜甫任左拾遗被贬官，做华州司功参军，"久作河西尉，凄凉为折腰。老夫怕趋走，率府且逍遥"（《官定后戏作》），从此诗里看出，他薪俸很少；在长安时也很穷，所以要"朝回日日典春衣"（《曲江》）。按生活穷困、环境优劣来判断诗歌高低，持这种论点的人有官本位思想。杜甫到成都以后，环境有很大改变，诗风也有很大变化，写了不少近于闲适的诗，"闲适"这个概念是白居易提出的。杜甫住在成都时写的闲适诗都很好。

《曲江》的背景是至德二载九、十月间，唐肃宗回长安，又把玄宗接回来。杜甫也就在这个时候回到长安，仍做左拾遗，第二年暮春三四月间写此二诗，六月被贬为华州司功参军。请参看仇注卷六的一首诗，题目很长，《至德二载甫自京金光门出间道归凤翔乾元初从左拾遗移华州掾与亲故别因出此门有悲往事》。这就是自传，说明他作《曲江》诗没多久，就被贬谪。在华州辞官，带家眷赴天水，又从秦州走栈道，入成都。从这个很长的题目看，杜甫在长安的处境不是很好。《曲江》二首是名作，浦江清先生选杜诗也选了这两首，王嗣奭《杜臆》说两诗是"忧谗畏讥"之作。可见，此诗不能光看表面，而且我认为杜甫写曲江的诗，这两首最有名，前后还写了《曲江对酒》《对雨》等，皆不如这两首有名、精彩，但毕竟从同时的作品中也可以看出他的思想。比如，《曲江陪郑八丈南史饮》：

雀啄江头黄柳花，鵁鶄鸂鶒满晴沙。自知白发非春事，且尽芳樽恋物华。近侍即今难浪迹，此身那得更无家。丈人才力犹强健，岂傍青门学种瓜。

其中"近侍即今难浪迹，此身那得更无家"，意思是自己已经当了拾遗，不像过去那样漂泊，自己也不愿再过漂泊的生活，但还是有担心。《曲江对酒》：

苑外江头坐不归，水精宫殿转霏微。桃花细逐杨花落，黄鸟时兼白鸟飞。纵饮久判人共弃，懒朝真与世相违。吏情更觉沧洲远，老大徒伤未拂衣。

这诗很有名，其中"桃花细逐杨花落，黄鸟时兼白鸟飞"是名句。诗中说自己放纵地饮酒，反正别人都不爱搭理我，已经懒得上朝，我与这个世界合不来。很想去过隐士那样闲散的日子，自己岁数这么大了，还是没有拂衣而去。这和前面的"近侍即今难浪迹，此身那得更无家"，都很明显，作者是一肚子牢骚。

回头看《曲江》第一首。首句"一片花飞"有个争论，王嗣奭讲成"一片花瓣"，这太死了。我认为"花飞"有两种理解，一种和下面的"风飘万点正愁人"联系，是指柳絮，我认为"花飞"是"飞花"，"万点"是"万点"，"花飞"还是花，"万点"是柳絮。大历十才子韩翃"春城无处不飞花，寒食东风御柳斜。日暮汉宫传蜡烛，轻烟散入五侯家"。这里的"飞花"，恐怕也不是柳絮。杜甫第二句是说柳絮。春天花先落，柳絮后飞。"一片花飞减却春"，花盛开时春天最好，花飞则春意不足。柳絮飞则春天已过去了，所以"风飘万点正愁人"，见飞絮满眼就更让心中愁闷。尽管花已经没多少，但树上还有一些，"且看欲尽花经眼"，虽是残春，我还是要多看几眼，"莫厌伤多酒入唇"，心中别扭，喝多也未必就舒服，但尽管别扭，还是喝吧，不要嫌过量。伤多的意思是，不要嫌酒喝得过量对自己不好。伤有怕的意思，伤多，苦多也。"平林漠漠烟如织，寒山一带伤心碧"（李白《菩萨蛮》）。"伤心碧"就是碧得要命，不是伤心的意思，俞平伯先生就这么讲。

《丽人行》写到的曲江犹如北京的香山、颐和园，社会兴旺的时候，是高官贵族也去的地方，大乱之后，再回到曲江，杨妃这样的外戚家庭已经衰落了，玄宗的宠臣也落魄了。《秋兴》"王侯第宅皆新主，文武衣冠异昔时"，一朝天子一朝臣，"江上小堂"不知是当初哪个贵族的别墅，可是，如今"巢翡翠"，当初是很豪华的，现在没人了，却有了鸟窝。"翡翠"，说翡翠是绿色的，其实，翡翠不是一种颜色，翡是红色羽毛的鸟，翠是绿色羽毛的鸟。我以前听周祖谟先生在课堂上讲过，是两种鸟。琲，是红颜色的玉；绯，是红颜色的丝织品；所以桃色新闻，又叫绯闻。有人考证，翡翠是一对鸟，有雌雄不同，是一个品种。当初华丽的房屋是豪华人家避暑游乐之地，现在成为鸟筑巢的地方，这一句是正面写的，杜诗还有"小堂"，刘禹锡"旧时王谢堂前燕，飞入寻常百姓家"，就连"堂"也没有了，鸟只能去寻常人家去搭窝。周汝昌先生讲"朱雀桥边野草花",这个"花"是动词,野草有的开花了,不是经过人工整理,是荒凉的景象。"乌衣巷口夕阳斜",阔人所住的地方,如今荒凉了。我同意周先生的讲法。不要认为中唐诗就比盛唐差。现在很多地方都有假的名胜古迹,像南京把一个旧房子题匾"王谢人家",试问两家如何住在一起?我在上海,去一个饭馆,进到雅座,上有五个字,竟然写"灯火阑珊处",饭馆根本不懂"阑珊"是什么意思,饭馆要是灯火阑珊,离关门大吉就不远了。回到杜诗,"苑边高冢卧麒麟",那死的人当初一定是贵族,不然坟前不会有高大、豪华的石麒麟,然而现在只剩下坟前的这些。今昔沧桑之感不用多说,"巢翡翠""卧麒麟"就够了。与《玉华宫》的"故物独石马"是一个意思。曲江当年就是贵族流连的地方。

"细推物理"指仔细琢磨事物的道理,就是今昔沧桑之变很快,当年玄宗在位时一片歌舞升平,安史之乱,太子跑到西北,皇帝跑到西南,长安沦陷了,变成了"黄昏胡骑尘满城"的荒凉景象,现在回来了,再看看小堂只有鸟,没有人了,贵族的坟那么讲究,但也只剩石兽了。思来想去,人事无常,干脆还是及时行乐吧,"何用浮名绊此身"。这里王嗣奭讲得好,"名"不是名利之名,而是名位之名。为何要为做拾遗这么一个小官,把自己绊住呢?我以前念这两句诗,觉得杜甫这两句诗也平常,或者干脆说是有点俗气,我和吴组缃先生聊过,吴先生说这诗很有名,但"细推"这两句也平常,这么写容易念。这回再读,我觉得要注意两个字,一个是"细"用得好,仔细琢磨社会上的道理,下一句"绊"字好,浮名把自己捆住了。我觉得这两句诗不是孤立的,最好还是参考杜甫同时写的其他曲江诗,明显可以看出,他不想久在朝廷。对照"纵饮久判人共弃""懒朝真与世相违""吏情更觉沧洲远,老大徒伤未拂衣",牢骚之意很直接了,这里"细推"两句没有直说,实际就是不想在朝廷。古典诗词里及时行乐的情绪很多,比如《古诗十九首》"昼短苦夜长,何不秉烛游",究竟是真的放纵,还是有牢骚,要具体分析,用二分法来看。

再看第二首,"每日江头尽醉归",浦起龙《读杜心解》有一个见解,认为"日"当作"向"。我一开始觉得改得还可以,后来一想,似乎又不好。杜甫连用三个"日"。这句是说自己,过日子拆东墙补西墙,上朝的衣服值点钱,今天喝酒没钱,下朝后就把朝服给当了。我联想到杜甫五律《端午日赐衣》,端午节皇帝赏了一件宫衣。俞平伯先生讲这首诗也讲错了。"宫衣亦有名,端午被恩荣",俞先生认为宫衣是有名的衣服,我跟父亲玉如公说了,父亲说不是衣服有名,而是名单里有杜甫。朝廷赏赐朝官的衣服,也有我一份,我在名单中。端午节我也受到额外的恩宠。"意内称长短",赏赐的衣服,一般没那么合适,没想到赏赐自己的这一件,穿上尺寸正合适,是"意内",不是"意外"。别看这只是一首应酬诗,写得挺好。

如果是"每向江头尽醉归",就不是天天喝酒,隔几天都可以叫"每向","每日"则是天天喝。"酒债寻常",七尺为寻,八尺为常,或倍寻为常,"寻常"是度量词,所以"寻常"对"七十"。走个七八步、十来步,就有个酒馆,便有酒债。换句话说,我喝过酒的地方都欠了酒债。通俗也是诗的好,"人生七十古来稀",一千年来,这就变成了成语。一个人的诗能有一句传诵千年,也是很荣幸的事,不要说我们自己,许多大诗人也没有这样。这诗写得真好,把心情全都刻画出来了。李白是阔喝酒,"五花马,千金裘,呼儿将出换美酒,与尔同消万古愁",是不是说大话且不论,口气在那里摆者,"陈王昔时宴平乐",总是与高高在上的贵族相比。这就是李白。杜甫有些穷酸——"酒债寻常行处有"。为什么如此颓唐呢?因为"人生七十古来稀"。杜甫不到六十岁就去世了,一生穷困,即使在成都日子好过的时候也不宽裕,他这一辈子,好比一个一辈子唱戏的艺人,唱得非常精彩,但就是不上座儿,死了以后却享大名。

"穿花蛱蝶深深见",见(读 xiàn),发现,叶梦得《石林诗话》说,"深深字若无穿字,款款字若无点字,亦无以见其精微。然读之浑然,全似未尝用力,所以不碍气格超胜。"他讲得比较抽象,要我讲,就是花都开在叶子上,穿花,可见蝴蝶飞得浅,就在表面,所以容易被看见,但有时也飞到低处、花丛的深处去。"深深见"即是有时见蛱蝶在花丛深处。蜻蜓点水,速度肯定很快,款款则是慢,在水面上徐徐地,从容不迫地飞。杜甫高明。叶梦得见其好,说"见其精微,读之浑然",但没说出为什么。我这里求个甚解。

"传语风光共流转,暂时相赏莫相违。"这两句不太好讲,前人注解言之不详,我认为这一句是承五、六句而言,让蝴蝶和蜻蜓跟春光传语,"流转"即是流连,请活跃的蛱蝶和蜻蜓,跟风光传语,让它不要走得太快,让它像你们一样在这里流连徘徊吧。我这里看你们很享受,请你们给春光带个话,一块儿多流连流连。多欣赏欣赏,"相赏莫相违"。

这两首诗很有味道,"赋者,铺也,铺采摛文,体物写志"(《文心雕龙》)。什么叫"铺采摛文,体物写志"呢?这两首诗写得很精微,"全似未尝用力"(叶梦得语)。杜甫既铺采又摛文,但有顿挫,而无棱角。看起来很自然,其中见他的功夫。他自己说"晚节渐于诗律细",很流畅,但功夫很深,这才是杜甫。陈寅老自己也会作诗,他曾经说杜甫是中国第一诗人。尽管杜甫也有天才,但他后天的功底,没有人比得上,可是后天功底后人是可以学的,只要勤奋下功夫,能掌握一部分,但先天的才华天赋,没有李白的天赋就别想。一个演员有好嗓子不足为奇,愿意怎么唱就怎么唱,听着是过瘾,但因为嗓子好就不讲究,线条就粗。嗓子不好的人,字斟句酌,也可以有韵味,可以学,有迹可循。为什么后世学杜甫的人多,因为他后天的功底深,只要下功夫,多少可以得一鳞半爪。

九日蓝田崔氏庄
(乾元元年华州)
老去悲秋强自宽,兴来今日尽君欢。
羞将短发还吹帽,笑倩旁人为正冠。
蓝水远从千涧落,玉山高并两峰寒。
明年此会知谁健?醉把茱萸仔细看。

《九日蓝田崔氏庄》,这是好得不得了的一首诗。仇注引杨万里评"老去"两句:"方说悲忽说欢,顷刻变化。"把上句之悲与下句之欢对照起来看,他认为这两句写得好,其实我认为这两句功夫太深了,不是很随便写的,中间有一个字"秋",九月初九正是秋天。对照的其实不仅仅是悲秋之"悲"和下句的"欢"。"老去"和"今日",也是对照,"君"和"自"也是对照,还有"强"和"尽"也是对照,"强"是本来没有,硬要让它宽慰,"尽"一欢到底。上句的"宽"和下句的"兴来"也是相衔接的,正因为我"强自宽",所以有"兴",如果"宽"不起来,就没有"兴"。这十四个字,一个闲字也没有,天衣无缝。念起来也很自然、顺畅,锤炼的工夫都在诗的背后,厚积薄发,老杜下的功夫不是一般人能下的,这还只是中期的作品。

"羞将短发还吹帽"，用《世说新语》《晋书》里孟嘉落帽的故事，我要问一个问题：这帽子到底掉了没有呢？桓温在重九请孟嘉喝酒，孟嘉落帽，桓温令人写诗讥其失礼。其实这里的帽子没掉。"将"，戴着。在此处不是助动词，而是直接的及物动词。"把"，用手拿着，李白"手把芙蓉朝玉京"中的"把"也是拿着的意思。王安石诗"一水护田将绿绕，两山排闼送青来"，一般人讲一条水把绿的田绕住了，我认为绿指水绿，田是不是绿不知道，"将"是带着的意思，水带着绿色绕着田；"送青来"，送来的意思。羞将的"将"，意思是我现在年纪大了，头发稀少，"白头搔更短"，我到这里来就怕别人笑话我、奚落我，要像孟嘉似的把帽子掉了就太丢人了。我现在是一头稀疏的短发，就怕帽子太松容易掉，帽子吹掉，就更让人笑话，所以趁着帽子还没有掉，让旁边的人帮自己正一正。用孟嘉的典故，但反着用，用活了，这才是真正的杜甫。他的意思是，自己头发已经短了，再把帽子吹掉了，就更贻笑大方了。所以不等它吹掉，就请人帮忙正冠。诗从一开始说心情，是内在的，"正冠"与"吹帽"是外在的，是心情的表现。一、二两句很含蓄，三、四说得又很琐碎。如果这样一直下去，诗的格局太小，要有气无力了。古代重阳是大节气，杜甫此时在华州，主人把他请到蓝田，离得不远。五、六句掷笔天外，格局一下就展开了，"蓝水远从千涧落，玉山高并两峰寒。"黄庭坚有"落木千山天远大"，他不用一个特别大的数词——"千山"，就不足以把格局展开，"蓝水远从千涧落"的"千涧"也是如此，山上的水流下来，这是从上往下看，然后"玉山高并两峰寒"句是从下往上看。蓝田山又叫玉山，旁边还有一座山，不止一个山头，山带有秋意，所以说是"两峰寒"。王维诗"寒山转苍翠，秋水日潺湲"，什么是"转苍翠"？我问家父玉如公，他说，如果在夏天，一片都是绿的，看不出哪里不绿，秋天树叶落了，别的地方都不苍翠了，山上都是不落叶的乔木一类，反而只显得它绿了。"转"，用得好。"潺湲"，现在都和"潺潺"混淆。"潺湲"，颜师古注武帝《秋风辞》："水流疾貌"，不是缓缓的流水。秋天水少，水流得急，一天比一天快。许多注都错了。王维这两句，一句水，一句山，都是秋天的景致。"落"还有流得快的意思，这要和王维的诗对照来看。仇注："山水无恙，而人事难知。"杜甫心里本来不愉快，是"强自宽""尽君欢"而已。"明年此会知谁健，醉把茱萸仔细看"，茱萸，九月九佩带可以长寿，明年是不是自己的体力还能和你们一起玩呢？希望自己明年健康一点，还来和你们聚会。"把"，手里拿着的意思。这诗写得太好了。

独立
（乾元元年　华州）

空外一鸷鸟，河间双白鸥。
飘飖搏击便，容易往来游。
草露亦多湿，蛛丝仍未收。
天机近人事，独立万端忧。

仇注："此诗托物兴感，有忧谗畏讥之意，必乾元元年在华州时作。"鸷鸟是猛禽；"空外"，空读 kòng。杜甫《捣衣服》"君听空外音"之"空"，亦读 kòng。"河间双白鸥"，不知厄运要来临。猛禽一下就可以把白鸥逮住，而白鸥毫无防备。"容易"，从容自得，毫无思想准备。"草露亦多湿"，用《诗经》"岂不夙夜，谓行多露"。一位冤无处诉说的妇女，不是我怕夜间赶路，是担心露水沾湿了衣服，这是忧谗畏讥的意思。"蛛丝仍未收"，陷阱未收，是比兴。辛弃疾《摸鱼儿》提到"蛛网"，也是比兴。我怀疑这里有一个是杜甫的朋友，自己与他是"双白鸥"，那位朋友已经遭遇谗害。五、六两句比喻自己还要小心，别人的罗网在那里等着。"天机近人事"，虽然是天然之物，但与人事接近，那一只白鸥不知如何，在挚鸟的控制之下，只剩我一个人——"独立万端忧"，心中忧虑。诗有古典、今典，此诗具体指什么，今天已不可知，但看诗意，杜甫面临的是又有陷阱、又有风险的处境。此诗前六句全是比兴。人类社会也是弱肉强食，到处有陷阱。

赠卫八处士
（乾元二年　华州）

人生不相见，动如参与商。
今夕复何夕，共此灯烛光。
少壮能几时，鬓发各已苍。

访旧半为鬼，惊呼热中肠。
焉知二十载，重上君子堂。
昔别君未婚，儿女忽成行。
怡然敬父执，问我来何方。
问答未及已，驱儿罗酒浆。
夜雨剪春韭，新炊间黄粱。
主称会面难，一举累十觞。
十觞亦不醉，感子故意长。
明日隔山岳，世事两茫茫。

此诗年月也不容易考，卫八处士不详，杜甫在华州时到过洛阳，诗写于从华州到洛阳的路上，还是辞官后从华州到秦州的路上呢？不太清楚。与卫八二十多年不见。杜甫对老朋友感情很深，像郑虔，到晚年还时时怀念。杜甫早年有一批朋友，到四川以后也不提了，卫八以前没提过，以后也没再提，可见分手后再也没相见。杜诗对友人的真情流露，一是郑虔被贬台州司户，他写的七律："郑公粗散鬓成丝，酒后常称老画师"，另一首就是《赠卫八处士》，这都是杜诗的亮点。"三吏""三别"是好，但是客观描述，这是发自内心的，不是一般应酬诗能写得出来的。

"人生不相见，动如参与商"，本来是见面后写的诗，可开头先说见不到面。参、商，一在天亮，一在天黑，这两颗星永远碰不到面。"今夕复何夕"，用《诗经》"今夕何夕，见此邂逅"，用得很巧妙，今天是什么好日子，我们两人"共此灯烛光"。诗人肯定是黄昏来投宿，我们在一盏灯烛光下见面了，很有味道，要是"共此太阳光"就没意思了。"少壮能几时，鬓发各已苍"，我认为这两句谁都可以写得出来，好在下面的"访旧半为鬼，惊呼热中肠"。我们的老朋友死了一多半，说起那些不在的人，心中一次次难受。这两句的分量说明见到卫八处士是太不容易了。"焉知二十载，重上君子堂"，没想到我和你见面，而且到了你家。"昔别君未婚，儿女忽成行。怡然敬父执，问我来何方。"儿女很懂礼貌，可见卫八处士的家很和谐知礼。这里有一个字，"问答未及已，驱儿罗酒浆"，一本作"儿女罗酒浆"，我认为"驱"字生动。

"夜雨剪春韭，新炊间黄粱"，可见卫八处士家里也不富裕，无鸡鸭鱼肉，饭是二米饭，有小米，园中剪来的韭菜，饮食很简单，但太亲切了。卫八是隐士，招待的是家里现成的东西。"主称会面难，一举累十觞"，多年不见，痛快饮酒。"十觞亦不醉，感子故意长"，一连喝了十杯也不醉，不是不醉，是忘了醉。诗太好，不用讲。亲切的友情、和谐的场景、愉快的关系都有了。"明日隔山岳，世事两茫茫"，前途如何，自己也不知道，我怀疑是从华州到秦州去。结尾两句结得太好了，前面和谐的气氛、愉快的场景、亲切的交情，如何收结呢？处士应该没什么变化，茫然的是杜甫自己的未来，说是"两茫茫"，其实诗人主要说自己的感受。

诗讲完了，我说两句闲话。我是戏迷，戏的结尾不容易结好，我看过程砚秋的《红拂传》好多次，程演《红拂传》有个条件，必须是侯喜瑞唱虬髯公。20世纪50年代初，程在天津唱，正赶上侯喜瑞在，我一看马上去搞票，要看这出戏。我主要想看侯喜瑞，程当然也好。程当年拿这戏与梅兰芳的《霸王别姬》较劲，《霸王别姬》是1921年开始排演，1922年正式演出，靠舞剑叫座。程此戏，红拂与虬髯公分手时也舞剑，《别姬》唱二六，这个唱南梆子。我看过好几次，舞完剑戏就完了，这一次我坐得很近，舞完再唱一句。插一句，梅兰芳晚年演《霸王别姬》，舞完最后一句不唱了，那一句是"宽心且把宝帐坐"，再下一句"待听军情报如何"唱不唱无所谓，晚年就不唱了，这一句省略了没关系，不影响剧情。可是程《红拂传》的最后一句是"此一去再相逢不知何年"，这句不能省。最后唱这一句，我哭了，真是感动。剧情是一个饮酒的欢娱场面，舞剑助兴，舞完了，就是这一句，红拂内心的话说出来了。这不就是杜诗的"世事两茫茫"吗？这是50年代初的事，1958年初程先生故去。到了80年代，程的徒弟王吟秋也唱《红拂传》，他给我送了一张票，在民族文化宫，舞剑之后，王也把最后一句省了，我觉得很遗憾。他没有体会那一句真正的分量。第二天一早他来看我，征求意见，我就把自己的感受跟他说了，我说最后一句不能省，要唱出最深的感情。王很虚心，后来他在中央电视台录像，把这一句补上了。过去人讲做文章要"凤头""猪肚""豹尾"，这个"豹尾"很重要，杜甫"明日"两句，就是"豹尾"。这两句思想感情，与程砚秋的戏最后一句一样，越琢磨越深。杜诗的闪光点不仅仅是"三吏""三别"，只了解那些诗还是浮在水面上的鱼，做学问更要深入到海底，那里有的是宝贝。这首诗，要有多重的笔力才能收住，最后两句表面上看也挺平常，但它们收住了。

第九讲　安得壮士挽天河　净洗甲兵长不用（上）

洗兵马
（乾元二年长安）

中兴诸将收山东，捷书夜报清昼同。河广传闻一苇过，胡危命在破竹中。只残邺城不日得，独任朔方无限功。京师皆骑汗血马，回纥餧肉蒲萄宫。已喜皇威清海岱，常思仙仗过崆峒。三年笛里关山月，万国兵前草木风。成王功大心转小，郭相谋深古来少。司徒清鉴悬明镜，尚书气与秋天杳。二三豪俊为时出，整顿乾坤济时了。东走无复忆鲈鱼，南飞觉有安巢鸟。青春复随冠冕入，紫禁正耐烟花绕。鹤驾通宵凤辇备，鸡鸣问寝龙楼晓。攀龙附凤势莫当，天下尽化为侯王。汝等岂知蒙帝力，时来不得夸身强。关中既留萧丞相，幕下复用张子房。张公一生江海客，身长九尺须眉苍。征起适遇风云会，扶颠始知筹策良。青袍白马更何有，后汉今周喜再昌。寸地尺天皆入贡，奇祥异瑞争来送。不知何国致白环，复道诸山得银瓮。隐士休歌紫芝曲，词人解撰河清颂。田家望望惜雨干，布谷处处催春种。淇上健儿归莫懒，城南思妇愁多梦。安得壮士挽天河，净洗甲兵长不用。

今天重点讲《洗兵马》，这首诗我开始觉得问题不多，当年林庚先生选唐诗，我注释过全诗，但这次看仇注，前两句即引起了我的思考："中兴诸将收山东，捷书夜报清昼同"，我的理解是，把山东敌占区收复，这是大事，应是"捷书夜报"连夜就有捷报，清晨捷报跟着又来。这是古诗的句法，突出夜报，但仇注云"夜与昼同"，白天有捷报，晚上来的捷报与白天一样。这与我理解的正相反。我们要根据生活的逻辑来考虑，如果战报白天就来了，白天时间长，晚上又来，距离不是很短，这不足为奇，而半夜里来捷报，情况就不一样。好比夜里接到电话都比较紧张，白天就平常了。杜甫突出"夜报"，天亮又来，就是捷报频传。夜报更令人紧张而惊喜。

平息安史之乱，像郭子仪、李光弼他们做了不少事情，杜甫对他们也特别肯定。但是，安史之乱被平息有内因，首先是安、史父子有矛盾，安庆绪把安禄山杀了，史朝义也被其子所杀。安史之乱被平定，不仅仅靠唐朝借用少数民族的兵力，也因为叛军内讧。安、史叛军由北方各个少数民族的胡人汇集而成，前一段时间我审读《陈寅恪年谱》的稿子，其中提到陈寅老给女儿讲《哀王孙》"朔方健儿好身手，昔何勇锐今何愚"，说自己不会讲了，锐是精锐的意思，愚是糊涂。"锐且愚"很矛盾，是什么意思呢？陈寅老查史书，发现当时郭子仪被任命为朔方节度使，用的一批少数民族的战士，和安史叛军中的少数民族战士是同族的，都归朔方节度使管辖，其中有人受安史挑拨参加叛乱，攻入长安，在京城里横行霸道。杜诗的意思是，你们本来是朔方节度使管辖的百姓，如何跟了叛军呢？陈先生是"以诗证史"，"以史证诗"。周一良先生在文章中也这样讲，王国维讲"两重证据法"，做考证不能用"孤证"，梁启超最反对用"孤证"。我对于"两重证据法""孤证不立"的知识，是上高中一年级学的，我的老师朱经畬先生是北师大钱玄同的学生，与隋树森一班，长期教中学。朱老师讲《诗经》，除了毛传、郑笺、孔颖达正义，还告诉我们姚际恒、方玉润、崔东壁、顾颉刚等，他把"五四"的学问介绍给学生，给我打开了眼界。我早年对梁任公、钱穆、顾颉刚诸先生的了解都是听他讲的，朱老师讲《楚辞》会提梁任公、陆侃如，讲《左传》会提《新学伪经考》《刘向歆父子年谱》。那时高中老师的水平，恐怕现在教本科的老师也未必赶得上。我知道《史通》"六家""二体"，也是高一的历史课上学的。后来我陪邓广铭先生面试研究生，见到报考历史系的博士生、硕士生，就问"六家""二体"是什么，结果没有一个学生答出来。"文革"前我在人民大学讲过八周"工具书使用法"，当时的听讲者刘梦溪后来说他对《汉志》《隋志》等的了解，就是在我的课堂上。

"河广传闻一苇过"，用《诗经·河广》"一苇航之"，典用得看起来很轻松，"一苇过""破竹中"，说明唐军势如破竹。中国诗好，就好在这里。强势与弱势一眼就看得出来。"一苇"在《诗经》中没什么特殊，用在这里就意思丰富。"胡危"一句是期望之词。当时安庆绪还在邺城（相州）。郭子仪退守武功山，保卫凤翔，那里是朔方节度使的司令部。杜甫既表扬了郭子仪，同时也提醒唐肃宗"常思仙仗过崆峒"，意思是你"蒙尘"了，千万别忘记当初退到凤翔的艰难。虽然"已喜皇威清海岱"，但请不要忘记当初的不易。此诗歌颂了唐朝，歌颂了立功的战将，也提出预见，一是皇帝被外戚、近臣包围了，肃宗宠信李辅国、张良娣，"攀龙附凤势莫当"就说的是这个情况；二是唐代宗以前很少有人看到藩镇割据的危险，杜甫是第一个看到了，"天下尽化为侯王"。杜甫虽说自己"乾坤一腐儒"（《江汉》），其实他可一点儿也不腐；第三是借助外来的兵力平叛，要小心事平之后不肯撤回，尾大不掉，安禄山就是前车之鉴。杜甫这三个担心，皇帝的亲信、外戚擅权、藩镇割据、少数民族的入侵，后来全都应验了，不幸而言中。这首诗不太好讲就在这里，它有很多内容，三个担心全写了。

"只残邺城不日得，独任朔方无限功"，安庆绪死守邺城，他与郭子仪交战，郭失败了。相州就是邺城。王永兴先生《王永兴说隋唐》有一章专写朔方军，郭子仪是统帅。这也是陈寅老强调的。陈门弟子很重视安史之乱时郭统领朔方军的功劳，和朔方军本身的构成以及它的重要性。这里不细说了。朔方指朔方节度使郭子仪，军队里有许多少数民族的勇士，保卫了凤翔，夺回了长安，这都是靠了郭的指挥，以及他手下军队比较强的战斗力。这里不说"只余""只留"，而是说"只残"。"残"是剩下，同义词很多，为什么用"残"呢？这里是双关，杜甫用字不是随便用的，安禄山带兵造反，打到唐朝内部，唐朝军队被敌人打得落花流水，这就是"残"；而现在扭转战局，敌人只剩一个据点没有拿下来，这也是"残"。后来史朝义父子内讧，安庆绪失败，邺城这才攻下来。"京师皆骑汗血马，回纥䭔肉蒲萄宫"两句是互文见义。换句话讲，回纥人骑汗血马，在京城走来走去，大鱼大肉也是给回纥人吃的，蒲萄宫是汉元帝与匈奴讲和时，在长安宴请匈奴使臣的地方。回纥的军队是回纥的王子叶护带领的。京师中的回纥人皆骑汗血马，汉族的军队并不善骑，唐朝人招待回纥士兵。两句是互文见义。"已喜皇威清海岱"，唐朝中兴，内地都已经平定，用今天的"喜"，与下文对仗，"常思"其实就是"忧"，用"忧"太明显，对肃宗太不客气了。肃宗逃到凤翔，凤翔在陕北，崆峒在甘肃境内。两句对照，不是完全唱颂歌。高兴的同时请不要忘记当年，当年是皇帝"蒙尘"到凤翔去的。"三年笛里关山月"，"关山月"是老调，战士回不了家，思妇盼归，是替战士鸣不平。李白有"明月出天山，苍茫云海间"（《关山月》），这句就是说征战辛苦，要是直说"三年征战多艰苦"，就没意思了。下一句就更厉害了，"万国兵前草木风"，反用谢玄打苻坚的典故，苻坚被打败时，"八公山上，草木皆兵"。杜甫的意思是说，万国，万方，唐朝版图以内，当初在危险的时候，我们也曾草木皆兵。这两句就是上接"仙仗过崆峒"而言。打了三年仗，全国都惊慌失措，草木皆兵。

照理讲"皇威清海岱"是歌颂的话，其他三句都不是，杜诗好就好在，这里微微带警告之意，觉不出歌颂里有微词，这样的效果如何实现的呢？诗人使用对仗，"已喜皇威清海岱，常思仙仗过崆峒"；"三年笛里关山月，万国兵前草木风"，这像律诗一样，对仗的句子很沉稳，反差感觉不出来。我在备课时就想，在封建社会，大臣、知识分子都是被统治的，他要向统治者说话，反映他的看法，希望在上的人能接受，就要讲策略。当年我讲过王安石《上仁宗皇帝言事书》，很长的一篇东西，他实际上是批评宋朝开国到仁宗时，内部已经腐败得不可收拾，所以主张变法，那时他还没有上台，给仁宗写奏章，希望仁宗注意危局，可是表面上歌颂的话很多，歌颂之后提意见。杜甫《洗兵马》是歌颂的，王安石提意见是要针砭时弊，但他不能与皇帝硬抗。很多知识分子缺乏在专制政治下的经验阅历。

请注意，从"草木风"以下，诗转韵了，变成去声韵。这里我想谈谈自己的意见，古人作诗换韵，不是随便换的，在最典型和规范的古诗中，换韵就好像另起一段，必然是有它的道理。现在这规律被打破了，想换就换。古诗转韵很讲究，杜甫恪守传统。他这个下一段，为什么要转韵？因为他开始写有哪些功臣，皇帝如何回到长安，把打仗的事情说过去了，说到另外的事情，所以换韵。"成王功大心转小"是说唐代宗，只说这一句，可见他主要不是歌颂皇帝，正因为代宗有功但小心谨慎，所以他才能放手用大臣；跟着就是"郭相谋深古来少"，歌颂郭子仪；"司徒清鉴悬明镜"，李光弼心中雪亮，如明镜一般；"尚书气与秋天杳"，根据仇注，是指王思礼，他度量很大，如海阔天空一样能包容。以上一君三臣，强调臣子。然后总结一句——"二三豪俊为时出，整顿乾坤济时了"。"了"，不是虚词，秦观词"醉卧古藤荫下，了不知南北"，了，一切、完全。这里的"了"不但有一切、完全的意思，而且有"很完善"的意思，把整个的环境整顿、恢复得很完美。这里说一句闲话，东坡词"大江东去"家喻户晓，朱彝尊选《词综》，主张这么断句——"小乔初嫁，了雄姿英发"，其实按照"念奴娇"词牌也该这么断，但我讲此词，从来没有这么讲，因为容易引人误会。一首《念奴娇》一百多个字，如果是"小乔初嫁了"，"了"就用得没什么内容。我读《词综》，问我父亲，他研究半天，认为应该断在下面。前人说苏东坡不太讲音律，李清照就批评东坡不讲音律，说他的词是"曲子缚不住者"。再有一处，朱认为应是四、五——"故国神游，多情应笑，我早生华发"，黄庭坚手写的东坡词"多情应是，笑我生华发"，还是四、五。朱彝尊根据这一点断定苏轼词的断句，应是"小乔初嫁，了雄姿英发"，"遥想公瑾当年"的"当年"是"正当年"的意思，最有作为，年富力强，又赶上美人嫁给英雄。这样一个十全十美的英雄，所以是"了雄姿英发"。"了"一切的、所有的、完美的雄姿都展现出来了。"整顿乾坤济时了"的"了"也是这样的意思。这个说法，不知者也许以为惊世骇俗，其实朱彝尊就这么讲。为了"从众"，我在课堂上几十年讲课，都没这么讲过。

"东走无复忆鲈鱼，南飞觉有安巢鸟。"唐朝局势恢复了，局面也稳定了，随时可以回江东，不会有家难归了，往南走到湖广以南也可以安居了。两句都是泛指，指天下安定后，百姓可以自由来去了。"青春复随冠冕入"，这句是说大臣可以正式上朝了，你看《喜达行在所》中，杜甫上朝很狼狈，这里大不相同了。"紫禁正耐烟花绕"，一切又恢复了端庄肃穆的环境。"鹤驾通宵凤辇备，鸡鸣问寝龙楼晓"，唐肃宗把玄宗也接回来了，肃宗问候他父亲，可以尽孝了。玄肃父子有矛盾，肃宗担心玄宗复辟，后来玄宗忧郁而死。钱牧斋的注过分强调此句有讽刺，其实这时还没到矛盾明显激化的地步，所以后来的评论都否定了钱谦益的注解，认为这两句里不一定有讽刺，我也认为大概没有讽刺。老杜都是正面写的，大臣可以正常地上朝了，皇帝也回到长安了，太上皇也从四川回来了，而且皇帝还可以尽孝，问候唐玄宗。这与前面百姓可以自由来往，朝廷可以用豪杰之士，乾坤整顿得恢复正常，都是联系着的，都是正面的。

下面就不是正面了。杜甫的诗总是把需要直说的话，掺在歌颂之中，让它显不出来。下面等于是提醒，"攀龙附凤势莫当，天下尽化为侯王"，上一句是说皇帝的外戚和宠臣，比如张良娣、李辅国之流的人；下句指军阀、藩镇。唐朝中叶以后藩镇割据，杜甫早有预见。当时黄河以北，朝廷势力始终没恢复，经过五代，就变成契丹、辽的领土，西边是西夏，银川是西夏的首都。宋代文化是上去了，版图却大为缩小。"攀龙附凤势莫当"，这些人都占上风，谁也奈何不了；"天下尽化为侯王"，警告藩镇割据的局面已经出现。"关中既留萧丞相"，肃宗时有几位丞相，浦江清先生注杜诗，认为此处"不知何所指"，我认为指第一任宰相房琯，虽然打了败仗，被撤职，可他还是有见解的政治家。"幕下复用张子房"，指现任宰相张镐。可惜肃宗也没有重用他，不久就被撤职。这里杜甫大为称赞张镐。很多注解都说，如果肃宗一直任张镐为丞相，历史就可以重写了，"张公一生江海客"，是没有功名的人，但被唐玄宗擢拔，官至宰相。"身长九尺须眉苍"，用《史记·张苍传》的典故，张苍也当过丞相，张苍的儿子不如张苍，孙子更不如张苍的儿子。司马迁说张苍身长九尺，儿子比张苍矮，孙子又比张苍的儿子矮。俞平伯先生在讲杜诗的课堂上说，用典故用得最幽默、最巧妙的，莫过于杜甫，好玩儿极了。这"好玩儿极了"，是他的原话。"征起适遇风云会，扶颠始知筹策良"，重笔写张镐，说张被玄宗从民间提拔起来，正赶上机遇，"扶颠"就是把唐朝从危险的环境里扶过来，这才看出来他会谋划，用重笔写张镐。然后用侯景的典故，"青袍白马更何有"，造反的敌人哪里去了？当时安禄山已死，不久史朝义也死了。"后汉今周喜再昌"，周宣王、汉光武都是中兴。表面歌颂唐肃宗，中间又插入"攀龙附凤势莫当，天下尽化为侯王"两句，与前面"常思仙仗过崆峒""万国兵前草木风"一样，他把微讽的句子，放在前后歌颂的话中间，让人不易察觉。

下面又转韵了，很难得杜甫一连写了六句歌颂的话。但他歌颂是有分寸的，前四句全是虚的，"寸地尺天皆入贡，奇祥异瑞争来送。""寸地""尺天"很不具体，看起来歌颂得很全面，但不具体，"不知何国致白环，复道诸山得银瓮"，都是虚报、谎报。"奇祥""异瑞"皆祥瑞，但搞不清楚是哪个国家送来祥瑞，又听说许多山里都出了宝贝。"隐士休歌紫芝曲"，商山四皓曾经作《紫芝曲》，这句的意思是，隐士们，你们不要再唱隐居的歌啦，这还是虚的，没有确指哪个人被征聘;"词人解撰河清颂",鲍照曾作《河清颂》,读书的人应该写《河清颂》了。此后的六句是担忧,"田家望望惜雨干,布谷处处催春种。淇上健儿归莫懒,城南思妇愁多梦。安得壮士挽天河,净洗甲兵长不用",但老杜把担忧的话放在歌颂后面,又让你不觉得。

要我说,杜甫这首诗也是一篇《河清颂》,但不全是《河清颂》。此诗读起来像一片盛开的蔷薇,但是你不能碰,不能接近,一碰到处都是刺儿,暗藏玄机,暗藏了很多刺儿。要真正把它讲透,很不容易。从内心来讲,唐朝恢复了,杜甫也高兴,不是纯粹虚情假意。但他这个歌颂是有分寸的。第一,他这个歌颂用了一些不确定的词,歌颂而不显得肉麻,言外之意、弦外之音又都在里面透露出来,他的技巧是跟着思想来的,为思想服务,要在歌颂的诗中表达忧患的意识,表达他的预见性。一首歌颂的诗一定要有漂亮的对仗。乍读而过,不会觉出有微微扎手的刺儿。过去歌颂的东西没有提到百姓的,请注意《自京赴奉先县咏怀五百字》的结尾,杜甫就说自己不纳税,不服役,"默思失业徒,因念远戍卒",杜甫思想里始终挂念战士和农民,农民是生产的,战士保卫国家,这是他最关心的,却又是统治者最忽略的。"田家望望惜雨干,布谷处处催春种",天总不下雨,鸟到季节就催种,不要耽误农时,尤其是下面这两句,"淇上健儿归莫懒,城南思妇愁多梦",淇上,靠近邺城一带的河,他不说战士回不了家,而是反过来说该回家了,不要耽搁,快回家,家中亲人盼你回来,其实谁不想回家呢?这就是反话,他故意这么说。"城南思妇愁多梦",家里人盼你回来。高适《燕歌行》:"少妇城南欲断肠,征人蓟北空回首。"仇注引了曹植的诗。高适也好,杜甫也好,只说到战士要回来,家里的人盼着战士回来,就说到这儿。盛唐诗还比较含蓄,晚唐诗人没这么客气了,比如"可怜无定河边骨,犹是春闺梦里人"(陈陶)、"凭君莫话封侯事,一将功成万骨枯"(曹松),这不是温柔敦厚了。我最欣赏晚唐张乔《河湟旧卒》,虽比高适显露,但是好:

  少年随将讨河湟,头白时清返故乡。十万汉军零落尽,独吹边曲向残阳。

我认为这写得很好,一个老兵的寂寞,一个老兵的回忆。唐诗真是太好了。唐代边塞诗不限于高、岑，李颀、王昌龄都有边塞诗，晚唐也有，《兵车行》是反战的。像这样的晚唐诗也应是边塞诗，但它变味了，客观的描写变成主观的谴责。"凭君莫话封侯事，一将功成万骨枯"，这话说得很厉害了。杜诗最后的结尾——"安得壮士挽天河，净洗甲兵长不用"，完全是一种理想主义的期望，永远不要战争，战争给人民带来的祸患太厉害了。

"三吏""三别"作于乾元二年，杜甫自洛阳回华州道中。

新安吏

客行新安道，喧呼闻点兵。借问新安吏，县小更无丁。府帖昨夜下，次选中男行。中男绝短小，何以守王城。肥男有母送，瘦男独伶俜。白水暮东流，青山犹哭声。莫自使眼枯，收汝泪纵横。眼枯即见骨，天地终无情。我军取相州，日夕望其平。岂意贼难料，归军星散营。就粮近故垒，练卒依旧京。掘壕不到水，牧马役亦轻。况乃王师顺，抚养甚分明。送行勿泣血，仆射如父兄。

三吏的顺序是：《新安吏》《潼关吏》《石壕吏》。《石壕吏》最普通，大家最熟悉。社科院文学所选注的《唐诗选》认为《新安吏》体现了杜甫的局限性，歌颂了郭子仪，歌颂了统帅，劝被征的孩子不要埋怨，说"仆射如父兄"是杜甫的局限。我不同意这个观点。新安征兵，连孩子都征去了，"中男绝短小"。杜甫是好言劝慰他，我们刚打了败仗，正处于休整状态，你去了挖战壕也不会挖很深，不过放放马，别太难过了，司令官是郭子仪，对士兵很照顾的。这难道就是局限吗？相反，如果对孩子说，你可要小心，上级很严厉，去了说不定会死在那里，这样孩子会是什么心理负担呢！安慰他活儿不重，上级不会太苛求，这才合情理。后人动辄批评前人有局限性，实应想想时代背景。杜甫让孩子安心，是说安慰的话好呢，还是恫吓的话好呢？哪一个效果更强一点呢？尽管说诗无达诂，但讲诗要通情达理，所以我认为讲诗最后要归结为揆情度理。在《新安吏》里，诗人只能说安慰的话。"三吏"每一首诗都有一个中心点，《新安吏》反对征孩子去打仗，所以他要安慰孩子，这不是他的局限。郭沫若批评杜甫是地主生活，因为他屋上有"三重茅"，这样批评还有道理可讲吗？所以要体会诗人的良知,要以诗人之意逆诗人之志,不能用个人主观的意逆作者之志。

杜甫在华州为官,有事去洛阳,从洛阳回华州,中间过新安,碰到征兵之事。唐王朝估计错误,以为邺城指日可下,没想到安庆绪兵力颇强,竟把郭子仪打败了,邺城没有拿下来。《石壕吏》中说"三男邺城戍,一男附书至,二男新战死",战争很惨烈,因此才有"客行新安道,喧呼闻点兵。借问新安吏,县小更无丁。府帖昨夜下,次选中男行。"未见其人,先闻其声。走到新安地界,听见人声嚷嚷。作者问一位管事的人——"借问新安吏",小吏见杜甫也是个官,就跟他说"县小更无丁",已经没有成年人了,但还要"选中男行","中男"也就十四五岁,"中男绝短小",个头儿都不够,如何替国家打仗呢?这里有问,有答,有怀疑,有感叹。"肥男有母送","肥男"家境还好,父亲早被征走,只有母亲来送,"瘦男独伶俜","瘦男"家中已无人,一个独子,孤孤零零一个瘦小的孩子也跟着去了。"白水暮东流,青山犹哭声",水是无情的,孩子的哭声惊天动地,哭声在山中有回音,到黄昏的时候,哭声的回音还在回荡。下面这几句难道谴责得还不厉害吗?够厉害了——"莫自使眼枯,收汝泪纵横。眼枯即见骨,天地终无情",掷地有声,谴责得很彻底了。可是哭有什么用?

本来以为很快就可以把相州拿下,谁料到敌人很强,我军吃了败仗。"归军星散营",这话说得很委婉,归军就是败兵。讲到这里,我想起来,日伪时期,日军打了败仗,敌占区的新闻如何报道呢?你们都想象不到这样的词:"皇军堂堂后退,敌军战战兢兢尾随于后。"败军逃兵乱透了,零零散散地撤退。"就粮近故垒",没丢的城里还有些吃的,到那里集中;"旧京"指洛阳,他们准备到洛阳去练兵。你这次去了,挖战壕也不用见水,放放马也不是重活儿。这都是劝慰孩子放心去。"况乃王师顺,抚养甚分明",这不是给王师涂脂抹粉,而是劝慰被征的孩子,所谓"送行勿泣血,仆射如父兄"。郭子仪是好人,他会善待你们的。

"三吏""三别"有几个中心内容:第一,杜甫发表了他认为打仗时期应该如何应对危险局面的看法,《潼关吏》是代表,这首诗说的是一些劳动者,但强调的是如何应对战争局面;第二是强烈的人道主义思想,《新安吏》就是代表,孩子不应被征。"莫自使眼枯,收汝泪纵横。眼枯即见骨,天地终无情",什么是"天地终无情"呢?是那些当官的、带兵的人,他们很无情。不是天地无情,而是人无情;第三,对迫害人民的行为强烈谴责。《石壕吏》就是对迫害人民的事件进行谴责。

潼关吏

士卒何草草,筑城潼关道。大城铁不如,小城万丈余。借问潼关吏,修关还备胡。要我下马行,为我指山隅。连云列战格,飞鸟不能逾。胡来但自守,岂复忧西都。丈人视要处,窄狭容单车。艰难奋长戟,万古用一夫。哀哉桃林战,百万化为鱼。请嘱防关将,慎勿学哥舒。

《潼关吏》开头两句是一个韵,下面就换韵了。开头两句是纪实。哥舒翰镇守潼关,安禄山攻了半年而不下,有说杨国忠卖国,私通安禄山。我认为杨不一定交通安禄山,但他有可能受贿。安禄山打不下来,派人行贿杨国忠,完全在情理之中。杨国忠进谗言,于是派中使催促哥舒翰迎敌。其实哥舒翰屯兵不动,可能有他的意图,哥舒翰是名将,杜甫有送他的诗。西北人对他的印象很好:"北斗七星高,哥舒夜带刀。至今窥牧马,不敢过临洮。"镇守西北时,胡人不敢窥边。皇帝不断催促,哥舒翰只好开关迎敌,但战线太长,后面空虚,本来集中守关,黄河沿岸全无防守,敌人深入进去,遂势如破竹,战士多跳河而死,潼关一失,长安很快就失陷了。杨国忠虽然受贿,但没等安禄山攻陷长安,就被唐朝的军人逼死了,也没得好死。

"士卒何草草,筑城潼关道。""草草",指忙忙碌碌在这里修城。下面是互文见义,"大城铁不如,小城万丈余",大城、小城都坚固、高峻。修关是为了防敌。潼关吏说前面太窄,"要我下马行",要同邀,请我下马走,为我指山边的路。想骑马走大路,但大路都被封死了。没有大路可走,其他地方又不通路。"连云列战格",战格,栅栏,整个一片都是栅栏,飞鸟不能过,只能下马步行。下面借潼关吏之口说明潼关的特点——"胡来但自守,岂复忧西都",敌人来了,只要把守住这里就可以了,长安没有危险。"窄狭容单车,艰难奋长戟",如此狭窄的地方,只能走一辆车,如果在这个地方作战,不应该用长兵器,应该短兵相接,长兵器施展不开。一夫当关,万夫莫开。哥舒翰当时战线太长了,潼关通灵宝,灵宝往西,这一带叫桃林塞,败兵被赶到河里,死了好几万人。"请嘱防关将,甚勿学哥舒",许多评论认为,罪责在杨国忠,不在哥舒翰。前面谈过,杨未必是安禄山的内应,我个人认为,他接受了安的贿赂。当时哥舒翰坚守了两年,安禄山进退两难,再坚守下去,安禄山缺乏后继。这一首指明战略性的错误,正面发表他对战争的看法。

石壕吏

暮投石壕村,有吏夜捉人。老翁逾墙走,老妇出门看。吏呼一何怒,妇啼一何苦。听妇前致词,三男邺城戍。一男附书至,二男新战死。存者且偷生,死者长已矣。室中更无人,惟有乳下孙。有孙母未去,出入无完裙。老妪力虽衰,请从吏夜归。急应河阳役,犹得备晨炊。夜久语声绝,如闻泣幽咽。天明登前途,独与老翁别。

废名先生写文纪念杜甫,谈到《石壕吏》,登在当时的《人民日报》上。废名先生认为在这首诗里,作者没主观地站出来发言,只是客观描述,表示他愤怒到了极点。陈贻焮也这样讲。我认为这个意见不一定合理。这一家原先有三个男丁,都被抓走,只剩老翁、老妇、小孙子、儿媳,这个儿媳肯定不是那个写信来的儿子的妻子,一定是那个战死的儿子的妻子。在这种局面下,杜甫路过投宿。唐朝社会,家里没有男人,杜甫不能留宿,如果没有老翁,婆媳是不能留他借住的。如果在抓壮丁的时候,杜甫出面了,这就有问题了,家里一定有男人。他一出面,老翁的事就露馅了。我这是揆情度理。"暮投石壕村",这有一段时间,天还没黑的时候,杜甫投宿,老翁接待。半夜来抓丁,先抓男人,老翁跳墙走,老妇来接待。若杜甫出来,就会引起怀疑。他一定要藏起来,不让抓丁的人发现。"老妇出门看",一作"出看门",一作"出门首",到底哪一个对呢?中古韵,从十一真,上、下平,不等于阴、阳平,《广韵》从"十一真"开始:真、谆、文、新、元、魂、痕、桓、寒、删、山、先、仙。从"真"韵到"仙"韵,作古诗全可以通。作律诗有限制了,"真""谆"合了,"文""新"合了,"元""魂""痕"合了,"桓""寒"合了,"删""山"合了,"先""仙"合了,变成真、文、元、桓、寒、山。看,寒韵;村,魂韵;人,真韵;村与人，不在一个韵。如果是"出看门"，门，魂韵，村和门都是魂韵，这样开头两句就有两个魂韵的字，一个真韵的字，好不好呢？也可以，都押韵了。但要注意，这两句是对着的，"老翁逾墙走，老妇出门看"。"老翁"对"老妇"，"逾墙走"对"出门看"，看虽然是寒韵，但可以和真、魂通。

"吏呼一何怒，妇啼一何苦"这也是对仗的。"一"作何讲，我看《助字辨略》《经传释词》的讲法，都不合适。我采用杨慎《丹铅录》中《檀弓丛训》的讲法，他认为"一"是独的意思，"闻诛一夫纣，未闻弑君也"（《孟子》），一夫即独夫。一何怒，就是独何怒！

三个男孩子都出去打仗，一个孩子刚托人带信回来，说两个儿子已经死了。家里只有还在吃奶的孩子，"有孙母未去"，一本作"孙有母未去"，作"有孙"好。丈夫死了，儿媳所以没有改嫁，是因为还有孩子。如果作"孙有母未去"，就没有这样的意思了。儿媳守寡，出入连整齐的衣服都没有。"老妪力虽衰，请从吏夜归。急应河阳役，犹得备晨炊。"我老太太打不了仗，但可以给你们做做饭。老妇随吏而去。"夜久语声绝，如闻泣幽咽"，什么叫"如闻泣幽咽"呢？是有人在哭，还是没人在哭呢？是有人哭，但哭的声音很低，不敢大声。"天明登前途，独与老翁别"，老翁保住了，老太太代他去了。这一篇写得很深刻，《新安吏》是不放过孩子，这里老妇也不放过，《潼关吏》是战争中"百万化为鱼"，现在还有许多人在这里修潼关。杜甫的人道主义不只对一老妇、老翁，而是指出由于战略性的错误，千百万人都牺牲在这里，死去的人死去了，现在还有大量的人在这里拼命。有的选本不选《潼关吏》，认为不反映阶级矛盾，这不妥当。《石壕吏》这一家牺牲也很大。老翁天明还送杜甫，很有人情味儿，但其中无情的东西是被杜甫所谴责的。

下次再讲"三别"。

第十讲　安得壮士挽天河　净洗甲兵长不用（下）

新婚别

兔丝附蓬麻，引蔓故不长。嫁女与征夫，不如弃路旁。结发为妻子，席不暖君床。暮婚晨告别，无乃太匆忙。君行虽不远，守边赴河阳。妾身未分明，何以拜姑嫜。父母养我时，日夜令我藏。生女有所归，鸡狗亦得将。君今往死地，沉痛迫中肠。誓欲随君去，形势反苍黄。勿为新婚念，努力事戎行。妇人在军中，兵气恐不扬。自嗟贫家女，久致罗襦裳。罗襦不复施，对君洗红妆。仰视百鸟飞，大小必双翔。人事多错迕，与君永相望。

"三吏""三别"是组诗。仇注认为《新婚别》全诗都是新妇自述之辞，我则以为前四句是作者的话。"结发为妻子，席不暖君床。暮婚晨告别，无乃太匆忙。"之后才是新妇之辞。"兔丝附蓬麻，引蔓故不长"两句是比兴，"兔丝"是一种爬蔓的植物，它依附在乔木树上，枝蔓可以很长，和爬山虎差不多，高到六楼也可以长上去，但蓬麻很矮，所以"引蔓故不长"。我认为，这两句不是新妇之辞，是作者用比兴起头。"嫁女与征夫，不如弃路旁"两句是作者的愤慨之辞。"三吏""三别"都是以不同类型的典型人物来反对战乱，反映了杜甫的人道主义思想，他同情这些下层的被战争迫害的人，所以前四句不可能是新妇之辞。我讲诗始终坚持一条，就是揆情度理。唐朝虽然开明，但封建社会，距离今天一千多年，民间的穷家妇女，出嫁第二天，丈夫出征，新娘子当然会不愉快、很痛苦，但这个话，应该是作者直接出来表态，不像是新妇直接说的。以下"结发为妻子，席不暖君床"到结束，都是新妇讲的，当然也是杜甫替她讲的。

杜诗讲究沉郁顿挫，所谓顿挫，就是有转弯的地方，说一层再说一层，连续若干层，有联结，但错综参差，不在一个层面上，有停顿，又有距离。杜甫的好处，犹如好演员唱戏，虽有顿挫，而无棱角，这才是好诗。从"结发为妻子，席不暖君床"到结尾，我数了一下，有十二层顿挫，但读者不觉其有，读下来好像一气呵成。这是他了不起的地方。"结发为妻子，席不暖君床。暮婚晨告别，无乃太匆忙"，这是两层顿挫，第三层说"君行虽不远，守边赴河阳"，意思是说你虽然离家不远，但战役是危险的，生死攸关。最让新妇受不了的就在这里，说不定结婚才一天，就可能要守寡。《石壕吏》中那个年轻的女子就守寡了。这是杜甫为新妇代言，话里都有讽刺。河阳不是唐朝的边境，已经是内地了，是河南河北交界的地方。丈夫虽然走得不远，但那是前线，"守边"的"边"不是国家疆土之"边"，而是当时战线之"边"，虽不远，但是守"边"。

杜甫有讽刺的意思，话里有话。这又是一层。第一层是刚结婚，炕还没睡热你就走，过去结婚都在黄昏，婚者，黄昏嫁娶也。刚迎了亲，就接到命令，第二天清晨就要开拔，未免太匆忙，这又是一层。你守边赴河阳，我怎么办？"妾身未分明，何以拜姑嫜。"过去"嫜"没有女字旁，女字旁是后加的，指公公。古代的礼节，有的是头天入洞房，第二天早晨再见公婆行礼，"洞房昨夜停红烛，待晓堂前拜舅姑"（朱庆余《近试上张水部》），这是第二天。古代还有结婚三天以后正式跟公婆见面，行大礼。不论是第二天，还是第三天见公婆，丈夫都已经走了，只剩我一人去见，那自己又算什么呢？是算儿媳妇，还是算姑娘呢？所以"妾身未分明，何以拜姑嫜"。这又是一层。两句换一主语，"结发为妻子"主语是新妇，"暮婚晨告别"主语是新郎，"君行虽不远"是丈夫要匆忙赴边，主语未变而事情变了，"妾身"主语是新妇，"父母养我时，日夜令我藏"，主语没变而方位换了，说娘家之事，所谓"令我藏"，是不让我轻易出头露面，换句话说就是娇生惯养。说明自己在娘家受娇宠，父母对自己很珍视，也不是随便许人。"生女有所归，鸡狗亦得将"，这是父母嘱咐女儿的话，把你养成人，现在出嫁，就要"嫁鸡随鸡，嫁狗随狗"。"将"根据朱鹤龄、施鸿保的注，都当"随"讲，即"鸡狗亦得随"，就是嫁鸡随鸡的意思。照理讲，我的命运寄托在你身上，可你现在生死未卜，前途很难预料。

"君今往死地，沉痛迫中肠"，我应随你去，但你是去送命的，所以我"沉痛迫中肠"。"誓欲随君去，形势反苍黄"，如果跟丈夫同行，"苍黄"者，变化多端，有仓促、变化频繁的意思，而且有点不可收拾的意思。如果我跟你去，反而让你不好处理。最后新娘子宽慰他，"勿为新婚念，努力事戎行"。"妇女在军中，兵气恐不扬"用《汉书·李陵传》中的话，仇注引《李陵传》："我士气少衰而鼓不起者，何也？军中岂有女子乎？搜得，皆斩之。"这里是反用。士兵带妇女，违反军纪。新妇这里是自己劝自己，我应该随你去，又担心不合你军中的纪律。

下面又一变，"自嗟贫家女，久致罗襦裳。罗襦不复施，对君洗红妆。仰看百鸟飞，大小必双翔。人事多错迕，与君永相望。"我是贫家女，出身不是多么高贵，但也是守规矩的良家女子，很早以前我就准备嫁妆了。现在新衣服也没用了，下面说得很沉痛——"对君洗红妆"，我不再梳妆了。《诗经·伯兮》："自伯之东，首如飞蓬。岂无膏沐，谁适为容？"女为悦己者容，现在你走了，我不再梳妆。以前我讲唐宋词，讲到温庭筠的《梦江南》，温词把妇女的生活写得细腻入微，"梳洗罢，独倚望江楼"。丈夫不在家，懒得化妆，但心里终归有个盼头儿，说不定今天就回来，所以还是装扮好，独倚望江楼，但是"过尽千帆皆不是，斜晖脉脉水悠悠，肠断白蘋洲"。"梳洗罢"这一句，有多层意思，第一是说早起，第二就是为远人装扮，也许今天就回来，所以梳洗好等待。杜诗则是因丈夫出征，要"罗襦不复施，对君洗红妆"。从"结发为妻子"到这里，一共十二层意思，每两句一层，一气下来，不仔细分析，不觉得这其中有变化。《新婚别》是别丈夫，所以下面又用比兴——"仰看百鸟飞，大小必双翔。人事多错迕，与君永相望。""人事多错迕"，就是《独立》之"天机近人事"。鸟还可以自由地飞翔，可是人事多不如意。望，读平声。我与你永远相期盼，等着你回来。"君今往死地，沉痛迫中肠"，这写得很沉痛。

"三吏""三别"都是以不同的典型人物反对战乱，实际上也是杜甫人道主义思想的体现。上次讲《石壕吏》有一段没有引，今天补充一下。清人汪灏《树人堂读杜诗》分析《石壕吏》，可以作为"三吏""三别"的总结：

此一家也，有老翁、老妇，有三男、媳妇，有孙子，虽贫亦乐也，乃一遭兵乱，三男出戍，二男阵亡，孙方乳，媳无完裙，妇今又夜亡，老翁何以为薪火？举一家而万室可知，举一村而他村可知，举一陕县而他县可知，举河阳一役而他役可知；勿只做一事一家叙事读过。

实际上，"三吏""三别"都是举一事而看全局，看来当时这个新婚被征兵的事，肯定不止这一家。

垂老别

四郊未宁静，垂老不得安。子孙阵亡尽，焉用身独完。投杖出门去，同行为辛酸。幸有牙齿存，所悲骨髓干。男儿既介胄，长揖别上官。老妻卧路啼，岁暮衣裳单。孰知是死别，且复伤其寒。此去必不归，还闻劝加餐。土门壁甚坚，杏园度亦难。势异邺城下，纵死时犹宽。人生有离合，岂择衰盛端。忆昔少壮日，迟回竟长叹。万国尽征戍，烽火被冈峦。积尸草木腥，流血川原丹。何乡为乐土，安敢尚盘桓。弃绝蓬室居，塌然摧肺肝。

《垂老别》是别老妻，杜甫越写，主题越明确。"四郊未宁静，垂老不得安。子孙阵亡尽，焉用身独完。"这里的老翁也曾有一个完整的家。"四郊"，各处，都不安静，都家破人亡了，自己还活什么劲儿呢？"投杖出门去，同行为辛酸"，"投杖"，意思是在家都拄拐杖了，还要被征兵，同行者看到年纪这么大也要被征，为之辛酸。他不说这件事本身辛酸，而是用陪衬的笔，说一起被征去的人都感觉难过。"幸有牙齿存"，这带有一点讽刺的意味，别看我老，牙齿尚在。"所悲骨髓干"，在农村里的穷人，被压榨得很苦，别说是没有肌肉，连骨髓都干了。这里挺幽默，"男儿既介胄，长揖别上官"，别人未必有这心气儿，自己还强打精神和长官告辞，这带有一点黑色幽默。这种调侃的话，比直说更惨。假如这诗不这样写，而是直写，说自己如何老迈无力，勉强上路，就没有力量，现在反着说，他还愣充有精神，愣要穿着军装还去行军礼，这样的文字后面，该是什么感情！

下文杜甫忍不住了："万国尽征戍，烽火被冈峦。积尸草木腥，流血川原丹。""垂老别"，是与老妻别。子孙都阵亡了，家里没有别人了。"老妻卧路啼，岁暮衣裳单"，老妻送他走，已经走不动，快到年终还穿着单衣。"孰知是死别，且复伤其寒"，孰知，谁知，谁想到，说不定，他不说"明知是死别"，而说

"孰知"。谁知这一次是不是死别呢？故意把话说得活一点。我走了，豁出去了，可一看自己的老妻，她生病怎么办，挨冻怎么办——"且复伤其寒"，自己死活先不管，担心老伴儿何以为生。下面换一个角度，换到老太太角度，她心里也明白老伴儿这一去回不来了，"还闻劝加餐"，你自己多保重，多吃一点，多注意身体，"弃捐勿复道，努力加餐饭"。老翁明知自己是去送死，还担心老妻挨冻；老妻也明知老翁不能活着回来了，还是劝他多保重。

下面的话也带有讽刺，我这次去守住了阵地，"土门壁甚坚，杏园度亦难"，壁，壁垒，包围阵地、保护阵地。阵地还比较坚固，敌人要攻过来也不容易。这比邺城的形势还好一些。就算是战败身死，时间也能延长一点。杜甫真是会写啊。"人生有离合"，团聚是有，离别也是有的；"岂择衰盛端"，离合与年纪无关，不一定是只有盛年才离别，衰年就不离别，衰是年老的意思，盛，壮年也。人生的离合不管年轻、年老，都有离别的可能。不因为年纪大了就可怜你，不让你离别。

"忆昔少壮日，迟回竟长叹"，我有一个想法，认为这个老人过去也曾打过仗，可能就被征过，岁数大回来了，但现在又被征。"忆昔少壮日"，把过去的经历反复想一下，不禁长叹。有人说这句的意思是少壮时把时间都耽误了，其实这里不是"少壮不努力，老大徒伤悲"，而是说自己少壮的时候也没少吃苦，也是死里逃生，现在到老了，又碰见这种局面。"迟回"是留恋徘徊的意思。

"万国尽征戍，烽火被冈峦"，国，城市，不是国家的意思。安史之乱影响面很大，多少个城市都在打仗，"烽火被冈峦"，所有的山野都是烽火。"积尸草木腥，流血川原丹"，意思是全国各地都有战事，死人太多了。"何乡为乐土，安敢尚盘桓"，不要恋恋不舍了，哪里有太平的地方？"弃绝蓬室居，塌然摧肺肝"，一咬牙一跺脚走了，可是内心整个垮了，全部的精神都垮了。

这一首提到"万国""何乡为乐土"，也是不止于一人一事，而是指大局。所以杜甫他举的是一个例子，背后写的是社会，是历史，是时代，写得了不起。我们老提初盛中晚，一个时期有一个时期代表的作品，但真正描写盛唐社会太平景象的又究竟有多少诗呢？在真正的盛唐诗里倒不一定找得出来，高适、岑参的诗里，有的也是反面的东西。盛唐景象最真切地反映在杜甫的诗里，"忆昔开元全盛日，小邑犹藏万家室"。杜甫的了不起就在这里。

无家别

> 寂寞天宝后，园庐但蒿藜。我里百馀家，世乱各东西。存者无消息，死者为尘泥。贱子因阵败，归来寻旧蹊。久行见空巷，日瘦气惨凄。但对狐与狸，竖毛怒我啼。四邻何所有，一二老寡妻。宿鸟恋本枝，安辞且穷栖。方春独荷锄，日暮还灌畦。县吏知我至，召令习鼓鞞。虽从本州役，内顾无所携。近行止一身，远去终转迷。家乡既荡尽，远近理亦齐。永痛长病母，五年委沟溪。生我不得力，终身两酸嘶。人生无家别，何以为蒸黎。

《无家别》，也不仅仅写一个单身汉。家庭是人类社会基本生活单位，社会是由若干个家庭组成的，家庭破碎了说明社会动乱，社会动乱说明国家要垮。杜甫写"无家别"，家都没有了，还要走。家里只我一人，我走了，家整个都没有了。换句话说，不是安居乐业的问题，在战乱环境里，过的都是非人生活。诗里出现了"但对狐与狸，竖毛怒我啼"，村子里荒凉，住宅里出了野狐野狸，如果人烟稠密，动物会远离村落，现在野狐野狸都搬到村子里。"三吏""三别"中，《无家别》是写到了极点。大背景是"寂寞天宝后"，换句话说就是从天宝十四年，局势就变了。天宝原本是盛世，但杜甫说"寂寞天宝后"，写得好，妙不可言。"园庐但蒿藜"，园子里只有野草。"我里百馀家，世乱各东西"，我这个村子本来有一百余家，现在东离西散，没有完整的了，意思是说，不光我没有家，整个村子都是战乱以后的情况。"存者无消息"，清初黄生《杜诗说》很有眼光，他认为"存者"可能指的是他原来的妻子，这个单身汉原是有家的，他当兵后，妻子走了，不是回娘家，就是改嫁了。所以有下文的"永痛长病母"，妻子走了，母亲没有人照应。"死者为尘泥"，死去的人连死尸都找不到了。"贱子因阵败"，我自己因为打了败仗，就是《新安吏》中的"归军星散营"，自己可能是被遣散，也可能是逃回来的。

"久行见空巷，日瘦气惨凄"，到家后看到一条条巷子都空了。杜诗影响宋诗，"日瘦"，宋诗就用这个，太阳如何"瘦"呢，是说太阳光眼看着都弱了，都无精打采了，走到跟前一看，"但对狐与狸，竖毛怒我啼"，村子里没有人了，野狐、野狸占据了人住的地方。"四邻何所有",家家都死人了,"一二老寡妻",年轻的都走了,只剩老寡妻。下面又是比兴,"宿鸟恋本枝,安辞且穷栖",家里一无所有,但我又能去哪里呢?哪怕生活很艰苦,我还是回家,凑合着过吧。不愿意流落他乡,回来后还要找活路——"方春独荷锄,日暮还灌畦",自己扛着锄头去劳动,"荷锄"是种大庄稼,"灌畦"是浇自己的菜园子,这样的日子没过一两天,衙门来人,又被征走——"县吏知我至,召令习鼓鼙",当民兵去。"虽从本州役",就在当地当民兵,"内顾无所携",自己什么东西也没有,跟他走便是,到了县衙又把我打发到哪里去,就不管了,"远去终转迷",将来的事将来再说吧。最后如何,我自己心里也没数,也是豁出去了。"家乡既荡尽,远近理亦齐",在本州也好,到远处也好,都是一样的,五十步百步而已,反正是当兵,是送死。既然饶不过我,我也无可留恋。

诗写到这里可以结束了,但他又翻起一层——"永痛长病母,五年委沟溪"。我五年没有回来,母亲死了都不知葬在哪里。或者是母亲已去世五年,或者是自己走了五年,回来母亲已经去世。"生我不得力,终身两酸嘶。"她把我养大,没得到好处,我没有报答她。《无家别》最后归到亲情,对母亲没有尽到孝,我遗憾没有为她送终,我遗憾,我妈妈也遗憾。一个人活到连家都没有了,还要离开故乡,被征走,怎么还能算一个百姓,算这个社会上的一个人呢?家庭是社会的基础,社会组成了国家,汪颢说《新婚别》犹有夫妻,有姑嫜;《垂老别》只有老妻;《无家别》只剩一人,三首一首比一首惨。写到《无家别》,作者突然提起一笔,追痛病母,自己没有送终,抱恨终身,写得好,他不是无家,是有家而变成无家。他自称"贱子",没出息的人,回到家乡,回来了还被抓走。

佳人

(乾元二年 秦州)

绝代有佳人,幽居在空谷。自云良家子,零落依草木。关中昔丧乱,兄弟遭杀戮。官高何足论,不得收骨肉。世情恶衰歇,万事随转烛。夫婿轻薄儿,新人美如玉。合昏尚知时,鸳鸯不独宿。但见新人笑,那闻旧人哭。在山泉水清,出山泉水浊。侍婢卖珠回,牵萝补茅屋。摘花不插发，采柏动盈掬。天寒翠袖薄，日暮倚修竹。

今天不一定讲正文，谈谈文学作品应该怎么写。过去我们有很长一段时间强调现实主义。强调现实主义，特别是批判现实主义，这是好事。杜甫《佳人》这首诗应该说也是属于批判现实主义的。

《佳人》这首诗，我从小就念，当时我思想里就有一个疑问，到底杜甫写的是一个寓言，还是实有其人呢？我认为实有其人，但是也有虚构。我们现在一谈典型环境、典型性格，用恩格斯的原则，老谈的是小说，谈剧本都少，更少谈抒情诗。我认为这个准则不限于现实主义手法的小说。我最近重读孔稚圭《北山移文》，过去强调孔稚圭讽刺当时一个姓周的人，隐士就是姓周，找到一个周颙，孔稚圭文中的"周子"就被注成周颙，但周的情况和孔所言不符，不是先当隐士，然后去做官。因此有两种态度：一是怀疑周颙不像史书上说的那样好，可能是一个伪君子，是小人，孔稚圭借《北山移文》骂他；一是认为孔稚圭此文是游戏之作，不专指某一个人。不管哪一种说法，中国人的传统观念，对文学作品总要和事实搭上界。其实应该是，杜甫在现实中遇到这样一个佳人，又加上自己的想象与虚构。"天寒翠袖薄，日暮倚修竹"也未必是杜甫亲眼所见之景，这里有虚构的成分，但想必也有事实的依据。这首诗的典型环境是，在安史之乱之后，一些贵族妇女处境不幸，"三吏""三别"写的都是底层人物，不是"失业徒"，就是"远戍卒"。《佳人》是写一个贵族妇女由于丧乱，失去原来贵族的生活，在深山幽谷里度日，又不愿意失去过去的节操。

现实主义有各种各样，但像杜甫这样塑造一个贵族阶层的正面人物，极少极少。法国从自然主义到现实主义，写大家族、贵族，几乎都是反面人物。俄国托尔斯泰也是这样，《复活》是写一个妓女，安娜是贵族，但不守妇道。杜甫这里写的妇女，不光美丽，还有一颗美好的心，保持自己纯真的品格，这在我们传统诗歌里很难找。汉乐府《陌上桑》中的罗敷、《羽林郎》中的胡姬，都不如"佳人"身份地位高，也没有她这样的节操，美好的品德。这个女性的人格很高尚，寄托了杜甫的理想。杜甫始终没说佳人姓张、姓李，出于哪个贵族之家，但它符合历史的真实。正如孔稚圭《北山移文》，要是把辞藻去掉，那是一篇绝好的讽刺杂文，他有意识地塑造一个典型环境、典型人物，是先要做隐士，后要出来当官这样一个人物。孔稚圭是齐梁间的人物，写的是一篇华丽的骈文，还押韵；但他塑造的人物直到唐朝还有，唐代还有很多梦想走终南捷径的隐士，他已经预见到盛唐、中唐，甚至晚唐，几百年间，这样的人物频频出现。他不是游戏笔墨，是一个眼光犀利、思想深远的文学家，用他的形象思维说破了当时社会的丑恶现象。我认为《北山移文》和《佳人》，都有批判现实主义的写作精神，当然杜甫这里也有浪漫主义的东西。他本身的人格与"佳人"有接近之处，有杜甫本人的理想。浪漫主义是有美好理想的、前瞻的生活。《北山移文》也有，但那是南朝的东西，华丽的辞藻掩盖了它犀利的、讽刺的精神。拨开华丽的辞藻，它和《儒林外史》没什么差别，但它要早一千多年。

我们讲现实主义也好，现代主义也好，用西方的理论套我们古典文学的杰出作品，有时套得上，有时也套不上，甚至远远在西方的这些理论出现之前，我们的作品已经说明了理论的那些问题。用恩格斯讲现实主义的原则来看，杜甫的《佳人》，没有说她是哪一家的贵族，但它符合历史的真实。我们的文学评论家，缺乏修养、眼光，更谈不到实践，是不是对杜诗和齐梁美文下过功夫，很难讲。我这次备课觉得一千多年以前的诗人，写出这样超凡绝俗的东西，太不容易了。杜甫这篇《佳人》的主人公无名无姓，类似记叙诗的作品，它既符合现实主义的原则，又富有浪漫主义的色彩，在文学上的地位不可小觑。给学生讲杜诗，要讲杜诗的超越时代的境界、精神面貌、价值，这是永恒的。

第二点要说的是，"绝代有佳人"，意思是这个女子长得特别漂亮。这里牵扯好几个问题，"文革"否定帝王将相、才子佳人。我认为才子佳人有进步意义，宋以后好多民间的小说、戏曲，用才子佳人反对门当户对，以《西厢记》为代表，《牡丹亭》也有一点。张生与崔莺莺、柳梦梅与杜丽娘都不是门当户对，张生和柳梦梅都出身不高，亦无势，但郎才女貌。门当户对，无非权与钱两个东西，照理说，反对门当户对可以有很多方式，作者之所以用才子佳人来反对门当户对，女子一定是很漂亮，男子一定是很有才，《红楼梦》里没有一个难看的女性，为什么要这样表现呢？因为人都是爱美的。我在课堂上讲过一个笑话，假定崔莺莺长得很难看，张生也是个无才的普通人。观众也好，读者也好，就没人同情。为什么说不能光有抽象思维，还要有形象思维？因为形象本身容易引起第三者的同情。如果杜甫这里写的不是"绝代有佳人"，而是相貌平常的一般女子，就不会引起巨大的同情，正因为这个女性外貌是如此美丽，内心的美德又是那么崇高、那么美好，读者看到这样一个人受到不平等的待遇，受到迫害，就更同情她。没有才子佳人的附加条件，光抽象地说要争取女权，争取婚姻自主，读者不会有那么强烈的同情、强烈的不平感。所以说才子佳人也有它的积极意义。

《红楼梦》里也有反对门当户对的意思，其中的女性都漂亮，宝钗也漂亮。写女性不好，主要是说她的行为不好，袭人也不丑，至少中等以上，鸳鸯品德好，长得也不难看。嬷嬷在曹雪芹笔下都很差。为什么要把妇女美丽的外表也作为肯定的条件？因为一个漂亮的女子遭受不平的待遇，就更容易让人同情，没有才，没有貌，争取婚姻自由，就不会引起读者的强烈同情，也不会使观众读者进入作者的内心深处，换句话说，要演戏，观众也进入不了角色。

"天寒翠袖薄，日暮倚修竹"，衣袖的颜色和竹子配合，太美了。"在山泉水清，出山泉水浊"，她的品格出污泥而不染，哪怕生活越过越穷，高贵的身份也不存在了，但仍保持高洁的人品。正如妙玉依附在阔人家里，是个寄生者，但她有高洁的人品，也很漂亮。爱美是人类共有的天性。杜甫可以塑造一个"佳人"的形象，但"香雾云鬟湿"就不是描写杜太太，在成都写到自己的妻子，"老妻画纸为棋局""老妻书数纸，应悉未归情"，有亲情，有感情，有生活，但不写她的形象。估计入川后杜甫的妻子岁数不小了，用不着像写佳人这样去描写。所以文艺作品不是一个孤立的东西，必须体会作者为什么要写一个值得同情的对象，而这一对象又为何须具有超乎一般人的好的条件。

第十一讲　诸葛大名垂宇宙

筹笔驿（李商隐）
猿鸟犹疑畏简书，风云长为护储胥。
徒令上将挥神笔，终见降王走传车。
管乐有才终不忝，关张无命复何如。
他年锦里经祠庙，梁父吟成恨有馀。

登楼
花近高楼伤客心，万方多难此登临。
锦江春色来天地，玉垒浮云变古今。
北极朝廷终不改，西山寇盗莫相侵。
可怜后主还祠庙，日暮聊为《梁父吟》。

八阵图
功盖三分国，名成八阵图。
江流石不转，遗恨失吞吴。

蜀相
丞相祠堂何处寻，锦官城外柏森森。
映阶碧草自春色，隔叶黄鹂空好音。
三顾频烦天下计，两朝开济老臣心。
出师未捷身先死，长使英雄泪满襟。

咏怀古迹之五

诸葛大名垂宇宙，宗臣遗像肃清高。
三分割据纡筹策，万古云霄一羽毛。
伯仲之间见伊吕，指挥若定失萧曹。
运移汉祚终难复，志决身歼军务劳。

今天我们专门讲杜甫吟咏诸葛亮的诗，包括《蜀相》《咏怀古迹》第五首、《八阵图》等，还有富于浪漫主义的《古柏行》，篇幅比较长。再有，附带讲一首李商隐的《筹笔驿》。

现在的注释本从《蜀相》到《筹笔驿》，包括《八阵图》，多有讲得欠妥之处。先讲《筹笔驿》。有几个字的读音需要注意：第三句的"令"字，应该读 líng，读阳平，全句平仄也调，读去声，平仄也不调了。动词读 líng，名词读 lìng。像"司令""发号施令"才读 lìng。表示让人怎么样，读 líng。"徒令上将挥神笔"，现在的注释本往往说"上将"是诸葛亮，我说不对。我认为这句是说诸葛亮派他手下的人写下他（诸葛亮）是怎么安排、怎么计划的。"筹笔驿"是个"驿"，名字叫"筹笔"，就因为诸葛亮曾经在这里驻扎过军队，在这里考虑北伐，筹划军事行动，在这里下过动员令，定过计划，所以叫作"筹笔驿"。诸葛亮是总司令，因为他带兵。注解上说"上将"就是诸葛亮，我认为很勉强。"上将"应该是诸葛亮手下的"上将"，如"五虎上将"；诸葛亮不能称为"将"。"徒令上将挥神笔"，就是诸葛亮考虑好了方案、计划和作战的准备，让手下带兵的"上将"、出征的人把他的计划写下来。"徒令"的主语就是诸葛亮。

李商隐写诗和杜甫不完全一样，他有很广阔、很大空间的想象力，他说诸葛亮在这个地方曾经驻扎过、策划过，故此地对诸葛亮的出征来说很有纪念意义。诸葛亮的一言一行、每一道命令，不但使敌人闻风丧胆，甚至让当地的自然动物也觉得他不可侵犯，所以说"猿鸟犹疑畏简书"。当地的"猿鸟"，就是野生动物，它们都不敢往筹笔驿这个地方来。为什么不敢来呢？好像它们都害怕诸葛亮的号令森严。它们要是随便飞来飞去，爬来爬去，走来走去，似乎就触犯了诸葛亮的军令。"简书"，就是戒命，《诗经·小雅·出车》"出不怀归，畏此简书"这样的拟人写法就把诸葛亮"简书"的力量烘托出来了。同时，这个地方又是诸葛亮出谋划策的一个根据地，大自然、造物者对此地也是珍爱的、保护的、爱惜的，所以"风云"到今天为止，也就是唐朝末年了，还"长为护储胥"。筹笔驿附近可能还有历史遗留下来的古迹。"储胥"就是临时驻扎的军营的护栏、栅栏，好比现在打仗时的铁丝网。"储胥"这个词当"篱笆"讲，是战地的临时工事，典故出自《说苑·贵法》："爱其人者，兼爱屋上之乌；憎其人者，恶其馀胥。"前者是爱屋及乌，后者是说讨厌一个人，就连他遗留下来的篱笆、临时工事也讨厌。两者有一个爱恶相对的意义。这里是做正面使用，说风云保护着诸葛亮曾经驻扎过的地方。野生动物也好，大自然的天气也好，对此地都怀有感情，或者是敬畏，或者是重视。李商隐的写法跟杜甫不一样，但同样写得好，通过野生动物和自然天气写出诸葛亮的恩和威，很了不起。

但是诸葛亮的神机妙算也好，缜密的军事计划也好，终究没有成果，"徒令上将挥神笔"，最后是"终见降王走传车"。"传"字应念 zhuàn，读 chuán 就失粘了。读 chuán 是动词，读 zhuàn 是名词，指"车"，是交通工具。清朝末年设立交通部，叫"邮传部"，就应该读 zhuàn。驿站的房间叫"传（zhuàn）舍"。比如汉高祖定天下以后，派人去招降在山东海上的田横。到河南洛阳一带，田横及其部下五百人全都自杀，就死于传（zhuàn）舍。"终见降王走传车"，是刘阿斗坐着晋朝派来的车，到了晋朝的京城。虽然有"上将挥神笔"，但终究没有挡住刘阿斗投降。所以"令"应读 líng，"传"应读 zhuàn。插一句，现在很多人读诗读错字，对诗歌的读音不讲究。

"管乐有才终不忝"，这一句对诸葛亮的评价比杜甫的低。杜甫在《咏怀古迹》第五首里说诸葛亮"伯仲之间见伊吕"，是把诸葛亮摆在伊尹、吕尚的档次，而没有摆在管仲、乐毅这个档次。但是李商隐的话也有根据，因为诸葛亮是自比管仲、乐毅的。忝者，愧也。就诸葛亮本身来说，相比管仲、乐毅是无愧的，他够棒的了。可是无奈蜀国的形势不行，军事力量太薄弱了。出兵得靠武装力量，大将关羽、张飞死得最早，蜀国的军事力量就丧失了半壁江山。刘备再棒，手底下没人也不行，所以说"关张无命复何如"。诗是始终扣紧"筹笔驿"来写的，因为筹笔驿是诸葛亮定军事计划、下命令北伐的一个出发点、根据地。陈寿说诸葛亮的军事水平不行，而杜甫说诸葛亮不限于打仗，是和伊尹、吕尚一个水平，那其实比打仗更高一个层次，统一天下都可以。李商隐说，诸葛亮比管仲、乐毅一点儿也不差，无愧于管仲、乐毅，但是手底下没人，没辙。

下面两句"他年锦里经祠庙，梁父吟成恨有馀。"注解说"他年""他日""他生"，有两个意思：过去或未来，这里"他年"指过去，即"当年"。因为写《筹笔驿》的前四年，李商隐到过成都，写过歌颂孔明的排律。这首诗写于大中九年（855），比大中四年晚了四五年。现在一般的注解说，当初我（李商隐）路过成都的时候，到过诸葛亮的祠庙；而"梁父吟"就是现在这首《筹笔驿》的自比。我认为注释得牵强。在三顾茅庐以前，诸葛亮还没出山的时候，是有志于治理天下的，只是没有机遇，常常在隐居的时候吟《梁父吟》，所以有句诗云"孔明抱膝吟梁父"。现在留传下来的《梁父吟》是不是当年诸葛亮吟的那首诗，其实很难说，不过后来《梁父吟》实际成了赞美、同情，甚至于感叹诸葛亮本人的一个符号。提到《梁父吟》，就成为诸葛亮心声的一个代表。李商隐确实到过四川成都，经过筹笔驿，但我认为这样注不对，没有注到点子上。像"他年""他生"，固然可以指过去，但大部分还是指未来，如"他生未卜此生休"。这里的"他年"，我很怀疑是否是指前几年路经成都写过诗那次。这《梁父吟》是比喻现在写的诗，还是比喻在成都写的诗呢？"他年锦里经祠庙，梁父吟成恨有馀"，到底怎么回事呢？我认为这两句是李商隐用典，用了杜甫的《登楼》："花近高楼伤客心，万方多难此登临。锦江春色来天地，玉垒浮云变古今。北极朝廷终不改，西山寇盗莫相侵。可怜后主还祠庙，日暮聊为《梁父吟》。"注意最后两句，刘后主是亡国之君，不会单独有一个庙，但是现在他算是有运气，在祭祀刘先主、祭祀诸葛亮的祠庙里，居然也沾了光。"可怜后主还祠庙"，因为刘备和诸葛亮对四川的好处太多了，人们纪念刘备和诸葛亮，而刘后主也跟着沾了光。杜甫替诸葛亮感到不平、可惜、无奈，说你们君臣费了这么大的劲，经营了这么长时间，可最后国家还是亡在刘阿斗手里。亡国之君居然还能沾祖宗的光，享受当地人民的烟火，简直是沾光沾得太多了。看到这样的局面，诸葛亮又能如何？诸葛亮心里该怎么想？也不过就是再唱唱《梁父吟》吧。所以杜甫最后说："日暮聊为《梁父吟》。"心里真是无奈，但也只能替诸葛亮吟吟《梁父吟》吧。这样讲，杜甫的诗就讲得通。仇注引了很多材料讲杜甫的这首《登楼》诗，说杜甫为什么提刘后主呢？因为唐玄宗以后是肃宗，肃宗以后是代宗，代宗刚接班的时候安史之乱刚平定，郭子仪这些老将还在。等到天下安定以后，代宗就宠信宦官，还让一个宦官带兵，就是鱼朝恩。而刘阿斗也是宠信宦官的，黄皓就是刘后主最宠信的人。仇注说杜甫这句讽刺刘阿斗的话是暗指代宗不能继承玄宗、肃宗的遗志，这在仇注里很清楚，所以说"可怜后主还祠庙"。这首《筹笔驿》，李商隐开头说诸葛亮真了不起，军事行动也不错，可惜最后刘阿斗投降了，武装力量都丧失了，诸葛亮才比管仲也好，乐毅也好，岂奈"关张无命"，北伐的一套计划没实现，终于蜀汉灭亡了，也就是"出师未捷身先死"，大事未成。所以李商隐说，将来有一天我要是再经过成都的祠庙，看见刘后主也在那儿享受烟火，就会感觉到诸葛亮的遗恨太深了。"他年"如果指过去——过去我曾经看过诸葛亮的祠庙，而我现在代表诸葛亮写《梁父吟》，我"恨有馀"；说《梁父吟》等于是李商隐《筹笔驿》的自比，祠庙还是过去看过的那座祠庙——我觉得不对，李商隐明明用的是杜甫《登楼》的最后两句。这首诗李商隐就是学杜甫，学得一点不着痕迹。七、八句是接着三、四句来的，诸葛亮"上将挥神笔"，尚且无法阻止刘阿斗后来"走传车"，"他年锦里经祠庙"，将来我有朝一日要是再经过成都祠庙的话，走到那儿一看，还有刘后主的牌位呢，那诸葛亮会是什么心思？岂不是更无奈，更"恨有馀"了么？他的《梁父吟》岂不白吟了么，山也白出了，三顾茅庐……什么什么的一辈子功业整个没有了。这样解释就通顺了，写诸葛亮的几首诗也都搞清楚了。后人对诸葛亮的功业是肯定的，对他的命运是感慨的、同情的，所以李商隐说我要是在他年再经过祠庙，就会为诸葛亮感到遗恨无穷，即使是有他的《梁父吟》也是"恨有馀"。解诗太难了，现在讲"接受美学"，到底怎么"接受"？我的接受就曾被人批评只注重书本上的典故，是史学家的接受，不重视心灵上的交流。有人理解陈寅恪的诗"神"了，我说不对，应该看典故，那人就说我太陈旧了。我理解李商隐的这首诗，恰恰就想到了杜诗，才有了与众不同的理解。《筹笔驿》里不仅是李商隐自己感到遗恨无穷，诗人还说你诸葛亮要是看到这个情况，知道后来刘后主投降，你也会遗恨无穷。

下面讲《八阵图》。我的《读书札记》里有一段话讲"杜诗用事"。仇注讲"遗恨失吞吴"一句引了四家之说，权威的是苏东坡、王嗣奭、朱鹤龄的说法，另外还有其他两个人的说法。我认为朱鹤龄的说法对。这句的意思是，诸葛亮有遗恨，遗恨就在于刘备吞吴这一点做错了。"失"者，可以说是失算，也可以说是自己没尽到责任，有遗憾。遗憾就在于刘备不应该"吞吴"。要是不吞吴，结果还不至于这么糟糕。

"功盖三分国，名成八阵图"两句好讲：诸葛亮功盖三分国；八阵图是诸葛亮留下来的古迹。关键是"江流石不转"。仇注找到了典故，但没往深里讲，再往深里讲一步诗就明白了。《诗经》里说"我心匪石，不可转也"，我心不是石头，不可以转。换句话说，石可转也。我心如果是石头，就可以转，可以动。现在是等江水落了以后，八阵图的石累如同"焊"在江里一样，江水涨也好，落也好，都不能动。杜甫说"江流石不转"，是反用《诗经》的话，说明诸葛亮的遗恨体现在"石不转"，遗恨就比《诗经》里的主角恨得还深。恨到什么程度？连石头也转不动。大江比普通的流水要厉害多了，石头都没动地儿，就说明诸葛亮这个人对于蜀汉是忠心不改，即杜诗"志决"之谓。他决心要把蜀汉治理好，而偏偏蜀汉亡了。"江流石不转"是现象，现象是石本可转，但现在石竟不转。不转的原因在于诸葛亮有遗恨，而遗恨就在于吞吴，吞吴是个失策、失算的事，不应该。遗恨者，遗憾也。诸葛亮认为他终身的遗憾就在吞吴这件事上，自己没尽到责任，没有劝阻刘备吞吴。刘备没有接受诸葛亮的话，诸葛亮自己也表示后悔，说法孝直要是在的话，也许不至于打败仗。别看这是一首五绝，很简单，但老杜用事的技巧非常高超。

杜甫入蜀以后，从成都、梓州、阆中，最后到夔州，出峡，从成都到夔州，四川时期的杜诗最大特点是七律特别多。他的七律现存二百多首，其中一大部分好诗都是在成都作的，而《蜀相》是他刚刚到四川后不久写的一首诗。仇注有的地方等于是废话。"丞相祠堂何处寻，锦官城外柏森森"，仇注说是"自问自答"。七律一共才八句，上来两句自问自答干什么，这不是废话么？"丞相祠堂何处寻"究竟应该怎么讲？我的理解是，杜甫心目中对诸葛亮崇拜向往已久，到了成都以后第一件事就是要打听武侯祠在什么地方，马上就要去瞻仰、参拜他的祠庙。头一句说明了杜甫对于诸葛亮向往、崇拜心情的迫切，说明了诸葛亮在杜甫心中地位的崇高。杜甫是怀着这样的心理才写了"丞相祠堂何处寻"，可见绝不是普通的打听道儿怎么走，那就不是诗了。第二句"锦官城外柏森森"，"柏森森"也有好几层意思：一个是写实，写出了柏树之多。现实的诸葛亮祠堂可能有很多树木,特别是柏树。如果改成"锦官城外树森森"就不行了,没劲了;另一层是"岁寒,然后知松柏之后凋",柏树既是诸葛亮的象征,本身又有高洁的品质。诸葛亮的祠堂种的是柏树,柏树可以存活上千年,而且又是忠贞的象征。换句话说,柏树围绕着祠堂,正是诸葛亮人品的象征。"森森",既多,又高洁肃穆。"锦官城外柏森森",寂寞冷清亦有之,但主要还是肃穆庄严的体现。

"映阶碧草自春色,隔叶黄鹂空好音",这又是宋诗了,好就好在"自"和"空"。虽然诸葛亮的名气很大,四川人纪念他,对他念念不忘,但这个地方比较寂寞,人来的不多,绝不是闹市。"自"字就体现了这地方很寂寞,有点荒凉的意思,和《哀江头》的"细柳新蒲为谁绿"相似。一年一年地,春草自生自灭。这是见,写地上,看见的。写树上,是闻,听见的。"隔叶黄鹂",没看见黄鹂,但是听见它叫了。叫声好听,却是"空好音"。一个"自"、一个"空",就说明这个地方多么安静,多么寂寞。清静是很清静,有鸟叫,有景致,但是"自春色";黄鹂虽好听,但是"空好音"。头一句象征诸葛亮的品德,三四两句写环境的幽静,但是也寂寞,甚至还有点荒凉,关键在于一个"自",一个"空"。这个"自"字惹出很多麻烦,宋朝人就打了好长时间的架。说两句题外话,王安石的《泊船瓜洲》,从古到今,一引便是"春风又绿江南岸"。但我从20世纪70年代"文革"刚结束就写文章,呼吁是"自绿",不是"又绿"。李壁诗注,王安石几个版本的全集,都作"春风自绿江南岸"。钱锺书先生是大家,周振甫先生的《诗词例话》也不知印了多少版,算是畅销书,他们提到《泊船瓜洲》,都是"春风又绿江南岸"。王安石的原文其实是"自绿",怎么说是"又绿"呢?洪迈的《容斋续笔》卷八那话靠不住。他讲"绿",前面是"又绿",可是原文"自绿"。几个版本的王安石诗集都作"春风自绿江南岸",不是"又绿"。王安石在诗里有三个地方提到这句诗,都作"自绿"。王安石自己的话有"老夫昔有句云'春风自绿江南岸'",不知道洪迈"又绿"是从什么地方来的。可是后人一谈修辞,就说"又绿"。其实这句诗好不好不在"绿"本身,而在"又绿"还是"自绿"。"春风自绿江南岸"是说春草也好,春风也好,都毫无感情,外在的客观景物是没有感情的,到时间它就绿了,即"自绿"。而且洪迈说王安石改字,"又"什么"又"什么,改了很多,其实好多字都不通,除非他同时改两个字，又改"自"又改"绿"。

这个"自"字还有公案。王安石的《明妃曲》里说"汉恩自浅胡自深"。邓广铭先生曾在《文学遗产》上写文章，大讲《明妃曲》，实际上就是这个"自"字。现在有人批评王安石，认为王安石"汉恩自浅胡自深，人生贵在相知心"有卖国的心思，说王昭君认为胡好汉不好。实际上"自"不是这意思。那这两句应该怎么讲？汉恩是浅，胡恩是深，恩浅的一方对王昭君固然不理解，但是恩深的一方就对王昭君理解了么？也未必理解。"汉恩自浅胡自深"，浅也好，深也好，对王昭君都不是知音。王安石替王昭君说话，说"人生贵在相知心"，两个统治者都不理解王昭君。真正理解王昭君内心痛苦的是谁呢？匈奴对王昭君是捧得不得了，可是王昭君内心的思想活动匈奴人就了解么？不了解。甚至于用琵琶谱出一个曲子叫《昭君怨》，是不是人人就理解了王昭君呢？杜甫的诗说"千载琵琶作胡语，分明怨恨曲中论。"她心里的怨恨只能通过曲子表达出来，他人是不能理解的。王安石就根据这个意思写了《明妃曲》。讲诗也容易也难，不太好讲，光"自"字就惹了很多麻烦。是"自绿"非"又绿"，我呼吁了半天，响应我的，只有一个人，就是金克木先生。后来张鸣做新的《宋诗选注》，用了我的说法。赵齐平的文章承认，第一个发现是"自绿"非"又绿"的是吴小如。这倒不是我居功，问题是集子就摆在那儿。钱锺书、周振甫都是大家，怎么不去翻翻王安石的集子，就听洪迈的一面之词呢？所以读书也是"有人自浅有人自深"。

前四句是写景，后面发议论。现在讲的"频烦"也不对，把"烦"讲成了动词，把"频"讲成了副词，实际上"频烦"是复合词，"频"和"烦"是一个意思。"频"也是多，"烦"也是多，"三顾"可以说是够频繁的。在唐代，写作频烦，不作频繁。刘备所以礼贤下士，三次去拜访诸葛亮，要把诸葛亮请出来，刘备的考虑也不仅仅是为个人的权利、地盘，扩张自己的声势，而是"天下计"，换句话说诸葛亮出山也不是专门为了辅助刘备，为了帮着他成事。他们是因为天下太乱了，君臣之间都想着要把局面改观。刘备"三顾频烦"为的是"天下计"，而诸葛亮知其不可而为之，也是"老臣心"。诸葛亮也不完全是为了报恩，为了"士为知己者死"，为了蜀汉这一个朝代，他的心思也在"天下"。刘阿斗根本扶不起来，他明知道不行但是还要做，也是为了"天下计"。"开济"

是一头一尾，"开"是开创，"济"是完成，诸葛亮先后给刘备和刘阿斗做臣，既帮着刘备开创天下，又希望帮着刘阿斗完成统一大业，这是诸葛亮的"两朝开济老臣心"，真正的内心。"老臣心"和"天下计"也有点互文见义。

遗憾的是诸葛亮"出师未捷身先死"。英雄不能以成败论，在历史学家的眼光里项羽也是英雄，那是早于诸葛亮的。项羽虽然没成事，但他也是英雄。后于诸葛亮的岳飞也没成事，但也是英雄。诸葛亮本人同样没成事，所以不能以成败论英雄。古往今来只要是能够理解诸葛亮的，都会同情他，认为他"出师未捷身先死"，太遗憾了。"英雄"指的既不是诸葛亮本人，也不是杜甫，而是有诸葛亮之志或是有他那样水平而没有成事的人。成事也好，没成事也好，真正具有英雄特质的人没有不对诸葛亮表示同情的，所以说"长使英雄泪满襟"。这首诗看起来好像没什么好讲的，但是仔细读读会发现，杜甫把诸葛亮摆在一个什么档次？摆在一个很高很高的档次，而不是一个普通的吊古、怀古的题目。杜甫对诸葛亮肯定得很高很高，遗憾也觉得无穷，所以写出这首诗。

这在《咏怀古迹》就更显著了，表现得非常明显。头一句"诸葛大名垂宇宙"，杜甫对诸葛亮的肯定、评价太高了。天地四方谓之宇，上下古今谓之宙，一个时，一个空，换句话说有时间和空间就有诸葛亮。从先秦一直到近代，真正有几个人能够"大名垂宇宙"的？孔子是了不起的，如说"孔子大名垂宇宙"，好像有点废话。历史上还有很多了不起的人物，而偏偏诸葛亮是一个不成事的人，是一个虽有大志而未成大事的人。孔子虽然也没有成事，但是孔子留下来的影响、遗著要比诸葛亮多多了。诸葛亮现在的集子是后人搜集整理的，而且里面有些文章也不一定真是诸葛亮写的，不过有些话，说的还是很中肯，如《临终自表后主》"何其病在膏肓，命垂旦夕"，他没辙了，所以只能说"达孝道于先君，存仁心于寰宇……"，这篇遗表写得好极了。

第二句是说作者去看诸葛亮的庙。"遗像"可能是个塑像，不一定是画像。"宗臣"者，就是朝廷的大臣。"清""高"是这塑像外表体现出来的形象特点。诸葛亮这人淡泊明志，他"清"，高大。由"清"和"高"体现出"肃"来，所以说"宗臣遗像肃清高"。

诸葛亮的用心是委婉曲折的，诸葛亮的考虑是深层次的，诸葛亮的做法不是一般人所能理解的。"三分割据"是现实，要想把"三分割据"的局面变成统一安定，需要慢慢来。"三分割据纡筹策"，得委婉曲折，得绕着圈子，兜着弯子，所以别人就不了解，而诸葛亮本人是很了解的。"隆中对"时，他第一次见刘备，就说将来的局面是鼎足三分，最好的办法是联吴攻魏。并不是说可以让吴国长存，而是得慢慢来，不能够树立两个敌人。刘备的糊涂就在于两个都是敌人，那不行。得先和一个敌人合作去对付另一个敌人，等那个敌人对付完了，这个敌人也就好办了。所以"三分割据"的"筹策"得"纡"，得拐弯抹角，得曲折婉转，得深层次地、一个弯一个弯地、解决完一个问题再解决一个问题。"筹策"不能是一条直线的。刘备就是一条直线，所以蜀汉亡了，可惜了。第四句不是赞美之辞而是感叹之辞，"万古云霄一羽毛"，古往今来的这样一个世界，诸葛亮是出类拔萃的，是云霄里的、不是人间的一个凤毛麟角的人物。

下面就是对诸葛亮的评价。虽然诸葛亮自比管仲、乐毅，但杜甫看他就是伊尹、吕尚。把大臣分出若干个高高低低的档次，伊尹、吕尚是一个档次，"伯仲之间见伊吕"就是说可以在伊尹、吕尚这个档次里，把诸葛亮摆进去。"见"（xiàn）是出现，诸葛亮在伊尹、吕尚中间，他表现出来的就是伊尹、吕尚的水平。现在把"指挥若定失萧曹"作胸有成竹讲，说坐这儿不动就可以指挥若定。但是前人已经有不这么讲的。"指挥若定"不是从容自然的意思。"定"者，就是"孟子见梁襄王。出，语人曰：'望之不似人君，就之而不见所畏焉。卒然问曰："天下恶乎定？"吾对曰："定于一。"'"的这个"定"。换句话说，如果诸葛亮的指挥能把天下定了的话，那么萧、曹之功都不在话下了。萧何、曹参运气好，汉高祖成功了，所以他们名扬天下，被说是贤相、汉代的名相，是了不起的。"指挥若定失萧曹"，诸葛亮他没"定"，如果他把局面稳定下来，统一了，那萧、曹算什么啊？是这个意思。现在我们说"指挥若定"是诸葛亮从容指挥、羽扇纶巾，摇着扇子天下就定了。但要"定"了就好了，它没定啊。现在正是由于指挥未定，让萧、曹出名了。把"指挥若定"当作一个好的成语，恐怕不是原意。"指挥若定"若是从容自然的意思，萧曹何尝不是指挥若定呢？他们也不是遇到事情就惊慌失措的。

诗的最后说出实在话，"运移汉祚终难复"。汉朝的气运衰了，命运到头了，没希望了。尽管诸葛亮的"志"再"决"，可是身体不行了，生命结束了，就是为了"军务劳"。诸葛亮鞠躬尽瘁死而后已，死在打仗的前线了，所以说

"志决身歼军务劳"。由于军务太辛苦了，他短寿，没完成他的事业。这不在于诸葛亮本身有什么不足，而是"运移汉祚终难复"。可见，《筹笔驿》也好，《八阵图》也好，包括《蜀相》和《咏怀古迹》里说的诸葛亮也好，全是一个思想，就是诸葛亮的才太大了，他的智慧也了不起，决策并没错。但是，"运移汉祚终难复"。李商隐说"关张无命复何如"，实际上孔明也是"无命复何如"，这是一贯的。所以诗也不能孤立地讲，串起来成一个专题，也很好。

古柏行

孔明庙前有老柏，柯如青铜根如石。霜皮溜雨四十围，黛色参天二千尺。云来气接巫峡长，月出寒通雪山白。君臣已与时际会，树木犹为人爱惜。忆昨路绕锦亭东，先主武侯同閟宫。崔嵬枝干郊原古，窈窕丹青户牖空。落落盘踞虽得地，冥冥孤高多烈风。扶持自是神明力，正直元因造化功。大厦如倾要梁栋，万牛回首丘山重。不露文章世已惊，未辞剪伐谁能送。苦心岂免容蝼蚁，香叶终经宿鸾凤。志士幽人莫怨嗟，古来材大难为用。

关于《古柏行》，也简单说几句，那是在夔州作的。有人说"霜皮溜雨四十围，黛色参天二千尺"，不合尺寸，那我要说"白发三千丈"比这个更不合标准，可知解诗不能胶柱鼓瑟，死于句下。前四句是写实、写景。"君臣已与时际会，树木犹为人爱惜"，由景转入情。下面写人。"忆昨路绕锦亭东，先主武侯同閟宫。崔嵬枝干郊原古，窈窕丹青户牖空。落落盘踞虽得地，冥冥孤高多烈风。"地方虽然好，树也好，"落落盘踞虽得地"，地势很好；但是"孤高多烈风"，风太大。下面由"多烈风"引出"扶持自是神明力"，古树参天主要是"神明力"，"正直元因造化功"，又说人又说树。"大厦如倾要梁栋，万牛回首丘山重。不露文章世已惊，未辞剪伐谁能送。""文章"是把树打开以后里面的年轮，树表面上看不见，考定树的年龄得看横剖面。后来陈后山就把这句整个用到他的诗里了，他那个"文章"是真正的文章。"未辞剪伐谁能送"。树现在还有，但说不定什么时候就会被人砍掉。树的命运还没有可能永远保存，"谁能送"就是谁能够预料断定，它的命运将来怎样很难说。后面是发牢骚，和诸葛亮无关。"大厦如倾要梁栋",说不定古柏就牺牲了。"苦心岂免容蝼蚁,香叶终经宿鸾凤。"日子长了难免蝼蚁把树给吃了,命运很难说,但是它有一个美好的过去,树上曾经呆过鸾凤。换句话说,它在庙里曾经被诸葛亮、刘备赏识过。后面从树说到人事。"志士幽人莫怨嗟,古来材大难为用。"别光替树可惜了,有时人才大照样不得意。诸葛亮算是幸运的,而这个古柏也算幸运,说不定在别处,古柏早就被砍了。

第十二讲　此意陶潜解

　　　　　　春夜喜雨
　　　　好雨知时节，当春乃发生。
　　　　随风潜入夜，润物细无声。
　　　　野径云俱黑，江船火独明。
　　　　晓看红湿处，花重锦官城。

　　　　　　堂成
　　　　背郭堂成荫白茅，缘江路熟俯青郊。
　　　　桤林碍日吟风叶，笼竹和烟滴露梢。
　　　　暂止飞乌将数子，频来语燕定新巢。
　　　　旁人错比扬雄宅，懒惰无心作《解嘲》。

　　　　　　客至
　　　　舍南舍北皆春水，但见群鸥日日来。
　　　　花径不曾缘客扫，蓬门今始为君开。
　　　　盘飧市远无兼味，樽酒家贫只旧醅。
　　　　肯与邻翁相对饮，隔篱呼取尽馀杯。

　　　　　　江村
　　　　清江一曲抱村流，长夏江村事事幽。
　　　　自去自来梁上燕，相亲相近水中鸥。

老妻画纸为棋局,稚子敲针作钓钩。
多病所须唯药物,微躯此外更何求?

南邻
锦里先生乌角巾,园收芋栗未全贫。
惯看宾客儿童喜,得食阶除鸟雀驯。
秋水才深四五尺,野航恰受两三人。
白沙翠竹江村暮,相送柴门月色新。

我们前面第十讲中接触到杜甫的一首五古《佳人》,我把大意说了,特别提到过去以佳人才子为题材的小说、戏曲,在当时来说有一定的进步意义。这首杜甫的《佳人》,我个人认为,正如欧阳修的《醉翁亭记》一样,也是不可无一、不可有二。杜甫在他的诗集里,写佳人这样的题材也只有这一篇,正如他写《月夜》也只有一篇,老写没什么意思。再举一个例子,清朝有个诗人,他们夫妇都写诗。孙原湘,字子潇,他写女性的诗,确实有特色,而且当时也没有女权主义,可是他的夫人能诗,也写得很好。如果比起杜甫来,他们写的内容广阔多了,而且远不止一首。可是多了就难免雷同,杜甫只有这一首,但一首就树立了典范。我认为杜甫这首诗,还是符合西方的文艺标准的,特别是恩格斯所讲的典型环境里的典型人物。"幽居在空谷",空谷就是典型环境,佳人是典型人物、典型性格。诗里杜甫有很深的意思,唐人对门阀贵族,并不像现在讲阶级斗争,谈到门阀贵族就否定。在杜甫当时,富贵人落魄,特别是遭遇安史之乱以后,遇到种种困难,生活越来越困难。作为人道主义的诗人,杜甫是同情的。这诗写到"侍婢卖珠回,牵萝补茅屋。……天寒翠袖薄,日暮倚修竹",就结束了。那我要问了,她的家当要连典带当卖光了,她还能活下去吗?佳人最后的命运恐怕比陶渊明难多了。陶渊明再穷再苦,除了他以外,儿子长大了,多少还有劳动力,还不至于挨饿;可是佳人的命运不堪设想,他不写了。诗人主要是描写在那样一个环境之下,一个出身高贵的人始终保持纯洁的品格、尊严的身份,她的人格没受任何影响,也没有屈辱,也没有降格,更没有被困难所吓倒。当然有人说这是寓言诗,我不相信这完全是寓言诗,有虚构但也有事实,否则他编不出来。所以头两句,就点出了典型的生活环境,然后又是这样的一个佳人,而且"绝代有佳人",在当时来说应该是有才有貌。下边就是社会问题了,"自云良家子",我是好人家的子女,门第也很高贵,但是"零落依草木",只能过着很贫寒、很简朴的生活了。"关中昔丧乱,兄弟遭杀戮",我家里不是没有做官的人,但在动乱中都死了。他们的地位并不低,"官高何足论,不得收骨肉",敌人来了,胡乱杀戮,整个局面都混乱了,我的兄弟们都死了。说明这个女子出身于上层社会,年头太平时也是千金小姐,可是现在零落在穷山幽谷中。杜甫写的是一首抒情诗,只有一个主角,可是要知道,从高贵的阶层一下子跌落到底层,其实整个一部《红楼梦》就是反映这个思想的。你要说《红楼梦》受什么影响,现在谈接受美学,没有人谈《红楼梦》接受杜甫《佳人》的,但这实际就是一个接受。还有,鲁迅的《呐喊·自序》里说只有切身经历了从富裕到贫穷,在逐渐没落的过程中,才能看透人情世态。这在《呐喊·自序》里表白的比较明确了,而《红楼梦》整个就是写由盛而衰的,接受了杜甫的《佳人》,不是我联想太远,而是事实如此。现在我们讲诗歌缺乏比较,我说《红楼梦》里林黛玉出场,曹雪芹用了百分之二百、三百的力量来刻画;你再看托尔斯泰的《安娜·卡列尼娜》,安娜·卡列尼娜出场的时候,托尔斯泰是用了多大的功力来描写这个女性。我发现这样的比较才是真正从作品到作品的比较。诗人当然在这里说得很简单,可是"关中昔丧乱,兄弟遭杀戮。官高何足论,不得收骨肉",这不是家破人亡吗?身世凄凉啊,够了,杜甫就写到这里,也不往深里写,也不往详细里写。下面怕还不明白,就说"世情恶衰歇",社会上就是这种欺负人的情形,当你倒霉、衰歇了,就另眼相看。"万事随转烛",我看了好些注解,什么叫"转烛",都没讲清楚。元宵节时有一种走马灯,灯笼中间点着一根蜡烛,外面的灯笼罩是转的,那个就叫"转烛",所谓走马灯。里面有了热力,外面就转圈,就是说变来变去。万事就跟走马灯一样,有变化的,你倒霉的时候,他跟着瞧不起你;你发财了,他又跟着捧你,"万事随转烛"是这个意思。

顺便提一下辛弃疾《青玉案》里的"玉壶光转"。关于"玉壶"有各种讲法,夏承焘、邓广铭先生都讲成灯。依我的看法,玉壶还是月亮。《全唐文》里有一篇《玉壶赞》,我为此专门请教了沈从文先生,沈先生给我回了一封长信,专讲玉壶是怎么回事。那个壶其实就是一个圆球,既没有把儿,也没有嘴儿。现在我们有冰箱、冷气,不稀奇;但古代没有啊,这壶就起到降温解暑的作用。从鲍照开始就有"玉壶冰",辛词里还有"冰壶凉簟";周邦彦词里也说屋子里搁玉壶,苍蝇都不来了。我们不要受今天的壶的概念和器形的影响,其实唐代的冰壶,是圆的,口在上头,内放方冰,外圆内方,是解暑的,器形是滚圆滚圆的。"一片冰心在玉壶",就是这个壶。这种壶就很容易让人联想到月亮。"玉壶光转"是光转,而不是壶转,辛词从月亮出来一直写到下半夜,所谓"一夜鱼龙舞"。"玉壶光转"显然是月亮在转动、运动。辛词《青玉案》可以参考一下张岱的《西湖七月半》里关于月圆时节的描写。词里的抒情主人公在月圆之夜约了一个心上人,"月上柳梢头,人约黄昏后",可是在最热闹的地方找不到这个人,"众里寻他千百度"。等到人越来越稀少,抒情主人公心里很失落,以为约会的人没来;但是没想到约会的人早就来了,只是不愿凑热闹往人多的地方去,"蓦然回首,那人却在灯火阑珊处"。真正的知音不凑热闹。《青玉案》写得好极了。李后主词里说"春意阑珊","阑珊"就是行将结束。

《佳人》是一层一层地写,先说一个佳人在空谷,然后说是良家子,因为家庭的关系败落了,所以"零落依草木"。为什么呢?因为丧乱,兄弟死了,官高也没有用,"不得收骨肉",家里人都受连累了。而社会上对我们是另眼相看了,我也嫁过人,对方想必也是门当户对,也是做官的。杜甫的阅历很了不起啊,一千多年后的今天,仍旧可以从杜诗里看到今日社会的不良现象。"夫婿轻薄儿,新人美如玉",丈夫也把她抛弃了,可见当初丈夫不在乎她的美貌和人品,就因为她家是豪门、权门,有钱有势;如今倒霉了,她家败人亡了,丈夫另选了年轻美貌的,而且想必对他的前途也有好处。下面就用乐府的手法了。"合昏尚知时","合昏"就是合欢花,这个花是该开时候开,到了晚上它就并上了;"鸳鸯不独宿",植物、动物尚且有情,何况人呢?人就是"但见新人笑,那闻旧人哭",写得好就好在这儿。当然,女性美丽漂亮是一个因素,更重要的是金钱权势,正因为女家败落了,丈夫把她抛弃了。这样的写法,作者不光写一个人有个性,写社会环境也是世态炎凉。下面,这一女子到底是随波逐流呢?还是保持自己纯洁高尚、素有的人格呢?"在山泉水清,出山泉水浊",我宁可隐居,隐姓埋名,也要保全我人格的尊严。怎么生活呢?家里还有点积蓄,自己不能出头露面,"侍婢卖珠回",卖点儿钱;然后也不请人,"牵萝补茅屋",主仆一块儿动手,修理破房子。这里的佳人还是爱美的——摘花,但是再无心把花插在头发上了。"摘花不插发,采柏动盈掬",柏树是最坚贞的,品格最高的,就是说我的心跟松柏一样,"动盈掬"是下意识的采柏,采了一捧。在这种情况下诗人树立了一个形象,"天寒翠袖薄,日暮倚修竹",我们说唱戏有"亮相",而这句诗有一个定格,背景、装束、形象,写得多好、多漂亮。

我以前给学生讲课,说中国文学家,描写妇女怎么美,有两种写法,一种写法,从头到脚,连衣服带什么都写了,不厌其烦,《洛神赋》有点儿这个倾向,但还是写的不错的。后来说书、小说可不得了,又是柳叶眉、杏核眼,又是悬胆的鼻子,樱桃口……身上穿的什么从头到脚,一直这么写。写了半天,既看不出什么美来,而且啰里啰嗦,一点儿不精彩,甚至人家认为是俗套子。当然沉鱼落雁、闭月羞花这种词,第一次说也是不错的,老说就没意思了。所以真正会描写的高手就抽出整个形象的一部分来,这一部分就能胜过全局。你看《陌上桑》和《羽林郎》,都有点儿后来说书的那种口气。真正好的是《西洲曲》,"单衫杏子红,双鬓鸦雏色"。不但把女孩子的美表现出来了,而且还有色彩,既没描写她的脸什么样、身材什么样儿,但仅仅是衣服、鬓发,一看就知道是豆蔻年华的少女。这是真正会写的人,就摘出那么一个片段来,让你去联想。"天寒翠袖薄,日暮倚修竹",也是如此,这是少妇的形象,而且是很有尊严、人格高尚、品格很美好、气质也非常好的一个形象。我们写东西既要经济,又要突出。光经济不行。没写出来不行,还要突出。人物形象也可以"诗中有画,画中有诗",但是我觉得真要照着杜甫这个形象画一个仕女图没什么意思,不如读诗。这个好就好在诗用极简单的语言勾勒出一个轮廓来,给你无限丰富的想象空间,这才叫好。

下边讲杜甫入川以后的诗。入川以后有一个特点,就是杜甫的七律在入川以后写的特别多。今存杜诗的七律,比五律大概少五分之四或五分之三。杜诗七律只有一百多首,而五律有好几百首,多了好几倍。但是入川以后七律开始多起来,《秋兴》《咏怀古迹》等都是七律。所以入川后着重讲几首七律,今天讲倾向于闲适方面的七律。

好不容易杜甫有比较安定的生活了,不能说描写战乱、民间痛苦就是好诗，是高峰，而潇洒、闲适一点就不好了，这种看法太肤浅。我在备课时一下就想到：杜甫入川后的若干首心情比较快乐、舒畅的诗，怎么那么像陶渊明？所以我有一个想法，一谈杜诗就是忧国忧民，好像他的生活里从来就没有宁静、休闲，更谈不到快乐，当然这是片面的。可是闲适诗离不开生活，在中国的传统诗歌里，写生活而带有淡泊、从容、闲适、宁静，最有代表性的就是陶渊明其人其诗；但是后来人谈陶诗，还有唐朝的闲适诗，都是王、孟、韦、柳，没人涉及杜诗。我后来一想，王维是写了不少自然景物的诗，而且"诗中有画，画中有诗"；但是王维是阔人的闲适，有辋川别墅，生活富裕，他的闲适不如说是享受。王维的闲适诗十之八九带有一种旁观者的意思，"竹喧归浣女，莲动下渔舟。随意春芳歇，王孙自可留"，这样的诗本身就带有王孙派头的。孟浩然呢，不错，也是一个隐者，但是孟浩然的诗里老有点儿浮躁的成分，比如"不才明主弃，多病故人疏"。还有他最有名的诗，当然前半首很有气势，"八月湖水平，涵虚混太清。气蒸云梦泽，波撼岳阳城"，写得多好；可是下边呢，"欲济无舟楫，端居耻圣明。坐观垂钓者，徒有羡鱼情"，还是一脑瓜子想出来做官！所以孟浩然的隐居思想不是很彻底，跟陶渊明也不是一个劲头儿。所以我觉得王、孟跟陶诗有距离。韦应物是一个做官的，一直有官做，做到苏州刺史，当然有一点隐逸思想，但是跟陶渊明也不是一回事。特别是近年韦应物的墓志铭出来了，连他的身世、字号都解决了，他的身份跟陶渊明不一样。至于柳宗元呢，柳宗元不像陶渊明，倒像屈原。年纪轻轻就倒霉了，四十几岁人就死了。柳宗元的诗，即使写山水，特点也是幽冷，幽暗又冷。最有名的"千山鸟飞绝，万径人踪灭。孤舟蓑笠翁，独钓寒江雪"，这环境就是冰天雪地，一个孤零零的渔翁。因为柳宗元高兴不起来，一辈子受压抑、倒霉，诗当然也好，但是读起来让人心里压抑。所以唐朝所谓王孟韦柳，没有一个能够接近陶渊明，跟陶渊明都对不上号。比较能对上号的倒是些二流诗人，比如裴迪、祖咏、储光羲，像储光羲也不是真隐士，多少有点儿接近。反而是杜甫入川以后、刚到成都写的几首诗，倒和陶渊明的感觉特别接近。在杜甫一生的诗歌生涯里，可能在某一阶段内，他虽然写的是格律诗，可是跟陶渊明颇有相通相近之处。第一，陶渊明和杜甫一生都没有大富大贵，生活都比较贫困，但是都豁达乐观。第二，陶渊明、杜甫始终在诗里保存了忧患意识，不是纯粹的闲适和单一的享受，这一点杜、陶接近。第三，陶渊明、杜甫的诗的最大亮点就是他们的诗是有真感情的。我老说王维诗是阔人的享受，王维感情不是很深；而杜诗，如《赠卫八处士》，跟郑虔告别，都是非常感人的，因为他的感情太真了。应该说陶、杜都是性情中人，所以我主张陶渊明的诗应该拿来跟老杜刚入蜀的一些诗对比，要我看，比王、孟、韦、柳更接近陶诗，这是我的个人看法。当然有一点要承认，陶渊明是单一的，他就是田园的环境，即使做官，时间也很短，而且对做官也没什么感情；而杜甫是多面手，又忧国忧民，又经历过好多陶渊明没经历过的种种痛苦的环境，这是不一样的。再附带说一句，杜甫入蜀以后，也有好的五言诗，我们顺带提一句。五言里描写闲适、心情愉快的，比如说"细雨鱼儿出，微风燕子斜"；"城中十万户，此地两三家"，写得多好。再有就是大家熟得不能再熟的了，"好雨知时节，当春乃发生"。大概杜诗最熟的就是这首《春夜喜雨》了，可是现在这诗的好几个通行讲法都有问题。那个"当春乃发生"的"发生"怎么讲？"好雨知时节"，好像雨也懂得季节，春天来了，雨也下了；"当春乃发生"，这"发生"跟我们现在说的发生问题、发生事故，是不一样的。发是发育，生是生长；发是苗发，生是万物复苏生长，所以"当春乃发生"是说到了春天它又活了，是这个意思，而不是又"发生"了。这是一个要注意的。还有那句"晓看红湿处，花重锦官城"。我看过好几个注释，似乎都有问题。很多注解说因为头天下雨，第二天花瓣都让雨打湿了，显得很沉重。这样注，那还是花吗？花不都败了、蔫了吗？其实唐诗里用"重"字的太多了，比如《长恨歌》"鸳鸯瓦冷霜华重，翡翠衾寒谁与共"，这里的霜大概不会"重"吧，所谓"霜华重"就是密度大，霜下的多，是这个意思。陆游的诗有一句最能说明问题，"雨馀山翠重"，山上的翠色加重了，这个"重"绝不是轻重的"重"，而是茂盛、缤纷的意思。所以"晓看红湿处，花重锦官城"者，花盛锦官城也。这场春雨，"润物细无声"，所有的花都开了，这个诗人真是个乐观的诗人。锦官城，顾名思义，一是水洗东西越洗越漂亮，"浣锦"；还有就是锦城，花开的最盛。所以"晓看红湿处，花重锦官城"，一夜春雨，杜甫第二天一看，把花全都催开了，这场雨太棒了，是这个意思。要是花都耷拉下来了，"花重锦官城"成什么了？"因雨打湿了而花瓣就显得重了"，这不等于把好诗给糟蹋了嘛！"晓看"两句，恰好还跟前面的"野径云俱黑，江船火独明"形成一个反差，下雨的阴天，看不见路和云的分别，只有江船上的微弱小灯，四面八方全是黑的，再接最后两句，就象征着一个更绚丽、更美好的前景。在这一时期段里，杜甫还有好多的名篇，如五律《游修觉寺》《后游》等，但是我们就跳过去了。

还有一首《江村》，是真正描写生活的。后来杜诗影响到宋朝，而宋诗特别注意生活细节。我们今天写散文有个词叫"身边琐事"，像《江村》里写的就是身边琐事，这个对宋诗影响最大。"五四"以后也有两种散文，一种是批判现实的，像鲁迅杂文就是批判现实的；还有一种是身边琐事，当时被否定的，可是我认为身边琐事没法否定。到现在为止，朱自清的《背影》，还有抗战胜利以后回到北京，看见清华的老看门的……这些平淡极了，但是极有感情，至于有名的《荷塘月色》，那就更甭说了。身边琐事不能否定，而杜甫闲适诗里有身边琐事，除了《堂成》《江村》，再有《宾至》《客至》，宾是请来的客人，客是熟人串门，不一样。我写过一个小文《释宾客》，专谈什么叫宾、什么叫客。外交部从来有"礼宾司"，没听说有礼客司的。"嘉宾"，电视里请来的都是嘉宾，没有叫嘉客的。宾者，是被下请柬请来的，来宾、嘉宾，都是受尊重的。《易经》里有不速之客，没打招呼就来了，只有不速之客没有不速之宾。《诗经》里有"宾之初筵"，那就是接待上层人物，所以宾跟客不一样。

先讲《宾至》《客至》。在第七讲中略说到《宾至》一诗。宾可能是有身份的人，杜甫住址在"背郭堂成荫白茅"，应该是半郊区，草堂比较远，不在市中心；但是杜甫名气很大，可能有什么达官贵人来看望杜甫。越是这种情况，杜甫特别有种态度，就是越要见有身份地位的人，杜甫自己就先把身份地位占足了，这很要紧。不能说你是大官，是阔人，我就低声下气、卑躬屈膝，这不行。大概事先说好了，他就来了，"幽栖地僻经过少"，这一句实即陶渊明《饮酒》的"结庐在人境，而无车马喧。问君何能尔，心远地自偏"，一句抵四句，我认为跟陶诗很接近。还有《韩诗外传》里的一个故事，子贡坐着高车大马拜访原宪，原宪穷得要命，那胡同太窄了，车马都进不去，结果原宪穷人有穷脾气，对子贡很冷淡，子贡挺谦和、挺礼贤下士的，还是碰了原宪一个软钉子，最后只好走了。子贡前脚一走，原宪就放声高歌。这个故事写的好极了。原宪当然有点狂了，其实他跟子贡还是熟人，只是觉得子贡，你不就是有钱吗，高车大马，纡尊降贵；我虽然身份不如你，但却不失品节。所以杜诗"幽栖地僻经过少"这句是说我人微言轻，地方也偏；但是下面马上要体现自己的身份，"老病人扶再拜难"，你来了我得行大礼，只是我身体不行了，"老病"得让人搀扶着，行礼挺费力气的。其实杜甫那时充其量就五十上下，这是占身份的话。然后表示谦虚，反而说了一句狂言，狂言有时自己说是正面的，比如"为人性僻耽佳句，语不惊人死不休"。可是见了来宾，他谦虚说"岂有文章惊海内"，我哪行啊，您这么大官儿，瞧得起我，来看我，其实我不行的；"漫劳车马驻江干"，也是跟子贡访原宪似的，高车大马，从城里摆着谱儿就来了，我不值得你这么尊重我啊。偏偏来宾还算有礼貌，没有点个头儿就回去了。"竟日淹留佳客坐"，宾客真在我这儿坐了一天，我还得留他吃饭，"百年粗粝腐儒餐"，没好的，净杂粮啊，您凑合吃吧。最后终于要走了，说两句客气话，"不嫌野外无供给，乘兴还来看药栏"。这个"看药栏"，可以参看《江村》那诗。杜甫到了成都以后，什么都好，就身体不好，所以他不是种花种草，他有个药栏，自己种点药。末两句说你要不嫌我这儿净吃粗粮，您有空再来，就这意思。客气话说得也很有分寸，这是《宾至》。我后来还想到，《江村》那首，有一句叫"自去自来堂上燕，相亲相近水中鸥"，后半句用的是《列子》的典故，鸥鸟这种水鸟，是跟人亲近，当你跟它和睦相处，它不躲；但是如果你心里想逮一个，它就不来了，所以"相亲相近水中鸥"。杜诗现在很合潮流，怎么呢？大讲其生态环境啊。就拿现在我住的这房子来说，有时我觉得挺好的，麻雀、喜鹊，人站在窗户那儿它就来，人往窗户台那儿洒点米，鸟儿就来吃，它也不怕人，知道你给它吃的。从前的燕子是在人家屋子里搭窝的，所以"相亲相近水中鸥"，这是说鸥鸟。但是请注意，这虽然跟《客至》里的"但见群鸥日日来"典故相同，可并不是一个含义。"但见群鸥日日来"是一句比兴，兴底下"花径不曾缘客扫，蓬门今始为君开"，这个过去讲《客至》的人没讲过。"舍南舍北皆春水，但见群鸥日日来"，没有人来，只有鸥鸟来做客，今天人来了，所以那个是比兴，跟"相亲相近水中鸥"不完全是一回事，同一个典故但这句是比兴，"舍南舍北皆春水"，有了春水了当然群鸥就来了，"但见群鸥日日来"。可是今天不光是群鸥来了，人也来了，来的却是不速之客，"花径不曾缘客扫，蓬门今始为君开"。我这儿"幽栖地僻经过少"，没人来，今天却来了。底下"盘飧市远无兼味"，今天"飧"都写成"餐"了，飧可以是晚餐，还有一个讲法就是做熟了的饭菜。

留人吃饭,做好了的,不是鲜的,而且我这儿离闹市区远,就这么点儿菜,"无兼味",两样好菜都没有;"樽酒家贫只旧醅",酒也是剩的,凑合喝吧,但是跟《宾至》不一样,那个"百年粗粝腐儒餐",特别表示我跟你档次不一样,你是吃酒席的,我是吃粗粮的。《客至》不一样,这里的关系也比较亲近,"肯与邻翁相对饮,隔篱呼取尽馀杯"。你要嫌咱们两人喝酒没意思,可以找一邻居来,凑合聊聊天,这很亲切。这诗有一点像孟浩然的《过故人庄》,但是比孟诗内容丰富,层次也多,当然七律、五律不一样了,孟诗比较简单,杜诗层次丰富。所以《宾至》是《宾至》,《客至》是《客至》,很好讲,一顺就懂了。

然后咱们回过头来讲《堂成》和《江村》。《堂成》主要是杜甫草堂盖得了,地点是背郭,背靠城市,"背郭堂成荫白茅",不止"荫白茅",而且那首《茅屋为秋风所破歌》里还提到"三重茅",因此郭沫若就批评杜甫,说他过的是地主的生活,因为盖茅草还三层。我说郭老形而上到了极点,就是片面到了极点。请翻李白诗集,那么多诗,从来没谈到他住房子的问题。提到住宅的,那是李白上别人家去,比如《下终南山过胡斯山人宿置酒》。他是旅行到别人家,至于他自己住什么房子,没提过。但想象中李白自己不一定是住茅草房啊,那怎么就挑眼杜甫呢?三重茅也是茅草房啊。我写文章考据过,用瓦盖房子相传是从夏朝以后才有的,在古代来说用瓦盖房已经是高级建筑了,所以用茅草盖房充其量就是一般老百姓。"背郭堂成荫白茅",这个杜甫很满足了,他就写到诗里了。而且盖房过程中,家里人奔来走去,这地方又靠着江边,所以真正房子盖成了,他就说了,"缘江路熟"。虽然房子刚刚盖成搬进来,但是为这房子奔走,道儿已经走熟了。而且这地方地势还比较高,草堂是在江边高处,所以"缘江路熟俯青郊",低下头来看一片绿化。下边两句是即景,但是先大后小。"桤林碍日",一大片树遮住了阳光,这是大场面,然后由大写小,"吟风叶",风一吹,一片片树叶都发出声音,大的是"桤林碍日",小的是"吟风叶";下边也是,"笼竹和烟滴露梢",早晨来江边水气重,雾大,"笼竹和烟",一片竹林水气弥漫,就像被烟雾所笼罩一样,等到太阳出来雾散了,水气变成露珠,一点点儿从叶子上往下滴,就是"滴露梢"。"笼竹和烟"是大的,"滴露梢"是小的,先宏观然后微观的,之后又是宏观再接微观。这种细腻的写景也只有杜甫能办到,这比那个"冉冉芙蕖"之类的细致多了,那还有点笼统,这个太细致了。可是搬家了，家人都居有定所了，这是安定的生活了，比较平静、幸福，但这样写诗就没意思了。搬家过来大人喊、孩子叫，大人连吵带闹、孩子连蹦带跳，写诗肯定不能这么写。那写什么？写鸟。"暂止飞乌将数子"，不写乌鸦叫，因为乌鸦叫不好听。实际是杜甫带着老婆孩子往新家里搬，可是他不那么写，他写"暂止飞乌将数子"，人搬来了，鸟也跟着搬来了，带着一群小乌鸦，也来安家，这是动态，一个大乌鸦带着一群小乌鸦也来搬家；然后呢，"频来语燕定新巢"。我房子盖得了，燕子也在我屋里搭窝了，燕子搭窝挺费劲的，衔着泥，一趟一趟，燕语呢喃，不停地叫，它也在这盖房子。这可比写大人吵、小孩闹高明多了。如果写搬家，说孩子也高兴，老婆也高兴，我也高兴，那同样不行，因为太直截了当了。"暂止飞乌将数子，频来语燕定新巢"，写得多好啊，人来了，乌鸦、燕子都来了。另一首就换一种写法了，"自去自来堂上燕，相亲相近水中鸥"，比较笼统，这主要是写气氛。下边又是自己占地位、占身份。杜甫自己曾经说过"赋料扬雄敌，诗看子建亲"，换句话说只有扬雄、曹植可以比，杜甫自视还是甚高的。但是扬雄的处境和杜甫是不一样的，扬雄是先穷，住在四川，西蜀子云亭，也算是一个陋室。后来扬雄到长安做官啦，又赶上一个时代悲剧——王莽篡位，结果扬雄患得患失，最后从天禄阁跳了下来，当然没死，但是上演了一出挺无聊的悲剧，这是扬雄。杜甫不一样，他是经过患难，然后缓过来了。诗人入川以后，大家就说四川来了一位大文学家，汉朝这儿出过一个扬雄，现在又来一个杜甫。"旁人错比扬雄宅"，意思是说，要说我的本事，自然不比扬雄差；但是按我的经历来说，还比扬雄强点儿呢，现在拿扬雄比我好像有点贬低我了。既然如此，我就要解释一下，说明我跟扬雄还是有差别的，"业务"上我们差不多，但是人品上我比他强。"旁人错比扬雄宅"，拿我比成扬雄，可是我就觉得，何必白费劲跟这些不了解我的人说太多呢？"懒惰无心作《解嘲》"，甭跟他们解释了，算了，扬雄就扬雄吧。这两句写得好极了。

那首《江村》呢，就更闲适了。应该说非常平淡，就是生活细节描写。"清江一曲抱村流，长夏江村事事幽"，这地方安静极了，住的地方周围是水，"舍南舍北皆春水"，环境特别寂静幽雅。活动的是什么呢？"自去自来梁上燕"，天上飞的是燕子；周围呢？是"相亲相近水中鸥"，跟人很融洽。不要认为这是身边琐事，要讲和谐社会，要讲气氛的和谐，像《江村》这样的诗，真是和谐得无以复加了。那是不是就闲得无聊了呢？不是，闲是闲极了，但闲并不意味着无聊，而是有精神寄托。在这种特别宁静、特别平和冲淡的气氛之下，老婆孩子都在各自忙自己的事，"老妻画纸为棋局"，没有棋盘，拿纸画棋盘，画棋盘干什么呢？当然看得出来，画好棋盘老夫妻俩可以下棋；而孩子就想出去玩，去钓鱼，"稚子敲针作钓钩"，找不着鱼钩，就找一个细一点的铁。身边琐事写得那么细腻而又亲切。老妻、稚子都有事做，并不是闲的无聊；闲是闲，可是他们都有精神寄托，有生活。最后说到诗人自己，"多病所须唯药物，微躯此外更何求"。我并不要求什么，但是我的身体不好。这两句话，得联系杜甫大半生的经历，从早期的《望岳》《登兖州城楼》开始，杜甫年轻时也享受过一段，后来"朝扣富儿门，暮随肥马尘……"，跟要饭一样，然后又是"三吏"又是"三别"，种种的环境波澜。他还有两首诗，我没讲，一首《夏日叹》、一首《夏夜叹》，那是他在华州做小官、倒霉的时候，生活差极了，现在生活安定了，所以"多病所须唯药物，微躯此外更何求"，我能把身体维持好了就不错了。所以这诗，特别像陶渊明。

老杜不是自己有房子住了吗，老婆、孩子也写了，还写了来宾客，再附带谈一首。他还有个街坊，那首也写得很好——《南邻》。把《南邻》讲了，草堂生活基本就差不多了。这个南邻，是"锦里先生乌角巾"，注解上有，邻居姓朱，朱山人，杜甫有一首送给朱山人的诗，底下说"园收芋栗未全贫"。《庄子》里有一个朝三暮四的典故，说一个养猴儿的，一天给猴子七个栗子，白天给仨，晚上给四个，朝三暮四，猴子不干；养猴子的倒过来，朝四暮三，猴子就同意了，猴子的脑筋还是太简单。但《庄子》里的栗子是什么呢？是草字头，一个给予的予。这字有两个读音，如果当植物讲，念 xú，仄声字；如果是栗子的意思，念 yú，阳平。芧栗是一种特殊的栗子，有一点棱角，它不是圆的。所谓芧栗，就是那种带棱角的栗子。"芧"不能写成芋头的"芋"。芋头是半水产植物，有点像菱角、芡实米这类东西。芋头还有一个名字叫蹲鸱，跟芧栗不是一码事。我们现在有的地方管白薯叫山蓣，草字头下有个预备的预，是薯类，类似白薯，现在都写芋，实际芋只限于黏糊糊、能剥开的那种特殊食品，白薯、红薯、马铃薯应该写作蓣，都跟"园收芋栗未全贫"的"芋"不是一个字。"锦里先生乌角巾",这个人很朴素,他靠什么吃呢,自己种的,芋栗是可以当主食吃的,种点坚果,家里还有点生产,所以"未全贫"。好在底下那两句,"惯看宾客儿童喜","这家也有孩子,但是这家人缘好,东邻西舍老来串门,孩子看惯来客人了,也欢迎客人,所以"惯看宾客儿童喜",孩子有人缘,这样客人就更愿意上他家去了。特别是家里"环保"搞得也不错,"得食阶除鸟雀驯",鸟在院子里随便吃食。我们的诗里也写天然的禽鸟跟人有接近,我在欧洲也看过这种场景,大广场有一大群鸽子,鸽子也不怕人,有时也挺厉害的,跟人要吃的。可是我觉得"相亲相近水中鸥"也好,"但见群鸥日日来"也好,"得食阶除鸟雀驯"也好,都是挺安静的。如果是一大群鸽子,我确实有点嫌闹腾,而且它们有时也不是绝对不怕你,你要真走到鸽子群里头,呼啦一下都飞起来了,也吓你一跳。在欧洲城市的广场,成群的鸽子很普遍,小孩很喜欢,但是我就觉得不如"得食阶除鸟雀驯",这挺好,不是一大堆,我是觉得有时看起来挺害怕的,一群鸟哗一下都飞了,不够淡泊,不够平静。凡是东西一多了就不好了,偶尔看见一两个蜻蜓还挺有意思,要是一大堆蝗虫就不行了。而且朱山人还有生活,有时也出去逛逛,"秋水才深四五尺,野航恰受两三人"。插句闲话,我有一次被朱德熙先生谬赞。有人问朱先生,说某人的书斋起名叫"恰受航轩",什么叫"恰受航轩"呢?朱先生被问住了,不知道。于是就让陆俭明打听,陆俭明说这事得问吴先生,就跑来问我,说朱先生让我问你什么叫"恰受航轩",我说杜诗里"秋水才深四五尺,野航恰受两三人",出处在这儿。这诗好在最后,第七句说他这个邻居,隔着不远,风景是这样的,"白沙翠竹江村暮",好在什么地方呢?杜甫有时上邻居家串门,"相送柴门月色新",这句太好了。黄昏时,不早了,该回家了,"相送柴门月色新",好极了。

我讲杜甫的闲适诗就举这几个例子,《宾至》《客至》《堂成》《江村》《南邻》,当然还有其他很好的,但就到此为止了。杜甫美好生活的一面很短暂,但是也不妨作为一讲来谈。

第十三讲　怅望千秋一洒泪　萧条异代不同时

咏怀古迹

（大历元年　夔州）

其一

支离东北风尘际，漂泊西南天地间。
三峡楼台淹日月，五溪衣服共云山。
羯胡事主终无赖，词客哀时且未还。
庾信生平最萧瑟，暮年诗赋动江关。

其二

摇落深知宋玉悲，风流儒雅亦吾师。
怅望千秋一洒泪，萧条异代不同时。
江山故宅空文藻，云雨荒台岂梦思。
最是楚宫俱泯灭，舟人指点到今疑。

其三

群山万壑赴荆门，生长明妃尚有村。
一去紫台连朔漠，独留青冢向黄昏。
画图省识春风面，环佩空归月夜魂。
千载琵琶作胡语，分明怨恨曲中论。

其四

蜀主窥吴幸三峡，崩年亦在永安宫。
翠华想像空山里，玉殿虚无野寺中。
古庙杉松巢水鹤，岁时伏腊走村翁。
武侯祠屋长邻近，一体君臣祭祀同。

其五

诸葛大名垂宇宙，宗臣遗像肃清高。
三分割据纡筹策，万古云霄一羽毛。
伯仲之间见伊吕，指挥若定失萧曹。
运移汉祚终难复，志决身歼军务劳。

登高

（大历元年、二年，居夔州时作）
风急天高猿啸哀，渚清沙白鸟飞回。
无边落木萧萧下，不尽长江滚滚来。
万里悲秋常作客，百年多病独登台。
艰难苦恨繁霜鬓，潦倒新停浊酒杯。

贯穿整个杜甫一生的诗的主题，有两个，一是古人说的"每饭不忘君"，连吃一顿饭的工夫都不忘记朝廷、君主，《秋兴》就能体现，诗人老是回忆在朝廷的那段生活，如"几回青琐点朝班"等。当然有人说这是杜诗的"局限"，其实倒不好说是个人的局限，而是时代的关系。《登楼》里说"北极朝廷终不改"，朝廷再差，但跟北斗星一样，"譬如北辰，居其所而众星拱之"，朝廷永远是朝廷，所以"西山寇盗莫相侵"。不过，杜甫虽然"每饭不忘君"，但我体会，他对"君"也是有所选择的，《咏怀古迹》里的"云雨荒台岂梦思"，这句我认为杜甫的思想指唐玄宗。天宝时社会那么繁荣，而皇帝却铺张浪费、荒淫无道，最后导致朝廷崩溃，"岂梦思"，不要以为那是做梦，意思是宋玉即使作了《高唐神女赋》，那也是有所寓意的。杜甫最向往唐太宗，"煌煌太宗业，树立甚宏达"，老想着"贞观之治"；唐玄宗早年也不错，"忆昔开元全盛日"，他对玄宗后期持批判态度，诗人是有所选择的。而对于亡国之君，诗人不客气，"可怜后主还祠庙"，亡了国的刘阿斗，还沾着父亲和诸葛亮的光，受享人间烟火，这样诸葛亮在九泉之下，心里怎么想？所以杜甫就替他说"日暮聊为梁父吟"。再看《登楼》，"花近高楼伤客心"，照理讲看花是高兴的事啊，但是归结到"万方多难此登临"。然后，景物是好的，"锦江春色来天地"；但是社会的变幻是无常的，"玉垒浮云变古今"，山光物态，容易变化。可是诗人的心目中是"北极朝廷终不改"，现在地方上叛乱，搞独立王国，"西山寇盗莫相侵"。这种局面，四川的历史上有个例证，亡国之君还沾祖先的光，所以说"可怜后主还祠庙，日暮聊为梁父吟"。

　　再有一个，没有什么归纳很好的话，我们姑且还用老的说法，就是杜诗的"人民性"非常强。在讲《咏怀古迹》以前，就举一首杜甫在白帝城写得非常有名的诗《白帝》，这诗就完全能体现杜甫忧国忧民的思想，而此种思想贯穿了老杜的一生，一辈子如此。诗人在白帝城，住在山上，看见下面，诗里说"白帝城中云出门，白帝城下雨翻盆。高江急峡雷霆斗，古木苍藤日月昏"，这几句写实，写白帝城的气象和景色，非常有气派，尤其三四句实在是好。四句景写完了之后，忽然说"戎马不如归马逸"，打仗的马不如回家的马那么潇洒从容；"千家今有百家存"，十分之九的老百姓都因为战乱而家破人亡了。最后他举了一个突出的例子"哀哀寡妇诛求尽"，是讲"哀哀寡妇"家里什么都没有了，"诛求尽"，就等于是程砚秋唱的《荒山泪》，一家人死亡殆尽，家徒四壁了，还逼着要钱啊；末句杜甫表态，"恸哭秋原何处村"，别看古老的名胜好，但老百姓家破人亡，白帝城这儿连一个整个的村落都没有了。写诗人在白帝城亲眼所见到的景象，诗人的心目中没有别的，就是装着老百姓，生活那么困难依然想到老百姓。像《白帝》就最能体现杜甫时时刻刻考虑的不完全是个人命运，而是整个社会国家，这一点贯彻杜甫的一生。这种诗一直到他离开四川以后，依然如此。《登岳阳楼》也是气魄很大，但最后归结到"戎马关山北"，从楼上往北看，还有战乱，老百姓还没有过安定的日子。诗人自己倒霉、挨饿，生活没着落，无家可归，这不说了，等到看远处的时候，"凭轩涕泗流"，诗人哭，为的是朝廷和国家。他自己"亲朋无一字，老病有孤舟"，也够惨的，但并没有流泪，等他想到北方的战乱还没平定，就哭了，哭的是国家大事。杜甫的晚年，有人考订生活非常悲惨。没有房子住，从四川出来，就弄一条破船，所以"老病有孤舟"，全家老小就住在一条破船上，船就是家。到了耒阳，地方官请他上岸吃饭，居然撑死了。此说虽然近于传奇，但是也有可能。多少天都没饭吃，突然间大吃大喝，一下就撑死了。杜甫很长时间挨饿，肚里没有油水，猛地又喝酒又吃肉，吃不消，一下就致命了。这冤不冤啊，但仔细想，虽然有偶然性，但也有必然，还是符合科学道理的。有时苦尽甘来，但也不能暴饮暴食。

《白帝》的前半截写景，气势很壮，但后面写得很惨，《登高》也是如此。"风急天高猿啸哀，渚清沙白鸟飞回"，景致写得非常好，虽然写秋天，但也很漂亮。"渚清"，水中的一块孤岛还是绿洲，秋景尚有值得玩味的地方。然而诗的气势好就好在三、四句："无边落木萧萧下，不尽长江滚滚来"，其实要单抽出第四句，谁都会说，但是有了第三句就不一样了。写远景，可这是登高，只有居高临下，才看到全面的景致，所以前四句的气势非常好。可是在这种景象之下，诗人的忧愁来了，"万里悲秋常作客"，"万里"的言下之意就是说我非四川人，离开故乡万里，又赶上秋天，"悲秋"，而且多年在外面"作客"，这句有三层倒霉的意思；"百年多病独登台"，岁数大了，而且多病，况且一个人独自登台，这句也有三层意思。五、六句合起来就有六层意思，浓缩在两句里，老杜的这些律诗真是好得不得了。"艰难苦恨繁霜鬓"，在这种情况之下，诗人的生活艰难，而忧愁、忧患的意识始终如一，头发也越来越白了；"潦倒新停浊酒杯"，我本来是喜欢喝酒的，"何以解忧？惟有杜康"，酒可以解忧，可是偏偏我刚喝完酒啊，酒杯刚放下，心里的忧愁并没有解开，这意思就深了，就像"旁人错比扬雄宅，懒惰无心作《解嘲》"那两句，意思有转折顿挫。杜甫入川以后的七律，虽然数量不特别多，但每首都是好诗，而且所谓顿挫都出来了，就像那句"万里悲秋常作客，百年多病独登台"，这是一种浓缩的、七个字里包含多层意思的写法。《宿府》也是如此，"永夜——角声——悲自语，中天——月色——好谁看"，意思一层套一层的。

《咏怀古迹》五首也不好讲，首先有一个问题，有人就批评，说诗的题目就不通，什么叫"咏怀古迹"？阮籍有《咏怀诗》，说自己心里的抱负，那叫

"咏怀"。可是"咏怀"的后面又有"古迹"。我体会，古迹是一直存在的，诗人到了夔州以后，准备顺江而下，到荆州、江陵，所以古迹不限于白帝城一带，而是指一路之上的古迹。古迹是原有的，而且都涉及古人，所以这是因地及人、因人及己，因此题目看似不通，但是要把因古迹而及古人、因古人而及本人这种意思串起来写，可见题目包含的意思也很深。换句话说，杜甫的诗题也是用沉郁顿挫的手法来拟的诗题。所以诗题看起来欠通，其实不是，得看诗的具体内容。

五首诗，第一首说庾信，第二首说宋玉，据说在楚国的境内，有一处宋玉的故宅，看来从前的人保存文物比我们现在还注意。当梁武帝在台城被侯景困死以后，国不可一日无君，梁元帝就在湖北的江陵即位。庾信的父亲叫庾肩吾，是梁武帝的大臣。因为金陵失守，庾信就去投靠梁元帝萧绎，元帝也很器重他，相传庾信就住在宋玉的故宅，大文豪住大文豪的故宅，这很巧合。但是梁元帝派了庾信一个使命，现在南朝的局面不保险，皇帝派庾信做使臣出使北魏。可庾信到了北方以后，赶上政变，北魏分裂了，被大军阀官僚瓜分了，一分为二，变成东魏和西魏，其中西魏占上风。庾信被迫留在了西魏，西魏很快又变成了北周，而北周的宇文氏对庾信特别看重，重用他。后来梁朝也被灭了，庾信想回南朝也回不去了，只能留在北周。庾信的官做的也不小，"清新庾开府"，这是北周封的。没有太长时间，北周很快消灭了北齐，而这时宇文氏的手下又出了一个大臣杨坚，就是后来的隋文帝。当然庾信没赶上隋统一中国。庾信虽然在异国他乡，但受的待遇不错，他自己也没有那种亡国奴的感觉，北周对他很礼貌。那时和后来宋朝讲理学的时代还不完全一样。我看过很多的墓志铭，一个人，往往从魏到周到隋，甚至到唐，跨越几个朝代。唐朝统一以后，给好多的隋朝功臣立碑，有墓志铭。好多的唐碑，实际写的是隋朝人，比如欧阳询有《皇甫诞碑》，皇甫诞就是隋朝的忠臣。所以唐朝对于隋朝的所谓亡国之臣，不是另眼看待的，情况跟后来不一样。庾信的命运就是如此，这恰好跟杜甫相反。杜甫是北方朝廷变乱，没辙了，先到了秦州，由秦州又到了四川。在成都，严武对杜甫很照顾；严武走了，他就不得意；严武回来了，他还凑合；没多久严武死了，没办法了，只好离开成都。后来杜甫到了梓州、阆中、白帝城，最后待不住了，干脆出峡，从四川往湖南、湖北走。杜甫和庾信的经历恰好相反，所以杜甫觉得，第一、自己可以和庾信的才华学问媲美，第二、跟庾信的命运相似。所以第一首的最后说"庾信平生最萧瑟，暮年诗赋动江关"，指庾信虽然在北周地位很高、做官很大，大家对他很看重，但他作了一篇《哀江南赋》。直到今天，这都是一篇非常好的文章，后面是赋，学《离骚》；而前面有序，是典型的高水平的骈文，有人选文章就专选《哀江南赋序》。所以庾信的才华学问那是比不了的，而杜甫的心目中所佩服的人，庾信是一个，宋玉也是一个。

说点题外话。程毅中同志是搞小说的，他从《汉书·艺文志》一直到《隋书·经籍志》，找出了一部佚书《宋玉子》，书是看不见了，但我读了他的考证文章受到启发。宋玉的一生，究竟怎么回事，不很清楚。但有两点，《屈原列传》写得很清楚，宋玉是能写赋的，现在流传下来的赋是否宋玉所作，不敢说，但宋玉能写赋。现在都说《九辨》是宋玉作的，那是模仿《离骚》的。不管怎么说，屈原以后，写"楚辞"，有名的就是宋玉，而且他的赋很有名。宋玉流传的这些赋有意思极了，《风赋》《登徒子好色赋》《高唐神女赋》等，《文选》里都有，每一篇赋都是一个小说。程毅中研究小说，他从小说的角度切入，来研究宋玉。宋玉的特长是用当时流行的赋体来写传奇故事，所以有高唐神女的故事、登徒子的故事等等，甚至包括《对楚王问》，都带有传奇色彩。中国的小说，如果往上推，可以推到《穆天子传》，推到战国时的《燕丹子》，现在程毅中又找出《宋玉子》。用赋来写小说，一直到敦煌的文献里还保留。不要以为中国古代就没有小说，而且中国的小说往往不是通过散文、故事来写的，而是通过这样一个庞大的文学体裁，以一种特殊的形式来写传奇故事。请问《桃花源记》算不算一篇小说？也是小说。文学史上的现象很不容易理清楚，看了程毅中的文章，受很大的启发。我始终坚持一点，尽管宋玉的赋不一定都可靠，但我坚信《高唐神女赋》肯定在司马相如的《子虚上林赋》之前。如果没有《高唐神女赋》这样的姊妹篇，那司马相如的《子虚上林赋》出不来。我以前给北京出版社《历代赋选》写过序言，有人说那篇序言解决了不止一个问题。《高唐神女赋》的主要特点，就是人跟神发生爱情关系，这样的情节在《楚辞》里屡见不鲜，《离骚》《九歌》里都有，总之都跟神女打交道。所以《九歌》里的《山鬼》实际是《神女赋》的前身，后来林庚先生也同意我的观点。《山鬼》里"采三秀兮於山间"，"於"读"巫"，所以我就跟林先生说，注《楚辞》"於山间"能不能注成"巫山间",山鬼实际就是神女,后来林先生认为可以。因为《楚辞》里找不出"於"是介词的。"於"是象形字,指一群乌鸦在飞,是"乌"的本字。我这个说法,周祖谟先生也同意。有点古文常识的都知道,古书里"於戏"读"呜呼"。我跟周先生讨论过,现在有个词,北京话口语说,我"糊弄"你,什么是"糊弄"?"糊弄"就是戏弄。因为"戏"最早读"hū"。我当年在北大,选过三四门周先生的课。周先生上语言班的课,课堂只有三四个学生,而我是正式选课的学生。其实我是文学班的。不是搞语言的。周先生开《尔雅》的课,我选了。有一次跟周先生讨论,我说准备搞《尔雅》,并提到王闿运有关《尔雅》的书,周先生说没看过。后来又跟魏建功先生谈了想法,魏先生说,丁福保有《群雅诂林》,别人搞出来了,你就别费事了。我又准备搞《方言》,杨伯峻先生说,杨树达先生搞了,遂又作罢。但我后来就以外行玩票儿式的搞训诂,也搞出了一点点名堂。我搞训诂虽然属于外行,也算解决了一些问题,而且被我的老师所认可。

回到杜诗。我讲杜诗有时也钻牛角尖,"支离东北风尘际",我们现在"东北"的概念,以山海关以外作东北。唐朝高适的《燕歌行》也是这么认为的,"摐金伐鼓下榆关,旌旗逶迤碣石间","榆关"是山海关,"碣石"是秦皇岛的渤海湾,"燕"是河北,所以高适的《燕歌行》说的是河北的东北部。安禄山造反是在河北、山西一带,用我们现在的观点指华北。可见唐朝的东北概念跟我们今天不一样。那为什么叫东北呢?我后来懂了,唐朝的中央不是今天的北京,而是长安。所以在长安的东北边的,都叫东北。比如山西,今天看,肯定在中国的西部,可是在唐朝,那是东部,因为陕西是中央。唐朝有个词"三边",刘长卿的诗说"独立三边静",后来我查书,"三边"指幽州(河北)、并州(山西)、凉州(甘肃)。这样看,"支离东北风尘际",杜甫的方向是以长安为中心,因此安禄山在幽州、河北造反,杜甫就认为是东北。

我老说,讲"四书"也不太容易,动不动就是"修身、齐家、治国、平天下",但是那个"家"跟我们今天的"家"不一样。先秦的"家"是家族,不是今天的小家庭,所谓宗法制度的一个大家族。"四书"里"家"的范围比我们今天"家"的范围大,而"治国"的"国"比今天的"国"小得多,那个"国"是诸侯国,那时的"天下"就指周朝的版图,不知道中国以外还有世界。《穆天子传》，跑到西边去，看见西王母，那就出了"天下"的圈了。我们看京戏《伍子胥》，老觉得戏词不通啊，伍子胥一家三百余口满门抄斩，一家有那么多人吗？后来改成"数十余口"，那也够多的。其实不对，这里指伍子胥整个大家族全都受株连。

"支离"就是颠沛流离的意思，指诗人在大乱的局面下东奔西跑，逃难。"漂泊西南天地间"，四川是西南，这个好理解。

"仇注"有时也有问题，"三峡楼台淹日月"，他说杜甫在夔州耽搁的时间太久了，把"淹"当留讲，我说不对。杜甫在夔州只是居留四川阶段里的一段时间，"丛菊两开他日泪"，没待太长时间。"淹日月"不是淹留日月，"淹"有时是遮盖的意思。这句杜诗怎么讲？三峡本来四面皆山，中间一条长江，已经够高的了，别管什么神女峰，七十二峰全都是高山，而高山上面又有楼台，因此日月就被遮挡住了，看不见了。用梁朝吴均的散文就能说明问题，"横柯上蔽，在昼犹昏，疏条交映，有时见日"。连树枝遮挡，就看不见太阳了，何况在群山之上又有楼台，当然日月就被遮盖了。所以"淹"一定不是淹留、耽搁，而是遮盖的意思。"五溪衣服共云山"，古今的注都没注清楚。我在废名先生讲陶诗的课堂上，跟他聊天，聊出这句杜诗怎么讲。"五溪"指少数民族。五溪蛮，这个少数民族四川、广西、湖南都有，是一个大范围的少数民族。少数民族穿的服装都是花花绿绿、五颜六色的；而西南方的山，包括三峡的山，一直到广西、云南、贵州等地，也是五颜六色的。我们画画有个词叫"金碧山水"，指山不是单纯的绿色或灰色，南方的山是五颜六色的，和北方的山色彩不一样，所以五溪少数民族穿的衣着、装饰跟云山的色彩是调和配合的。而云霞也是五色的，不是一个颜色。这样讲就通了。此两句不是具体古迹，但杜甫已经写出当时的特点。

"羯胡事主终无赖"，承第一句，"羯胡"指安禄山，他在造反以前，对唐玄宗特别尽忠，竭诚表忠，博得唐玄宗百分之百的信任。"无赖"，仇注引古书，解释成今天的"无赖""二皮脸"的意思。我认为不能这么讲。赖者，倚靠也，"终无赖"就是终于靠不住啊。安禄山造反前和造反后的态度截然不同，那是假的，赖当依靠讲，《孟子》里有"富岁子弟多赖"，衣食无缺，不事生产，反正有所依靠。而诗人却受牵连了，"词客哀时且未还"，从安史之乱开始，诗人一直有忧患意识，为时局担忧，"词客哀时"。"且"用得很无奈，暂且的意思。老想着回去，但暂时回不去。

"庾信生平最萧瑟"，庾信一辈子倒霉，但是"暮年诗赋动江关"，晚年写出了不朽的作品，他的《哀江南赋》不但在北方流传，甚至南方人读了以后也觉得很沉痛、很有感情，诗人的意思是，我虽然写不出《哀江南赋》，但我的心愿、思想是跟庾信一样的。所以这首诗里，既有"咏怀"，又有"古迹"。

第二首写宋玉。"摇落深知宋玉悲"，"摇落"是一个词，见于《九辨》。秋风起而树叶落，就是"摇落"，后来变成一个专名词，指没落、迟暮的意思。杜甫这里即用这个专名词，宋玉的一生便是"摇落"，仿佛树叶在秋风中飘零，对于人来说便是年老体弱之义。人们都看到宋玉是楚王的宠臣，但我能看到宋玉的心情是摇落的、悲哀的。杜甫对宋玉评价不低，"风流儒雅亦吾师"，不但有文采，而且儒雅有内容，"风流"指文采，"儒雅"指内容，宋玉的作品无论外表，还是内容都是我所师法的。但是，宋玉一生未曾如何得意，不过一介词臣而已，也是怀才不遇，如李白翰林供奉一样。"怅望千秋一洒泪"，对于宋玉的身世洒一掬同情之泪。"萧条异代不同时"一句前人有争论，有人认为这句重复，"异代"不就是"不同时"吗？1946 年我住在严群先生家里，他是严几道先生的侄孙，小时跟严几道先生读书。我第一次跟他聊天，他就问我这句该怎么讲。我认为不重复，"异代"是说彼此的时代背景不同，"不同时"是指生活遭遇、生活的环境氛围也不一样。时代不同，遭遇也不同，这是两层意思，不重复。宋玉一生虽然萧条，但还有故宅，杜甫自己居无定所，写此诗正是漂泊的时候。两人所处的环境、生活遭遇、生活条件完全不同。

"江山故宅空文藻"，宋玉的故宅，后来庾信住过，到唐朝时还在，大概保存得还不错，所以说"空文藻"，不要认为宋玉的《高唐赋》《神女赋》是在宣扬色情和国王的享受，或是在编造神话，其实那是有所指的，国王与神女的故事不是编神话、歌功颂德，这一句杜甫实有所讽刺，不要说楚国的古迹故址现在早已看不见了，但是当年宋玉写《高唐赋》《神女赋》时，他未必全是幻想，因为眼前唐玄宗所做的，不就是"云雨荒台岂梦思"吗？这与写刘备是一样的——"翠华想像空山里"，当初楚王与神女在这里，肯定是一个豪华宫殿，"最是楚宫俱泯灭"，那种过眼的繁华、富丽堂皇的东西，现在什么都没有了。"舟人指点到今疑",江上的船夫在那里指指点点,可能当初这里就是楚宫,但找不到准确地点了。富贵享受、荒淫无道的生活,不过是一场梦,可是宋玉写的不一定是一场梦。这首诗的意思很深,里面有一个对比,"江山故宅空文藻",宋玉的故宅还有文藻,可是楚宫泯灭了,文人的命运,当年虽然萧条,但是千百年以后,国王、神女、传奇美梦都没有了,可那个故宅文藻还保留着。因地及人,因人及己,所以是咏怀,"云雨荒台岂梦思",不仅仅指楚宫,还有讽刺当前的意思,唐明皇够荒唐的了。

第三首最难讲,我们可以说杜甫以王昭君自比,但杜甫和王昭君还是不同,这一首以凭吊王昭君为主,我认为古今歌咏王昭君的诗,以杜甫这一首写得最好,最精练,最概括,最有深度。后世真正懂得杜甫此诗的是王安石,其他人,包括欧阳修,都隔着一层,后来很多吟咏昭君的诗都有自己的主题思想,但真正能表达杜甫此诗之义的,还是王安石的两首《明妃曲》。

"群山万壑赴荆门"现在中学课本被注成"群山万壑"是主语,此句是动宾结构,这样讲意义错了,诗也讲歪了。杜甫写诗好,好就好在始终没有离开长江,一个旅行者坐船从重庆顺江而下,通过三峡,一路下来,两面是群山万壑,一直到荆门。山水移动是坐船人的感受,并非山水真能搬家。就在群山万壑之中,出现了一个很小的"点",在地图上可能都找不到,湖北秭归县相传有王昭君的故里,这也是"古迹"。在如此大背景下的一个"点",这里出现了一个千古不朽的女性——王昭君。杜诗常常以气势夺人,李白也很有气势,但是杜甫的气势与李白不同。"白发三千丈"一看就是夸张,而"群山万壑赴荆门"是写实,却很有气势。

"一去紫台连朔漠,独留青冢向黄昏"不宜断成四——三的句式,应该是二——五,王昭君离开了故乡之后,经历了两个生活阶段,一是在"紫台",一是在"朔漠",这两个环境都是不理想的,独留的是向着黄昏的青冢,读成二——五,意思才深。下面"画图省识春风面,环佩空归月夜魂",其中的"省识"的"省"是读 shěng,还是读 xǐng?读 xǐng,就是两个动词连用,读 shěng,就是副词,古人一般都读 xǐng,读 shěng 是从金圣叹开始。下句"空归"之"空"是副词,因此这里应读 shěng。"画图省识春风面"是什么意思呢?皇帝没有深入调查研究,仅凭画图大概地判断,"省"今天还有省事的意思。由此造成王昭君不幸的遭遇,到了北方,身在异国他乡,她的内心是很寂寞的,王安石的诗说"汉恩自浅胡自深,人生贵在相知心",汉朝对她不好,匈奴对她比较好,甚至可以说特别好,但匈奴就知心吗?汉恩浅、胡恩深,对王昭君而言不过是五十步和百步,本质上没有什么差别。心情寂寞,死在异国他乡,所以下句云"环佩空归月夜魂","空"字很重要,死后即使魂想回故乡,但也没有人理解,回来也找不到知己。因此杜甫就揣摩昭君的心情,"千载琵琶作胡语,分明怨恨曲中论"。

后来的人根据王昭君的心态编成了曲子,通过琵琶来演奏,琵琶是胡乐,杜甫说琵琶奏的是胡语,虽然不懂琵琶,但昭君的怨恨还是从乐曲中传达出来。此诗也许有诗人怀才不遇的寄托,但主要是凭吊王昭君,替她鸣不平,她的怨恨的表达方式,千载以后的人也未必彻底理解。她的怨恨是太深了。曹禺晚年写过王昭君的剧本。记得我在1961年写了一篇关于王昭君的文章,《光明日报》发了两版,影响很大,翦伯赞亲自和我谈话,系里也议论纷纷。直到80年代还有读者给我写信,同意我的观点。

第四首写刘备。杜甫对王昭君是同情,人道主义思想很充分,对庾信和宋玉有共鸣,对诸葛亮是称赞歌颂,而对于刘备,则有微讽。五首的分量各不相同。"蜀主窥吴幸三峡",本不应该跟孙权打仗,但想钻空子,希望侥幸灭吴,"窥"字用得很有特点;"崩年亦在永安宫","亦在",死也死在白帝城。这也是古迹,是个不光辉的古迹。来的时候还是很排场的,"翠华想像空山里","翠华"是皇帝的仪仗队,从成都顺江而下,一眨眼就没有了,我现在只能想象当年的排场;今天是"玉殿虚无野寺中",当初的行宫变成一个破庙。"古庙杉松巢水鹤"一句与"映阶碧草自春色"的意思差不多,现在古庙中老树还在,但栖息的不是在陆地上活动的禽鸟,为什么是"巢水鹤"?老实说,我不太懂这句的意思。"岁时伏腊走村翁",这里用了一个"走",快跑谓之"走",快走谓之"趋"。就是路过顺便看看的意思,当年刘备是君,诸葛亮是臣,现在逢年过节的时候,"伏腊"一是指"腊月",一是指三伏天。刘备的祠庙也不是没人来,但也只是顺便看看,这里不用"吊村翁""祭村翁",而用"走村翁",很有意味。"武侯祠屋长邻近",因为刘备的庙临近诸葛亮的庙,人们去诸葛亮庙时,顺便会来这里看看;"一体君臣祭祀同",祭祀诸葛亮的时候,顺便祭祀一下刘先主，后人对两人祭祀的待遇是差不多的，但二人本是君臣，其实刘备的地位是低了，沾了诸葛亮的光。杜甫对诸葛亮崇敬极了，"诸葛大名垂宇宙"，评价何等之高，而对刘备则是"蜀主窥吴幸三峡"，乃春秋笔法。写诸葛亮的第五首前面第十一讲已经讲了，兹不赘。

我个人认为，《咏怀古迹》五首甚至比《秋兴》八首还要好。有人指出，《秋兴》第五首"降王母""满函关""开宫扇""识圣颜""惊岁晚""点朝班"都是动宾结构。前两首很精彩，"寒衣处处催刀尺，白帝城高急暮砧"，这里有生活；"请看石上藤萝月，已映洲前芦荻花"，这也写得好。"同学少年多不贱，五陵衣马自轻肥"，"鱼龙寂寞秋江冷，故国平居有所思"，也很精彩。杜诗也不是首首好，句句佳，如《将赴成都草堂途中有作先寄严郑公五首》其四，"新松恨不高千尺"一联固然不错，但结句"衰颜欲付紫金丹"就不算好，像《登高》那样通首都好的，也比较少。《闻官军收河南河北》是杜甫在四川一系列诗中，最高兴的一首，也是唯一的一首。

> 剑外忽传收蓟北，初闻涕泪满衣裳。
> 却看妻子愁何在，漫卷诗书喜欲狂。
> 白日放歌须纵酒，青春作伴好还乡。
> 即从巴峡穿巫峡，便下襄阳向洛阳。

每一句都有一个虚词，"忽""初""却""漫""须""好""即""便"。八句诗有八个虚词，生动活泼，很提神，喜气洋洋，一下子就活了。杜甫听到喜讯，想到自己颠沛流离，百感交集而涕下，但老婆孩子比较简单，他们喜气洋洋。要收拾自己的行李，屋中都是书，书都是卷子，这里收拾一下，那里收拾一下，不知从何下手，这就是"漫卷诗书喜欲狂"。想象回家时非常顺利，顺风顺水。用想象未来归途的顺利来衬托自己"喜欲狂"的心情。虚词用得这么巧，这么合适，只有这首诗。李白《早发白帝城》很潇洒，要表达愉快，就让你感觉到愉快，直截了当，比较容易理解，如果处理不好就显得肤浅。"床前明月光"这首诗最早的本子是"床前看月光，疑是地上霜。举头望山月，低头思故乡"，现在改成"床前明月光，疑是地上霜。举头望明月，低头思故乡。"著作权不全是李白了。李白的诗好在一念就好,"抽刀断水水更流,举杯消愁愁更愁",不用讲,就是好。杜甫的诗要一个字一个字地琢磨。明代的王世贞评李杜,说李白是天才,但千篇一律,杜诗好,又太费琢磨。没有李白的天赋水平,最好不要学;杜甫只要功夫下到,还是可以学的。

第十四讲　彩笔昔曾干气象——《秋兴》

　　　　秋兴八首

　　玉露凋伤枫树林，巫山巫峡气萧森。
　　江间波浪兼天涌，塞上风云接地阴。
　　丛菊两开他日泪，孤舟一系故园心。
　　寒衣处处催刀尺，白帝城高急暮砧。

　　夔府孤城落日斜，每依北斗望京华。
　　听猿实下三声泪，奉使虚随八月槎。
　　画省香炉违伏枕，山楼粉堞隐悲笳。
　　请看石上藤萝月，已映洲前芦荻花。

　　千家山郭静朝晖，日日江楼坐翠微。
　　信宿渔人还泛泛，清秋燕子故飞飞。
　　匡衡抗疏功名薄，刘向传经心事违。
　　同学少年多不贱，五陵衣马自轻肥。

　　闻道长安似弈棋，百年世事不胜悲。
　　王侯第宅皆新主，文武衣冠异昔时。
　　直北关山金鼓振，征西车马羽书驰。
　　鱼龙寂寞秋江冷，故国平居有所思。

蓬莱宫阙对南山，承露金茎霄汉间。
西望瑶池降王母，东来紫气满函关。
云移雉尾开宫扇，日绕龙鳞识圣颜。
一卧沧江惊岁晚，几回青琐点朝班。

瞿唐峡口曲江头，万里风烟接素秋。
花萼夹城通御气，芙蓉小苑入边愁。
珠帘绣柱围黄鹄，锦缆牙樯起白鸥。
回首可怜歌舞地，秦中自古帝王州。

昆明池水汉时功，武帝旌旗在眼中。
织女机丝虚夜月，石鲸鳞甲动秋风。
波漂菰米沉云黑，露冷莲房坠粉红。
关塞极天唯鸟道，江湖满地一渔翁。

昆吾御宿自逶迤，紫阁峰阴入渼陂。
香稻啄馀鹦鹉粒，碧梧栖老凤凰枝。
佳人拾翠春相问，仙侣同舟晚更移。
彩笔昔曾干气象，白头吟望苦低垂。

讲《秋兴》八首，恐怕不能细讲，因为一次要把这八首诗都分析清楚、讲明白，时间不够用，如果分为几次讲，中间"断气儿"就没意思了。因此我不准备逐字逐句地像讲古汉语那样讲，而只讲关键性的东西。首先，这是杜甫在夔州的作品，作于大历二年（766），这点没有不同意见。杜甫在夔州已经待过了两年，所以有"丛菊两开他日泪"的话。

　　杜甫晚年的组诗很多，悼念的诗有《八哀》，谈中兴名将的有《诸将》，都不是一首，都是一组一组的。《咏怀古迹》是一组，《秋兴》也是一组。杜甫一生写诗，他时时刻刻都在尝试。《丽人行》是尝试，《佳人》也是尝试，《咏怀五百字》同样是尝试。有些诗他一生就写了一次，不再重复了，他就是在不断尝试，看能不能成功，能不能站得住。《秋兴》八首也是杜甫的尝试。

题目叫《秋兴》，不是"秋感"，也不是"抒怀"。杜甫也没有用"咏怀"的词。"秋兴"，换句话说这"兴"就是赋比兴的兴，是由此及彼；"秋兴"就是因秋而有所感、有所联想。这八首的特点就是"兴"，是"兴"体。我认为这八首诗中第一首是总纲，仔细读一下，第一首也是写得最好，最能够体现出既是秋天，而又是"兴"。从第二首开始，一直到第八首，他思想集中点，都不在四川夔州，而在长安。特别是第四、五、六、七、八首，全是长安，回忆在长安的生活，也提到他在长安见皇帝、上朝、做小官，觉得跟最高统治者还是有过接触的。后面几首的"兴"主要是"兴"在长安，而第一首是在夔州。当然，既然叫"兴"，而且是"秋兴"，所以内容有的写"秋"比较多，有的写"兴"比较多。总的说来写"兴"多，而到后面写"秋"往往是点一句就完了，像"鱼龙寂寞秋江冷"那首，剩下的就和"秋"没关系了。

同时，我还有一个看法，这八首的次序不能颠倒。我尤其反对在组诗里挑出几首来讲。本来是一组诗，挑出来就给人家割裂了，喜欢哪首就讲哪首，这不是法子。我说一下这八首诗不能颠倒的原因。实际上八首诗的线索、脉络是很清楚的。第一首"寒衣处处催刀尺，白帝城高急暮砧"，这是傍晚，由傍晚写到天黑。第二首"夔府孤城落日斜，每依北斗望京华"，然后是"请看石上藤萝月，已映洲前芦荻花"，到夜里了。第三首是第二天清晨，"千家山郭静朝晖，日日江楼坐翠微"；最后写到长安，从"同学少年多不贱，五陵衣马自轻肥"，一下就扯到长安去了，就回不来了，此后一直是写长安了。第四首"闻道长安似弈棋"，主要写长安，最后还归结到自己，实际上这首诗里就没什么"秋"了，只是第七句点明了一下。第五首接着第四首的末句"故国平居有所思"，从"故国"引起自己当年在朝廷的回忆，线索很清晰。"蓬莱宫阙对南山"，是写皇宫了。第六首追写唐玄宗，把夔州跟长安联系起来谈。"瞿唐峡口曲江头"一句就把他所在的当地跟他念念不忘的长安联系起来了，这里有点技巧。第七首"昆明池水汉时功"，还是由开元天宝之盛转入乱后之衰，最后结到自己。第八首"昆吾御宿自逶迤"，不但写朝廷有今昔不同，自己也有今昔不同。所以《秋兴》八首最后的落脚点还是他早年在长安的那一段生活，思想注意力集中的焦点还是在长安，他对时局、对当时社会和国家的政权都有看法。因为长安毕竟是政治中心，所以他的思路去了就没再回来，一直是长安。《秋兴》八首也是老杜一生经历的一个很简明的概括，我把八首诗的总体情况就先大致说到这儿。

我个人有个看法：《秋兴》是名篇不成问题，这组诗的特点是以写作技巧取胜；按思想内容说，不一定超过杜甫那些零星的七律。《登高》"无边落木萧萧下，不尽长江滚滚来"；《登楼》"花近高楼伤客心"一直到最后"日暮聊为《梁父吟》"；尤其是《白帝》"白帝城中云出门，白帝城下雨翻盆……"我认为这些七律的思想性都不低于《秋兴》，甚至比《秋兴》还要突出。《秋兴》的特点就在于它是组诗，而且在写作技巧上更成熟了。

为什么我说第一首写得最好呢？因为第一首没有涉及过去的回忆，没有说他过去在长安的生活怎么样，而主要写的就是当前他在白帝城、在夔州的感受。头一句把秋天的特点写出来了。"玉露凋伤枫树林"，请注意一件事情：到现在为止，秋天看红叶还是一道风景。我在十几岁刚学作诗的时候就发现，人们对于黄叶是感觉到凄凉，而对于红叶是欣赏的；但实际上红叶也是一个衰败的现象，叶子先红，红之后就该掉了。杜甫能够知道红叶不是一个好兆头，说"玉露凋伤枫树林"。你仔细想想，它这是一片红叶，不是一片黄叶。白居易《长恨歌》里有一个写法，人家就不懂：写唐明皇回到皇宫以后，秋天了，树叶全都落下来，没人管，"落叶满阶红不扫"。人家说"落叶满阶"应该是"黄不扫"，怎么"红不扫"呢？我说当然了，"黄不扫"还写它干什么？"黄不扫"那就没味了，不是诗了。我这里讲个笑话，有点"水分"啊。我父亲讲课，有时给学生讲诗，老是用这种办法，测试你的文学细胞、文学智商到底有多高。他在南开大学教书时，我帮他看卷子。他出了一个题目，就一句话："一叶落□天下秋"，中间空一个字，请学生填一个字，填好了就满分，填不好就不及格。最好的答案是什么？是"一叶落而天下秋"，用一个虚词。一般大伙都能及格的水平是什么呢？是"一叶落知天下秋"，知道的"知"。只有一位，我给父亲念，没给他及格，他写的什么？"一叶落地天下秋"，这不能及格。我觉得这法子不错，很能测试对于文学欣赏的程度。"一叶落而天下秋"，"而"虽然是虚词，但给你想象的空间；"一叶落知天下秋"，"知"是实词，已经实一点了；至于"一叶落地天下秋"，叶子不落到地上，难道落到天上去吗？太糟了，肯定不能及格。

下面写江水，长江水。"江间波浪"是地上的，可是"兼天涌"；"风云"是天上的，可是"接地阴"。这一片暮秋的景象，整个是一个气压很低、很压抑的环境。再仔细琢磨琢磨，"玉露凋伤枫树林"是实景，杜甫真看见了；第二句"巫山巫峡气萧森"是虚的，这是实——虚。"江间波浪连天涌"，杜甫就在江边上，它也是实；可是"塞上风云接地阴"是虚的。当时杜甫在夔州，不能算是"塞上"。要往长江上游说，到西藏是"塞"，往北说，长城是"塞"，在三峡一带谈不到"塞"，但古人写四川有时用"塞"，因为太靠边了，所以用"塞"。这四句写秋天，是实——虚——实——虚。我认为写得最彻底，写得好。

下面"丛菊两开他日泪"，我不认为"他日"是指从前。有人说杜甫在夔州待两年了，这两年他都哭，"他日泪"者，是昔日之泪、往日之泪？我说不是。由于杜甫在夔州只是寄居，他时时刻刻想离开三峡往北去，他要回家。一年走不了，走不了就伤心啊；第二年又走不了，走不了又伤心啊。伤心就哭，所以说"丛菊两开"。"丛菊两开他日泪"是说现在把我想要回家的，未来的那种伤感"透支"了。"他日泪"应该是我真正离开了夔州以后，惜别也好，回顾这些年的坎坷也好，我可以哭。而现在走不了，走不了别扭啊，也哭。这个哭是为我未来的命运而哭的。所以这个"他日"我不主张当"过去"讲，还是应该当"未来"讲。下面一句更好了：你想回家就得坐船，工具就是一条孤舟。有了这个孤舟你就可以出三峡，可以奔湖南、湖北，最后杜甫还是死在湖南了。这首诗最核心的两个字就是"故园"。杜甫老想着要走，可是走不了。所以"孤舟一系"，"系"读jì，就是这个船动不了，老在这儿拴着、停着，我就离不开夔州，走不成啊，所以我的"故园"也是可望而不可即，"孤舟一系故园心"。

下面"寒衣处处催刀尺，白帝城高急暮砧"。看起来这两句很客观；天冷了，大伙都要忙寒衣了。古代的布料、绸料做衣服以前得下水，衣服料子下水以后要用砧把它打平，叫"捣衣"。李、杜的诗经常写到，张若虚《春江花月夜》也有"捣衣砧上拂还来"。"寒衣处处催刀尺，白帝城高急暮砧"，老百姓全都忙着过冬了，大家赶着做寒衣了。那么我就想要问一个问题，题外之话——杜甫寒衣准备得怎么样了？很难说，他没有写自己怎样，但是整个的老百姓都在准备寒衣，"九月授衣"。杜甫有没有寒衣？到底是他的寒衣足够过冬了，在看别人紧张地做寒衣；还是他没钱做寒衣？所以这地方杜甫很含蓄，他没有说自己有没有寒衣。可是从这个口气来看，大概他那个寒衣有问题。后来清朝人黄仲则就够直截了当的,"全家都在风声里,九月衣裳未剪裁",说穷得就做不了寒衣。黄景仁这两句诗好不好呢?也好,他说得直接,那真是心里话,就是太穷了,别说皮袄了,连夹衣服还没有呢。对照黄景仁的这两句诗,就看出杜甫此两句还不失"温柔敦厚",也就是含蓄。他没有直接说"寒衣处处催刀尺,白帝城高急暮砧"对他自己的影响如何。他的家里人是不是也参加了这个寒衣的准备工作呢?还是光看别人很紧张地工作而自己无可奈何呢?他没说。

这首诗的"兴"都是很切身的,一个"丛菊两开他日泪,孤舟一系故园心",一个"寒衣处处催刀尺,白帝城高急暮砧",都跟自己有切身的关系。这是"兴",但是这个"兴"他没有说透。"兴"跟秋有关系,前四句说秋深了,后四句说秋天大家的生活是这样的,而他本人的生活又是如何如何。这第一首诗要用现在的词儿来说,就是只有人性而没有政治性,真正好的诗别老扯到政治。所以后人评杜诗,认为《秋兴》里最不好的,就是那政治性最强的,实际上也不对。我的观点是,什么叫好的政治诗?就是人性体现得最足的那个政治诗。比如《白帝》:"白帝城中云出门,白帝城下雨翻盆。高江急峡雷霆斗,古木苍藤日月昏。戎马不如归马逸,千家今有百家存。哀哀寡妇诛求尽,恸哭秋原何处村。"这是不是政治诗?是。但人情味最足,是最高标准的政治诗。真正最好的作品是高度思想与高度艺术相结合的,让你看不出它在那儿说教。我认为第一首就好在没有多少政治色彩,而主要是生活,主要是自己切身的感受。

到了第二首,杜甫对于朝廷那种"每饭不忘君"的感情就来了。"夔府孤城落日斜,每依北斗望京华。""每依"者,就是经常依,几乎天天依,每天都要看着长安。换句话说,"每饭不忘君",时时刻刻老想着长安,这就是政治性了。

"听猿实下三声泪",《水经注》里说三峡特别难走,听见猿叫三声泪沾裳了,那是民谣。杜甫说"实下",就是我听到猿声我真哭了。"奉使虚随八月槎",也是用古典说今典。"奉使"是张骞,他出使西域,在张华的《博物志》和宗懔的《荆楚岁时记》里都有神话,说张骞走到天河,看到牵牛、织女星了,然后上天又把他送回人间了。二书记载略有出入,但事实指的是一个。就是说乘着槎,即挖的木船,可以走到天河里去。杜甫之所以到四川,是由于严武的关系。严武在四川的时候,杜甫的日子比较好过。中间严武调走一次,他在四川就有点玩不转了。然后严武又回到四川，杜甫有点奔头了，缓了一口气。最后严武死了，杜甫又没着落了。这就是杜甫的遭遇和生活状况，他是寄人篱下。所以他说，如果拿张骞比严武的话，那么我可以沾张骞的光。他希望搭张骞的便，随着船回"京华"长安去，可是没办到，所以是"虚随八月槎"。

底下又想到自己的朝廷。"画省香炉"，说当初在朝廷值夜班，住在皇宫里，点着檀香、麝香。尽管有时夜里有事，但我平时在"画省"里睡的是舒服觉。现在我在夔州生着病，整天趴在枕头上。这个"伏枕"是比较痛苦、凄凉的"伏枕"。"违"者，离也。"画省香炉"离我今天这个"伏枕"的日子非常远了，跟现在的生活是正相反了。现在我听到的是胡笳的声音、边塞的声音。四川老有战乱，"悲笳"就象征着战乱还没有安定。"山楼粉堞隐悲笳"还有一层意思，凡是胡乐奏的，都引人思乡。可以用中唐李益的诗来对照："不知何处吹芦管，一夜征人尽望乡"，还有一首叫"横笛偏吹行路难"，再有李白和陆游都写过《关山月》，像这样的诗全都是思乡、怀念故土。所以"山楼粉堞隐悲笳"，听见这个声音就引起自己思乡的那种感情，而且更深切了。

杜甫从"落日斜"就看北斗，大半宿也不睡，就在这儿回忆过去。他不是忆苦思甜，他是忆甜思苦，现在的生活太不好过了。时光就这么过去了，"请看石上藤萝月，已映洲前芦荻花"。原来月亮从山的东边出来，还照着山顶，离我很近，现在大半夜过去了，它已经到了江边。有的时候诗用不着细讲，但是特别好。就像这句写时光流逝，写得那么带诗意。《赤壁赋》也有这个描写，开头是"白露横江，水光接天"，最后是"相与枕籍乎舟中，不知东方之既白"，一宿过去了。这里不是一宿，是傍晚的一段时间。"石上藤萝月，已映洲前芦荻花"是"兴"，可是这里也有不是"兴"的，大部分还都是具体生活的回忆。

第三首到了第二天了。"千家山郭静朝晖"，早晨起来山城是很安静的。"翠微"是半山腰，我的家就在半山腰。"日日江楼坐翠微"，我整天就坐在半山腰看，看什么呢？"信宿渔人还泛泛，清秋燕子故飞飞。"这两句是眼前景。渔人是没有定居的，今天上这儿，明天上那儿，但别看他长期出外，最后还是有个归宿。一宿叫"宿"，两宿叫"信"。他在白帝城的江边老看见有渔船。虽然渔船是不定的，有时候待一宿，有时候待两宿，好像很潇洒，但是打鱼的人迟早都是要回家的。"燕子"是候鸟，现在秋天了，它们都又回到南方来了。"故"

者,常常也,经常在这儿飞。可是春天一来,燕子又飞走了。换句话说,渔人也好,燕子也好,都不是死盯着夔州住一辈子的,诗里有文章。而我在这儿是寄居,我也不想在这儿待着,我就好比那燕儿、渔人,但是燕儿和渔人还能回去,我呢?诗句含有这层意思。

下面两句最难讲。曾经有三个清华大学的名教授研究过这两句,杨树达写过信,我不记得是给陈寅恪还是刘文典了。我看过他们的文章,这两句最难讲。匡衡在汉元帝的时候曾经抗疏,但看《汉书·匡衡传》就知道匡衡是个小人,当他没有发达的时候,他是直言抗疏,后来有机会了,他结交宦官、外戚,就是内宠,最后官做得很大,做到了宰相。匡衡做宰相很不冠冕堂皇,很不光明磊落,他是靠着走后门、靠着运动上去的。所以匡衡虽然很有学问,早期声誉不错,但在历史上评价不高。照字面上讲,杜甫也曾经"抗疏",他是为了救房琯。你要治房琯的罪我就抱不平。因为他是拾遗、言官,这也是他的责任所在。但是一抗疏就倒霉了,官也丢了,被降级了、贬出去了,杜甫就因为救房琯而遭到不幸。诗人说我早年也曾像匡衡一样抗疏,但是我的结局可和匡衡不一样。匡衡会走后门,他的功名可不薄。我不行,我抗疏以后就再也走不了运了。我不会他那一套,我的"功名"可是"薄"。这不好讲极了。匡衡占便宜,汉元帝以后独尊儒术。宣帝是元帝之父,倒说汉家自有一套治理国家的办法,外儒内法,不止王道,还有霸道。他讨厌太子,认为元帝太懦弱。其实元帝倒是一个儒家信徒,遇事犹豫,拿不定主意,王昭君在他手上就倒了霉了。而汉元帝之后的成帝是个酒色之徒,更不怎么样了。西汉后期,宣帝以后就滑坡了。哀帝不光是酒色之徒,还搞同性恋,结果最后王莽就上去了。等到哀帝之后的平帝,完全是个傀儡,王莽就把他收拾了,最后王莽坐天下。这里说"匡衡抗疏",其实匡衡功名不薄;而我杜甫虽然也一样抗疏,但是却功名薄。下句"刘向传经"是怎么回事呢?刘向是汉朝的宗室,他是楚元王刘交的后代。而且刘向是个大学问家、大经学家,还是版本目录学的开山祖师。他不是在内阁校书吗,但没校完就死了,他把事业交给儿子刘歆。刘歆的学问倒是不小,也不能说他对于传统文化没有贡献。刘歆是主张立古文经的,也有他的道理。但就是人品差点儿,有一样,刘歆会拍马屁。王莽得势了,刘歆不但依附王莽,还干脆给王莽做了国师。他把扬雄也给牵累了,扬雄也是很有学问的人,也爬上去了。等到后来，听说对于他们这些有点卖国嫌疑的人要处理，扬雄就沉不住气了，从皇宫图书馆天禄阁上要跳下来自杀，最后没死成。所以杜甫就说，"刘向传经心事违"。刘向死了，他的遗愿没有实现。他本来希望儿子能继承他的事业，把它发扬光大，可惜他这儿子不争气，跟他的本心不一样。父亲是个大学问家，是一个忠于汉朝的宗室，儿子倒帮着篡位的王莽，刘歆背叛了他的父亲。就像赵子昂，宋朝的宗室，但是做了元朝的官，所以后人不原谅，天下事很难说。我最近时常临帖，看到碑帖，那时对于改朝换代好像没有后来那么看重。试想，由北魏变西魏，由西魏变北周，由北周变隋，由隋变唐，到了唐太宗的时候，还给隋朝的功臣立碑，隋朝也给北周的功臣立碑，北周也给北魏的功臣立碑，而且有的是世世代代官越做越大，不是说你侍奉这个朝代就不侍奉那个朝代。当时的朝廷、皇帝得看这些门第的贵族眼色行事，孟子说："所谓故国者，非谓有乔木之谓也，有世臣之谓也。"这些门第出身的后代都是世臣，家族的势力非常之雄厚，所以新的皇朝建立了之后，不但不追究这些大臣，反而得利用这些大臣。你捧我吧，我就坐稳了；你都不跟我合作，我的天下坐不下去。那时改朝换代的观念不像后来。后来为什么改朝换代的思想那么严格，就因为宋朝是被少数民族给亡了，被元亡了，辽、金、元都是少数民族，而元是被汉族明朝给亡了，而明之后的清又是一个少数民族。所以现在思想界有个问题，民族主义到底应该不应该肯定。所谓忠臣义士，常常是民族主义的忠臣义士，他对那个王朝尽忠，可是有时也难说。皇族总是越来越庞大，人越来越多。试想，一个祖宗娶八十六个老婆，然后生一百多个儿子；这一百多个儿子又娶八十六个老婆，又生了不知多少儿子，所以宗室越来越庞大。等到了赵孟頫那一代，他跟赵宋王朝的嫡传的根，究竟有多少关系，也很难说，他也就是姓赵而已。也就是沾那么一点仙气，所以赵孟頫就做官了。还有人就说，赵孟頫有个堂兄赵孟坚，字子固，就没做元朝的官。后来因为我编工具书，一考，赵孟坚不算有民族气节，宋朝还没亡，他就死了。赵孟坚也是才子，能书会画；可是他死得早，没等元朝杀进来，已经亡故了。就跟考察做《琵琶记》的高则诚一样，高则诚好像被朱元璋捧得如何如何；但今人傅璇琮有个考证，高则诚是死在元朝亡国以前，明朝还没统一，所以这也谈不上什么民族气节。回到"刘向传经心事违"。杜甫是个诗人，这个"传经"也不一定指学术角度，他的意思就是我也曾经替朝廷做过一番事业。但我认为杜甫这一句诗不完全是指自己，他还有一点影射皇族。唐玄宗的前期是个非常有作为的、仅次于唐太宗的好皇帝，可是晚年就荒唐了，糟糕了。那个肃宗早就想做皇帝，赶上安史之乱，唐明皇跑了，肃宗等不及了，赶快就做皇帝，唐明皇只好变成太上皇。最近我看王永兴先生的著作，里面出现一个问题。以往说唐朝的内禅，只有唐睿宗传唐玄宗是个和平过渡，结果王先生的夫人李锦绣考证，根据《唐书》《资治通鉴》等史料记载，原来唐玄宗对于睿宗也是逼宫，逼着他内禅。甚至当初保护唐明皇的忠臣都反对李隆基整睿宗，等到玄宗即位，就非要杀这人——郭元振。其实郭是玄宗的功臣，搞得张说都看不下去了，张说替他讲情，终于还是把郭元振给发配了。朝廷内部的斗争向来如此。唐玄宗本来是个励精图治的皇帝，可是后期就变成这么一个局面。而唐肃宗为了巩固自己的皇位，对于弟兄又不怎么样。那永王李璘是起兵勤王的，矛头是对着安禄山的，他不是反肃宗的，结果肃宗将他镇压了，捎带上李白也跟着吃了亏。可惜肃宗没做几天皇帝又死了，就把皇位传给自己的儿子代宗，代宗又不争气，宠信宦官，唐朝的内乱始终没有平息。一直到杜甫往北走，都到了洞庭湖了，还说"戎马关山北，凭轩涕泗流"，战乱还没平定，后来藩镇割据，唐朝就完了，所以局面越来越差。我觉得杜甫这句诗不完全指自己，"刘向传经心事违"，好皇帝有作为的时候，他的后代未必都好，未必都是能继承父业、一代比一代强的；父亲是个大学问家，是个忠于汉朝的宗室，儿子倒帮着篡位的王莽，你说这是怎么回事？我讲的出了老清华几位先生的圈儿了，我甚至怀疑这句指朝廷之间、皇室内部父子、兄弟之间的矛盾。上一句杜甫说，我曾经为抗疏而倒了霉；下一句说，真正传经的刘向也没有满足他的心愿。这才是"兴"，他这话说得很隐晦，很曲折，不仔细琢磨，不明白是什么意思。

　　正因为朝廷多事，有一帮拍马屁的人跟杜甫当初是好朋友，"同学少年多不贱，五陵衣马自轻肥"。一朝天子一朝臣，他们都起来了，都升官发财了。这里请大家参考杜甫另外一首七律《狂夫》。《狂夫》里有两句诗写得很沉痛："厚禄故人书断绝"，我现在在成都待着没着落，他们都不理我了；"恒饥稚子色凄凉"，我的孩子老挨饿，脸上都没有人色儿。这是杜甫在成都过好日子的时候写的诗。所谓"厚禄故人书断绝"，就是说的"同学少年多不贱，五陵衣马自轻肥"，他们都升官发财了。杜甫也是杜陵人，当初也是世家子弟，现在可倒霉了。

从"同学少年"就引到第四首。有人说这首诗写得最不好，我不同意，我认为这首写得相当好，真是政治诗。"闻道长安似弈棋，百年世事不胜悲。"我离开长安以后，长安的局面再也不像从前一样了。就跟下棋一样，一会儿你赢一会儿我赢。杜甫另外有一首七古叫《贫交行》："翻手作云覆手雨，纷纷轻薄何须数"，世间都是轻薄人；"君不见管鲍贫时交，此道今人弃如土"，管仲和鲍叔牙的关系已经被"今人弃如土"，现在没人管了，世道变了。所以有时候看社会现象，好多的问题，其实这是传统，从古来就这样。当初孔、孟是什么思想？似乎向来只要是统治者、当官的就占一点便宜。有人问孔子一个问题：父亲偷了一只羊，儿子举报了，这事你怎么看？孔子说："吾党之直者异于是。父为子隐，子为父隐。"这是孔子的思想，你说这算精华吗？我认为不是。现在都提倡小孩儿读经，上来如果选这个给小孩讲，"父为子隐，子为父隐"，长大了都世故。孟子是什么思想？也有人问孟子一个问题：舜为天子，皋陶是法官，瞽瞍杀人，你说怎么办？皋陶虽是执法如山的法官，舜可是天子，瞽瞍是舜的父亲，瞽瞍是坏蛋，他杀人了，问孟子怎么办。这题目不好回答。要是今天就好办了，父亲归父亲，儿子是儿子，杀人犯法，一命偿一命。这是今天的观念。那时法律有达不到的地方，伯夷、叔齐不食周粟，出了法制治理的范围。孟子就替舜出个主意，我要是舜，就把瞽瞍偷出来，窃父而逃，逃到没人的地方，我们过老百姓的日子。孟子就说，舜碰到这种情况，宁可天子不做，为了孝顺，背着杀人的父亲，走到荒野，法律管不着的地方，在那儿忍了。可是今天"普天之下，莫非王土；率土之滨，莫非王臣"，你上哪儿躲？所以我认为儿童读经要慎重，没有一定的判断力是不行的。当然，孔孟的道德、学说是很高尚深奥的，但不可一概而论。高深的很难懂，如果讲课人的素养再不高，就有误导儿童之嫌。不如年岁大一些，阅历多了，再读儒家经典，可以辨别是非。"百年世事不胜悲"，就是我所经历的一生太可悲了。"王侯第宅皆新主，文武衣冠异昔时。"是说一朝天子一朝臣，得势的又得势了，倒霉的又倒霉了，这是内忧。还有外患。你们在这儿升官发财，可是"直北关山金鼓振，征西车马羽书驰"。从安史之乱以后，杜甫几次都觉得好像天下该太平了。像《闻官军收河南河北》，高兴了一阵。但后来又是"西山寇盗莫相侵",天下总还是有事,家也回不去。诗人说我现在是边缘人物,"鱼龙寂寞秋江冷",又回到秋;"故国平居有所思",前六句都是他"有所思"的内容。他说我好像是个旁观者,但我并不是个旁观者,我是一个对朝廷、对国家大事十分关心的人,但我现在是边缘人物,我无可奈何。后面不是说"江湖满地一渔翁"么?我倒成了渔翁了。要说杜甫忧国忧民的思想,恐怕比我们现在的人是有过之而无不及。杜甫穷到这样了,"白帝城高急暮砧"了,但他还是"故国平居有所思"。

过去我认为第五首写的最无聊,"蓬莱宫阙对南山,承露金茎霄汉间。西望瑶池降王母,东来紫气满函关",很多旧注说这四句是用典故写长安都城的气氛。现在我说不那么简单。"蓬莱宫阙对南山,承露金茎霄汉间。"外面是终南山,皇宫里面是承露盘。"茎"字是平声,念 xíng,就是个金的柱子,上面有一个盘子。秋天到了会接露水,据说喝那个露水可以养生。承露盘是汉武帝时做的,因为特别高,在皇宫里是一个很突出的建筑物。李长吉的诗里也有这个东西。我认为这三、四两句一个西、一个东,是过渡的。"西望瑶池降王母",相传周穆王去见过西王母,后来小说里也说汉武帝和西王母有来往,还有人说西王母是个妖精,反正她是个女性。我认为这句指的是唐玄宗宠女色。"东来紫气满函关"是老子的故事,这个典故用得好。老子姓李,就是说李姓的天下还有重兴之日。这句是指安史之乱时,东方的将帅起兵勤王,使得肃宗在凤翔可以即位,唐朝的元气总算没有伤,天下保住了,唐朝没有亡。这两句里有这个意思,虽然不明显。也就是《登楼》里的"北极朝廷终不改"。然后五、六、七、八句是说杜甫见到肃宗,皇帝给他官做云云。"云移雉尾开宫扇",历史上皇帝都是给自己制造尊严的。现在戏台上的宫扇在人的后面,其实古代的宫扇设在人的前面,等皇帝在殿上坐好以后,宫扇打开才能看见皇帝,这显出派头儿。"龙鳞"指龙袍上有龙鳞,"日绕"是说太阳光一晒,看到皇上在这儿坐着。后两句应该倒过来说,"几回青琐点朝班",那个时候我有时值夜班,我也在青琐门外等着传呼"点朝班",点到谁,谁去上朝。他把这句搁在最后了,中间插了一句"一卧沧江惊岁晚"。

然后就到第六首。他把夔州跟长安用一句诗就给联系起来了。"瞿唐峡口曲江头,万里风烟接素秋。"这两句技巧很好,一下子就把现实跟长安连上了。

夔州就是三峡，长安就是曲江。"花萼夹城通御气"一句很有微言大义。唐玄宗刚即位的时候就认为，我坐天下不是我一个人的本事，是我的弟兄保着我，所以他对于宗室、皇帝的帝室，对于他同族同宗的人很是笼络。既不是像太宗玄武门之变把哥们儿杀了得天下，又不是对兄弟没有感情。玄宗为了联络皇帝和兄弟之间的感情，盖了一个楼叫"花萼楼"，供封王的弟兄们在那儿聚会。因为是兄弟关系，所以叫"花萼楼"。另外还有一个情况，就是为了皇帝和皇族过去玩，花萼楼到曲江，它中间有一个夹城，跟过街楼似的，人不用上马路，从夹道就能到曲江了。皇帝可以有特权走这条专修的道儿，所以"花萼夹城通御气"。底下这句很好，"芙蓉小苑入边愁"。芙蓉小苑是个什么形象呢？是皇帝享乐的地方，人很少，很清静，只有杨贵妃、只有皇帝最宠爱的人，在小环境里自乐其乐。既享受，又过着宁静的、平安的，而且又最幸福的日子；但如此安逸美好的所在却"入边愁"，写得太好了。请别忘了上一句啊，"花萼夹城通御气"，玄宗最早的思想是想把宗室之间的矛盾化解，希望国家太平。没想到晚年自己给自己耽误了，所以"芙蓉小苑入边愁"。

"珠帘绣柱围黄鹄，锦缆牙樯起白鸥"，浦江清先生的《杜甫诗选》有一个讲法很荒唐，他说这个殿上荒凉了，本来是珠帘绣柱，现在就剩下黄鹄了。这显然不对。那个"围黄鹄"是图案。这几句都是皇宫："花萼夹城通御气"是皇宫；"芙蓉小苑"是皇宫；"珠帘绣柱"是皇宫；皇宫通曲江，"锦缆牙樯"是曲江。"起白鸥"也是有典故的。还是那句话，人要是不犯鸥鸟，鸟是跟人很亲近的，所以"锦缆牙樯起白鸥"。

这里杜甫就感慨了。末句还是得倒着念，这"秦中自古帝王州"。照理讲此地应该是太平盛世，可他最后来了一句，"回首可怜歌舞地"，现在是今非昔比了。他就想到了开元的盛世，而经过安史之乱以后，毕竟有所不同了。他这首诗把"秋"搁在前头了，后头就全都是长安的事，没再提"秋"。他那个"秋"点了一下，就是"万里风烟接素秋"。

下边这首呢，诗人也有意思。"昆明池水汉时功"，原来的昆明池是汉武帝修的，这里比喻长安。杜诗里多少次都用汉武帝比唐玄宗。《兵车行》"武皇开边意未已"，就是用汉武帝比唐玄宗的。唐玄宗刚即位的时候，平定天下，用武力扩充地盘，把边塞好多地方都收归唐朝的版图了，在当时是很了不起的。所以"昆明池水汉时功，武帝旌旗在眼中"，现在想起来，那还是唐玄宗最得意的一段事情。

可是现在怎么样呢？"昆明池"里有些东西还有，其中有个人工做的"织女机"，还有一个石刻的鲸鱼，那个鲸鱼跟活的一样。但是"织女机丝虚夜月，石鲸鳞甲动秋风"，那地方没人去了。这今昔之感，诗人也是点到而已，不再往深里说了。再看看这个昆明池里，石鲸还有，织女机还有，但是**武帝旌旗**换样了。安史之乱以后，唐朝的武功不能谈了，军事力量衰弱了，敌人入侵了，长安还一度失陷。你要联系历史来看，他这句诗就是感慨无穷。

"波漂菰米沉云黑，露冷莲房坠粉红"，跟上面意思差不多。这菰米本来是为了给皇帝吃的，菰米长在池塘里，就是我们现在说的莲子、鸡头米那一类的东西。菰米应该是随长随摘，摘了就吃，特别嫩，特别好吃。可现在是没有人摘了，那个菰米越长越多，越长越多，长得水里头全都是。光长不吃啊，所以"波漂菰米沉云黑"。而那个荷花也没人看了，没人摘了，等到秋天"露冷莲房"，露出莲蓬来了，水面上全都是落花。这四句全都是今昔之感。

杜甫不是走三峡进的四川，他是从秦州、汉中，陕西、剑门那边进的四川，也就是"明修栈道，暗度陈仓"的那条道，就是陆放翁的诗"此身合是诗人未，细雨骑驴入剑门"。他走的是小路，所以说"关塞极天唯鸟道"。而我今天的身份呢，变成一闲人了，变成一边缘人物了。那些个东西我都经历过，织女机我也见过，石鲸我也见过，菰米、莲蓬我都知道，昆明池我也去过，但我现在变成一渔翁了。其实他自己并不是渔翁。换句话说，渔翁都在江湖上漂流，他不会到那昆明池里去打渔——那儿不允许老百姓去打渔，所以说"江湖满地一渔翁"。

最后一首，昆吾是个地点，御宿也是个地点。据说汉武帝曾经在那儿住过，所以那个村子就叫"御宿"。"自逶迤"是说，从长安出来以后，顺着名胜古迹，先到昆吾，后到御宿，然后到紫阁峰，又到渼陂。白居易诗里也有紫阁峰，紫阁峰再往北就进了湖了，就是漠陂。杜甫前期的作品里有一首七言古诗，就是《渼陂行》"岑参兄弟多好奇"，那个陂读 pí，也可以念 bēi，一般我还是念 pí，因为这里是当湖讲的意思。这都是长安的名胜，杜甫早年跟岑参一些朋友都去逛过、游览过。这是一路风景，逛了这个接着逛那个，所以说"昆吾御宿自逶迤，紫阁峰阴入渼陂"。有的注解注出了，注的好，有的就没注出。

底下两句问题就来了。有人说明是"鹦鹉啄馀香稻粒，凤凰栖老碧梧枝"，这才顺。为何要"香稻啄馀鹦鹉粒，碧梧栖老凤凰枝"？颠倒过来，句子多别扭啊。我看仇注和其他的杜诗注解，各自有各自的解释。我先说我的解释：在我们的诗和文里边，往往两个词应该顺着说——或者两个名词，或者两个动词，或者动宾结构，或者是什么样的一个词语结构——硬给它颠倒过来了。倒过来是什么意思呢？一句话应该只有一个重点，现在把这一句话成心拧着说，把它倒过来，它就变成两个重点了。我的《古文精读举隅》里谈到曾巩有一篇文章，他说老百姓对政府不满意，就在房间里议论国家的事情，不公开议论，走在街上就叹气。它应该是"议于室，叹于途"。曾巩的文章就倒过来了，"室于议，途于叹"，这不通啊。不是，他的意思是说到了街上你只能叹气，在房间里你只能议论，这两个都是重点。他把它倒过来了，让你特别醒目。韩愈的《与孟东野书》里也有一句。应该说我们为了吃饭"奔走于衣食"吧？韩愈那句叫"衣食于奔走"，倒过来了。杜甫这两句诗，就跟这儿一样了。它是既着重那个香稻，又着重那个鹦鹉；既着重那个梧桐，又着重那个凤凰。两个都重要，那怎么办呢？所以他就成心把这两个一颠倒，这句子就特别醒目。这是我的讲法，也未必可靠。我最近看仇注，他也是引别人的话，有一个解释。他说香稻是不应该让鹦鹉吃的。香稻满地，都是吃剩下的，就是浪费啊。香稻都让你养的这些家禽给浪费了。特别是"碧梧栖老凤凰枝"，凤凰根本就没有，这是很明显的。他说碧梧长得这么好，应该是让凤凰待的，可是现在没有凤凰。仇注是这么讲。总而言之这个句子是一个别扭的句子，但是杜甫有他别扭的意图。这种倒句子在杜甫的诗里就出现这么一次，再找没有了，引得后世纷纷地议论，实际上他就是做一个尝试。

"佳人拾翠春相问"，用的是《洛神赋》"或拾翠羽"。是说到了大好春光的时候，在长安盛世，在名胜古迹的地方，很多女性去逛风景，仕女如云，就跟洛神出现一样，漂亮极了。"仙侣同舟晚更移"，注解上说是《后汉书》里写李膺招待郭泰，他们是"仙侣"。岸上的人看见这些名士坐在船里，就望之如神仙。可是这儿不光是用《后汉书》的典故，有古典也有今典，就是有当时的典故，是说自己在这个地方也曾经划过船，也跟岑参等好朋友来过。在长安的时候也曾潇洒过，也曾到处去逛过。上朝啦，逛风景啦，这些都是美好的回忆。

最后一句"彩笔昔曾干气象，白头吟望苦低垂"，是结合到自己。但最后落实到今天，我自己现在还是很不得意的一个情况。八首诗写到最后，用了一个自己也不得不扫兴的句子结束。"彩笔昔曾干气象"，说我这一生不是没有才。当初的志向是"彩笔"，而且还实现了，和江淹梦中拿到彩笔一样。"干气象"有两个解释：一个是说文章可以一直高达九霄云外；另一个，钱牧斋讲"气象"是朝廷的气象。"彩笔昔曾干气象"就是说我的文章曾经被皇帝赏识过。老杜献三大礼赋的时候也风光了一阵，《喜达行在所》以后封了左拾遗，也高兴了一阵。"日绕龙鳞识圣颜""几回青琐点朝班"，他有光荣历史啊。"彩笔昔曾干气象"，可是最后是什么呢？现在是"白头吟望苦低垂"。这个"望"不一定是盼望、探望、拿眼睛看；"望"还有另外一个意思，就是怨恨、怨望，有一种埋怨、不得意、郁闷的意思。当然这个"望"也有抬头望的意思，但最后还是"苦低垂"，还是耷拉脑袋了，没辙了。"白头吟望"是说，诗人把《秋兴》八首写完了以后，心情并不平静，有很严重的失落感、没法排遣的不愉快的心情。我发现，"仇注"的文学艺术细胞似乎差点儿，仇兆鳌把这句改成"白头今望苦低垂"，他因为上一句是"彩笔昔曾干气象"，既然从前曾经"干气象"，所以今天就"今望苦低垂"，"今望"怎么讲啊？实在是"点金成铁"之手也。

《秋兴》八首里杜甫很写实地把他大半生的经历说了一遍。又用典故，又写实，又回忆，虽然技巧用得很多，内涵还是比较丰富，得仔细琢磨。像《读杜心解》《杜诗详注》《杜诗镜铨》《杜律启蒙》……凡是研究杜诗的，必在这上头下大功夫。今天我就删繁就简讲到这儿。

第十五讲　落日心犹壮　秋风病欲苏

丹青引（赠曹将军霸）

将军魏武之子孙，于今为庶为清门。英雄割据虽已矣，文采风流今尚存。学书初学卫夫人，但恨无过王右军。丹青不知老将至，富贵于我如浮云。开元之中常引见，承恩数上南薰殿。凌烟功臣少颜色，将军下笔开生面。良相头上进贤冠，猛将腰间大羽箭。褒公鄂公毛发动，英姿飒爽犹酣战。先帝御马玉花骢，画工如山貌不同。是日牵来赤墀下，迥立阊阖生长风。诏谓将军拂绢素，意匠惨淡经营中。须臾九重真龙出，一洗万古凡马空。玉花却在御榻上，榻上庭前屹相向。至尊含笑催赐金，圉人太仆皆惆怅。弟子韩幹早入室，亦能画马穷殊相。幹惟画肉不画骨，忍使骅骝气凋丧。将军画善盖有神，偶逢佳士亦写真。即今漂泊干戈际，屡貌寻常行路人。途穷反遭俗眼白，世上未有如公贫。但看古来盛名下，终日坎壈缠其身。

观公孙大娘弟子舞剑器行

大历二年十月十九日，夔府别驾元持宅，见临颍李十二娘舞剑器，壮其蔚跂。问其所师，曰："余公孙大娘弟子也。"开元三载，余尚童稚，记于郾城观公孙氏舞剑器浑脱，浏漓顿挫，独出冠时。自高头宜春、梨园二伎坊内人，洎外供奉舞女，晓是舞者，圣文神武皇帝初，公孙一人而已。玉貌锦衣，况余白首，今兹弟子，亦匪盛颜。既辨其由来，知波澜莫二。抚事慷慨，聊为《剑器行》。昔者吴人张旭，善草书书帖，数尝于邺县见公孙大娘舞西河剑器，自此草书长进，豪荡感激，即公孙可知矣。

昔有佳人公孙氏，一舞剑器动四方。观者如山色沮丧，天地为之久低昂。爗如羿射九日落，矫如群帝骖龙翔。来如雷霆收震怒，罢如江海凝清光。绛唇珠袖两寂寞，晚有弟子传芬芳。临颍美人在白帝，妙舞此曲神扬扬。与余问答既有以，感时抚事增惋伤。先帝侍女八千人，公孙剑器初第一。五十年间似反掌，风尘澒洞昏王室。梨园子弟散如烟，女乐馀姿映寒日。金粟堆南木已拱，瞿唐石城草萧瑟。玳筵急管曲复终，乐极哀来月东出。老夫不知其所往，足茧荒山转愁疾。

江南逢李龟年

岐王宅里寻常见，
崔九堂前几度闻。
正是江南好风景，
落花时节又逢君。

登岳阳楼

昔闻洞庭水，今上岳阳楼。
吴楚东南坼，乾坤日夜浮。
亲朋无一字，老病有孤舟。
戎马关山北，凭轩涕泗流。

江汉

江汉思归客，乾坤一腐儒。
片云天共远，永夜月同孤。
落日心犹壮，秋风病欲苏。
古来存老马，不必取长途。

我们今天主要讲两首古诗，然后顺带谈一首七绝，都是同一倾向性的写法。一首《丹青引（赠曹将军霸）》，曹霸是天宝时代给唐明皇画画的，就因为他是世家子弟,"将军魏武之子孙",所以封他为左武卫将军,画家被封为将军。结果安史之乱以后,他不但将军地位丢了,身份也没有了。还有一首诗《观公孙大娘弟子舞剑器行》,公孙大娘是唐明皇时期最走红的一个舞蹈家,杜甫在夔州看到公孙大娘的弟子李十二娘的剑器舞,他又发了一通感慨,所以诗的主题倾向性是一样的,都是乱后见到当年很受欢迎的艺术家。杜甫晚年离开四川后进入湖广地界,碰见了李龟年,作《江南逢李龟年》,李龟年也是当时著名的音乐家。这三首诗的内容不一样,但是倾向性,甚至说诗的主旨都是一样的,不过有详略的不同。

《丹青引(赠曹将军霸)》这首诗的结构是有意识安排的,八句一换韵,前八句是平声韵,第二个八句是仄声韵,第三个八句又换成平声韵,第四个八句再换韵,八句一换韵,结构很整齐。曹霸首先是一个名门贵族,"将军魏武之子孙",而且在天宝时代被封为左武卫将军,乱后将军的头衔没有了,门第也谈不上了,所以说"于今为庶",现在变成老百姓了,"为清门",就是寒门。从魏晋时开始就有九品中正制,所谓"上品无寒门,下品无士族",那么按道理讲曹霸在九品里应该是属于高级的,因为他是魏武之子孙嘛。可是天宝乱后不讲究了,他沉沦了,所以现在既是老百姓,又是寒门。这两个有点差别,门第下降了,身份是百姓了。因为从曹操讲起,故而下面说"英雄割据虽已矣",这句有点陪衬的意思,曹操当年那种身份地位、威风权势,所谓一世之雄,谈不到了;可是"文采风流今尚存",曹霸出自名门,是魏武帝的子孙,不是普通画匠,学问很好,本身的艺术修养也很高。这里我要谈一个问题,现在我们的国画家不会写字,绘画不说多好,起码还可以有个六七十分;但写出的字,说不客气话,有时太次了,这就不行了。请看杜甫对于曹霸的评价:"学书初学卫夫人,但恨无过王右军。"换句话说,曹霸写字的功夫了得,在王羲之以后,就很少有像曹霸的书法那么漂亮而有功力的了。杜甫这里不是强调曹霸会写字,可是特别提出两句来。说点闲话。有位自命为书法家的人,跑到北大讲坛讲书法,他有一个演讲集。这位书法家写一手狂草,但是我发现他写字就像用钢笔写外文一样,千篇一律。一篇下来,该黑的地方一片黑,该白的地方一片白,看不出"狂"在何处,最大的特点就是"不认识"。他在北大的演讲有一段话,认为基本功第二,创新精神、自我精神面貌的体现第一。他认为基本功不是不要,但是得摆在其次。王羲之的基本功是最高的，如果只讲基本功，你写得再好，也超不过王羲之，永远排老二。这是那位书法家的高论。我就想，假如王羲之排第一名，然后把历代的书法家一个一个排下去，排到一千名、一万名，是否能排到这位书法家头上，我看都很成问题。如果有一天，有人说写毛笔字，王羲之第一，而吴小如能排到王羲之之后的一百名，那我真要弹冠相庆了。从王羲之排下来，"书法排行榜"，不要说一百名，就是五百名以内，我都很高兴，因为它是以王羲之打头的，什么颜真卿、苏东坡了……最后哪怕第一千名是吴小如，我也高兴。而这位在北大做讲演的书法家，我敢保排到第一万名，也不一定能排到他。同样道理，拿唱戏来说，如果京戏老生行的谭鑫培第一，那余叔岩应该算谭鑫培第二；或者干脆把谭鑫培迈过去，余叔岩第一，而把孟小冬排第二，杨宝森排第三，那很不错了。要我说，能排到余叔岩之后的若干位，就该很知足了，因为第一位的都是大宗师啊。我就想问这位书法家，以王羲之做冠军，你排多少名？换句话说，你参加初赛，接下来的复赛都未必进得去，你还夸夸其谈什么？最近有熟人跟我聊天，说有人对文徵明的字评价不高，认为缺少变化。我说，古往今来少变化的字很多很多，有名的书法家的字缺少变化当然是个缺陷，但也是特点。启功先生的字变化就不大，谁一看就知道是他写的，但启先生有他自己的特点。说文徵明的行草变化不大，因此就没落了、不行了，这就好比说启先生的字千篇一律一样。我就想问一句，你写一个试试。不是学启功先生的字，拿到潘家园还能卖钱吗？后来有人告诉启先生，启先生说，他没饭吃，让他弄俩钱过日子吧，不必追究。记得报纸上登过一段启先生的逸事。启先生晚年拿毛笔写不了了，但有一位跟他太熟，强迫他写，他随便给写了几个字，结果那人就裱了；另外又拿了一条琉璃厂冒充启先生书法的，一块儿拿给启先生看。启先生的评论是，我这个是真的，是我写的，但太劣；那个虽是假的，但还够格，写得不错，不劣。所以，在启先生眼里，字像不像，是不是一个风格，跟好坏两码事。即使真是启先生写的，要是力量达不到或者精神不行了，自己也会说"劣"；而虽然是假的，但写得不错，就不劣。我跟启先生是老朋友了，他故去多年，我觉得作为一个大书法家、艺术家，第一、他有容人之量；第二、他评论优劣，不以真假为标准。现在回过头来说到画画的人，现在的画家很多不会题款、写字。"文革"后一个朋友出国，想着送给美籍华人一幅画，我看了，画不错，结果题款的人不懂行，行款的字既难看，位置也不对，把一幅好画给糟蹋了，拿出去也显得外行。北大艺术系曾经找我去讲课，让我谈书法，我倒没谈书法，大谈了一通如何在书法和绘画上题款，位置、词怎么题，甚至还谈了给人写信，长辈、平辈、晚辈各称呼什么，信封、信内容格式怎么写，题画、册页、中堂、对联怎么题，讲了一堂课。我又说，写字都得从临帖开始，或欧字、颜字，或楷书、行书，帖不是单个字，而是一篇文章或者一首诗，碑是碑，铭是铭，泰山刻石也好，千字文也好，我要求各位在临帖或者创作作品时，先把文章或诗弄懂了再写。我就看见有人写扇面，王维《终南山》"太乙近天都"那首，字写得好坏不说，写到七句话"欲投人处宿"，没地儿了，末一句"隔水问樵夫"只好不写，题一个款了事。结果一个扇面七句话，这不行。要临帖，必须把碑帖的意思弄懂，王羲之《兰亭集序》、柳公权《玄秘塔》、颜鲁公《多宝塔》等等，都有含义，先把文弄懂了，再临帖。

杜甫对于曹霸的画，说吹捧也好，说赞美也好，总之非常崇拜曹霸，当然也很惋惜他。这首诗涉及好几个问题。画画的人是艺术家，艺术家一般不考虑两个问题：一不考虑年轻时攒钱为将来养老，包括杜甫也不考虑这个；其次不考虑把画拿出去挣点儿钱，预防以后生活出问题。当曹霸做将军的时候，画个马，皇帝就赶快说赏钱，我想那时曹霸的生活是很优裕的，至少在当时比杜甫要优裕，甚至比郑虔也优裕。可是晚年在成都，杜甫碰见他的时候，觉得他已经"世上未有如公贫"，大概他是最穷的了。就是说画家不事生产，他没有考虑到年龄问题和生活问题，所以"丹青不知老将至，富贵于我如浮云"。杜甫把一个艺术家的品格概括得再好没有了。一般现在的画家不至于"丹青不知老将至"，也不至于"富贵于我如浮云"，搞艺术的都有点儿钱了；可是曹霸没这个问题，"丹青不知老将至，富贵于我如浮云"。"不知老将至"是孔子的话了。曹霸一脑门子就是画画，根本不考虑年龄，也不考虑生活，"富贵于我如浮云"。当时他是将军，即使不带兵，是个荣誉衔，我估计待遇也不差，何至于安史之乱以后，流落到成都？说不定他还是护驾，因为唐玄宗到四川去了，可能也带走一批人。但是，终于流落在四川，穷的不得了。当然杜甫的遭遇跟曹霸不一样，可是杜甫也处于这种环境。杜甫七律《狂夫》有一句"厚禄故人书断绝"，赚钱赚得多的老朋友跟我不来往了，嫌我穷，所以他说"同学少年多不贱，五陵衣马自轻肥"。他们升官发财有的是，我倒霉了，而且不但是"厚禄故人书断绝"，连他的孩子都老在死亡的边缘上挣扎，"恒饥稚子色凄凉"。从《自京赴奉先县咏怀五百字》《北征》，那时起，他的家庭就困难，到成都以后，日子算好过了，他孩子还带着饥色，面有菜色，这就是杜甫及其家人的生活。换句话说，比曹霸也强不了多少。所以前八句，就把曹霸的性格、出身、门第、成就，全都写了。

然后写具体的事，最得意的，是"开元之中常引见，承恩数上南熏殿"。皇帝都在殿上召见他。曹霸有两个特长，一个画马，一个画人物。开始是画人物。"凌烟功臣少颜色"，"凌烟阁"原来是唐太宗时就开始建造的，从太宗到玄宗时，差不多有将近百年了，这些人物画的颜色都有点变了，时间久了，该刷浆加工了，所以就请曹霸去了，我们今天有个词叫"整旧如旧"。请看杜甫写的，他不说画房玄龄这些宰相啊，是什么样，也不说画武将应该怎么样。他说"良相头上进贤冠，猛将腰间大羽箭"，说的都是配搭，正面的没写。可是，在这两句以前有一句"将军下笔开生面"。我们现在有个成语叫别开生面，就是从杜甫这首诗里来的。什么叫"开生面"，就是开了一个新的面貌。"面"是面貌，指人物的面貌；"生"有两个意思，一是新，还有一个是栩栩如生，又活又新。所谓别开生面者，就是别开新面也。人物还是那个人物，画完以后人的精神面貌变了。"别开生面"现在用的很广，实际上这个成语原来应该只限于画画。这一句"开生面"就够了，所以下面就画装饰了，一个帽子，一个兵器。但是，特别提到其中的两个人，"褒公鄂公毛发动"。后来，苏东坡用典，说你要画人物，"但写褒公与鄂公"，用的就是杜诗。大概凌烟阁上画的武将里，这两员猛将特别有神，所以专门讲。褒公是段志玄，鄂公是尉迟敬德，"毛发动"，画的比"开生面"又进了一层了，简直就跟在前线打仗一样，所以"英姿飒爽犹酣战"。"飒爽英姿"也出自杜诗。凌烟阁上自然都是文官武将，这是写曹霸画人物。

除了画人物以外，曹霸还会画马，也举了例子。上面八句人物过去了，下边又换韵了，写画马了。当初唐玄宗最喜欢的一匹马就是玉花骢，"先帝御马玉花骢，画工如山貌不同"。请了多少人画，就是画不像。"貌不同"者，就是画不像也。会画画的当然不止曹霸一个，当时名家有的是，就是画这匹马不行。

"是日牵来赤墀下，迥立阊阖生长风"，先写真马。说皇帝要考考曹霸，这天把玉花骢牵来了，就在宫殿的赤墀下。墀是台阶，在红色的台阶底下，把这马搁在当院里，让曹霸看；这匹马是"迥立阊阖"，阊阖本来是天帝、上帝的门，这就指殿门。马在院子里、殿门外"迥立阊阖生长风"，不得了啊，一牵来就不同凡响。马本身就带着"生长风"的特点。请看，不用多，说一匹马牵来以后是神马、是骏马，简直神气极了。"诏谓将军拂绢素，意匠惨淡经营中。须臾九重真龙出，一洗万古凡马空。"写得多好。皇帝说了，画一个跟真马一般大的，得费好多纸。古人画画不心疼纸啊，你看《韩熙载夜宴图》多长啊，《清明上河图》更长，古人就是讲究画一个整体。所以"诏谓将军拂绢素"，拿出画画的用具；当然曹霸也不是神，"意匠惨淡经营中"，他也琢磨，一看这马，意匠是指他自己的设想和规划，怎么把马画好，"惨淡经营"也出在这儿，这首诗里的成语太多了。他为什么经营还特惨淡呢？想必也是发了愁，在那儿皱着眉头琢磨，费了老大劲。曹霸并不是欢欢喜喜，拿过来哈哈一笑就画得了，他也下了功夫，但这时间并不长，"须臾"，没多久就画出来了，"九重真龙出"，那马活脱就是一匹活马，"一洗万古凡马空"，画出来的马简直不得了，这还不够，下边换韵了，还说这匹马。

　　画出来的马搁在殿上，皇帝的榻旁边，展开让皇帝看，"玉花却在御榻上"；真马没牵走，还在庭前，"榻上庭前屹相向"。屹，就是相对的，不动了，愣在那儿了。屹立是两个对峙。诗人写得好就好在这儿。那马，应该是活的，不受任何拘束的，但是真马看见旁边有一匹马跟它长得一样，这个活马也愣了，也对着那个画儿发愣，当然画儿是不会动的，可是你看老杜写的"榻上庭前屹相向"，真马、假马都愣在那儿了。当然那假马愣不愣无所谓了，但是画的马儿多像真马啊；而真马愣住了，好像照镜子一样，出来一匹跟它一样的马。然后，下面两句衬笔。有人问我什么叫陪衬。在写事物本身以前，加以铺垫，叫陪；写事物本身以后，还要再写几句话来衬托，就叫衬。所以下面两句是衬笔。"至尊含笑催赐金"，皇帝一看，假马跟真马一样，画得太好了，赶快赏钱，这一赏钱呢，"圉人太仆皆惆怅"。圉人是养马的人，太仆是管马的人，心想我们伺候真马也没赚这么多钱，画一匹马就给这么多钱，发财了，愣在那儿了。养真马的不如画马的博得有名有利，艺术水平太高了。这是衬笔。上面都是说曹霸，忽然底下来了四句说韩幹的话。韩幹是先拜的曹霸，然后自己又独创了，也是画马的杰出人才。诗人说"弟子韩幹早入室"，是曹霸最得意的弟子，"亦能画马穷殊相"，各式各样的马他都能画。可又点明了一句，"幹惟画肉不画骨，忍使骅骝气凋丧"。有人注解，把"忍"当忍心讲，实际这个"忍"是不忍的意思。说韩幹画马，光画肥马，不画瘦马，画肉不画骨。要照现在的注解讲，这么一画就使得骅骝不高兴了。我认为，韩幹之所以光画肥马，不画瘦马，画肉不画骨，是不忍让骅骝看到自己有不幸的一天。所谓瘦马，有骨头的马，有两种，一种天生的骨架就瘦，杜诗里有《房兵曹胡马》，"胡马大宛名，锋棱瘦骨成"，那个马天生就瘦，可是有精神，"竹批双耳峻，风入四蹄轻"，这是一种；另外杜甫还有一首古诗《瘦马行》，那是官兵打败仗了，把一匹老弱病残的马扔在那儿了，太可怜了，那真是一匹瘦马。本来是一匹好马，结果被抛弃了，搞得瘦骨嶙峋的不成样子了，杜甫可怜这马，觉得马太冤了。这种马不是为打仗用的，骅骝是名马，就好像伯乐看见那马，不是拉车用的，是骏马，结果因为不善于驮东西，也不善于打仗，受伤就扔在那里了。杜甫一看，写了《瘦马行》。这是另一种瘦马，是被摧残的、被抛弃的，或者说营养不良、倒霉了的马。韩幹画马有个原则，就是专画膘肥个大、雄伟壮大的马，不画瘦马，省得引起误会，所以韩幹画出的马看起来全都精神。这里有一个说法，就是韩幹带有一点浪漫主义精神，把马美化了。曹霸不是这样的人，曹霸画马是什么样就什么样，画玉花骢，当然玉花骢是吃的饱、喝的足，特别受照顾，肯定不会瘦，可是他画得特别像。到韩幹这儿有变化了，他专画膘肥体壮的马，而不画瘦马。就在把曹霸捧到天上的时候，说他画玉花骢，画的连皇帝也高兴，圉人、太仆都惆怅了，这马神了，已经写到极点，忽然笔锋一转，插进几句韩幹，这是什么意思？这不是写曹霸的诗吗，说他徒弟干什么？而且徒弟的画风跟曹霸又不一样。韩幹画马是中国美术史上有名的，他画马穷殊相，可见什么样的马都会画，甚至于名气比曹霸还大。诗人为什么要来这么几句，有两种说法，一种说法认为韩幹不免媚俗，也说得通，但是这么说委屈韩幹了，显得韩幹人品比曹霸差，或者说他老把马美化、理想化，不画容易引起负面影响的东西。另外，还有一说，说曹霸怎么不跟你徒弟学学呢。你徒弟早就看出来人情冷暖、世态炎凉，他画马尽量满足马的好的一面，也让人只看到马美好的一面，他不画马的容易使人怜悯、遗憾的一面。换句话说，韩幹比他老师世故，会动脑筋，所以韩幹不至于落到你曹霸今天的这个局面。所谓"忍使骅骝气凋丧"，影射的是曹霸。你要有你弟子的那个聪明脑筋，画出画来让人们都欣赏、都喜悦、都满足，而不是你想怎么画就怎么画，画出来让人讨厌，让人不高兴。曹霸是忠于艺术，而韩幹也忠于艺术，但是韩幹不完全为艺术服务，也考虑到人事。你曹霸比韩幹傻，比你的弟子脑子少根弦。虽然你画画的功力、精神、水平，高得多，但是不如你弟子吃得开，有这个意思。不是说对韩幹进行贬义，而是说韩幹比你曹霸识时务。说韩幹难免媚俗，那是古人说的，也有道理。

底下转到后八句，就全是同情曹霸的话，说曹霸倒霉了。你看你，当初画人物、又画马，结果怎样呢，"将军画善盖有神"，当年你画人物是次要的，画马是主要的，现在"偶逢佳士亦写真"。"写真"这个词目前已经变了意思，古代"真"就指的是人像，所以现在日本照相馆还有个词叫"写真馆"。古代没有照相，画出来得跟真人一样，所以叫写"真"。有的时候，古书上画着个美女，底下题字，苏小小"真"，就指苏小小的像，某某人的"真"，"真"是名词，就是画像。所以"写真"，不是我们现在静物写生、写真，不是那意思，这"真"就是人像。曹霸也画人物，"偶逢佳士亦写真"，佳士是什么呢？比如凌烟阁上的当然都是佳士，还有知名之士，也是佳士。苏东坡有一首诗，他说一个画家会画两种人，第一个画的是唐玄宗，玄宗最早做潞州别驾的官，"君不见潞州别驾眼如电"，那是苏东坡说画家能画人物，像玄宗那是贵族；"又不见雪中骑驴孟浩然"，画家既能画贵族阔人，又能画寒士，孟浩然下面说，"皱眉吟诗肩耸山"。皱着眉头吟诗，"肩耸山"，两个肩头都耸起来了，苏东坡形容那个画家举这两个例子，最后结束说，你要画画还是画褎公与鄂公。可见"真"是指人像。过去他老给佳士画，"即今漂泊干戈际"，惨了；"屡貌寻常行路人"，貌读mò，当动词解，不要曲解说曹霸专画贵族阔人、不画平民穷人，"寻常行路人"就不该画吗？我们很多写实主义的画家专画农村老太婆，不也是"寻常行路人"吗？不是那个意思。意思是说曹霸太穷了，只要给钱什么人都画。现在是战乱之后，漂泊于干戈之际，没辙了，不能捡着他想画的人画了，变成摆地摊的了，经常给陌生人、过路人画，什么人都伺候了。"屡貌寻常行路人"，过路的人找他画也画，那画就不值钱了。安徽不是有个画家叫黄叶村嘛，早年专门在邮局门口摆摊，可是现在他的画也价值不菲了，甚至还有冒充他的画赚钱的。艺术家，在他生前未必就那么红。现在提起来，唱京剧老生的杨宝森是一派——杨派，余叔岩之后除了孟小冬，就得数杨宝森了。那会儿我看杨宝森的时候，经常卖三成座儿，没人看。我二十岁左右在天津，跟一个朋友去看杨宝森的《洪洋洞》，唱到最后，台底下没人了，就我们两个观众，杨延昭临死前的一大段唱，专给我们两人唱了。我们特别捧场，唱一句就给鼓掌，他唱得太好了！我估计宝森当时心里一定在想：这回可遇见知音了。我的朋友在旁边大声说："一字一珠！一字一珠！"演员绝不因为没观众就不好好唱。回到杜诗，曹霸关键不在于寻常行路人不画，而在于"途穷反遭俗眼白，世上未有如公贫"，没有比你再穷的了。最后慨叹"但看古来盛名下，终日坎壈缠其身"，不是说一会儿坎壈，而是整天的倒霉，那个倒霉劲儿啊，一辈子到死都倒霉。所以说曹霸也罢，公孙大娘弟子也罢，李龟年也罢，全是乱前曾经享盛名于一时、有真才实学、有绝招的艺术家，天宝乱后，到了晚年都让杜甫碰上了，诗人遂感慨万千。总结一下《丹青引》的几个问题，我特别提出来，第一，画家要会写字；第二，画家是不考虑年龄与生活的；第三，曹霸不如他弟子的思想会转弯；最后，人生坎坷，倒霉到什么程度，一如诗所云。这一首就讲完了。

《观公孙大娘弟子舞剑器行》有序，比较长，其实就是一个具体的叙述，我简单地顺一下。序里有几个词，解释一下就过去了。杜甫先天元年生人，序里提到开元三年，杜甫五六岁时看过公孙大娘舞剑器。杜甫是个天才，他自己说"七岁咏凤凰"，七岁就可以写诗，可见他五六岁时看这个节目，对公孙大娘的印象一定很深。杜甫从小就看艺术，他懂艺术，不是看着玩儿。序是从公孙大娘写起，写到李十二娘，由李十二娘回忆开元天宝的盛况，然后归结到唐玄宗已死，所谓"金粟堆南木已拱"，金粟堆就是唐玄宗的墓地，旁边的树都长得很粗了，换句话说，唐明皇已经死了一段时间了。因此诗是由李十二娘回忆开元天宝的盛况，归结到玄宗墓木已拱，然后写自己，层层递进，点题为止。现在的考证说，剑器大概就是剑，也不是流星锤，也不是什么特殊的兵器，可能剑的形象不是三尺龙泉，不太长，但还是剑。诗的主题不在于舞剑，而在于舞剑由第一代传到第二代的人，他又看到了，然后联想到开元盛世，联想到唐明皇死，最后又想到自己，有了身世之感。就是从艺人的身世之感，联想到自己的身世之感，这是主题。我们谈戏，有个词叫"关目"，其实舞剑是这首诗的关目，是很关键的东西，但不是主题。诗是通过这样一个媒介物，串起诗的主题来。剑器是关目，当然关目也很要紧，不能随便找个东西就当关目。比如《牡丹亭》，杜丽娘自己画的像就是关目，要是没有那个自画像，故事没法往下发展；又如《窦娥冤》，六月雪其实不是关目，真正的关目是羊肚毒药，那是关目，害死人了，结果窦娥蒙冤了，那碗汤是关目。至于《长生殿》的金钗钿盒，也是关目。《长生殿》这戏，有个常识，一般爱情主题，当一个爱情要起誓，大概这爱情就不保险了，"在天愿作比翼鸟，在地愿为连理枝"，最后来个"此恨绵绵无绝期"。当时是金钗分一半，钿盒也分一半，跟杨玉环密誓嘛，那是《长生殿》很重要的一折戏。换句话说，实际上这个爱情是不坚牢的，可是，为了表示所谓海誓山盟这东西，只得如此。这是一个事实。封建社会的皇帝，动不动就"丹书铁券"，保证功臣及其后代，就是犯罪也死不了。但是真正发给"丹书铁券"的，有哪个不是灭族的？有哪个不是倾家荡产的？

这首杜诗使人感动的地方在于，大乱之后，看到一个公孙大娘的继承者，感慨万端。这首诗我跟林焘先生有具体感受。在抗日战争以前，我们对于京剧武生泰斗杨小楼都崇拜得不得了，但是杨小楼 1938 年就故去了。杨氏故去的那天，我正在饭馆吃饭，听到杨氏逝世的消息，我午饭都没吃。一个艺人的去世竟能影响一个十几岁的小孩不吃饭，那我确实是动感情了。哎呀，杨小楼死了，觉得太遗憾了。之后国家就陷入长期的战乱。记得 1936 年，我最后一次看了杨小楼的戏。林焘先生在去内地以前，也看了杨小楼的戏。我们北大的好几位老师都是杨小楼的戏迷，在去西南联大以前，还在看杨小楼的戏，临上火车都要看杨的戏，看完再走。经过多少年动乱，直到 1979 年末，快过年了，俞平伯先生主持的北京昆曲研习社复社，我忽然接到复社专场演出的邀请函，大轴《挑滑车》，没写谁演，我心想业余的还能演《挑滑车》，倒要看看。林焘先生是昆曲研习社的社员，也在现场。到了剧场才发现，是王金璐先生演《挑滑车》，王先生也是研习社社员，特邀他演的。换句话说，从 1936 年至 1979 年，这中间经过多少年，几十年过去了，最后在舞台上看到王金璐，演的全是杨小楼的路子，我一下就想到杜甫当年看了公孙大娘，又看李十二娘，其实就是我那时的感情。散戏以后，我跟林焘先生一块儿走出剧场，他就说，哎呀，我们几十年都没见过这场面了。他回忆起来，简直是感慨万端。我说这首杜诗甭讲了，就把我那时的心情传达给各位，就知道杜甫是什么心情了，就是这么一个感受。从公元715年（开元三年），到写这首诗的公元767年（大历二年），是相隔了五十多年，"五十年间似反掌"，这五十年杜甫过的什么生活，首先是安史之乱，然后是"漂泊西南天地间"。在成都也没过几天安生日子，挪到这又挪到那，最后落到夔州，在夔州看的这场表演。正如同我们这些人经过了"十年浩劫"，居然又看见这儿还有个演杨派武生的演员，而且演得还相当好，我们是什么感情？就是这首杜诗的感情。

这里我想解释几个词。诗序里说，"壮其蔚跂"。什么叫蔚跂？杜甫以前和以后都没有用这个词的，于是就有人说杜甫不通，这词儿是生造的。不过这确实是个特殊的词儿。真是活到老学到老，我后来才发现这"蔚"字有两个读音，我们现在都读错了。说"蔚秀园"的"蔚"，出自《醉翁亭记》"望之蔚然而深秀者"，是草木茂盛的意思。还有个词，我们都念错了。说"蔚蓝色的天空"，这里"蔚"念 yù，跟郁郁苍苍的"郁"是一个意思，深蓝色的，带有点透明度的。"蔚然大观"的蔚可以念 wèi。"蔚跂"，"蔚"是草木茂盛；"跂"，足字旁一个支，就跟我们今天写企业的"企"是一个字。这个字形容跳芭蕾舞最合适，一个人踮着脚跳舞，就是"企"。另外，一个人看不见什么东西，把脚踮起来，为了看远处，那也叫"企"。"蔚跂"两字连起来，就好比一个人舞剑器，让你看到天花乱坠、眼花缭乱，这是"蔚"；同时又轻飘飘的，跟凌波微步、罗袜生尘一样，等于脚没沾地，这叫"跂"。蔚跂这两字是相反的意思，一方面非常缤纷缭乱，热闹极了；另一方面脚底下轻极了，简直脚没沾地，所以叫"壮其蔚跂"。这舞的太棒了，上头看不见人了，两把兵器耍的跟千军万马一样，底下脚就靠两个脚尖在那撑着，这就是"蔚跂"。

还有，"自高头宜春、梨园二伎坊内人……"，什么叫高头？高头就是上头，指"内廷供奉"，是最接近皇帝、最接近上层的那个戏班。再有一个最难讲的，"玉貌锦衣，况余白首"。这有两种说法，一个说此处有阙文，还有的说杜甫不善于做文章，文章不通。"况"，今天只作连接词用，况且、何况。古代有个词叫"譬况"，"况"是连类相比也。我听过周祖谟先生讲声韵学，周先生在讲课时，经常讲某个词是譬况词，就是可以拿这个词比那个词，"况"即连类而比的意思。杜诗上头说了"玉貌锦衣",那是诗人看的舞者,主要指当年他看的公孙大娘,那时玉貌锦衣;对比之下,我现在头发已经白了。底下还有两句,"今兹弟子,亦匪盛颜"。当年公孙大娘玉貌锦衣,我是娃娃,现在比比看,公孙早就没有了,我的头发白了,是个衰翁了,而她的徒弟也不年轻了,这不就连上了吗?诗人的意思就是作个对比。诗人下面没太写李十二娘,主要还是写公孙大娘,因为前边序里有"波澜莫二",居然这个弟子能把师父的东西继承的非常全面,这就够了。

"昔有佳人公孙氏,一舞剑器动四方",这都好讲,我就略过去了。最妙的是"观者如山色沮丧",不是"色兴奋",不是眉飞色舞,观众一看都傻眼了。就像我们今天看马戏似的,风险太大了,大家提心吊胆的,怕出事,看着害怕,是这种感觉,不是说"观者如山色狂欢",而是看的观众都面无人色了。而且,写得太抽象了,"天地为之久低昂"。不光是在一个场面上活跃,天地好像都随着起起伏伏,简直太神了。下面接连四个比喻,"㸌如""矫如""来如""罢如"。头两个因为用的是神话,比较抽象,但我们也知道是什么意思。"㸌如羿射九日落",那是说剑光闪烁,㸌是闪烁的样子;"矫如群帝骖龙翔",一群神仙骑着龙在天上飞,也有点儿悬,不太好想象,但我们知道意思是舞台上一个人如同千军万马一样。一个是剑光闪烁如同羿射九日落,一个是公孙大娘一人占满了全台,跟千军万马一样,到处是她的影子。发点儿感慨。梅兰芳唱《游园惊梦》,或者什么独角戏,戏台上就一个演员,可是好演员有一个人占领整个舞台的神奇功力。梅兰芳就有这个本事,整个舞台就一个人,但观众全被吸引住了。可是我们现在舞台上出来穿靠旗的,动辄二三十,然后旦角又出来好几十,恨不得舞台上能站两千人。这到底看谁啊?怎么看啊?公孙大娘一个人就好像是"群帝骖龙翔",这了不起。这两句还比较抽象,下边两句就可以体会,"来如雷霆收震怒",要不怎么色沮丧呢,那气势之猛,简直震撼人心,然后表演到一个关节时,一下就打住了,"收震怒",戛然而止,这个我们能体会到。因为打雷我们都有经历,而且这个"收震怒"好,本来气势汹汹,让你惊心骇目,可是一下顿住了。其实还在"怒",但是暂时停顿。最后等节目演完了,就好像梅兰芳演《霸王别姬》舞完了剑以后,台底下和台上都静默无声。又像是大风大浪的江海,最后波平浪静,"罢如江海凝清光",这个境界太好了。前边热闹得简直让你透不过气来，最后收住的时候一点声音没有，波平浪静，宁静到一根针掉在地上都听得见，这两句比头两句更好。写舞蹈表演就到这儿为止了。然后说"绛唇珠袖两寂寞"，什么叫"两寂寞"？绛唇是唱歌，珠袖是舞蹈。从公孙大娘以后，音乐听不见了，舞蹈也看不见了，此之谓"两寂寞"。"晚有弟子传芬芳"，这个弟子是谁呢，她是临颍美人，现在到白帝城来，到夔州了，"妙舞此曲神扬扬"。她舞蹈的节目和诗人小时候看的舞蹈是一样的，还是"神扬扬"，觉得好像神采不减当年，就是说现在公孙大娘的徒弟很好地传承了老师的艺术。底下这句不太好讲，"与余问答既有以"。"有以"在古文里常见，"古人秉烛夜游，良有以也"。这里的"有以"是什么意思？还有，"视其所以，观其所由，察其所安"，那个"以"是由的意思。"良有以也"就是良有由也，良有原因。可杜诗里的"有以"不好讲，我认为这个"以"跟那个表示完了的"已"相通。"与余问答既有以"，就是说我跟她谈话告一段落了，我是这么讲。因为这两个"以"和"已"，古通用。"感时抚事增惋伤"，这不用讲了。当初"先帝侍女八千人，公孙剑器初第一"。"五十年间似反掌"，快得很；"风尘澒洞昏王室"，天下大乱。"梨园弟子散如烟，女乐馀姿映寒日"，现在的"映寒日"都是说到了天冷的时候，快散场了，可是"女乐馀姿映寒日"不是指现场。有人讲成杜甫看节目时是十月，所以叫"映寒日"，我认为太简单了，不是这个意思。三十多年前，我听俞平伯先生讲杜诗，对于"女乐馀姿映寒日"一句，他说这句是暗用向秀《思旧赋》的序，借以寄今昔沧桑之慨。我认为这个解释是很精辟的。正与诗里头的上文"感时抚事增惋伤"一句相映照。《思旧赋》的序怎么说的呢？嵇康，"临当就命，顾视日影，索琴而弹之"。他临死时看看太阳，然后拿琴弹，广陵散从此绝矣。向秀就说了，"余逝将西迈"，我就要往西走了，"经其旧庐"，走过他的故居，"于时日薄虞渊，寒冰凄然"。在向秀走过嵇康的故居时，太阳快下山了，"寒冰凄然"，天气特别冷，"邻人有吹笛者，发音嘹亮。追思曩昔游宴之好，感音而叹，故作赋云"。这是向秀《思旧赋》的序，所以俞先生说"映寒日"者，用《思旧赋》的序"日薄虞渊，寒冰凄然"。"梨园子弟散如烟"了，而女乐的馀姿还有个别人留下来了，但是就好像向秀过嵇康的故居一样，是"映寒日"。我觉得俞先生的说法是对的。做学生的，也有师承，也有家法，我觉得俞先生讲的好的，一定都照着讲。有一次我在城里讲杜甫,俞先生的女儿、外孙、亲戚去了一大堆,讲完以后,俞先生给我写了封信,说"感谢你宣传鄙说"。到下边就是,"金粟堆南木已拱",唐明皇已经死了,诗人会跳跃,一下子蹦到自己,"瞿唐石城草萧瑟"。皇帝早已死了,我现在瞿塘峡这个地方,"草萧瑟",时令也到了暮年了。"玳筵急管曲复终",这个节目演完了,大家散了;"乐极哀来月东出",等到散了,月亮出来了,可是我的心情太乱了,看了这么个好节目固然很激动,跟她谈话以后又很感慨,所以诗人思绪纷乱。"老夫不知其所往",这就跟那《哀江头》似的了,我要回家,路都走不出来了;"足茧荒山转愁疾",走的是山路,特别难走,我倒反而发愁了,干吗走那么快啊,简直累不了了,"转愁疾","疾"是快的意思。这个"茧",他用的是蚕茧的茧,还有一个说脚上长了趼。"趼"念 jiǎn。

这个讲完了,捎带讲《江南逢李龟年》。好讲极了,就四句。"岐王宅里寻常见,崔九堂前几度闻"。岐王也好,崔九也好,都是长安的贵族大官,在那个地方我们经常见面,而且也常听说你的消息。"正是江南好风景,落花时节又逢君"。俞平伯先生当年说,这诗还用讲?多念两遍就行了。其实就是诗人这种今昔之感,内心的伤痛,用不着多说。当年,"岐王宅里寻常见",贵族门前是踪影不断的;"崔九堂前几度闻",也常听说你的消息。"正是江南好风景,落花时节又逢君",赶上这么一个时候,诗人已经从四川出来了。好风景啊,可是落花时节,赶上春暮,暮春又碰见你了。我常用对比,李白要写碰见熟人,送给人诗,那可是一气呵成,"李白乘舟将欲行,忽闻岸上踏歌声。桃花潭水深千尺,不及汪伦送我情"。就大白话,而且一目了然,就这么点意思全说了。这也有好处,这是李白。可杜甫不这么说,"正是江南好风景,落花时节又逢君"。我又碰见你了,这次碰见你,既不是岐王宅里,又不是崔九堂前,时间又是"落花时节",虽然现在是"江南好风景"……琢磨琢磨吧,这诗就得反复多念几遍,它这个含蓄的劲儿在里头。《世说新语》有两句话"风景不殊,正自有山河之异",杜诗就是这种类似的感情。

这首诗我提醒大家,杜甫做了一个尝试,可惜在杜诗中就见过这么一次。是我的一个学生发现的,当时我没理会,后来我发现这又是杜甫写旧体诗的一个新尝试,可惜这个传统,大家都没注意。"岐王宅里寻常见"的"见",和"正是江南好风景"的"景",属于见纽,见古音念 giàn,景念 gěng,这音我们现在都发不出来了。请注意，一三两句的末字，虽不押韵，但是同纽。"见"和"景"同纽，就是现在的读音也类似。不要以为一三两句的末字就没关系，照样可以有音律上的特点，可惜我没有找到杜诗其他的例子，但是这个例子很突出，因为头句没韵，第三句当然也不入韵，而他用这两字怎么那么巧，用了两个古音非常难读的见纽，这个要提醒大家一下。杜诗有很多创造性的东西，后人没有注意，我讲《江南逢李龟年》跟别人的讲法也不完全一样。这三首诗倾向性是一样的，曹霸也好，公孙大娘也好，李十二娘也好，李龟年也好，都是盛时在长安碰头见过、经常了解的，各自身怀绝技，可是现在跟我一样，都倒霉了，结局如此，都有沧桑之感。

杜甫离开四川以后，最有代表性的两首诗，是《登岳阳楼》和《江汉》。

先说《登岳阳楼》。"昔闻洞庭水，今上岳阳楼"，这两句不用讲。可是"吴楚东南坼，乾坤日夜浮"，是气象阔大得不得了。有两句唐诗，"到江吴地尽"，到了江边，吴地就尽了，以江为界，这边是吴，那边是楚，"隔岸越山多"。长江是分界，所以说"吴楚东南坼"，坼是断开、裂开，"乾坤日夜浮"，也是"天地为之久低昂"那个意思。在岳阳楼上看洞庭湖，简直天地都低昂。"乾坤日夜浮"，整个天地都在那动荡，这气象是够阔大的。下面一下又缩小，缩小到什么呢，"亲朋无一字，老病有孤舟"，太可怜了。杜甫晚年出了四川以后，没有家啊，就住在船上，船就是他的家。所以"亲朋无一字，老病有孤舟"。另外，杜甫"晚节渐于诗律细""语不惊人死不休"，就拿"亲明无一字，老病有孤舟"这十个字来说，阴平、阳平、上声、去声、入声，都有，五声俱全，读起来顿挫有致。也正体现"诗律细"。毛泽东《长征》"红军不怕远征难"一句，也具五声，读起来也是很铿锵的。然而这还不是诗人最难受的、最伤心的事。"戎马关山北，凭轩涕泗流"，北方还在打仗，外族还来侵犯，诗人最伤心难过的是国家尚未太平。"轩"就是楼外头，栏杆里面那块地方，比较宽敞。"凭轩涕泗流"，诗人哭不是为老病，也不是为亲朋不理我，而是为"戎马关山北"，所以哭了。前四句写楼，后四句写人。这首诗平常也平常，高就高在三四跟五六句，等于一个大坝，高不可攀，而下边的落差那么大。但是我认为这首诗还不如《江汉》好。我念了《江汉》以后就觉得挺惨的。"江汉思归客"，诗人是想要回去了。他实际上人并没有到汉水，离洞庭湖也不太远。"乾坤一腐儒"，这个腐儒跟"百年粗粝腐儒餐"的腐儒比，外延更大。杜甫老说自己是腐儒，而"百年粗粝腐儒餐"那是客气话，可这里的"腐儒"上加了个乾坤。乾坤者天地也，换句话说，天地间有我这么个迂腐的读书人。这是什么意思呢？这腐儒跟乾坤也落差太大了，可是有特点。照理讲乾坤的事应该谁管呢，上有皇帝，下有宰相，有文臣武将，保卫社稷，安定民生。这都不是我的事，是贤君、良相、名将的责任，可是我算老几啊，我是腐儒啊，但我呢，又"致君尧舜上"，又"穷年忧黎元"，用得着吗，你干吗要"穷年忧黎元"呢，你干吗要"致君尧舜上，再使风俗淳"呢。老杜整天在这儿每饭不忘君。老舍《茶馆》里有句经典台词："我爱国，可谁爱我啊？"我爱国，国家不爱我；我爱朝廷，朝廷根本都把我都忘了。"亲朋无一字"，"厚禄故人书断绝"，根本孤老头子一个，这还不算腐儒吗？这够腐的。有些事不是我办得了的，可是我整天在那儿担心，忧国忧民，何苦来啊。所以仔细一想，他这个"江汉思归客，乾坤一腐儒"的"腐儒"，内涵太深刻了。乾坤那么大的范围，我考虑的是什么呢，不是自己，而是国家、社稷、朝廷、政权、外患、内忧，什么什么的……全都不是你管得着的事，你的忧患意识太深远了，所以你是腐儒。下面两句说明问题了。叫作"片云天共远"，我就好比天上的一块云彩，在那么广阔的天空，不过就是一块孤云而已，所以"永夜月同孤"。漫漫长夜，四下里都安静极了，就那么孤零零，"皎皎空中孤月轮"。天上的月亮是孤独的，而我的人也是孤独的，只有月跟我是同样孤独的，写得太好了。那个"吴楚东南坼，乾坤日夜浮"，还有点客观，这两句纯粹是主观。诗人自己的豪情壮志之大，大到无以复加的程度，整个国家、社稷、百姓全在他肚子里装着呢。但是怎样呢，我不过是这天上的一块浮云，而我的心，"永夜月同孤"，真是好。咱们再拿李白来比，李白有一首不对仗的五律，"牛渚西江夜，青天无片云。登舟望秋月，空忆谢将军。余亦能高咏，斯人不可闻。明朝挂帆席，枫叶落纷纷。"也怀古，但是，他那个思想境界，没往这方面考虑，一比就比出来了，那是李诗，这是杜诗。"片云天共远，永夜月同孤"，越琢磨，越替老杜伤心，他就是这么一个苦人儿。下面尤其好，这个落日不一定就是天快晚了。"落日心犹壮"，和下面那个"古来存老马"意思一样，就是"老骥伏枥，志在千里。烈士暮年，壮心不已"。落日，一天到了黄昏时是落日，一生到了我这个岁数也是落日。虽然落日，可心犹壮，还想着做一番事业；"秋风病欲苏"，在这个大热天过去之后又刮秋风了，实际上一年要过去了，"病欲苏"，好像我的身体轻松一点了，不像以前那么重了，注意这里不是"病已苏"啊，而是"病欲苏"，好像诗人的身体快复原了、快好了，但不是真"苏"。最后用老马比，"古来存老马"，我说这里用马比自己有三层意思。这马，要是一匹老马的话，不在跑的路多，它已经跑不动了。一个意思是"老骥伏枥，志在千里"。虽然是老马，可是有千里之志。"烈士暮年，壮心未已"，我还是有志报国，有志为国家做点贡献，这是一层意思。还有一层意思，《韩非子》里有个故事，齐桓公派管仲和另外一个人叫隰朋征孤竹。当时孤竹是个边远荒凉的国家，带着大队人马去了，结果到那儿迷路了，回不来了。隰朋就急得不得了，说糟了，我们孤军深入，即使打了胜仗也回不去了，怎么办呢？管仲说靠那个马，马认得路，它有经验，"老马识途"的典故就出在这儿。诗里说"古来存老马，不必取长途"，不是跑的路多，而是它有智慧、有阅历，它认路。管仲说让马领路，果不其然，老马给引了路。"老骥伏枥"是一个典故，"老马识途"又是一个典故，但这都是从本身来说的，还有一个是从统治者来说的。他说"古来存老马"，"存"是慰问、体恤，等于我们现在说照顾老年人，要以人为本，以和谐为本，这就是存的意思。说"古来存老马"，不是为了让它再继续去跑。这里头还有一个典故，见于《韩诗外传》。《韩诗外传》里有个故事，说田子方走到路上，看见一匹老马，就是杜甫《瘦马行》那个意思，一匹没有人管的老马被扔在路上，田子方看了以后很生气，他说这马年轻时为人效劳、替人奔走，苦了一辈子，现在老了，没人管了，"是不仁也"，太不仁了。田子方这话是责备统治者过河拆桥的，人家给你卖了一辈子命，到人老了，老而遭弃，这是田子方发牢骚的话。所以这句有三层意思，我本人是老骥伏枥，有没有用处呢？我识途，我是老马，我可以领路，我有处事的阅历经验；另外还有一层，你们做最高统治者的，当官当权的人，应该考虑考虑，一个知识分子，贡献了一辈子，到老了就遭遇像我这样的悲惨处境。杜甫老年的处境，大家都了解。"古来存老马，不必取长途"，想着让马跑长途是不行了，但是从当官的来看，应该对老马有所表示，应该"存恤"，"古来存老马"，说明你现在没"存"啊。这就跟杜甫说那个《瘦马行》似的，军队打完仗把马扔了，这太忘恩负义，太过河拆桥了。

附录　2003年秋讲杜诗第一卷

我忽然间发现，手头这本浦江清、吴天五合注的《杜甫诗选》变成了珍本，因为里面抄了很多古人谈杜诗的材料。

游龙门奉先寺
已从招提游，更宿招提境。
阴壑生虚籁，月林散清影。
天窥象纬逼，云卧衣裳冷。
欲觉闻晨钟，令人发深省。

我们从《游龙门奉先寺》讲起。关于《登兖州城楼》，《杜诗详注》里引了张𬸦的说法，"考公作此诗时，年甫十五，而所作已如此，其得之天者，良不偶也"。这显然不对。如果《登兖州城楼》是杜甫十五岁作的，那前面的《游龙门奉先寺》和《望岳》就更没法办了。

《游龙门奉先寺》是在洛阳，唐代的奉先寺也很有名。这里有个问题。我看了《杜诗详注》《杜诗镜铨》等好几家注本，都说题目是"游"，而实际写的是"宿"。首句提到"游"，而下面一直到最后，全是晚上的"宿"。那为什么不径直改个题目《宿龙门奉先寺》？其实杜诗里有用"宿"字作题目的，如七律《宿府》等。古人在写诗的时候，题目很重要。有的题目是自己定的，有的是后人给起的。为什么这首诗的题目要这样起？后来我仔细看诗，又想了一下，认为这诗是夜游，并不是天一黑诗人就在庙里睡觉了。

"已从招提游，更宿招提境"，白天游的景致都不谈了。龙门奉先寺是古迹，估计游人很多，但是能在那儿过夜，欣赏到夜景的不多。如同张岱写杭州，《湖心亭看雪》，下大雪没人的时候，他去游赏；还有《西湖七月半》，专写夜景，因为平时有关城门的问题，一般没有人赏夜景。所以，就好比我们现在去逛颐和园、香山，在那儿住一夜的人，要写文章、写诗，一定会写夜景，因为那是一般人见不到的。这儿的杜诗也有此意思。谭献评周济的《词辨》，有一句话，说周邦彦的《齐天乐》"绿芜凋尽台城路"，谭评曰："扫处即生"。"绿芜凋尽台城路"这句是说夏天台城的风景词人不写了，词人要写的就是眼前看到的景色。不妨把谭献的评语移用到杜诗的这两句，意谓白天之游，就不提了，专谈夜晚的"更宿招提境"，但实际上夜晚也是游。"阴壑生虚籁，月林散清影"，前一句是听觉，"籁"是风声，虽然看不见，但夜晚山谷里吹来的风声能听见；后一句视觉，月光从树林里照下来，不是整的，故用一个"散"字，可以参考苏东坡的《承天寺夜游》。"天窥象纬逼，云卧衣裳冷"，一作"天阙"，不好，还是用"天窥"好。杨慎的说法可取，因为它跟下面的"云卧"相对，"天窥"即"窥天"，"云卧"即"卧云"。周汝昌先生《诵杜微音》一文，谈到这两句，可参考。仇注引的那些说法牵强，说"天阙""云卧"是地名，太生硬。其他"天开"什么的，都不好。"窥天"就是看天，寺庙里看到的苍穹，究竟跟在地平线上看到的不一样。"象纬逼"，天上的星宿好像离自己很近，"逼"字用得好，不是说诗人上天了，而是说仿佛天上的东西离着自己近了。后一句并不一定是真冷，而是有点高处不胜寒的意思。"欲觉闻晨钟，令人发深省"，看起来末两句有点虚，实际在庙里住，可以听见钟声，而"发深省"有禅意，有佛家的思想在里面。如果在外面住，听到钟声，像"姑苏城外寒山寺，夜半钟声到客船"，那就不一定有"发深省"的意味了，而在庙里住则不同。"令"念平声，凡是作动词，读平声；而作名词，则念去声。但有个例外，就是作姓，"令狐"念平声。《杜诗详注》特别注出"令"读平声，这很好。

关于《望岳》，翁方纲的《复初斋文集》卷十一和《石洲诗话》卷六，各有一段大讲其"夫"。夫是代词，代指泰山，不是白用的，一直贯到底。俞平伯先生在课堂上讲"夫"挺有意思。《论语》里有"天何言哉！天何言哉！"而《鲁论语》则是"夫何言哉"，俞先生认为"岱宗夫如何"是用《鲁论语》的"夫何言哉"，可备一说。

这首杜诗真正写"望岳"，就是"齐鲁青未了""阴阳割昏晓""荡胸生层云"和"决眦入归鸟"四句，老杜有时也很用"险笔"。八句诗，首句是问话，

"造化钟神秀"是虚的，赞美泰山的巍峨气象；再近一步，"阴阳割昏晓"，让诗人的视觉发生变化；再往前走，越走越高，所以"荡胸生层云"，这是近处；远处看见鸟飞，"决眦入归鸟"；末两句指未来，也是虚的。因此，这诗有一半都是虚笔。高明就高明在"齐鲁青未了"一句，太了不起了。过去，从齐到鲁是两个国家。换句话说，从齐进入鲁的边境，远远就看见泰山了，可是已经到了山附近了，还没望见泰山的边儿，泰山该是多么雄伟壮阔！我说《望岳》不仅仅是静止的望，只望不走；而是边行边望，越望越近，越走离山越近。

"岱宗夫如何"，是未见泰山时心中所疑；而看到泰山的大轮廓是"齐鲁青未了"。然后越走越近，进入山内，所见令诗人大为惊叹，"造化钟神秀"，仿佛大自然把最好的神秀的东西都寄托到泰山了；"阴阳割昏晓"一句，我认为旧注都有问题。我父亲有个讲法，开始我还怀疑，但后来认为我父亲讲得不错。谁都知道，古文里山的南边是阳，北边为阴。杜甫肯定是由齐入鲁，看泰山不会走到山背后——靠海的那边，而只能是面临大陆的一边。也就是说看山不会同时看见山的两边，除非我们今天坐飞机。山南水北为阳，这是常识。过去给小孩讲河的阴阳，拿一个茶杯，搁在太阳光的底下，一看就明白了。我父亲讲"阴阳割昏晓"，不是指山的南北，而是指望过去，山是连绵起伏的、不平的，山的坡面接受阳光的地方，亮得很，很刺眼；而低洼的地方，不一定能接受到阳光，可能很昏暗。同一个平面上，有无阳光照射，亮度是大不一样的，对人的眼睛瞳孔的刺激也不一样，所以用一个"割"字，写出望山者视线的差异，就像刀切的一般，阴阳突变，光线的反映忽暗忽明。"荡胸生层云"，越走越高，云气就像回荡在自己的胸口，指人在山的高处，被云所包围，这是近处；"决眦入归鸟"，远处有个焦点，看见一只鸟飞，越飞越远，甚至把诗人的眼眦都看裂了，穷极目力，直至望不见为止。那是回山的鸟，飞得比较快，词里也有"宿鸟归飞急"。我又联想到老杜的《秦州杂诗》里说"抱叶寒蝉静，归山独鸟迟"，形容归鸟用了一个"迟"字。杜诗很辩证，蝉如果一声不响，行人反而不知道树上有蝉了。听见寒蝉的叫声，且声音极衰微，从有声音反衬安静；后一句说鸟飞得快，并不是慢，用"迟"字，实则是速。别的鸟早就回家了，这个鸟"耽误"了，落单了，所以拼命往家里赶。这两句说静倒不静，用迟而实速。杜诗之妙，可见一斑。《望岳》的五、六句说明诗人已经到了半山腰，最后

"会当凌绝顶，一览众山小"是联想，请注意这里用"一览"，而不是"一望"之类的。览者，乃鸟瞰的意思，俯瞰群山。这两句用的典故就是孔子"登东山而小鲁，登泰山而小天下"，诗人没有把自己的安邦定国之志明写在诗里，但意思是可以体会到的。这种诗很多，如"欲穷千里目，更上一层楼""不畏浮云遮望眼，只缘身在最高层"，站得越高，看得越远。除了视觉的感受外，杜诗更有一层俯瞰大千世界的意思。不妨把王之涣的《登鹳雀楼》略提一下。"白日依山尽，黄河入海流"，前一句是眼前景，平常；后一句好，实际登鹳雀楼是看不见黄河入海的，看不见而想象着去写，气象就远了。

上面讲的两首五古，算是一种类型，实际上都是律诗的写法。除了平仄以外，中间四句对仗工稳，可见杜诗还是很有创造性的。创新不是另起炉灶，完全撇开旧有的东西，我认为创新就是在原有的基础上出新。在杜甫生活的时代，五律已经比较成熟了，但是把律诗的做法尝试着往古诗里运用，这是很了不起的。另外，我说王勃的《滕王阁诗》绝不比《滕王阁序》差，"滕王高阁临江渚，佩玉鸣鸾罢歌舞。画栋朝飞南浦云，珠帘暮卷西山雨。闲云潭影日悠悠，物换星移几度秋。阁中帝子今何在，槛外长江空自流"。诗里的三四句是七律的格调，我们注意后面四句的平仄，平平平仄仄平平，仄仄平平仄仄平。仄平仄仄平平仄，仄仄平平平仄平。虽略有点儿拗，但是一首很完整的七绝。所以从初唐开始，诗人已经尝试把古诗融入有格律的诗里，或者倒过来说，用有格律的对仗、平仄关系尝试着写进古诗。杜甫的《游龙门奉先寺》《望岳》都是如此。我觉得要讲唐诗，讲分体研究，不应该只就古体说古体、近体说近体，而应该找些这种边缘的创新进行研究。《游龙门奉先寺》和《望岳》，虽都是诗人青年时候的作品，但是杜甫已经在摸索创新，写古诗用律法。

俞平伯先生在课堂上说，杜甫青年时写律诗就达到非常成熟的境地。《登兖州城楼》即是一首非常成熟、四平八稳、无瑕可指的五律。当然，要说它出类拔萃，也不是。其身手不凡之处，乃在于青年杜甫已经达到了别的中老年诗人写诗的火候。这是俞先生讲的。换句话说，杜甫在青年时期，已经走完了其他诗人一生走过的道路。杜甫的起步点就比别人高很多，所以后来的发展和水平，别的诗人无法企及。《登兖州城楼》这诗不用细讲，其优点在于具备五律应有的章法、句法和技艺，律诗的做法都包含在内了。"东郡趋庭日，南楼纵目初",杜甫的父亲在兖州做官,他来省视,登上城楼眺望。"浮云连海岱,平野入青徐",往东看,有海、有泰山,回过头来,平原一望无际。"孤嶂秦碑在,荒城鲁殿馀",这两句是怀古,鲁殿就指鲁灵光殿。"从来多古意,临眺独踌躇",前一句照应五、六,"临眺"照应第二句,同时把三、四句也涵盖在内。"踌躇"的内容实际就是怀古。这个结尾显得"平",不够精彩。有点像《游龙门奉先寺》的结尾,都比较虚。学作旧诗,搞不好,结尾往往出这种毛病,来两句不相干的话一补,就完成了。最后两句弄得不好,就是凑韵。好诗必然在最后两句有新意,《望岳》的最后两句就好,《游龙门奉先寺》的结尾似乎比《登兖州城楼》还略好些。

题张氏隐居
(其一)

春山无伴独相求,伐木丁丁山更幽。
涧道馀寒历冰雪,石门斜日到林丘。
不贪夜识金银气,远害朝看麋鹿游。
乘兴杳然迷出处,对君疑是泛虚舟。

(其二)

之子时相见,邀人晚兴留。
霁潭鳣发发,春草鹿呦呦。
杜酒偏劳劝,张梨不外求。
前村山路险,归醉每无愁。

《题张氏隐居》,一般的选本都不选,这两首诗,尤其第二首五律,我和前人的观点一致,认为"未能免俗"。因为这种作五律的办法是比较容易的,七律也是如此。我觉得第一首七律是有毛病的,"春山无伴独相求",既是"无伴"又"独相求",当然是"独相求"了,词义重复,写诗弄不好往往就出这种毛病,杜诗也并非完美无缺,第一句是说诗人去拜访张氏隐居;"伐木丁丁山更幽",这句还可以,但是把《诗经》里的话整个搬过来了,写路上所听到的。

"涧道馀寒历冰雪"，按照仇注的说法，"冰"应该读去声，"仄仄平平仄仄仄"，这是个拗句。第三句写路不好走，因为在深山里，虽然是春天，但有高寒的天气，山里还没化冻；"石门斜日到林丘"，下半天了，终于找到张氏隐居，显然这地方比较远，诗人肯定也在这儿住了一夜。"不贪夜识金银气"，今天再作诗，即使作古诗，最好也不要用"金银"字样，所以我说这首杜诗未能免俗；"远害朝看麋鹿游"，"远"作为动词，念去声，yuàn。这句说主人是隐者，整天和麋鹿来往。"乘兴杳然迷出处，对君疑是泛虚舟"，我乘兴来访问，到了地方，就像进了桃花源一样，不知再往哪儿走了。"虚舟"用《庄子》里的典故，人即使心胸狭窄，在水上划船，被空船碰一下，也不会生气，因为船上没人，所以肯定不是有心撞的，故云"对君疑是泛虚舟"。费了好大好大的劲，才找到这地方，诗人是乘兴而来，有意拜访，用戴逵的典故，"杳然迷出处"，好像忘记了应不应该回去。看到主人，诗人倒好像变成"虚舟"了，坐在一个没有主宰的船上。乘兴而来，有意识来找主人，找到以后，不说兴尽而返，而说好像坐了一个空船，无心中走到这儿。言下之意，诗人赞美主人是方外之人，是隐者，是绝对没有"机心"和世俗尘俗之气的人，所以诗人倒疑心是坐着空船来的。换句话说，诗人是什么样的人，主人绝对不会过意的，绝对不会考虑的，因为隐者在山里待久了，已经忘怀得失、清静无为。这首诗也有点四平八稳的，在七律里达到这种境界不太难。

下面的一首五律《题张氏隐居》其二，更刻板些，用《诗经》里的词儿太多了，诗的头两个字"之子"就出自《诗经》。第一首是初访，到第二首时来往已经很多了，可能访张氏隐居还不止这两首，但保存下来就两首，第一首是初次去，第二首五律在写法上有点技巧。"之子时相见，邀人晚兴留"两句是说请诗人去，就留住诗人，不让回来了。在这个环境里看到，"霁潭鳣发发，春草鹿呦呦"，两句全用《诗经》。"杜酒偏劳劝"，杜康是造酒的，酒是姓杜家里的，但是到主人这儿，反倒劳你劝我；"张梨不外求"，姓张家里的梨是最有名的。我觉得这两句有点儿俗，用典的痕迹太明显了。那个"一览众山小"为什么好，就因为明明用"孔子登泰山而小天下"，但典故含在字面里头，没在表面上。"鳣发发""鹿呦呦"太明显了，另外用姓杜、姓张的典故也容易落俗套。就像用姓名凑成对联，让人容易学。凡是那种一学就会的，想必境界不是最高远的。"前村山路险,归醉每无愁",尽管路不好走,因为路熟了,该怎么走就怎么走,心里有数了,不必发愁。这样的诗在杜诗里不算最好的。

讲了五首诗,归纳一下,有两个重要内容,一是以律诗的作法来作五古,如《游龙门奉先寺》和《望岳》;再一个五律的基本模式,《登兖州城楼》比较规范,黄生《杜诗说》里有段相关评论比较精彩,可以抄下来。(见《杜工部诗说》卷四)《题张氏隐居》的五律中间四句不免落俗,我记得《皖人诗话八种》里也有类似观点。我有个想法,如果能把《皖人诗话八种》里有关杜诗的评论条目都摘出来,集中起来,那用起来就比较方便了。

我以前开过杜诗的课,而且20世纪60年代纪念杜甫时,应北京图书馆的邀请,还在城里做过报告。我翻阅过大量谈杜诗的专著,杜诗的资料书实在太多了。1948年,我去拜访梁实秋先生,他的客厅里空空荡荡,只有桌子和几把椅子,但在客厅的一个墙角,堆着一大批杜诗的专著,说是琉璃厂的人给他送来的,他还没有甄别挑选,就跟我说,你要用哪部,随便拿。但我当时跟他不熟,没好意思,不过我在那儿略事翻了翻。梁实秋后来好像也没有写出什么杜诗的专著。新中国成立后,萧涤非先生也专门组织人搜集有关杜诗的文献材料。我认为,如果有志于搞杜诗,广为搜罗杜诗的资料,还是很有必要的。

我们讲杜诗,需要涉及近体诗的五律、七律什么时间逐渐走向成熟。如杜诗的《登兖州城楼》《题张氏隐居》等,写作技巧已经很成熟,但杜甫的同时,五律影响所及,还没有达到每一个诗人都能写出完整的五律作品。举例说明,王维的一首很有名的五律《辋川闲居赠裴秀才迪》,尽管"寒山转苍翠,秋水日潺湲",大家都认为是名句,诗也是名诗,可是三、四两句就不对仗了,"倚杖柴门外,临风听暮蝉",毕竟有缺点。固然王维的五律写得不错,实际上这时的五律还没有完全成熟。李白就更有意思,那首《夜泊牛渚怀古》"牛渚西江夜,青天无片云。登舟望秋月,空忆谢将军。余亦能高咏,斯人不可闻。明朝挂帆席,枫叶落纷纷。"一句也不对仗,虽然平仄没问题,但它不合五律的规范。我过去在课堂上就说,当时五律还不成熟,但有人就这么写了,而且还流传下来了,何况又是一首好诗。但是,不能因为有这么一首诗,我们就可以任意胡来。因为那是个无法企及的作家,那是李白写的。假如你是李白,你可以那么写。如果你自己有自知之明,说还够不上李白的份儿,那你最好别那么写。要那么写，就是自己给自己找遗憾。我的意思是，唐代开元年间，在杜甫前期，五律规范的程度还不是说已经到了无可逾越的阶段。一方面要讲具体的诗，另一方面还要看到当时流行的五律里，例外的还是不少。所谓例外者，就是不合律，不合规范。七律的成熟就更晚一些了。李白几乎就没有七律，据说李白佩服崔颢的《黄鹤楼》不得了，说"眼前有景道不得，崔颢题诗在上头"，但是请问崔颢《黄鹤楼》的前半首是七律吗？"昔人已乘黄鹤去，此地空馀黄鹤楼。黄鹤一去不复返，白云千载空悠悠"，"空悠悠"是平平平，三平怎么能是七律呢？后面四句倒是符合律诗规范。李白模仿《黄鹤楼》作了一首《登金陵凤凰台》："凤凰台上凤凰游，凤去台空江自流。吴宫花草埋幽径，晋代衣冠成古丘。三山半落青天外，二水中分白鹭洲。总为浮云能蔽日，长安不见使人愁。"五、六句也有问题，"青天外"怎么能对"白鹭洲"呢？另外，李白的诗集里还保留一首《鹦鹉洲》，也学崔颢，但我怀疑那首是赝品，那诗实在不怎么样，不像李白的手笔。这些都说明，在杜甫的时代，五律没有完全成熟，七律就更不用说了。可以说杜甫写律诗是后来居上，比起同时代的人，他是一个先驱者。

> 刘九法曹郑瑕丘石门宴集
> 秋水清无底，萧然净客心。
> 掾曹乘逸兴，鞍马到荒林。
> 能吏逢联璧，华筵直一金。
> 晚来横吹好，泓下亦龙吟。

下面一连讲八首杜甫的五律，从《刘九法曹郑瑕丘石门宴集》到《夜宴左氏庄》，这八首都是杜甫早期的作品，可是也都很成熟，不妨进行比较，很有意思。我翻了一下，《杜诗镜铨》的评和注比较简单，比如《刘九法曹郑瑕丘石门宴集》，只有寥寥几个注，一个评语也没有。说明什么？说明这首诗不好，是一首纯粹的应酬之作。"秋水清无底，萧然净客心。掾曹乘逸兴，鞍马到荒林。能吏逢联璧，华筵直一金。晚来横吹好，泓下亦龙吟。"为什么说这首是应酬之作？严格说，诗里没有多少实际内容。其实就是两个不大的官儿请客，杜甫参加宴集。首两句平常，略有敷衍泛泛的意思，"客心"指诗人之心。宴会的地点很好,水清,景致也好,诗人把一切烦恼不快都忘怀了。中间四句写实,不过是应酬。"掾曹"指刘九法曹,"联璧"兼指刘、郑。"华筵直一金"写宴会很铺张,不过有点凑韵的意思。在唐朝说宴会,说一个人花钱奢侈,动辄用"万钱",《饮中八仙歌》不就说"左相日兴费万钱"嘛,一金即万钱。这句为了协韵,就用一金。最后两句,写宴会上的音乐。在唐宋,凡有宴会,必有音乐。宴会的音乐好到什么程度?我估计也没什么特色,所以杜甫末了用虚笔,"泓下亦龙吟",谁听过龙吟啊。因此我说这是地道的应酬诗,是思想价值比较差的一首。

与任城许主簿游南池
秋水通沟洫,城隅进小船。
晚凉看洗马,森木乱鸣蝉。
菱熟经时雨,蒲荒八月天。
晨朝降白露,遥忆旧青毡。

《与任城许主簿游南池》就比上一首好。好在什么地方?"秋水通沟洫,城隅进小船",首二句很平常,"秋水"指城外的水,"沟洫"是护城河,"城隅"用《诗经·郑风》"俟我于城隅"。第二句说从城犄角儿划进一小船。这是从城外往城里写,城内外的水相通,坐船可以进出城。中间四句不太像城里的景象,仇注引《一统志》"南池在济宁城东南隅",南池这块水可能连接城里城外,看景致还有点野趣,不是在繁华闹市开人工湖,还是自然景象。我认为第二句"城隅进小船"写得挺好,这种手法跟孟浩然的《过故人庄》有类似的地方。孟诗开头"故人具鸡黍,邀我至田家",然后就上路了;"绿树村边合,青山郭外斜",刚出城,看到远远的农村那边一片树林,等快到目的地了,回头一看,"青山郭外斜"。绿树、青山二句的境界好像跟这里的杜诗有点接近。林庚先生讲唐诗,在课堂上大谈"绿树、青山"二句,认为好。我理解所谓好,就是指用的辞藻不像谢灵运、鲍照等六朝诗人那样,写景致堆积辞藻,而杜诗写的朴实。"晚凉看洗马,森木乱鸣蝉",挺有意思,诗人旁观池边有人洗马,这是眼睛看到的动作。第四句是听觉,请注意"看"是动词,而"乱"这里也作动词用。正因为树林多、蝉多，尤其黄昏时，蝉不是一个节奏，不同节奏的蝉同时在鸣，节奏不合拍，所以说"乱鸣蝉"。"菱熟经时雨"，时令接近秋天，菱芡之类的果实成熟了，"经时雨"，就是"好雨知时节"。这句虽写秋景，却显出生趣；而"蒲荒八月天"是开阔的大场面，中秋以后蒲草就一点点荒芜了，秋天的衰飒气象逐渐蔓延开来。"晨朝降白露"，点明节气，正是白露节的前夕；"遥忆旧青毡"，最后一句略显弱。关于这句，古人有个说法，说是思乡，我觉得没有多少根据。这实际用了《世说新语》的典故，王献之家里半夜来小偷，主人发觉了，就对小偷说，家里的东西你随便拿，唯独"青毡"是旧物，一定留下。旧物虽然不值钱，但是有纪念意义。照我的想法，这句有个特殊的意思。可能杜甫这时家里的生计，已经跟从前不一样了。他的生活可能已经不是那种裘马放浪的生活了，又快到白露节了，回忆起家里还有"青毡"，实际带有由盛转衰的意味了，而前面的"蒲荒八月天"也有衰兆的意思。当然，这也是我的臆测。总之，最后的结尾不算太理想。我个人有个判断，特别是五律，如果七、八句写得好，证明诗的水平高。换句话说，水平高的人写诗，不会让七、八的收句弱。

对雨书怀走邀许主簿

东岳云峰起，溶溶满太虚。
震雷翻幕燕，骤雨落河鱼。
座对贤人酒，门听长者车。
相邀愧泥泞，骑马到阶除。

《对雨书怀走邀许主簿》，跟上一首的对象是同一人，上一首和许主簿一块儿出游，这一首请他来喝酒。此诗有点幽默感，这得从后四句说起。"座对贤人酒，门听长者车"，"贤人"是褒义词，可"贤人酒"是比较次的酒，酒有点浑浊。"贤"跟"圣"相对，"圣"是比较好的酒。《羌村三首》里就说"父老四五人，问我久远行。手中各有携，倾榼浊复清。""浊复清"，这里的浊酒就是"贤人酒"。"座对贤人酒"意思说我请你来喝酒，可是我这儿的酒不是最上品的，用"贤人"表示谦虚。"门听长者车"，用《汉书·陈平传》的典故。陈平家里很穷，但外边老有阔人的车走过，"长者"总之指那种有权有钱有势的人。这句意思是诗人老怕人家不来，又赶上下雨，请人喝酒，酒也不怎么样，但诗人老注意外边的动静，看看客人是否来了。然后再客气一下，"相邀愧泥泞"，下雨请你来，大概客人也不好意思不来，真要坐车来，从大门口走到屋里，路上还很泥淖。实在很惭愧，路不好走，但真心希望客人能来，"骑马到阶除"，不一定摆谱坐车，你骑马来，可以直接进门，到门口的台阶。再看前四句，颇有幽默感。先是聚云阴天，然后雷雨就来了，雷电交加，震雷骤雨，确实写得好。"东岳云峰起，溶溶满太虚"，雨还没下，但从泰山那边，山里的云就起来了，云简直像山峰一样，天空一下子浓云密布。"震雷翻幕燕，骤雨落河鱼"，一个震雷，一下把燕子的窝都震翻了，真有震撼力，写的好极了；然后，骤雨倾泻而下。此处体物非常细腻，一般下大雨之前，空气湿度大，温度并不低，闷得很。因此鱼都浮到水面，甚至露出头，张嘴透气。可是意想不到的大雨把鱼从水面砸到水底去了，一下把鱼都打沉了。可见前四句的警语是非常有层次的。在这种震雷骤雨的情况下，诗人还希望客人来喝酒，所以后四句就用带有一点儿诙谐的笔调把这首诗写了。这首诗从水平、技巧、意思来说，都不错。

巳上人茅斋

巳公茅屋下，可以赋新诗。
枕簟入林僻，茶瓜留客迟。
江莲摇白羽，天棘蔓青丝。
空忝许询辈，难酬支遁词。

《巳上人茅斋》带有一点隐逸诗的意味。过去我们一提唐朝人学陶渊明，就说王、孟、韦、柳，实际上王、孟属于盛唐，他们的诗写山水、写园林，固然跟陶渊明接近，但气象还是盛唐时代的气息。孟浩然还多少有些隐逸，但王维那是有钱人住别墅的感觉，王诗还是《左传》里的话，"其乐也融融""其乐也泄泄"，给人比较温暖的感觉，气象不是很衰飒。而学陶渊明另外的一面，是中唐的孟郊、贾岛、姚合，一直到北宋初年的林和靖、梅圣俞，然后到南宋的四灵，带有一点隐逸气。好的一面，是有林下之风；不好的一面，用苏东坡的话说，就是有点酸。《唐诗三百首》选了一首常建的《题破山寺后禅院》，其中"曲径通幽处，禅房花木深"两句很有名，那就带有一点隐逸的林下之风。

《巳上人茅斋》写一个隐居、有文化的和尚的茅庵，但诗人去找他，并不是谈禅、谈佛学，"巳公茅屋下，可以赋新诗"，巳上人是个诗僧，不是世俗的和尚，所以七、八两句才有着落。"枕簟入林僻，茶瓜留客迟"，住的房子、内宅很深很深的，在园林的深处，偏僻幽静，而且主人待客又是非常的热情。然后写外景，"江莲摇白羽，天棘蔓青丝"，我赞同朱鹤龄的注，莲花最好的不是粉红色，而是白色最漂亮。江莲在水上被风吹摆动，就好像一个仙风道骨的道人在那儿摇白羽扇。"天棘"经过好多注家的考证，我们姑且从《杜诗详注》，指天门冬，这是一种中药，爬蔓的，所以说"蔓青丝"。我为什么说这首诗有点像中晚唐诗，甚至于有点像隐逸诗？当然，宋朝初年九僧的诗，我们看的太少了，看不到了，但是林和靖、梅圣俞、四灵的诗，还是可以看到。隐逸意味如何体现？得用具体的东西来体现，请看诗里写了枕簟、茶瓜、江莲，天棘这词很生僻，而且用的典故也是和尚的典故。"茅斋"，诗的表象就带有那种山林的隐逸之风，这诗开后来隐逸诗派的先河，跟陶诗不完全一样，它在很工整、很细腻的描写之中有种萧疏散淡的气质。"空忝许询辈，难酬支遁词"，许询是晋朝玄言诗的代表人物，这里杜甫自况，杜甫说，我来访问您，您就好比是东晋的高僧支遁，那是有学问、佛法上乘、文化素养很深的僧人，这里把支遁比巳上人。

真正的好诗在后面，一般的杜诗选本选《房兵曹胡马》《画鹰》《夜宴左氏庄》的比较多，这是最好的诗，我对《夜宴左氏庄》非常欣赏。而《过宋员外之问旧庄》那首还不算太好。不过杜甫大概由于世交的关系，对宋之问还是有一定感情的，尽管很多人对宋之问的人品有微词。不过杜诗不涉及宋之问本人，诗里写了沧桑之感、今昔之感。

房兵曹胡马

胡马大宛名，锋棱瘦骨成。
竹批双耳峻，风入四蹄轻。
所向无空阔，真堪托死生。
骁腾有如此，万里可横行。

《房兵曹胡马》写一匹马。"胡马大宛名"的"宛"读 yuān，有的人读 wǎn，那就错了。这个字也念 wǎn，但那是地名，河南的宛城，《三国演义》里曹操和张绣打仗的地名，过去是兵家必争之地。但《史记》里"大宛列传"的"宛"不能念 wǎn。杜诗这里如果是仄声字，那就失粘了。杜诗是最讲究的，不可能出这种错误。"胡马大宛名"，先说马的来路，没见过这匹马，但听说是西域来的所谓汗血马，好马、骏马；"锋棱瘦骨成"，第一印象，这马不是肥马，不是养膘的马。然后具体写形象，"竹批双耳峻，风入四蹄轻"，由形象逐渐转入神。后四句全写其神。一般来说，律诗前四句多作景语，后四句多作情语。这首咏马诗自然是咏物诗了，按规矩先写形、后写神，而后四句写神的太精彩了。"所向无空阔"，这马哪儿都能去，不论多荒远的地方，照应最后一句。还有一层意思，即使在闹市，马也可以如入无人之境。请注意，写马之神，还转入人，"真堪托死生"，如果主人骑上，把身家性命交给它，也没错的，这马太棒了。"骁腾有如此"，这么一匹骏马，"骁"是勇，"腾"是飞，马的精神状态、体力、能力，全都十全十美。这句不是虚的，末句又结合到人，"万里可横行"，如果主人骑上这马，哪儿都能去。杜诗的用笔技巧真是高啊，看《房兵曹胡马》的题目，有人有马，这马是有主的，不是野马，而且这是主人物色的一匹名马。所以先从马的来历写起，然后写马的形，从马的大轮廓写到耳朵和马蹄。即使没真看见马跑，但感觉马跑起来四条腿悬空，就像飞起来一样。然后再联系人，这样的骏马是可以托付性命的，后四句一句马、一句人，这首诗不但针线密极了，而且气势非常磅礴。有一次我跟周一良先生聊天，他问我当年念诗，从什么地方入手，我说当时父亲教我念诗，就让我念杜诗。周先生说，他对杜诗不熟，但"所向无空阔，真堪托死生"这样的句子是脱口而出的，说写马写得太神了，可见周先生也很欣赏这两句。

画鹰

素练风霜起，苍鹰画作殊。
㧬身思狡兔，侧目似愁胡。

> 绦镟光堪摘，轩楹势可呼。
> 何当击凡鸟，毛血洒平芜。

朱自清先生有篇文章叫《论逼真与如画》，说往往形容自然景物如画，而画又很逼真，像真的一样。这是从美学的角度来看文艺作品。这首杜诗《画鹰》明确了不是真鹰，可是尽量用逼真的写法来写。"素练风霜起"，逼真到画的鹰如同活了一般。我父亲当时给我讲杜诗，认为"素练"应该是白金属的银链子，但我后来细想，认为不合适。朱鹤龄等说"素练"是画纸，画鹰的绢帛，应为确解。我想到，谢朓的名句"澄江静如练"的"练"，不能通"金"字旁的链，所以把"素练"讲成"绦镟"是不合适的。《论语》里说"绘事后素"，可见"素"是过去用来画画的，"澄江静如练"的"练"肯定是指白的丝织品。显然"素练"即指画画的绢帛。老杜真是天才，不止画的鹰栩栩如生，连"素练"都"风霜起"。画鹰之前，绢帛纸上居然出现了风霜的气氛，有意把风霜提在画鹰以前，有一种造势的作用，可知鹰的栩栩如生乃是必然。然后点明，"苍鹰画作殊"，我认为"画作"是一个词，指绘画的作品，这幅绘画作品太高明了，太不同寻常了，绝非凡品。"㧐身思狡兔"，看鹰在架上好像要飞，实际画上没有狡兔，诗人这是替鹰在想象；而鹰的眼睛"侧目似愁胡"，就好像猿猴的眼神，"胡"，猢狲。"绦镟光堪摘"，"绦"就是素练，"镟"是许多小环连接起来。"光堪摘"还是指闪亮的链条，很有立体感。"轩楹势可呼"，"轩"是窗户，"楹"是柱子，鹰所在的背景是临窗的地方，看那个意思简直就是呼之即来。"何当击凡鸟"，最后想像，如果这是真鹰，让它出去击凡鸟，它一定可以不负众望，"毛血洒平芜"。

> 夜宴左氏庄
> 风林纤月落，衣露静琴张。
> 暗水流花径，春星带草堂。
> 检书烧烛短，看剑引杯长。
> 诗罢闻吴咏，扁舟意不忘。

关于《夜宴左氏庄》，我从仇注。首句各本皆作"风林"，而唯独仇注作"林风"。请注意，"风林"跟"林风"的劲头儿是不一样的。"林风"是微风，一二级的微风；"风林"可不是，起码得五级以上，能震撼树林的风自然是大风。"林风纤月落"，黄生《杜诗说》说得很好，"夜景有月易佳，无月难佳。按此偏于无月中领趣"。白居易的《暮江吟》"可怜九月初三夜，露似真珠月似弓"，再过会儿月亮就沉下去了。这句杜诗的意思是原来月亮还看得见，纤纤月，细如眉目，看着看着月亮就没有了；"衣露静琴张"，杜诗还有"萧然静客心"，关于"静"，我同意用安静的"静"，不好用"净"。我有一篇读书札记，谈《诗经》的《静女》，我认为"静"就是现在的"靓"，是好的意思。"琴瑟在御，莫不静好"，静就是好，这是连绵的意思。"衣露静琴张"的"静"，也是好的意思，但带有非常寂静的意味。古人弹琴，有时在院子里，不一定在屋里。这句是说身上都沾了露水，此时有人把琴摆出来准备弹。然后"暗水流花径，春星带草堂"，写得太好了。"暗水"句是听见声音了，"春星带草堂"的"带"应该用《兰亭集序》来讲，"此地有崇山峻岭，茂林修竹，又有清流激湍，映带左右，引以为流觞曲水"，"带"字"仇注"说"拖带也"，实在不怎么好，索然。"带"当"映"讲，但比"映"要活，如果说"春星映草堂"，太死，诗味儿就差了。这就跟陶诗"少无适俗韵"远比"少无适俗愿"好，换"味""性"等字也不行，这是中国诗的特点。"韵"包含的东西太丰富了，气质、禀赋、精神状态等等，这个字太合适了，换任何其他字都不行。"检书烧烛短"，这个境界现在没有了，现在都是电灯，根本没这种感受了。为什么要检书？因为大家在那儿争奇斗胜地作诗，作诗得翻书啊。也可能是要求在多长时间内作出诗来，于是就检书，可是时间过得很快，时间就在检书的过程中不知不觉地流逝了。"看剑引杯长"，上一句文，这句是武，欣赏宝剑，本来是个豪爽的事，因此就干杯，可是剑太漂亮了，拿着酒杯看剑就出了神，居然忘记喝酒了。所以这杯酒喝的时间就长了，这写得太好了。"诗罢闻吴咏"，有人把诗已经写完了，用江南的吴音来读，于是就想到了归隐，范蠡扁舟游五湖。于是末句说"扁舟意不忘"，虽然聚会很热闹，大家很有雅兴，但从诗人个人来说，繁华的聚会场面终究还是让人不能忘怀归隐的志趣。最后两句并不弱。这肯定是在北方作的诗，可有人用南方的读法来唱，于是乎就想到了要归隐。

过宋员外之问旧庄

宋公旧池馆，零落首阳阿。

枉道只从入，吟诗许更过。

淹留问耆老，寂寞向山河。

更识将军树，悲风日暮多。

《过宋员外之问旧庄》"宋公旧池馆，零落首阳阿"，这两句好理解，"阿"是山根底下；"枉道只从入"，"只"读平声，当"但"讲，诗人是绕道特意要去看看宋之问的旧庄园，但这地方没人管了，任凭什么人爱去就去。"只从人"，谁愿意去就去；"吟诗许更过"，这次虽去了，但将来为了要怀念前辈，也许还有可能再来。下面凄凉的意思全写出来了，"淹留问耆老，寂寞向山河"，诗人在这儿耽搁，想找个上岁数的人打听一下，当年这地方的情况，但山河寂寞，没找到人。这是诗人的愿望。后来欧阳修的《丰乐亭记》有类似意思，所谓"欲问其事，而遗老尽矣"。我想找耆老打听一下，但当时的知情人都去世了，找不到了。没找到人，只看见树，所以"更识将军树，悲风日暮多"，用《哀江南赋》"将军一去，大树飘零"的典故，但要知道宋之间是文官，不是武将，这个典故用的稍稍有点名实不符。大树将军冯异，出自《后汉书》。庾信的《哀江南赋》活用典故，杜诗承之。不宜直接引《后汉书》。这种地方，必须得多读作品才能领会。我写过一个文章，谈欧阳修的《梦中作》，"棋罢不知人换世"，都引六朝笔记烂柯山的故事，王质入山砍柴，看两人下棋，等到棋罢，看斧头柄都烂了。引此注欧诗一点没错，但我认为除了引六朝笔记以外，还应该注杜甫的《秋兴》，"闻道长安似弈棋，百年世事不胜悲。王侯第宅皆新主，文武衣冠异昔时"，这才是欧阳修用"不知人换世"的本意，不能光从表面来看。

临邑舍弟书至，苦雨黄河泛溢堤防之患，簿领所忧，因寄此诗，用宽其意

二仪积风雨，百谷漏波涛。闻道洪河坼，遥连沧海高。

职司忧悄悄，郡国诉嗷嗷。舍弟卑栖邑，防川领簿曹。

尺书前日至，版筑不时操。难假鼋鼍力，空瞻乌鹊毛。

燕南吹畎亩，济上没蓬蒿。螺蚌满近郭，蛟螭乘九皋。
徐关深水府，碣石小秋毫。白屋留孤树，青天失万艘。
吾衰同泛梗，利涉想蟠桃。却倚天涯钓，犹能掣巨鳌。

下面讲一首五言排律《临邑舍弟书至苦雨黄河泛溢堤防之患簿领所忧因寄此诗用宽其意》，朱鹤龄的注，认为开元二十九年河南河北二十四郡发大水，仇注用朱注，将此诗系在开元二十九年。张𬘡注云："此诗诸家皆编在开元二十九年，公是时年甫三十，而诗中有'吾衰同泛梗'之句，是岂其少作耶。徒以唐史此年有伊洛及支川皆溢，河南北二十四郡水，遂为编附。然黄河水溢，常常有之，岂独是年哉。集中如此类者甚多，不能遍举。"他不承认是少作，但我还是同意朱、仇等人的说法，张注有点问题。这次水势的确很大，不是一般的黄河泛溢的水灾。首先这是一首排律，为杜诗集中的第一首排律，杜诗里五排比较多，七言排律不多。仇注讲诗体，总是某种诗体在集中第一次出现时就解说一通。这首后面引了胡应麟等人的说法，胡还举了阴铿的诗作为例子，他认为唐人的排律是由阴铿的诗逐渐转化而来的。但是高棅的《唐诗品汇》认为排律这种形式，颜、谢诸人已经有了。我后来翻书，所谓"永明体"，包括谢朓等也有这类的诗，不过不是通体有意作排律，而是在一首诗里多多少少带几联，像律诗的作法。阴铿的诗，不过就是例子比较明显。我个人认为排律的形成也是个渐变的过程。唐代近体诗开始成熟，那么自然而然，排律也就逐渐流行。仇注引了诸家讨论排律的作法，归纳起来，有两个特点。第一，从颜、谢以来，用古人的话"声色已开"，讲究声韵、讲究辞藻的风气日趋流行，特别是谢灵运，谢氏写诗实际是"以赋为诗"，把汉人写赋铺采搞文的办法逐渐引到诗的创作上来，所以谢诗的辞藻特别丰富。而"以赋为诗"也不始于谢灵运，建安黄初时，如曹植等人的一些歌行体作品已开其端，但是辞藻不如宋、齐以后那么堆砌，越到后来辞藻堆砌的越多一些。排律这种形式，恰恰能够容纳"以赋为诗"的做法。自然的趋势就是近体诗成熟，排律也就成熟了。第二，篇幅既长，自然就得考虑诗的作法、布局、章法，所以读排律，就往往像读古文。间架结构非常类似写文章的起承转合。仇兆鳌也是用起承转合的模式来解释这首排律的，他说："此诗前起后结，各四句，中间二段各八句。"首尾四句，中间两个八句，这跟写古文的起承转合是若合符契的，自然而然就得走这种路子。就拿《自京赴奉先县咏怀五百字》《北征》来说，也得分段落，也要讲布局、章法、结构。当然写文章不限于一种模式，那么排律也不止一种模式，但这首杜诗比较典型。

我认为，所谓杜诗是"诗史"，不应该是把《唐书》《资治通鉴》的史实和杜诗一一对照，那似乎太牵强。"三吏""三别"等确是反映历史，可是"诗史"还有一层意思：社会上通常会有些现象是不适宜写到诗里去的，不算诗料的，比如闹水灾。在杜甫以前，很少有人把闹水灾这种非常凄惨不幸的场面写到诗里去，但是杜甫竟然写了一首长诗。过去，我们从正面形容水大，汪洋恣肆，不是没有，郭璞的《江赋》、木华的《海赋》，专门写水，那是赋，写江海各种千奇百怪的形状和特点。古人说木华写《海赋》"胡不于海之上下四旁言之？"那是一种写法，而杜甫这首排律主要写水灾，极为少见。我们现在有时也闹水灾，能在电视机上看到水灾的实况，可是要用一二句话来形容当时的惨状，一片汪洋的场面，很不容易。这首杜诗里有两句"白屋留孤树，青天失万艘"，大家想想，现在电视画面的大水灾场面，就是这样啊，这才叫诗史。艘，现在都念（sōu），实际念（sāo）。"白屋"不是高楼大厦，而是指普通老百姓住的破房子，刘长卿的诗云"天寒白屋贫"。现在屋子都被淹没了，只剩下树尖了，这就叫"留孤树"。在风平浪静的时候，港口码头都是船，而在不是码头的地方，因为水灾一下子都被淹没了，一条船也看不见，这就叫"青天失万艘"。这都是异常现象，可是杜甫的笔下，能够把异常、不经见的景象用诗歌的语言写出来，既难得，而且又精彩。

头四句往大里写，"二仪""百谷""沧海"都是用非常浩大的词汇来形容，越这样形容，越有气势，越显出水灾的可怕恐惧。"二仪积风雨，百谷漏波涛"，先是风大雨大；接着山洪暴发，泥石流出现，"闻道洪河坼，遥连沧海高"，水势太大了，简直就是沧海横流。

第二段八句写人事，由远而近，由泛泛而谈写到实际具体。"职司忧悄悄，郡国诉嗷嗷"，这是倒装句，不是职司在那儿忧心悄悄，而是有忧愁的人向职司去反映，所以职司也感到忧心忡忡；老百姓嗷嗷待哺，向郡国去诉。这是大范围的，下面再往小里说，"舍弟卑栖邑，防川领簿曹"，这两句好像有点不太对仗，但仔细分析一下，拆开看，每个字的类别还是相同的。"尺书前日至。版筑不时操"，可见那时的官员也得上"防洪第一线"，舍弟来信，说得亲自参加防洪。"难假鼋鼍力，空瞻乌鹊毛"，"鼋鼍"和"乌鹊"是两个浪漫性质的典故，本来是说水大了，鼋鼍可以作桥，这里却说"难假鼋鼍力"；乌鹊七月初七给牛郎织女搭桥，累得乌鹊身上的羽毛都脱落了，但只能干看着没有办法。这本来都是带有神话、浪漫气质的典故，杜诗用类似夸大的、不切实际的写法，说明水势浩大，人力难以挽回。想假鼋鼍之力，办不到；人只能看着乌鹊累得掉毛，没办法。意思是即便动物禽鸟都来给人帮忙，也无济于事。

下面写水势，"燕南吹畎亩，济上没蓬蒿"，从河北到山东，甚至再往南，水势极大。"螺蚌满近郭，蛟螭乘九皋"，大量的用铺排的写法，水里大大小小的动物都爬到岸边，甚至上岸了。"徐关深水府，碣石小秋毫"，徐关本是高峻的关隘，结果都被淹到水下了；远远看去，碣石山变成秋毫一般了，换句话说，就露点山尖了。"白屋留孤树，青天失万艘"，大面积的农田、庄舍都被淹了，只剩孤零零的树；水势连天，可是一只船也看不见。这还有一层意思，就是指抢救的人力、物力跟不上。

后四句，仇注云："末乃寄诗以宽其意。"是否仅仅为了宽慰？还有的注解说这种描写带有诙谐的味道。我不同意。"吾衰同泛梗"，"吾衰"当然是用《论语》的典故，我认为这不仅指杜甫本人，而同样指受灾、救灾的人。能力达不到了，我们这些面对水灾的人命悬一线，就像漂在水上的梗一样，非人力所能挽回，这是用《战国策》的典故。张𫄨因"吾衰"一词就臆测这不是杜甫年轻时所作的，近乎穿凿附会。"利涉想蟠桃"，用《易经》的典故。如果我们最后能渡过劫难，想象着还能找到仙人吃的东西。"却倚天涯钓，犹能掣巨鳌"，最后用一种浪漫的手法，实在写出了诗人在灾难中个人的抱负。这不禁让人联想到《茅屋为秋风所破歌》"安得广厦千万间，大庇天下寒士俱欢颜"的理想。诗人是有远大理想的，面对这样的水灾，个人是无能为力的。但是诗人设想，总有一天，人能控制洪水，想象着"利涉"，逢凶化吉，能够找到蟠桃。"倚天钓鳌"就是人定胜天，有朝一日人的力量可以胜天，那就可以倚天涯而钓，甚至能抓住巨鳌。李白的那种夸张、浪漫的笔调，是建筑在现实的生活经验之上的。而杜甫，大家虽然都说他偏向现实主义，但他有时候也有一种浪漫夸张的宏伟的理想。最后表达了诗人宽阔的胸襟、远大的理想，不是故作狂言。

假山

一匮功盈尺，三峰意出群。
望中疑在野，幽处欲生云。
慈竹春阴覆，香炉晓势分。
惟南将献寿，佳气日氤氲。

《假山》一首挺有意思，诗前有长序，已经有人批评杜甫写文章似通不通，比如《观公孙大娘弟子舞剑器行并序》的序里有的句子就很难懂。也有人替杜甫辩解，说是故意为之，风格如此。我认为杜甫散文写得是不太理想，确是如此，不必讳言。序云："天宝初，南曹小司寇舅于我太夫人堂下垒土为山，一匮盈尺，以代彼朽木，承诸焚香瓷瓯，瓯甚安矣。旁植慈竹，盖兹数峰，嵌岑婵娟，宛有尘外致。乃不知兴之所至，而作是诗。"杜甫的舅舅为其祖母做一假山，原来是木头架子，但烂了，香炉也摆不好了，最后舅舅想办法，垒土做成假山，香炉放在上面就牢靠了，旁边还有慈竹点缀。杜甫之所以"兴之所至"，是因为假山可以提供作诗的材料，而朽木一定引不起人的兴趣。

这是一首应酬诗，序文不算很漂亮，但意思都在序里。如果一首诗有序，最好序和诗里的意思不重复。请看姜夔的词，大多都有序，但序和词的内容总是有出入的，就像差额投票，不是序和韵文一样。前人有批评，说姜夔词不必作了，留序就可以了。其实姜夔的序和词还是有出入分别的。这首应酬诗等于为其祖母上寿的，而且垒山、点香炉，有点祝福寿比南山的味道，所以最后讲"惟南将献寿，佳气日氤氲"。"一匮功盈尺，三峰意出群"，假山还不止一座山峰，"慈竹春阴覆，香炉晓势分"，都跟序里意思类似。"望中疑在野，幽处欲生云"，明明在花园里弄假山，但很有野趣，似乎假山的幽僻处都能生出云来。出入在什么地方？也就是说这首诗除了应酬祝寿的意思以外，特点在哪儿？杜甫要说明朽木终于是朽木，土山虽然人工垒成，但比朽木强。这首诗的用心所在，关键在于假山虽然垒土为之，但替代的是朽木。不但瓷瓯可以安置，而且还添了胜景。我说杜诗有新意，此处就是用心所在。这诗也不算多好，但里面有特点，就是说巧夺天工。原来朽木做的香炉架，不牢靠的。现在垒了假山，巧夺天工是一层；把朽木用土山来替代，这是第二层；垒好假山又出现了一个比较漂亮的景致，而且这景致还可以上寿，一举数得。

刚才说序和诗总得有出入，意思得有不重复的地方。杜诗序的重点在于忆土山以代朽木，诗的意思就突出了可以为太夫人寿，可见多少还是有些不同的。

龙门

龙门横野断，驿树出城来。
气色皇居近，金银佛寺开。
往来时屡改，川陆日悠哉。
相阅征途上，生涯尽几回。

《龙门》一首专写洛阳城外的龙门山，其特点有两个，首先写龙门的全景全貌，从远处写起。当时洛阳是陪都，有巍峨的气象。另外，不止写一个庙，庙都很讲究，装饰很华丽漂亮。"龙门横野断"，从城里往城外看，龙门山整个把平原隔开了，"驿树出城来"，沿着大路往龙门走，一路都是树。"气色皇居近，金银佛寺开"，一句写城里的气象，一句写许许多多漂亮的庙宇。"往来时屡改，川陆日悠哉。相阅征途上，生涯尽几回"，前四句写景，后四句有今昔沧桑之感，乃是人事的变迁。杜甫去龙门也不止一次，来来往往，就是"萧条异代不同时"，即物是人非。每次都走这条路，但每次碰见的人和自己的遭遇都不一样。换句话说，就是把人事变迁用比较抽象的诗歌语言写出来。这诗不一定非常好，前四比较具体，后四比较抽象，这是一种写法。

李监宅
（其一）

尚觉王孙贵，豪家意颇浓。
屏开金孔雀，褥隐绣芙蓉。
且食双鱼美，谁看异味重。
门阑多喜色，女婿近乘龙。

(其二)

华馆春风起，高城烟雾开。
杂花分户映，娇燕入帘回。
一见能倾座，虚怀只爱才。
盐车虽绊骥，名是汉庭来。

《李监宅二首》我个人认为都带有讽刺的意味。李监究竟是谁，我们也不去细考了，监是官名，读jiàn。第一首对主人有讽刺的意思，《杜臆》云："起语与五六，俱含讽意。""尚觉王孙贵，豪家意颇浓"，本来我已经觉得他是皇帝的同宗同族，等到我进入其家，更知道这是富豪权贵之家。第一句说贵，第二句说富，王孙之富贵，跟市侩的富贵还不一样。"屏开金孔雀，褥隐绣芙蓉"，隐是靠的意思，屏风上画的是孔雀开屏，靠的是垫子，榻上绣的芙蓉。"且食双鱼美，谁看异味重"，仇注引古乐府和《左传》，说家里吃的奇珍异味。我觉得这里用《冯谖客孟尝君》的典故，冯谖说"长铗归来乎，食无鱼"，于是孟尝君就满足他的要求。杜甫作为一个平民百姓，到了贵族很华丽的地方，有酒宴款待，有鱼吃，谁想到还有比鱼更高级的奇珍异味呢？一个身份比较低的穷人跑到贵族家里，用这种口气，所以带有讽刺意味。"门阑多喜色，女婿近乘龙"，这家人为什么这么高兴呢？原来是有好的"裙带关系"。所以这首确实是有讽刺的意思。

第二首"华馆春风起，高城烟雾开。杂花分户映，娇燕入帘回"，仇注先引六朝魏澹的诗，后引放翁的"杨花穿户入，燕子避帘低"，认为陆游诗"本于杜句，而姿致不减"。前四句描摹了一个带有园林的贵族的厅堂，三、四写得不错。关键在后四句，我的观点跟仇注等都不一样。"一见能倾座"，说诗人受到主人的款待，而且待以上宾之礼，"倾座"，用《史记·魏公子列传》里信陵君对侯嬴礼贤下士的典故，贵族当众对一个寒士执礼甚恭，引起满座的人都对其注意；"虚怀只爱才"，主人虚怀，爱诗人之才。"盐车虽绊骥"，有的注解认为富豪李监是盐车上的千里马，这不对。千里马实指杜甫，虽然现在我不得志，被盐驹捆住了，但是从这儿出去，就有说法了，我是从某某贵族家里出来的，所以"名是汉庭来"。千里马虽然目前还没有人赏识，可是有朝一日，人家提起我，就像宾客以见李膺为荣，如同登龙门一样。等我再出来，就是"我的朋友胡适之"了，能够借此沾光。有的注解把千里马讲成李监，说他现在不得意，但到底是名门出身。恐怕不能这么讲。物质条件这么优越，还说是一个不得意的千里马，这讲不通。

赠李白（五古）

二年客东都，所历厌机巧。
野人对腥膻，蔬食常不饱。
岂无青精饭，使我颜色好。
苦乏大药资，山林迹如扫。
李侯金闺彦，脱身事幽讨。
亦有梁宋游，方期拾瑶草。

《赠李白》是五古，名为送给李白，实则是杜甫本人发牢骚。前八句完全说诗人自己，后面说到李白，大概李白要离开洛阳，往东边的开封、商丘那边去。实际前八句都是诗人自况。"二年客东都，所历厌机巧。野人对腥膻，蔬食常不饱"，这时杜甫在东都洛阳好像已经不得意了，所以自称"野人"，"机巧"和"腥膻"都是贬义词，"常不饱"已经跟后来的《奉赠韦左丞丈二十二韵》的"饥鹰未饱肉，侧翅随人飞"的意思差不多了，虽然还没到曹雪芹吃竹子的程度，但"蔬食"也常常不饱。"岂无青精饭，使我颜色好。苦乏大药资，山林迹如扫"，这里有个意思很妙，当时隐居也得有点本钱，隐居也要够资格，杜诗就说，不是没有"青精饭"之类的好东西，可是我吃不到；想隐居，但又缺少"大药资"，一作"买药资"，但还是"大"好。正因为没有隐居的本钱，山林也去不了，此路不通。写古诗总是有"以文为诗"的路数倾向。就像讲排律，篇幅长了，总要有结构间架、章法层次，这就是文章的写法了。这里前八句"以文为诗"的痕迹还不明显，但好多的话往往不是顺着说的，而是故意转折说的，比如"野人对腥膻，蔬食常不饱"，不说常挨饿，说"常不饱"；"岂无青精饭，使我颜色好"，言下之意就是诗人搞不到"青精饭";"苦乏大药资,山林迹如扫",想着干这个不行,干那个也缺乏前提。虽然就八句,但里面的转折很多,这也是一种写法,不是平铺直叙。有时一首诗、一首词写得好,主要还看会写不会写。杜诗这八句就显得转折层次多。再比如辛弃疾的《摸鱼儿》"更能消几番风雨",上来就有层次,春天本不怎么样,再加几番风雨,就更不怎么样了,一句里就有层次。"惜春长怕花开早,何况落红无数",又在那儿转折。直说有直说的好处,李后主就直说。辛弃疾就吞吐转折着说,辛词的三句话就转了好几个弯子。我们常说李后主的词是"白描",直话直说,"人生愁恨何能免,销魂独我情何限",全都摆出来了,不拐弯有不拐弯的好处,拐弯有拐弯的好处。像杜诗,就要注意如何拐弯。诗人在城市里生活不下去了,想隐居又办不到,就这层意思,但杜甫转折吞吐着说了半天。

当时的李白,从长安到洛阳,供奉翰林的那一段辉煌已经过去了,走下坡路了。"李侯金闺彦,脱身事幽讨",首先捧一句,说李白供奉翰林很荣耀,次句说李白也倒霉了,但说友人很含蓄,说自己比较直,"幽讨"就是要去山林僻静的地方遨游。言下之意,李白从显达转变成走隐逸的道路,不走宦途了,转而山林江湖了。但这毕竟是杜甫送给李白的诗,自己发了一通牢骚,你的处境跟我差不多。"亦有梁宋游,方期拾瑶草",你将要到梁宋去,我希望你能满足自己的愿望,话说到这儿就够了,再往下重复就不好了。前八句以转折见长,后四句以含蓄见长,适可而止。

赠李白(七绝)

秋来相顾尚飘蓬,未就丹砂愧葛洪。

痛饮狂歌空度日,飞扬跋扈为谁雄?

下面说七绝《赠李白》。"仇注"有个体例,某种诗体第一次出现,诗后就征引很多相关的资料,而《赠李白》是杜甫诗集里的第一首绝句,所以后面就详细解释绝句,在此我就不重复了。首先有一个问题,"飞扬跋扈"现在都变成贬义词了,所以有的注解说杜甫写此诗给李白有讽刺的意思。我不同意,我觉得李、杜的关系那么好,为什么会有讽刺?不能现在用惯了,就光从字面上看问题。"秋来相顾尚飘蓬",诗人是飘蓬,而李白也是飘蓬,彼此的身世、经历、遭遇、境况都像飘蓬一样无所依托,所以这句乃两方面并提。因为李白好道术是久已闻名的,所以杜甫次句用"未就丹砂愧葛洪"来比喻自己,这不是说李白,而是诗人自比。葛洪是道家出类拔萃的人物了,当初葛洪主动要求去南方作勾漏县令,因为那儿出丹砂,可以满足炼丹修道的愿望。这句说的是杜甫自己,可兼顾到李白。我没有像葛洪那么运气,跑到南方去得到炼丹修道的机会,所以我的处境"愧葛洪",不如葛洪。当然,李白也不如葛洪的机遇好。后两句主要写李白,可是里面也有自己。"痛饮狂歌空度日,飞扬跋扈为谁雄","痛饮狂歌"不见得是褒义词,相反"飞扬跋扈"也未必是贬义词。我认为这两句其实是互文见义。杜甫也是个酒徒,有一点钱就去找郑虔,二人买酒痛饮,喝得痛快淋漓,所谓"忘形到尔汝,痛饮真吾师"。杜甫还写过《醉歌行》,杜诗还说"酒债寻常行处有,人生七十古来稀",他也是极爱喝酒的。所以"痛饮狂歌"和"飞扬跋扈"是互文见义,彼此兼写,李白是"痛饮狂歌",杜甫也是"痛饮狂歌",两人都是"空度日"。"跋扈"出于《后汉书·梁冀传》,说梁冀是跋扈将军,一般认为是贬义词,所以这句杜诗也被认为是含有讽刺。关于"飞扬",我们现在经常说一个人"神采飞扬",不一定就是贬义词。"飞扬跋扈"可能还是杜诗第一个连在一起的,就我的印象,最早出于杜诗。而这句的意思就是说,我们"痛饮狂歌"是因为胸中有块垒,需要发泄,壮志未酬,所以"空度日"。我们有时也撒酒疯,也瞧不起人,有时觉得自己了不起,可是"为谁雄"?有什么用呢?谁能理解我们呢?"仇注"有一句话"惜自之兴豪不遇也",说得很对。可惜李白兴致很高,但他不遇。仇注又说"赠语含讽,见朋友相规之义焉",这话就不一定合适了。因为这里也有杜甫自己在内,杜甫年轻时的豪情盛气,不见得就比李白差。不过李白一直到死都是豪情不减,而杜甫到后来,说不客气话,有点世故老人的味道。我认为杜诗的三、四句是两人都处在百无聊赖的环境里,彼此相慰藉的话,而不是讽刺的话。关于"跋扈","跋"出自《诗经》,旧注说扈是鱼的尾巴。"跋扈"用现代汉语来讲是最妥当不过的,就是翘尾巴。换句话说,你已经不得意了,已经倒了霉了,还翘什么尾巴?杜诗就是这意思。而这不专指李白,所以我认为这两句是互文见义,未必是讽刺李白。试想,两人是好朋友,处境差不多,志趣差不多，为什么不能这样说？我们有时愤愤不平，觉得自己一肚子牢骚，可是究竟有什么用呢？谁能看出我们是英雄豪杰？所以这首诗，我的讲法跟前人略有不同。

古典诗文述略

古诗述略 / 345

唐诗述略 / 390

古典散文述略 / 413

附　编

　　说"赋" / 435

　　宋诗导论 / 442

　　《历代小品大观》序言 / 451

后　记 / 458

重版后记 / 463

古诗述略

一

  文学艺术起源于劳动，这是马克思主义文艺理论的基本常识。而民间口头诗歌创作又是人类语言艺术的开始。世界上一切民族的文学都是从诗歌创作开始的。根据恩格斯的论证，人类由于劳动，使脑髓和感觉器官有了进一步的发展，从而产生发音清晰的语言[①]；而诗歌的起源则应远溯到发音清晰的语言产生之前的时代。最初的人类靠着集体劳动与大自然进行了艰巨的斗争。在集体劳动过程中，为了减轻疲劳和统一行动，以提高劳动的效率，便自然而然地伴随着劳动的节奏发出有节奏的声音，这就是我们今天所谓的"劳动号子"。这实际上就是诗歌的起源。鲁迅先生早在1924年讲《中国小说的历史的变迁》时就已提出了这个精辟的论点：

  我想，在文艺作品发生的次序中，恐怕是诗歌在先，小说在后的。……因劳动时，一面工作，一面唱歌，可以忘却劳苦，所以从单纯的呼叫发展开去，直到发挥自己的心意和感情，并偕有自然的韵调；……所以诗歌是韵文，从劳动时发生的；……（《鲁迅全集》卷八附录）

[①] 见人民出版社1962年版《马克思恩格斯文选》两卷集第2卷第84页。

后来，鲁迅先生在《门外文谈》里把这个道理进一步做了形象化的说明，这就是经常被文学史家引用的关于"杭育杭育派"的一段话：

> 我们的祖先的原始人，原是连话也不会说的，为了共同劳作，必需发表意见，才渐渐地练出复杂的声音来，假如那时大家抬木头，都觉得吃力了，却想不到发表，其中有一个叫道"杭育杭育"，那么。这就是创作；大家也要佩服，应用的，这就等于出版；倘若用什么记号留存了下来，这就是文学；他当然就是作家，也是文学家，是"杭育杭育派"。(《鲁迅全集》卷六《且介亭杂文》)

鲁迅的话是根据《淮南子·道应训》里说的"今夫举大木者，前呼'邪许'，后亦应之，此举重劝力之歌也"[①]的一段记载而加以引申发挥，并且做了历史唯物主义的说明，因此它是可信的。"杭育"和"邪许"虽是"单纯的呼叫"，但其中已包含着人类"孕而未化"的诗歌语言。[②]随着人类的进化，这种"单纯的呼叫"逐渐有了表达自己心意和感情的内容。随后产生了发音清晰而意义却十分简单的语言，这种语言在劳动号子中最初只是从属部分。后来，由于思维能力和语言在劳动实践中日益发展，加到劳动号子中的语言成分内容日益丰富，因而它所表达的人们的心意和感情也就日益复杂起来。这时，有思想内容的语言部分终于上升为诗歌的主体，而原来的"单纯的呼叫"反而退居为诗歌的从属部分了。但是这种表示声音的从属部分，随着时代进化而经过多次演变，尽管是"单纯的呼叫"，却还在诗中保持着一定的地位。先秦古诗中有不少带有专用于诗歌的语气词（如"兮""猗""些""只"等）的诗句，这些诗句读起来都带有强烈的原始歌谣的气息，正是这种原始的"单纯的呼叫"的遗迹。

尽管诗歌的产生早于散文、小说，但古代流传下来的最早的文字材料，如卜辞和金文，其中却没有诗歌的记录。这大约由于诗歌是口头创作，只借助于

[①] 在《淮南子》以前，《吕氏春秋·淫辞篇》中已有同样的记载，但无末一句话，所以未加引用。

[②] 参阅闻一多《歌与诗》一文，见《神话与诗》第181页。

语言而本不依赖文字,而龟甲和铜器上的文字又各有专用,原不是记载诗歌资料的工具。至于受生产力的限制,当时文字刻写艰难,自然也是使诗歌不易流传下来的原因之一。因此,在我国第一部诗歌总集《诗经》以前的远古诗歌,传世的为数极少。有些显而易见是后世依托伪造的(如汉魏古书中有些相传为尧舜时代的诗歌,如《击壤歌》《卿云歌》《南风歌》等,都出于伪造,不足信)。只有《周易》《礼记》《吴越春秋》等极少的几部书中保存了点滴材料。如东汉赵晔编著的《吴越春秋》中记录了一首《弹歌》,还勉强可以说比较真实地反映了原始社会的生活。

    断竹,续竹。
    飞土,逐肉。

这首歌相传是黄帝时代的作品,用单纯朴素的两字一拍的简短语言,写出了原始人类用最简单的武器——弹弓——进行射猎的过程,显然是渔猎时代生活的反映。另外,在《周易》中也保存了少量的比较原始的民歌,如《归妹》上六的一首:

    女承筐,无实;
    士刲羊,无血。

这是写男女两人在进行剪羊毛的劳动,女的端着竹筐承接着仿佛没有重量的羊毛,男的正拿着剪刀从羊身上轻快地剪过,看去像是宰羊,却丝毫没有损伤羊的皮肉。寥寥数语,不仅勾画出了古代劳动者的形象,而且构思很巧,有相当的艺术性。《周易》是殷周时代卜筮的底本,这首短诗最迟也是殷代的作品。

在《礼记·曲礼》里还有一段记载:"邻有丧,舂不相。里有殡,不巷歌。适墓不歌,哭日不歌。"据旧注,"相"是"送杵声",又说:"相,谓以音声相劝。"《曲礼》把"相"和"歌"相提并论,可见"相"也是一种"劝力之歌",但内容可能比扛木头时的号子要复杂一些。《汉书·艺文志》有《成相杂辞》

十一篇,已失传。但《荀子》书中还保留着一篇《成相》,是以三、三、七、四、七言句式写成的组歌,大约就是荀况本人根据民间舂米歌的形式进行模制的诗歌作品。那么最早的"相"可能也是有歌辞的了。

从以上所引的短诗和有关材料来看,最早的诗歌和劳动的关系是十分密切的,这有力地说明诗歌确是起源于劳动。另外,从诗歌形式的发展来看,最初的诗歌以两字一拍,即二言句式为主;到了周代,才发展为比较成熟的四言(如《诗经》里绝大部分是四言诗);到了战国后期,又逐渐向杂言发展(如《荀子》中的《成相》)。这种现象,是符合韵文的发展规律的。

谈到诗歌的起源,还要补充两点:一、诗歌同音乐、舞蹈基本上是同时产生的,并且三者紧密结合,用来反映劳动生活,为劳动生产服务;二、诗歌的起源和原始宗教的关系也十分密切。关于第一点,《吕氏春秋·古乐篇》里说:

  昔葛天氏之乐,三人操牛尾,投足以歌八阕:一曰载民,二曰玄鸟,三曰遂草木,四曰奋五谷,五曰敬天常,六曰建(一本作"达")帝功,七曰依地德,八曰总禽兽(一本作"万物")之极。(引文据毕沅校证本)

所谓"操牛尾,投足以歌",正是诗、乐、舞三位一体,紧密结合的明证。上面所引的扛大木和舂米的这些劳动,其动作本身就是一种舞蹈。这里"八阕"的名称显然是后人加上去的,但从它们的内容来看,不外乎狩猎、牧畜、耕稼等方面,再加上对"天"和"帝"的感戴和歌颂(这就是宗教因素),可见我们的祖先在进行艺术活动的时候,并没有脱离实际生活的功利目的,而是紧紧地围绕着劳动生产进行的——或是生产行为的再现,或是劳动过程的回忆。这就势必边唱边舞才能具体反映出来。至于用诗歌作为单纯抒情状物的工具,并与乐、舞逐渐分离,那已是很晚的事情了。

关于第二点,鲁迅在《中国小说的历史的变迁》里曾说:

  ……因为原始民族对于神明,渐因畏惧而生敬仰,于是歌颂其威灵,赞叹其功烈,也就成了诗歌的起源。

这从上引《吕氏春秋》的"八阕"的名称中已经得到证明。在记录殷代卜辞的甲骨文中，我们发现一个"灻"字。据近人王襄《簠室殷契征文考释》，这是"象两个人执氂牛尾而舞"之形，为"舞"之初文。而这个"舞"字的初文实际上同"巫"字就是一个字。《墨子·非乐上》里曾提到商代帝王荒淫逸乐，"其恒舞于宫，是谓巫风"。"巫"是原始宗教的产物，是"沟通"人与神之间的桥梁，后来就成了一些为宗教迷信服务的人的专职。照《墨子》的说法，这种人还应该是贵族奴隶主宫廷中的演员。他们除搞宗教迷信外，还必须能歌善舞，在迎神祭赛时扮成神的形象来进行表演。据近人考证，《楚辞》里《九歌》十一首，就是由男女巫觋在表演的同时所歌唱的祀神曲。《礼记·郊特牲》中有一首《蜡辞》，据说是上古伊耆氏① 在进行蜡祭时的祝辞：

　　土反其宅！
　　水归其壑！
　　昆虫毋作！
　　草木归其泽！

从形式看，这首诗已属于四言句式的范畴，可能在修辞方面已经过周代人的加工；但从内容看，这四句诗完全是命令语气，让土、水、昆虫和草木各自回到它们应该去的地方，显然歌唱者把这首祝辞当成了宗教咒语，把幻想当成真实，对人类本身的意志充满了自信。这完全符合原始社会劳动人民的精神状态。据《郊特牲》里的描写，蜡祭是祭祀天地百物的，是一种原始的宗教仪式。祭祀时敲着鼓，唱着祝辞，迎来了巫扮的神，以祷祝丰收。这个例子又一次证明了诗歌既与音乐、舞蹈三位一体，又同宗教有着密切的联系。

---

① 伊耆氏一作伊祁氏，有的旧注说这是尧的姓，也有的旧注却说就是神农氏。

二

今天我们看到的最早的诗歌总集是周代的《诗经》。《诗经》原来只叫作《诗》,包括自公元前11世纪(西周初)至公元前7世纪(春秋中叶)共约五百年间的作品。公元前544年(鲁襄公二十九年),吴国的公子季札出使到鲁国,鲁国的乐工曾把保存在鲁国的各国乐章依次演奏给他听。根据《左传》的记载,当时所奏乐章的先后次序同现在传本《诗经》的篇次几乎是一致的,可见这部诗歌总集在公元前6世纪已经编纂成书了。它是以孔孟为代表的儒家学派必读的书籍之一,到了汉代,封建统治者为了尊孔,便把儒家学派所规定的几部必读书(《诗》《尚书》《礼》《易》《春秋》,即后世所谓"五经")列为经典,于是《诗》也就一变而为《诗经》了。

《诗经》共有三百零五篇(统称"三百篇",取其成数)计:十五国风共一百六十篇,大、小雅共一百零五篇,周、鲁、商颂共四十篇。所谓风、雅、颂都是音乐上的名词。因此"三百篇"本来都是能入乐歌唱的歌辞。"风"是地方乐调,所谓十五国风就是各国的民歌。但从现存的诗篇来看,国风中也不是没有当时统治者的作品。"雅"是"鸦"的古体字,和"鸟"本是一个字,是用来形容声音的。古人说秦声呜呜,"呜"字从"乌"字演化而来,和"雅"正是一个字。西周原在陕西建都,后因亡于犬戎,周平王宜臼迁都到河南洛阳,成为东周。春秋时代,秦国据有西周故都一带的领土,所谓"秦声",实即周乐,也就是雅乐。"雅"又有"正"的意思,用今天的话说,"正"就是"标准"。周天子是当时的最高统治者,因此便把王都所在地的语言定为标准话(即所谓"雅言"),把当地的地方乐曲定为标准乐曲,即所谓"雅乐"。《诗经》中的"雅",也就是指周代朝廷和贵族在宴享交际时歌唱演奏的诗歌和乐调。"雅"有大、小,大约也是根据乐调划分的,现在已很难具体说明它们的区别。不过从内容看,《大雅》的创作时代更早些,风格上更加贵族化,歌功颂德的作品更多,只有很少几首是统治阶级内部的人写来讽刺、揭露其本阶级的统治者的。《小雅》则除了那些描写宴享和歌功颂德的诗以外,还有一部分是模仿民歌的,讽刺诗的数量比《大雅》多,语言也更浅显通俗一些。《雅》里的讽刺诗,前人称为"变雅","变"是"正"的对立面,意思是不够标准,大抵是当时统治阶级内部某些阶层较低、身份较贱、比较不得意的人为了揭露内部矛盾而作的。"颂"是"容"的古体字,"容"是"样子"或"姿态"的意思,是指舞姿、舞容而言的。因此颂就是舞乐,颂诗是祭祀宗庙时所歌的乐章,演奏时载歌载舞,其内容纯属庙堂文学。《颂》分周、鲁、商三部分,《周颂》是西周时代的作品,在《诗经》里最为古老;它们大部分连韵脚都不易考察。《鲁颂》是鲁国的作品,《商颂》是殷商的后代宋国的作品,它们比《周颂》《大雅》《小雅》的写作时代要晚一些。后世有人认为《商颂》是商代的作品,显然是错了。

从十五国风的地区范围看,最南的是周南、召南,达到今天湖北的江汉流域;最北的是邶、鄘、卫,达到今天的河北省南部;最东的是齐,达到今天的山东省;最西的是豳,达到今天的甘肃省东部。其他的王(即东周)、郑、魏、唐、秦、陈、桧(即郐)、曹诸国,则分布于今河南、山西、陕西等属于黄河流域的地区。我们不禁要问:一、古代交通阻塞,是靠什么条件和力量把这么广大的区域里的民歌搜集起来的?二、搜集民歌的主持者是谁?收集起来干什么?

这就涉及周代采诗的问题。据两汉古书记载,周代是有采诗的制度的。最高统治者为了"观民风""知得失",想要考察当时各个阶层的人对统治者的政治措施有什么反应,便派人到各地去搜集民间歌谣,以便了解社会上的思想动向。比较聪明的统治者自然懂得:人心的向背同他们统治地位牢固与否是密切相关的。鲁迅在《门外文谈》里有一段论及《诗经》的话是十分精辟的:

> 就是《诗经》的《国风》里的东西,好许多也是不识字的无名氏作品,因为比较的优秀,大家口口相传的。王官们检出它可作行政上参考的记录了下来,此外消灭的正不知有多少。

所谓"王官们检出它可作行政上参考的记录了下来",正是指当时的统治阶级对民歌的搜采和整理。我们认为,只有靠最高统治者(天子和诸侯)的权力机构进行大力搜采,才有可能把广大地区的民间风谣收集到一起,而采诗的目的则是为了巩固统治政权,保护剥削者的利益,绝对不是为了广大人民。当时的统治者为了维护其统治的纲纪，显示自己的尊严，并进一步来束缚被统治者的思想，于是才从事于制礼作乐的工作。而《诗经》一书，正是为了适应统治者制礼作乐的需要才被保存下来的。

附带谈一下删诗的问题。据《史记·孔子世家》说，古诗原有三千余篇，现在的三百篇是由孔子删订的。这话不可信。上面说到的吴季札观乐的事就是一个有力的反证，因为公元前544年孔子才八岁。何况孔子自己屡次说"诗三百"，后来墨子、庄子、荀子也屡说"诗三百"，可见"三百篇"在当时早已成为定型，不是孔子一个人或儒家一个学派所能垄断或改变得了的。如果承认孔子删诗确有其事，实际上反而夸大了孔子对当时学术文化所起的作用。

然而现存的"三百篇"倒确是经过一番整理和加工的。郭沫若在《简单地谈谈诗经》一文中说：

> 风雅颂的年代绵延了五六百年，《国风》所采的国家有十五国，主要虽是黄河流域，但也远及长江流域。在这样长的年代里面，在这样宽的区域里面，而表现在诗里的变异性却很小。形式主要是用四言，而尤其值得注意的，是音韵差不多一律。音韵的一律就是在今天都很难办到，南北东西有各地的方言，音韵相差甚远。但在《诗经》里却呈现着一个统一性。这正说明《诗经》是经过一道加工。古人说孔子删诗，虽然不一定就是孔子，也不一定就是孔子一个人，但诗是经过删改的东西，这形式音韵的统一就是它的内证。此外，如《诗经》以外的逸诗，散见于诸子百家里的，便没有这么整齐谐适，又可算是一个重要的外证了。(《雄鸡集》第169页)

根据前面所引的鲁迅的话，可见远在《诗经》结集以前，原来流传在民间的诗篇，经过统治阶级权力机构的有意删汰和由于他们的漠视，消灭和亡佚的数量"正不知有多少"。从这个角度来看，被删弃的又何止数以千计呢！

在我国文学史上，对于《诗经》的评价问题，也是一直有争论的。封建士大夫在儒家正统思想的影响下，或者把"三百篇"看成"修身、齐家、治国、平天下"的教条，用《关雎》"后妃之德"这一套呓语来解释那些"里巷歌谣之作"；或者宣扬"温柔敦厚诗教也"（《礼记·经解》）的封建文艺观，用"哀而不伤""怨而不怒""怨诽而不乱"之类的话来解释《诗经》，抹杀了诗歌的战斗性和揭露社会黑暗面的作用。全国解放以后，一些研究者又过于强调《诗经》是古典文学中现实主义传统的源头，而忽视了其中还有相当数量的糟粕，甚至有人把糟粕也当成精华。因此，重温一下列宁有关"两种文化"的理论还是非常必要的。列宁认为：

> 每个民族的文化里面，都有一些哪怕是还不发达的民主主义和社会主义的文化成分，因为每个民族里面都有劳动群众和被剥削群众，他们的生活条件必然会产生民主主义的和社会主义的思想体系。但是每个民族里面也都有资产阶级的文化（大多数的民族里还有黑帮和教权派的文化），而且这不仅是一些"成分"，而是占统治地位的文化。因此，"民族文化"一般说来是地主、神甫、资产阶级的文化。（《关于民族问题的批评意见》，《列宁全集》中文版第二十卷）

根据列宁的理论，我们懂得，在我国古代奴隶社会和封建社会中，占统治地位的是剥削阶级的文化，即奴隶主阶级文化和封建文化。但在每个历史阶段中，每个民族里面既然有被剥削、被统治的劳动群众（包括奴隶和农民），那么在他们的生活条件下必然会产生具有民主性的文化成分，有着劳动人民自己的思想体系。尽管这种文化成分比重较小，很不发达，但肯定是有的。同时，这种人民的文化又必然受时代的制约和阶级觉悟的制约，因此即使是民主性的精华，也会有时代和阶级的局限性。《诗经》中的三百篇作品本身，自然也毫无例外地包含着这两个方面，即剥削阶级的文化和被统治、被剥削阶级的劳动群众的文化。我们可以说，《诗经》中有为统治者歌功颂德的作品，也有为劳动群众鸣不平的作品。这种情况，历代封建统治阶级的文人学者（包括儒家孔孟的忠实信徒如朱熹在内）是意识到了的，也是不讳言得。

先说反面的作品。这主要是雅、颂中的大量诗篇和《国风》中的一小部分。它们是为剥削阶级唱赞歌的。有的诗是奴隶主颂扬自己祖先的"盛德"和"武功"，有的则是夸耀统治阶级如何爱民和治民的政绩，目的是为了让被统治者感恩戴德。这些作品，大都是贵族统治者在祭祀和宴享时用来敬神和娱宾的。其中如《大雅》中的《生民》《公刘》《绵》《皇矣》《大明》这五首诗，过去不少文学史的作者和某些《诗经》选本的编者，往往套用欧洲资产阶级学者衡量希腊、罗马作品的标准，强调它们是周民族的英雄史诗，认为诗中描写的内容可以鼓舞后世读者的爱国热情。其实这些诗都是周代奴隶主为他们的祖先树碑立传的作品，尽管其中保存了一些神话传说和历史事实，但主要的却是充满了美化、神化贵族统治者的描写，通过夸大死者的功绩来制造舆论，以达到树立现存的统治者的威望的目的，实在说不上是什么"史诗"。还有一些祭神时诵奏的乐歌，如《小雅》中的《楚茨》之类，其内容主要是描写祭神的仪式和对统治者的善颂善祷，简直没有什么诗味。这种无聊的颂圣诗篇，即使在《国风》里也是有的，如《周南》中的《樛木》《螽斯》《麟之趾》等，都属于这一类。

另外，在所谓"变风"（即《国风》中的大部分）和"变雅"（即大、小《雅》中的一部分）里，却有着不同的内容。这些属于"饥者歌其食，劳者歌其事"的诗篇，包括一部分统治阶级内部等级较低下的人们揭露统治者罪恶的作品（如《大雅》的《桑柔》和《小雅》的《正月》《十月之交》《巷伯》等），是闪烁着民主性的思想光辉的。其中有的是劳动者反对沉重的剥削（如《魏风·硕鼠》）；有的是抗议剥削者的不劳而获（如《魏风·伐檀》）；有的是控诉剥削阶级对剥削者的尽情搜括，造成两者之间的贫富悬殊（如《小雅·大东》）；有的是下层小官吏受着王室的逼迫，苦于劳碌的行役（如《小雅·北山》），而这些小官吏们的家庭却过着贫困的生活（如《邶风·北门》）。有的写女子想念远征的丈夫（如《卫风·伯兮》），有的写战士怀念久别的乡土和妻室（如《豳风·东山》），反映出在战乱频仍的社会中下层人民所受的苦难。同样是征伐猃狁的题材，《小雅》里的《采薇》写的是战士在征途中和戍守时的辛劳，《六月》则写的是统治阶级的勋业。前者悲凉感人，后者就枯燥乏味。《诗经》中有不少反映下层妇女的诗篇，体现了作者们带有民主性倾向的妇女观。《周南·芣苢》和《魏风·十亩之间》描写了民间妇女健康优美的劳动生涯，而《卫风》的《氓》和《邶风》的《谷风》，则控诉了男子的负心并倾吐了弃妇的酸辛不平。在《国风》里对爱情问题的爱憎倾向也是鲜明的：《召南·野有死麕》《邶风·静女》《王风·大车》都是民间传唱的大胆泼辣、热情洋溢的恋歌，写得清新饱满，栩栩有生气；而对贵族统治者的荒淫无耻，则进行了辛辣的讽刺（如《齐风·南山》和《邶风·新台》）。总之，《诗经》中这一部分优秀作品奠定了我国古典诗歌的优良传统，成为文学史上一批可贵的遗产。

但是不容讳言，就在《诗经》里思想性最强的诗篇如《伐檀》《硕鼠》等，也还存在着一定的局限性。《伐檀》的作者把希望寄托在理想的统治者、所谓"不素餐"的"君子"的身上[①]，而《硕鼠》的抒情主人公则幻想着避开眼前悲惨的处境而投身于虚无缥缈的"乐土"。《豳风》的《七月》细致地描绘了农奴们一年到头辛勤的劳动，是一首难得的作品；但在结尾处却写到这些被剥削者高高兴兴到"公堂"（古代农村中公共集会场所）上为他们的"主人"（剥削者）称觞祝寿，这就掩盖并抹杀了"无衣无褐"的劳动者和披裘饮酒的剥削者之间尖锐而深刻的矛盾对立。此外，在大量反映劳动者的悲惨生活和小官吏们艰难处境的诗中，也是以泣诉怨慕的哀吟为主要基调，那种激昂慷慨、敢怒敢言的反抗呼声毕竟是不多的。这大约就是《诗经》所以能被当时的统治阶级以及以孔子为代表的儒家学派接受的原因吧。

从《诗经》的艺术性来看，也完全可以说明上述两类作品有着明显的优劣高下的不同。最古老的《周颂》，歌词空洞，内容贫乏，结构不分章节，用韵也很参差，艺术上十分幼稚。其他如《鲁颂》《商颂》《大雅》中的大部分诗篇，则无论结构和修辞都显得板滞生硬，缺乏变化和新鲜的感觉。过去的人把这种凝滞板重的风格说成"雍容典雅"[②]，其实这种官气十足的堆砌辞藻的庙堂文学正是我们应该加以批判和扬弃的东西。而《国风》中的大部分和二《雅》中一部分优秀作品，虽然基本上还是四言句式，但变化很大，结构上章节有重叠反复的特色，语言也显得清新活泼，明快爽朗。像《郑》《魏》诸风中不少篇章，这种特色尤其明显。内容决定形式，这在《诗经》中是有案可查的。

这里顺便谈谈从《诗经》开始的诗歌艺术的表现手法，即赋、比、兴的问

---

① 近人把《伐檀》一诗每章的末两句中的"君子"都解释为作者讽刺的对象，恐非诗人原意，我是不同意这种讲法的。详见拙作《〈诗三百篇〉臆札》。

② 所谓"典雅"，即取《尚书》中《尧典》《舜典》的"典"字和《诗经》中《大雅》《小雅》的"雅"字所合成的状词，因此它包含有古奥艰深的意思。现已成为一个带有贬义倾向的词了。

题。"赋"是直陈其事（朱熹《诗集传》："赋者，敷陈其事而直言之者也"）；"比"是以彼喻此（朱熹说："比者，以彼物比此物也"）；"兴"是以由此及彼，借可以引起联想的事物来暗示或引导读者去联想或领会诗中所要表现的是什么（朱熹说："兴者，先言他物以引起所咏之辞也"）。如《硕鼠》的开头："硕鼠硕鼠，无食我黍。"用硕鼠比喻贪婪的剥削者，这就是"比"。而《关雎》的第一章，用河洲的一对雎鸠引起下文的"窈窕淑女，君子好逑"，这就是"兴"。"兴"介于"比"和"赋"之间。也有"比"的成分，因此后世往往以"比兴"连称，作为传统艺术手法的一个专门词语。在《诗经》中，《国风》多用"比兴"手法。这种因物起兴、触景生情的形象化表现手法，利用人民日常生活中所习见的事物和景象来引起感情的抒发，可以使读者产生亲切而具体的感受，正是我国诗歌艺术的传统特色，特别在民歌里用得更加广泛。这种手法直到今天还很流行。至于《雅》《颂》中的大部分作品，则多用赋的手法，直陈其事，而这种手法原是比较呆板单调、枯燥乏味的。这样，《大雅》和三《颂》基本上就成为后世贵族统治阶级庙堂文学和铺张扬厉的颂圣文学的始祖，它的嫡系就是汉代的封建正统文学——汉赋。

三

东周以后，由于奴隶制逐渐解体并向封建制转化，社会上发生了急剧变化。周王朝既已衰微，政令已不能出国门，诸侯便也各自为政，原来的采诗制度也就不复存在，而民间的风谣也就不再被人收采，这就是《孟子》里所说的"王者之迹熄而诗亡"[①]。直到战国中期，由于楚国的大诗人屈原的出现，才打破了诗坛荒凉沉寂的局面。

屈原的作品（也包括屈原的追随者和模拟者的作品）被西汉的学者刘向收在一部题为《楚辞》的书里。到了东汉，王逸给《楚辞》作注，书名《楚辞章句》，这就是我国继《诗经》之后的另一部诗歌总集。"楚辞"既是书名，也

[①] 清代很多文字学家都认为"迹"是"迹"（音基）的假借字。"迹人"就是采诗的专门使者。

是文体的名称，而这种文体是有它的特色的。宋人黄伯思在《翼骚》的序言中曾说：

> 屈（原）宋（玉）诸骚，皆书楚语，作楚声，纪楚地，名楚物，故可谓之"楚辞"。若些、只、羌、谇、蹇、纷、侘傺者，楚语也；悲壮顿挫，或韵或否者，楚声也；沅、湖、江、澧、修门、夏首者，楚地也；兰、茝、荃、药、蕙、若、芷、蘅者，楚物也。

所谓"楚语"，即指楚国的方言[①]，而在每句或每两句中间必带"兮"字，显然是根据楚国方音而形成的一种歌唱方式，即所谓"楚声"。这就使得作品中地方色彩异常浓厚。更重要的，乃是《楚辞》中保留着相当数量的神话传说，不但想象力瑰奇丰富，而且辞采富赡，色泽鲜明。这种浪漫主义精神和夸张炫耀的手法构成了"楚辞"这一文体的独特性。

《楚辞》中的诗篇是封建社会形成后的产物。战国时代百家争鸣，各种学术流派一时并起，思想非常活跃。作为每一学派的代表人物，为了争取更多的人拥护和赞助，都纷纷著书立说。从这时起，在各种著作上就开始标出各家代表人物的名字。这个风气也影响到文学著作——《楚辞》。也正是从这时开始，人们才能够根据作品中所反映的内容来分析、考察作家的生平和思想。这就叫作"知人论世"。这样，我们必须先谈谈《楚辞》的主要作者——屈原。

关于屈原的生平，今天所能见到的完整史料是《史记·屈原列传》。但《史记》本身所存在的矛盾和问题已足以说明这部史学巨著并非百分之百的信史。这就造成了后世对屈原研究的众说纷纭的现象。这里只就其荦荦大端做简单扼要的说明，以供参考。

一、屈原名平，是楚国同姓贵族，最初任楚怀王的左徒（官名），以学识渊博、娴于辞令得到怀王信任。

二、不久楚怀王就听信谗谤疏远屈原，屈原被迫去职出走，流连于汉北一

[①] 据郭沫若《屈原研究》，仅屈原作品中所使用的显然是属于楚国方言的词汇，就有二十四例。"离骚"一词即其一。

带。时约为公元前313年至公元前312年（楚怀王十六年至十七年）。

三、当时七雄争霸，齐楚联盟以御秦。屈原是亲齐派代表人物。屈原出走以后，楚怀王为群小包围，听信秦使臣张仪的主张，与齐断交。结果秦军伐楚，楚丧失了汉中一带土地。怀王复用屈原出使齐国，秦愿退还汉中，与楚议和。怀王不愿得地，只想杀掉张仪。但张仪到楚后，又贿赂上下，终于得释。屈原自齐返楚，曾谏怀王为何不杀张仪。这是公元前310年（楚怀王十九年）的事。传说屈原曾任三闾大夫，可能是之后一两年内的事。因为据《屈原列传》引《渔父》篇中的话，这是屈原最后的官职了。

四、公元前305年（楚怀王二十四年），楚又背齐与秦和亲。屈原既是亲齐派，可能就在这一年或这年以前被流放于鄂渚。因史书失载，只有阙疑。但从这以后到顷襄王即位，屈原的活动便不可考见。大约他已被流放在外了。

五、公元前299年，楚怀王入秦议和被拘，怀王长子顷襄王即位，幼子子兰为令尹。至公元前296年（顷襄王三年），怀王死于秦。屈原在顷襄王即位后，又因子兰的谗毁，被迫南迁。最后在湖南长沙附近的汨罗江怀石自沉而死。

六、关于屈原的生年，据近人考证，其上限为公元前343年（楚宣王二十七年），下限为公元前335年（楚威王五年）。其卒年，有人以为在公元前296年，即楚怀王死于秦的同一年；但也有人认为在公元前278年（顷襄王二十一年）。这一年秦将白起破郢都，楚国濒于灭亡，所以有人认为屈原因此而悲愤自杀。后一说虽较有权威性，但时间可能后延得太久了。看来在更多的材料发现以前，是很难得出精确结论的。

关于屈原的作品，今存二十五篇，符合于《汉书·艺文志》所载的数目。但其中的《远游》《卜居》《渔父》三篇，早经古今学术界公认是后人拟作，可存而不论。现将其他各篇逐一简介如下：

一、《离骚》。这是屈原的代表作，也是我国文学史上第一首长篇抒情诗。全诗三百七十三句共二千四百九十字。诗中反复陈述屈原自己的政治思想和遭受打击的痛苦，并运用富有浪漫主义情采的神话传说与幻想描写，循环往复地倾诉自己内心的思想感情。通篇共分三大段：第一大段（从开头到"岂余心之可惩"）由自己的家世说起，正面陈述自己的政治理想以及与当时贪污腐败的贵族统治集团的矛盾和斗争；第二大段（从"女媭之婵媛兮"到"余焉能忍与此终古")假托女媭的劝阻,然后写自己上叩天阍、广求下女,通过浪漫主义手法极写自己不见容于君,不见知于世,实即第一大段的重复申诉;第三大段(从"索藑茅以筵篿兮"到"蜷局顾而不行")写自己经过灵氛、巫咸的譬喻劝导,想去国远行,但到底还是不忍离开故国。最后用"乱辞"(尾声)点明这层意思,作为一篇主旨。此外,还需要说明几点:第一,据《屈原列传》,这一宏伟诗篇是屈原第一次被楚怀王疏远时所作,而不少人却认为这是屈原晚年被流放以后的作品。我们根据篇中"何离心之可同兮,吾将远逝以自疏"的话,认为作者在写《离骚》时尚未失去自由,不像之后被流放迁逐时以罪臣身份沿江南下的情况。因而主张沿用《史记》的说法,把《离骚》定为前期作品。第二,《离骚》中主要的政治理想是主张"举贤授能",反对任人唯亲,这一思想是有进步意义的。第三,有一个时期,有的人认为由于屈原在作品中非常强调"规矩""绳墨",主张遵循法度,又据《屈原列传》,他曾替楚怀王"造为宪令",便强调他受法家思想影响很深,甚至干脆就把屈原列为"法家"一流;其实贯穿于《离骚》通篇的内容,是屈原屡称尧舜禹汤和周文王为贤圣之君,而以桀纣比喻现实生活中的昏君暴主,并力主修身洁行,用自己高尚的情操和完美的品德来与当时属于罪恶腐朽的反动贵族统治集团势力相对抗。从他的世界观的实质看,屈原还是一个受儒家思想影响较深的人。第四,《离骚》中眷恋祖国、热爱乡土的思想,关心国家前途的命运,主张正直无私而反对群小贪污享乐,这是应该肯定的;但诗中同时充满了忠君观念,以及从个人出发的无可奈何的悲观绝望,则显然是屈原作为一位贵族官僚的阶级局限,应该加以指出并有所批判。

二、《九歌》。《九歌》本是上古歌曲的旧名,这里是沿用。这组诗共十一篇,都是祀神曲。它们的顺序是:《东皇太一》《云中君》《湘君》《湘夫人》《大司命》《少司命》《东君》《河伯》《山鬼》《国殇》《礼魂》。这些曲子大抵是流传在楚国民间各地的祭歌,最初大约是无名诗人的作品,不一定是屈原的创作。但从它们高度的艺术成就来看,很可能经过像屈原这样的诗人的加工整理。所以自汉代的刘向、王逸直到宋代的朱熹,都认为《九歌》是屈原的作品。前九篇都是每一篇祭一神,并以神名作篇名:东皇太一是楚人最信奉的天神,相当于"上帝";云中君是云神;东君是日神;大(太)司命、少司命是星神(前者是死亡之神，后者是生命之神）；山鬼是山神，有人认为即巫山神女；湘君、湘夫人是江神；河伯是河神。只有《国殇》是悼念阵亡将士的挽歌，诗中充满敌忾情绪，慷慨悲凉，与前九篇性质不同。最后的《礼魂》仅是一支简短的送神曲，类似组诗的"尾声"，因此有人认为它不算一篇。这些曲中有关于祭礼的铺叙，有带抒情笔调的关于人神恋爱的描写，有关于男女神之间悲欢离合的刻画，风格清新，辞采典丽，显然是在民间情歌的基础上又经文人刻意加工的结果。在祭祀时，男女巫祝化装成神的形象，一面歌唱，一面舞蹈。我们从曲文中可以看到楚国"信鬼好祠"的风俗，也可以想象在祭祀表演时庄严而热闹的场面。

三、《天问》。据王逸《楚辞章句》，屈原被放之后，经过楚国先王神庙，看到祠堂里的壁画，上面画着"古贤圣怪物行事"，因而写成长诗，提出种种疑问，题于壁上的。在没有发现更多的史料之前，这也不失为一种解释。《天问》在屈原的作品中比较奇特，全诗基本上用的是像《诗经》一样的四言句式，以疑问语气一共提出了一百七十多个问题，其中有对天体构造、神话传说、古代历史、宗教信仰以及人生观各方面的疑问，表现了诗人想象力的丰富以及对自然现象和历史传统的关心。通过这篇作品，可以看出屈原思想的博大，同时也说明屈原并非仅以诗人的幻想来对待自然现象，而是以朴素的唯物主义态度来对待宇宙和人生的。从创作的角度看，作者用传统的板重的四言诗体来表达这种敢于怀疑传统信仰和勇于追求真理的思想内容，竟写得光怪陆离，突兀矫健，其艺术手腕也是相当惊人的。由于古代神话传说和历史资料已有很多失传，我们对这篇长诗还不能全部理解，只能有待于更多地发现地下的文物资料，再做进一步的研究了。

四、《招魂》。《史记》认为这是屈原的作品，王逸则以为是屈原的弟子宋玉所作。近人大都依据司马迁的说法，认为这是屈原为追悼楚怀王而作的。招魂是楚国民间的迷信风俗，人死之后，就要用一定的仪式举行招魂，让死者的灵魂归来。这篇长诗共三个部分，即引言、正文和乱辞。引言部分，作者先写了句自白，然后假设上帝和巫阳的对话，命令巫阳去招他所暗示的那个人的魂。正文部分，都是巫阳招魂的话。前一半按上下四方六个方面极写楚国以外各处的险恶恐怖，叫灵魂不要乱走；后一半则铺叙楚境以内宫室、美女、饮食、伎乐等各种娱乐游戏的富丽舒适,劝灵魂回来安逸地享受。在这一段里,作者把人间与非人间的生活做了鲜明对比,除现实生活外,连天堂都写得十分险恶,表现出强烈的现实感。最后的乱辞追述当年作者陪楚王在森林中夜猎的场面,写得瑰丽壮观。但时光飞逝,当年走过的路径已长满了皋兰,完全无法辨认了。于是作者在结尾处写道:

湛湛江水兮上有枫,
目极千里兮伤春心,
魂兮归来哀江南!

在哀婉的召唤中,寄托了无限的国仇家恨,表达了诗人抚今追昔的深厚感情。但这篇长诗乃是以铺叙宫廷中豪华享乐的贵族生活为主,是一篇典型的庙堂文学。那种铺排的场面、夸张的描写和雕绘满眼的辞藻,都直接影响了后来的汉赋。

五、《九章》。《九章》包括九篇抒情诗,可分为两部分。一部分是有标题的,按照时序的先后,应该是:《桔颂》《抽思》《哀郢》《涉江》《怀沙》。《桔颂》是屈原少年时的作品,形式比较接近四言诗;《抽思》是屈原初放于汉北时所作;《哀郢》中明确提到自己被流放已"至今九年而不复",显然是屈原后期的作品;《涉江》写从鄂渚南下,将到溆浦,时间较《哀郢》更后;《怀沙》是屈原自沉于汨罗江之前所作,见于《史记》本传,据清人蒋骥《山带阁注楚辞》的解释,"沙"指"长沙",即怀念长沙的意思,这应该是屈原的绝笔了。另一部分的标题是属于"摘字名篇"性质,即以每篇第一句里的开头几个字作为作品的题目,这显然是后来的编者加上去的,计有《惜诵》《思美人》《惜往日》《悲回风》。关于这四篇,包括古代和当代的某些研究者,都表示怀疑它们不一定是屈原本人的作品。如《惜诵》说:"忽忘身之贱贫",这显然与屈原的贵族身份不相吻合,又如《思美人》,其模拟痕迹十分明显,很多句子都是抄袭《离骚》和其他各篇的,主题思想与《抽思》也不免雷同;至于《惜往日》和《悲回风》,前者说"不毕辞而赴渊兮,惜壅君之不识",后者说"骤谏君而不听兮,重任石之何益",都是后人对屈原自沉表示哀悼凭吊的话,自然不能算作屈原本人的作品了。为了持谨严慎重的态度，我认为《九章》里只有前一部分的五篇比较可靠，可以确定为屈原的作品；后一部分则当置于"存疑"之列，不能和那些主要作品同样看待。

《史记·屈原列传》说："屈原既死之后，楚有宋玉、唐勒、景差之徒者，皆好辞（爱好文学创作）而以赋见称。"在《史记》所提到的名字里，最有名的是宋玉，至今《楚辞章句》中还保存了一篇《九辩》，可以说是宋玉的代表作。至于唐勒、景差的作品，都已失传了（今传有《大招》一篇，题景差作，疑不可信；此篇内容是模仿《招魂》的）。

《九辩》是一首长篇抒情诗。诗中悲叹自己微贱的职位和衰老的晚景，对前途感到悲观失望。诗人既流露了对当时统治者的不满情绪，对黑暗政治表示了抑塞悲愤，同时又留恋君王曾经给予他的"厚德"。从全诗的情调看，通过悲秋的描写而大量抒发个人的感伤情绪占了主导地位，思想上的局限是很大的。但诗中描写环境气氛比较细微逼真，这说明作者是有一定的艺术才能的。后世诗人每以屈、宋并称，其实宋玉的成就远不能同屈原相比。不过在封建社会，"贫士失职而志不平"的遭遇在一般中下层文人身上都或多或少有所体现，因此宋玉在封建知识分子里面有一定代表性。除《九辩》外，现有的署名为宋玉所做的其他作品大都是后人拟作（其中收在《昭明文选》里的《风赋》内容较为可取），这里就不详加评论了。

从艺术成就看，《楚辞》比《诗经》已有很大进展。以屈原《离骚》为代表的所谓"骚体诗"（包括《九歌》《九章》《九辩》等），基本上以六言句式为主，但句法长短变化很大，这显然是受到战国时代诸子百家散文句型的重大影响。加以这些骚体诗篇幅扩大了，内容复杂了，想象更加丰富，情感愈益强烈，辞采绚烂，风格夸张，比起单纯朴素的《诗经》来有着截然不同的风貌。《诗经》在每一篇诗中往往用复沓重叠的形式；在《离骚》《九章》中则变成大开大阖的结构，但"一篇之中，三致志焉"，仍保留了回环往复的特点。又如《国风》中所用的比兴手法比较明显单纯，而在《楚辞》中则运用得更加频繁而广泛，所谓以"美人香草"为比喻，一篇之中层出不穷。这是《楚辞》继承并发展了《诗经》的地方。

《诗》和《骚》是我国古代诗歌传统中两个并列的源头，从它们向后世发展，就开辟了诗歌的现实主义和浪漫主义的创作道路。两千年来，一直发生着深厚的历史影响。尤其是屈原，在中国文学史上，几乎没有一个有成就的诗人未受过他的影响的。这在鲁迅的《汉文学史纲要》里早已指出了。

四

公元前221年，秦王嬴政（即秦始皇）在先后消灭六国之后，结束了二百多年战国纷争的局面，完成了中国的统一，建立了我国历史上第一个中央集权的统一的封建帝国。随着统一帝国的形成，秦始皇进行了政治、经济和文化上的一系列改革。首先是废除从奴隶社会沿袭下来的分封诸侯王的旧制而改为郡县制；其次是统一了度量衡制、文字和历法，并使田亩的经界、衣冠的形式和车辆的规格也都归于统一，做到了"书同文""车同轨"。这些改革，在推动我国历史的进程中，无疑是起了进步作用的。但由于秦王朝对广大农民进行了十分残酷的剥削和压迫，并在文化思想方面实行了严密的控制和高压的统治，很快地便引起了全国农民起义的大爆发，因此立国时间十分短暂，从统一六国到秦亡，前后仅十五年。在诗歌史上因之也可以说是一个空白阶段。只有丞相李斯创作了一些刻石铭文，无论内容或形式，基本上还是沿袭了《诗经》的雅、颂传统。这些铭文都是歌功颂德之作，思想艺术都无甚可取之处，但多少也体现出一些封建帝国统一后的新气派。

秦末农民起义的领袖陈胜、吴广以及项羽、刘邦，都是楚人。项羽的《垓下歌》和刘邦的《大风歌》，都是信口歌唱的短章，形式上依然属于《楚辞》范畴的骚体诗。直到公元前179年汉文帝刘恒即位以后，才出现了所谓汉赋。

班固在《两都赋序》中曾说："赋者，古诗之流也。"作为韵文之一体的"赋"，在战国末年即已产生；根据现存的材料来考察，这种体裁是从《荀子》的《赋篇》开始的。梁人刘勰在《文心雕龙·诠赋篇》中给"赋"下定义说："赋者，铺也，铺采摛文，体物写志也。"通过辞藻的堆砌来进行夸张的铺叙以达到为封建统治阶级歌功颂德的目的，正是汉赋的主要特点。但从艺术方面承袭和发展的关系来看，它与《楚辞》有一定的渊源但又各具不同的风貌。从《楚辞》中屈原的作品来看，作为战国时代的诗歌，它的形式有三种：一是承袭《诗经》传统而略有变化的四言诗，如《天问》。二是因《离骚》而得名的骚体诗，它可能是从楚国民间祀神曲《九歌》的形式发展过来的，特点是语气词"兮"字在句中起着重要作用，基本上是六言句。但因受战国诸子散文影响较深，这种骚体诗句法参差错落，长短不一，构成了接近散文的新风貌。三是《招魂》中间的正文部分。这段文字完全以铺叙为主，基本上是四言，很像散文。但句法整齐，辞采华赡，具有"铺采摛文"的特点。它分成上下句，上句既无韵脚也无句尾语气词，而下句既有句尾语气词"些"字，还在"些"字的上一字押韵。有的研究者认为，这种形式大约是根据民间巫觋在招魂时所念诵的祝辞加工写定的。而这种祝辞正是后来"赋"的前身。因此我们也不妨把《招魂》正文部分的体制称为赋体，它的表现手法是直接影响到汉赋的。

《荀子》的《赋篇》中共有五篇短赋，分咏"礼""知"（智）"云""蚕""箴"（针）五种事物。这五篇作品都是以四言句为主，很像《诗经》，基本上是散文的写法，但每两句一用韵，所以还是韵文。它们的内容都反映了荀况本人的政治观点，但其表现形式却显然不是荀子所创造。它们应该同《成相》一样，都是作家根据民间流行的文艺形式拟作而成的。这五篇的特点之一是用隐语来咏物。"隐语"类似后世猜谜语的谜面，所咏的事物则是谜底。通过隐语，把所咏事物的各方面的特点逐一描绘出来，所以显得细致熨贴，这就是刘勰所说的"体物"的特色。《赋篇》的这种手法使我们自然而然联想到屈原早年的作品《桔颂》(《九章》之一)。《桔颂》也正是以类似隐语的手法来歌咏桔树的，不同的地方只是在《桔颂》一开头就点明所咏的对象是什么，而且在"体物"之后继以"写志"。《桔颂》全篇用的也是四言句，不过在逢双的句尾加上了"兮"字，这又同《招魂》正文部分的句型相近似了。既然这种体制和手法在屈原和荀况的作品中都曾出现，这说明他们是根据当时民间原有的一种"赋体"进行模拟，并加以改造而写成的。荀况晚年长期居住在楚国，这就更能证明"赋"这一文体是楚国民间的产物。另外，《赋篇》还有一个特点是"不歌而诵"。《汉书·艺文志》说："不歌而诵谓之赋。"从《荀子》中这五篇赋的形式看，当然只能供念诵而无法歌唱。联系到《招魂》的正文部分，也恰好说明不歌而诵确实成为"赋体"的一个特点。这就区别于从能够歌唱的《九歌》发展而来的骚体了。

汉赋的发展道路是曲折的。它的思想内容的好坏和艺术成就的高下也各有不同。它的发展过程大抵可分为三个阶段。第一阶段是在西汉初年，作家以贾谊、枚乘为代表。贾谊的《吊屈原赋》《鵩鸟赋》兼有屈、荀二家体制，基本上承袭骚体，但其中也有不少句法整齐的四言句，显示了从骚体向赋体过渡的痕迹。《吊屈原赋》借悼念屈原来抒发自己的感慨牢骚，反映了地主阶级中下层知识分子在受到保守派官僚排挤时政治上的抑郁不平。《鵩鸟赋》充满了道家"安时处顺""纵躯委命"的消极思想，但也表现了祸福相倚、吉凶转化的辩证观点（当然，这种辩证观点是唯心主义的）。而枚乘的《七发》则体现了汉赋在发展中的新的特色。

《七发》共八段。假设楚太子有疾，吴客问病，通过两人对话，"说七事以启发太子"。第一段指出楚太子的生活腐化，说明安逸享受是贵族膏粱子弟所共有的病根，不是药石针灸所能治疗的。这显然是作者针对当时贵族统治者的腐朽生活所提出的讽刺和劝诫，给以旁敲侧击的批判，反映出作者作为一个地主阶级中下层知识分子在封建社会前期所具有的比较进步的思想。接着吴客分述音乐、饮食、车马、宫苑、畋猎、观涛等事，由静而动，由近及远，一步步启发太子，诱导他改变生活方式。其中畋猎、观涛是全篇中着力描写的两个场面，作者认为畋猎可驱除懒惰的习惯，观涛有"发蒙启惑"的功效。最末一段写到只有用"要言妙道"才能转变病人的志趣，因此当太子听到有人要对他"论天下之精微，理万物之是非"的时候，就"霍然病已"了。作者认为安逸享乐的病应该从思想上来治疗，这一点确具有比较深刻的意义。

《七发》在艺术上仍属于骚体流裔，但已具有铺张夸饰的特色，实际上是一篇以描述客观事物为主的散文诗。在对事态和景物的描绘方面，不仅比《赋篇》用隐语咏物来得细腻入微，而且有动有静，在气氛的渲染和神情的描写上有了进一步的发展，如观涛一段描写涛势，奇观满目，巨声盈耳，使读者精神震荡，恍如身临其境。作者大量运用散文化的韵语和缤纷绚丽的辞藻，虽有"铺采摛文"的特点，却还没有达到堆砌生词僻字和用险韵凑数的地步，因此比起那些篇幅冗赘、内容芜杂的大赋来，还是清新可喜的。但有些地方铺叙过繁，细致有余而生动不足，已呈现出赋体的缺点。而篇末虽点明主题所在，却未加以充分发挥，也已开了汉赋"劝百讽一"这一公式化结构的先河。

《七发》是汉赋正式形成的第一篇比较成功的作品，它奠定了新兴赋体的形式，在赋的发展史上是有重要地位的。如果从这条道路健康地发展下去，汉赋是可能有更高的成就的。但由于汉武帝罢黜百家、独尊儒术的思想统治，使文化领域受到了桎梏，文学上的创新趋势一变而为因袭保守。《七发》以后，"七"体繁兴，作品如林，有所谓《七激》《七辩》《七启》《七命》等，不但形式上亦步亦趋，都在生硬地模仿前人，而且思想内容大都陈陈相因，有的甚至还跟屈（原）、宋（玉）、贾（谊）、枚（乘）唱反调，读起来索然寡味，更无足取了。

汉赋的第二个阶段从汉武帝开始，即所谓"全盛"期。据《汉书·艺文志》所著录，西汉的赋共七百余篇，其中武帝时就有四百余篇。而在汉成帝时，单是献给皇帝看的就有一千多篇（班固《两都赋序》）。数量虽多得惊人，传诵至今的却寥寥无几。在这一阶段中，汉武帝时的司马相如可以算作写赋的代表人物。后来西汉的王褒、扬雄，东汉的傅毅、班固，都是汉赋的重要作家。但现在看来，他们的作品都没有什么出色的成就。

司马相如的代表作是《子虚赋》和《上林赋》，它们是前后衔接的姊妹篇。《子虚赋》假设齐、楚两国互相夸耀，《上林赋》则大肆铺陈汉朝皇帝的上林苑如何豪华壮丽，并对皇帝射猎的盛况大肆渲染，从而压倒齐楚，表明诸侯之事不足道。作品主要的部分在于夸耀帝王的物质享受，渲染封建贵族宫廷生活的豪华奢侈，因而成为供贵族统治阶级消遣的典型宫廷文学。直到篇末，作者才委婉地流露了一点讽喻的意思，认为过分奢侈"非所以继嗣创业垂统"，为了统治者的长远打算，皇帝最好能"解酒罢猎"，考虑到与民同利。这种形式上的讽谏劝阻不过是装饰门面的点缀语，完全不起作用的。所以西汉末年的扬雄在大量写作了这一类歌功颂德的"靡丽之赋"以后，到晚年表示后悔，认为这种"劝百而讽一"的"雕虫"小技，真正有出息的"壮夫"是"不为"的。其实这类作品并不难写，据扬雄自己的经验，只要"能读千首赋"，就善于作赋了。可见写赋根本不需要什么生活实践，无非是堆砌许多僻词怪字，用铺张扬厉的手法进行层层渲染，在文字上矜奇炫博，赢得皇帝和贵族们的欢心罢了。

如果说《子虚赋》和《上林赋》或多或少地还体现了西汉帝国统一以后政治经济上的声威和气派，还不是全无意义的话。那么，随着时代的变化，继

《子虚》《上林》之后产生的一系列模仿因袭的作品，如扬雄的《羽猎赋》和《长杨赋》、班固的《两都赋》、张衡的《两京赋》之类，就只是为了粉饰太平和吹捧封建帝王的"文治武功"，成为向统治者贡谀献媚的工具。事实上，就连《子虚》《上林》两赋里面所描写的内容，也是非常浮夸的、畸形的表面现象，它们并不能真正反映那个时代的特征。而那些失去创造性的模拟之作，就只剩了肉麻空洞的捧场和夸张失实的吹嘘了。①

汉赋的这种歌功颂德的内容和板滞定型的描写手法显然是直接继承了《诗经》中雅、颂庙堂文学的传统，而那种华而不实的堆砌辞藻和夸饰失真的铺张扬厉则又是受了《楚辞》中赋体艺术消极方面的影响。至于屈、宋、贾、枚作品中所具有的那种批判现实的民主性的优良传统，却完全被排除屏弃了。因此我们有理由这样说，作为宫廷文学的汉赋之所以被封建统治者鼓励和提倡，是与汉武帝以来的思想控制和文化统治的政策互相配合、互为表里的。它们是封建文化的典型产物。到东汉后期，汉赋才进入第三个阶段。

东汉中叶以后，这个煊赫一时的封建王朝开始由盛而衰。当时宦官专政，外戚横行，阶级矛盾日益尖锐，人民灾难日益深重。一些愤世嫉俗的封建知识分子，在统治阶级内部矛盾日益激化、斗争日益剧烈的环境中，由于受到了压抑和冷遇，尝到了走投无路的苦楚，便开始创作一些抨击黑暗吏治、批判社会现实的抒情小赋。②这种抒情小赋恢复了骚体的特色，宛如投枪和匕首，通过犀利而巧妙的表现手法，对腐败的统治者做了严正的批判。如赵壹的《刺世疾邪赋》、蔡邕的《述行赋》等，就是这类抒情小赋的代表作。只有这种抒情小赋，才又属于刘勰所说的"写志"的作品。但就在这时，作为文学领域中的新事物

---

① 班固的《两都赋序》中提到汉赋的作用时曾说："或以抒下情而通讽喻，或以宣上德而尽忠孝，雍容揄扬，著于后嗣，抑亦雅、颂之亚也。""抒下情而通讽喻"既是形式上的"劝百讽一"，剩下来的只有"宣上德"，即肉麻地吹捧统治者了。又晋人左思在《三都赋序》中批评汉赋的一些代表作说："考之果木则生非其境，校之神物则出非其所，于辞则易为藻饰，于义则虚而无征。……侈言无验，虽丽非经。"正是指谪夸张失实的弊病。但遗憾的是，左思本人的《三都赋》还是蹈了汉人写赋的覆辙。

② 东汉前期的班彪和张衡，已开始写抒情小赋，但没有蔚为风气，而且也缺乏批判现实的内容。不过这足以说明：文人对那种富丽堂皇的大赋，尽管仍在进行写作，却已逐渐不感兴趣了。

的五言诗,正从民间以其迅疾矫健的步伐走上文坛。因此,汉赋在经过了曲折的道路并完成其历史使命之后,也就自然地退出了封建文学阵地。

五

根据列宁关于"两种文化"的理论,我们认为,除了西汉初年和东汉后期两个短暂的阶段外,汉赋显然是当时文坛上的一股逆流。而作为它的对立面,则是继承了《诗经》国风传统的汉代乐府民歌。

"乐府"本来是由汉武帝开始设置的一个制音度曲的官署名称,它的职责是搜采民间歌谣和封建文人的诗篇并配以乐曲,以备统治者祭祀宗庙及朝会宴饮等场合演奏之用。后来就将这个机构所采辑的诗歌也叫乐府[①]。汉王朝自建立了统一的封建政权以来,到武帝时已过了六十多年,生产力比秦汉之际的动乱时期已有所恢复,统治阶级又开始过着安定富裕的生活,这就给设置乐府创造了条件。正如周代的采诗制度一样,汉武帝设乐府的目的正是为了适应封建统治者的需要,通过"制礼作乐"的手段以巩固其政权。这在班固的《两都赋序》上是说得很清楚的[②]。这时由于西域交通的发展,西北邻族的音乐有机会传入汉朝。封建统治阶级早就听腻了他们祖先传下来的专供郊庙祭祀用的"雅乐",自然对杂有异域情调的民歌新声产生兴趣,设置乐府也正是为了满足他们这种要求。从历史记载看,这个专职机关在采用一些文人的作品之外,它所广泛收集的各地民歌数量是相当可观的。

《汉书·礼乐志》和《艺文志》中对于汉武帝设置乐府以及它在当时的具体活动是有明确而详细的记载的,从这些史料和现存的乐府民歌中我们可以看出:

一、乐府机关建立了正规的采诗制度,并且明确了"制礼作乐"的目的:

[①] 清顾炎武《日知录》卷三十八:"乐府是官署之名,……后人乃以乐府所采之诗即名之曰乐府。"顾氏是不同意这种一个名称有几种含义的提法的,但事实上自东汉以来即已约定俗成,一名赋以数义,无法也无须更改了。

[②] 《两都赋序》说:"大汉初定,目不暇给。至武、宣之世,乃崇礼宫,考文章,内设金马石渠之署,外兴乐府协律之事。"说明到汉武帝刘彻时才有设立乐府的需要和条件。

除了点缀升平和供统治者娱乐外，主要是为了"观风俗，知薄厚"。这清楚地表明，采诗完全是为了达到政治目的。

二、当时采诗的地域十分广阔，包括现在的河北、河南、山西、山东、陕西、甘肃、湖北、湖南、江西、安徽、江苏、浙江等省。所采的民歌多具有"感于哀乐，缘事而发"的特色，即具体地反映了当时人民的现实生活和思想感情。

三、乐府机构庞大，人员众多，最盛时达到八百余人，其中有"鼓员"（奏乐器的艺人）、"讴员"（歌唱艺人）和制造乐器的工匠等。这些人都来自民间。被封建统治者称为"郑卫之声"的民间俗曲，广泛流行于朝廷之上和贵族之间。汉哀帝时虽一度"罢乐府"，以阻止民歌、民乐的流传，但直到东汉末年，乐府的机构和采诗的制度基本上都保持下来了。

四、汉武帝时由他的嬖臣李延年任协律都尉，主持乐府工作。李是个通晓音乐的人，各地采来的乐调和歌谣大概都经过他本人以及其他专门人才的加工润饰，之后采集歌谣加工的情形差不多也是这样。由此可知，乐府诗是通过它本身的乐调的特点和乐工的持续传习才得以保存下来的。

必须指出，在现存的两汉乐府诗篇中，包含着两类来源不同，因而性质也截然不同的作品。这两类不同的作品正好代表了当时的"两种文化"。一类是从民间采集来的"感于哀乐，缘事而发"的谣讴歌曲，它们继承并发展了《诗经》国风的优良传统，反映了当时人民广泛的生活现实，是乐府诗中的民主性精华。这类歌辞虽已经过文人加工润色，但依然保留着民歌特有的战斗性和清新刚健的风格。在那诗坛沉寂、只有铺张堆砌的汉赋大量流行的时代，这一批作品得以被保存下来就愈益值得珍贵。它们不仅是当时最好的诗歌，而且启发了此后五七言诗的成长，在我国诗歌发展史上也占有十分重要的位置。另一类作品则是当时一些阿谀取宠的封建文人所做的颂诗赞歌，它们和《诗经》中雅、颂等庙堂文学一脉相承，并与汉赋互为表里，互相应和，专供帝王贵族祭祀宴享之用，纯属枯燥无聊的宫廷文学。这类作品包括"郊庙歌辞""燕射歌辞""舞曲歌辞"（详下）三种。《汉书·礼乐志》载有高祖唐山夫人的《安世房中歌》和邹阳、司马相如等人所做的《郊祀歌》，内容都是歌功颂德、宣扬忠孝和迎送神仙、祭祀天地之类陈腐不堪的东西，形式也是模仿雅、颂，堆砌辞藻，甚至语言佶屈聱牙,令人费解。因此这里所介绍的只限于前者。至于后者,既属于封建糟粕,为了节省篇幅,就不逐一加以批判了。

《汉书·艺文志》著录了从西汉到东汉初期所保存的各地民歌的数目共138篇。这有限的数目显然并非入乐民歌的全部。但即使是这很少的一部分,也大都亡佚了。现存的汉乐府诗,最早见于南齐沈约所撰的《宋书·乐志》,总共不过几十首,除《铙歌》十八曲可确定为西汉的作品外,其他大都是东汉时的作品。宋代郭茂倩编《乐府诗集》,将自汉至唐的乐府诗(包括文人作品)分为十二类,即:一、郊庙歌辞;二、燕射歌辞;三、鼓吹曲辞;四、横吹曲辞;五、相和歌辞;六、清商曲辞;七、舞曲歌辞;八、琴曲歌辞;九、杂曲歌辞;十、近代歌辞;十一、杂歌谣辞;十二、新乐府辞。其中所收汉代乐府民歌较《宋书》为多,也较完备。汉代乐府主要保存在"鼓吹曲辞""相和歌辞"和"杂曲歌辞"这三类之中,现分别简介如下:

"鼓吹曲辞"又叫"短箫铙歌",是汉初传入的"北狄乐",当时主要用作军乐。今存歌辞十八首,有汉武帝时的作品,也有宣帝时的作品;其中有文人所作,也有民歌。其内容比较复杂,有叙战阵的,有表武功的,有记祥瑞的,也有写爱情的。句法都属杂言,风格多慷慨悲壮。这些歌辞有许多已看不懂意思,甚至读不成句。这主要是由于原诗"声辞相杂",即诗句中夹杂着一些表示声音符号的字,根本没有意义。后世无法分辨,也就无从理解了。当然,由于年代久远,传写过程中字句多有讹误,也是导致难懂的原因之一。

"相和歌辞"大部分是从各地采来的民间乐曲,以楚声为主。歌辞是现存汉乐府中的主要精华部分,除少数几篇可确定为西汉时的作品外,大部分都是东汉的民歌。歌辞的内容非常广泛,反映了广阔的社会生活,其中有反映阶级压迫和斗争的,也有反映爱情婚姻生活的。这一部分诗歌最能代表汉代乐府民歌的特色。

"杂曲歌辞"中也有一部分是民歌。所谓"杂曲",大约指乐调已经失传的杂牌曲子。从作品的内容和风格上看,我们已很难分别它们同"相和歌辞"有什么明显差异。这些杂曲可能是被乐府所采而实际并未入乐,或因年代久远,已不能确知其入乐的曲调,所以都放在一起了。另外,据有的研究者的意见,汉代民歌的写定和保存,除了靠朝廷的乐府机关外,通过民间传唱而流行于后世的也不少（请参看近人余冠英先生《乐府诗选·前言》）。而收在"杂曲歌辞"中的一些作品，如著名长篇叙事诗《焦仲卿妻》（也有以其诗之首句"孔雀东南飞"为题的），很可能就是属于民间传唱的歌辞，它们与乐府机关并不一定有什么关系。这首诗从东汉末建安年间即已产生，却迟至南朝的陈代才见于记载，可见它是经过民间长期口头传唱并不断加工才得以流传下来的。"杂曲歌辞"和"相和歌辞"一样，也是乐府民歌中的精华部分。

两汉乐府民歌是古典文学领域中一份珍贵遗产。这些诗对我国诗歌的现实主义传统起了推动和发展的作用，是我国诗歌史上一个重要环节。说得具体一点，来自汉代民间的这些里巷歌谣的基本精神是直接继承了《诗经》国风的传统并有所发展的。因此不妨说，十五国风就是汉以前的乐府，而乐府就是周以后的十五国风。由于时代不同，汉乐府的题材比《诗经》更广阔了，而五言、七言（主要是五言）的新诗体也比以四言为主的《诗经》显得活泼新鲜，生动多变化。这里举"相和歌辞"中的一些诗篇为例。《东门行》写穷人为生计所逼，终于铤而走险，明快有力地表现人民在走投无路的处境下被迫走上反抗的道路；《妇病行》写贫苦人家妻子在临死前对丈夫、儿女的诀别，以及妻子死后丈夫无法照顾儿女生活的惨状，深刻地描绘出汉代社会底层人民贫困生活的真相；《孤儿行》写孤儿在父母双亡后受到身为剥削者的兄嫂的奴役和虐待，这已不仅是家庭间的骨肉相残，而是反映了在汉代残余的奴隶制度下剥削者对奴隶的压迫。这些民歌不但具有较丰富的思想内容和较高的认识价值，而且字里行间饱含着鲜明的爱憎感情，艺术上也是十分感人的。

此外，乐府民歌中一些反映爱情婚姻的诗篇也同样是《诗经》国风传统的延续和发展。《铙歌》中的《有所思》和《上邪》，写女子倾吐爱情非常大胆泼辣；《塘上行》和《白头吟》，写弃妇对负心男子做了有力的控诉和批判。《陌上桑》是"相和歌辞"中的名篇，写一个采桑女子罗敷用巧妙而婉讽的手段拒绝了一个太守身份的流氓官僚的调戏。在汉代封建礼教的桎梏下，这些诗篇是带有一定民主性的光辉的。与此同时，游子思妇的题材在汉乐府中也开始出现了，《饮马长城窟行》（"青青河边草"）就是这方面的一首代表作。而《悲歌》和《艳歌行》则写出穷苦的流浪者漂泊异乡的拮据生活和精神苦闷。从这些作品中可以生动而形象地看到当时社会的侧影。

《诗经》基本上是抒情诗，国风和大雅中偶然有一些叙事成分较多的作品，但还很难说就是叙事诗。《楚辞》更是以抒情为主。直到东汉的乐府民歌，才有比较完整的叙事诗出现。这是汉乐府一个显著的特色。这种叙事诗可以更具体而真实地反映现实，从而构成了与《诗经》《楚辞》截然不同的艺术风貌。产生于东汉末年的《焦仲卿妻》是汉乐府中叙事诗的代表作。这诗最初见于陈代徐陵编的《玉台新咏》，诗前有序说：

> 汉末建安中，庐江府小吏焦仲卿妻刘氏，为仲卿母所遣，自誓不嫁。其家逼之，乃投水而死。仲卿闻之，亦自缢于庭树。时人伤之，为诗云尔。

全诗长达一千七百余字，详尽地描写了在封建家长制压迫下所产生的一个爱情婚姻悲剧，有力地暴露了封建礼教的残酷性。序中称女方姓刘，但诗中只说焦仲卿妻名兰芝。很可能"兰"就是女方的姓，因为我国在古代是有这个姓氏的。诗中通过仲卿的母亲和兰芝的哥哥对兰芝进行迫害的描写，说明妇女在封建家长制的威压下根本没有社会地位和生存权利。兰芝夫妇的双双自杀，虽说走的是一条消极道路，却正是不屈服于封建势力的表现。汉朝统治阶级大肆鼓吹封建孝道（所谓"以孝治天下"），不少读书人由于统治者给他们加上了"非孝""不孝"的罪名而遭到杀身之祸。而在这首长诗中，兰芝因不甘忍受焦母的折磨而竟然主动离开夫家，焦仲卿竟敢背离母亲的"训诲"而与妻子一同自尽，这无疑是当时人民对封建孝道的一种抗议。兰芝坚决不肯再嫁太守的儿子，实际上也是对当时封建门第观念的蔑视和反抗。篇末用死者化为一对鸳鸯的神话作结尾，也表达了广大人民争取婚姻自主的必胜信念。全诗结构完整，语言朴素自然，不少对话很切合诗中人物的身份和口吻，有些刻画人物形象的描写也很生动逼真。这首长诗的思想和艺术代表了汉乐府的高度成就。

两汉乐府在诗歌形式上也有很大的变化和发展。早期的汉代民歌句式长短不齐，没有定型；以后则从杂言向五言发展，就现存的全部汉乐府来看，虽然三言、四言、六言、七言参差互见，却以整齐的五言体占多数。五言比四言虽仅多一字，但表达能力要强得多，也不像四言诗那样平板单调。梁代钟嵘在

《诗品》中总结了五言诗的优点，说它"居文词之要"，用它来"指事造形，穷情写物"是最为"详切"的。这话可能说得有点绝对，因为后来的七言诗和长短句的词曲比五言诗有更强的表达力和更多的灵活性。但乐府民歌确为我国五言诗的繁荣成长开辟了广阔的道路。一千多年来，五言诗始终成为我国古典诗歌体裁的一种，从汉末到唐初，绝大多数的诗歌都是用五言写的。其影响和作用无疑远远超过了以四言为主的《诗经》和以六言为主的《楚辞》。

曹魏和西晋都不采诗，流传下来的只有文人拟作的乐府。东晋以后，产生在晋、宋之间的南朝乐府民歌数量较多（今存四百八十余首），一般都是五言四句的小诗，内容则几乎全部都是以妇女口吻写成的恋歌，风格柔婉缠绵，以抒情为主，与汉乐府的质朴浑厚和以叙事为主不同。这些民歌大体上分"吴歌"和"西曲"两大部分。"吴歌"是吴声歌曲的简称，流传于长江下游，即今江苏省南京（古称建业）一带，其中以《子夜歌》最为出名（据说"子夜"是晋朝一个女子的名字）。《西曲歌》产生于长江中游和汉水流域，即今湖北省襄阳一带，乐调较吴歌急迫紧促，因此在风格上不像吴歌那样柔婉曲折。这些恋歌对于当时社会的矛盾和斗争几乎毫无反映，这主要是因为当时搜集民歌的人带有封建统治者的阶级偏见和美学趣味所造成的结果。但作为民间恋歌来说，其大胆热情和真挚纯朴的特色还是值得人们重视的。吴声歌曲在表现手法上有一点是过去所没有的，即以同音的字词来谐音寓意，造成作品中的双关语，如"莲"谐"怜"，"丝"谐"思"，"芙蓉"谐"夫容"（男子的容貌），"棋"谐"期"，"碑"谐"悲"之类。"莲""丝""碑"等仿佛是谜面，"怜""思""悲"等仿佛是谜底。这种手法当然是民间的创作，如果用得恰当，可以使诗意产生一种隐约含蓄的感觉，用来表现封建社会中民间妇女吐露隐晦深曲的内心感情，是比较合适的。但这毕竟是一种小巧玲珑的文字游戏，在借鉴参考的同时也应切忌滥用。

现存的北朝乐府民歌是在梁朝时传入南方的。数量虽不太多，但反映的社会面较广阔，风格有的刚劲雄浑，有的清新明快，比南朝乐府显得多样化。如有名的《敕勒歌》：

敕勒川，阴山下，

天似穹庐，笼盖四野。
　　天苍苍，野茫茫，
　　风吹草低见牛羊！

　　据说这是一首从鲜卑语翻译过来的民歌，它写西北牧区苍茫辽阔的草原风光，形象鲜明，气魄很大，体现了英爽豪迈的风格。有的民歌反映了女子的爱情要求，写得很真率，毫不忸怩作态。如《折杨柳枝歌》：

　　门前一株枣，岁岁不知老；
　　阿婆不嫁女，那得孙儿抱！

　　再如《幽州马客吟》，寥寥二十字，就把贫富悬殊的社会矛盾清楚地揭示出来：

　　快马常苦瘦，
　　剿民（劳苦人民）常苦贫，
　　黄禾起羸马（用干草作饲料，瘦马才有起色），
　　有钱始作人。

　　话虽简单，却有着不尽深意。
　　同两汉乐府一样，南北朝乐府民歌中有一部分作品可以确认为经过了文人的润色加工，但它们基本上还保持着民歌的特色。如梁代的《西洲曲》就是南朝乐府中一首代表作。它的内容虽只不过写男女爱情，但艺术上却精致完整。结构之巧，音节之美，尤具特色。它标志着吴歌、西曲这一类作品已达到了成熟阶段。而北朝乐府中最有名的长篇叙事诗《木兰诗》，就更为后人传诵。诗中写青年女子木兰代父从军，她女扮男装，经历了十年的战士生活，为国家立了战功，却辞官不做，回到故乡。作者处理诗中的父女、君臣关系，并没有宣扬封建统治阶级所提倡的忠孝观念，显得非常朴素健康。可见来自民间的作品就是不同于封建士大夫的说教。而在封建时代，一个女子也能像男子一样出征作

战,说明完全具有与男子同样的能力。这首诗正体现出封建社会中妇女要求与男子平等的意愿。诗中有几处连用若干排比句,如"东市买骏马"四句和"开我东阁门"四句,都体现了民歌铺陈排比的特色。而全诗五言、七言互用,特别是"朔气传金柝"四句,用格律谨严、对仗工稳的偶句来概括木兰的十年战场生涯,都足以说明这首诗正是由古体向近体过渡阶段的产物。诗人在篇末写木兰恢复了本来面目以后的情景:

> 出门看伙伴,
> 伙伴皆惊惶,
> 同行十二年,
> 不知木兰是女郎。
> 雄兔脚扑朔,
> 雌兔眼迷离,
> 双兔傍地走,
> 安能辨我是雄雌!

"雄兔"四句,正是用的自《诗经》以来传统的比兴手法。把比兴手法不用在诗的开头而用在结尾,是十分别致而带有创造性的,而这里的描写恰好表现了女子对自己能力的自信和胜利归来的喜悦,给全诗带来了爽朗明快的情调。前人把它与《焦仲卿妻》并称为乐府诗中的"双璧",是有道理的。

作为诗体的一种,"乐府"的含义曾屡有改变而在历代是不尽相同的。从两汉到南北朝,一直把乐府作为带有音乐性的诗体的代称,着眼点始终在音乐上。唐代以后,人们把一些模仿两汉乐府"感于哀乐,缘事而发"的具有现实主义传统风格的诗篇,不管它们是否合乐,都叫作"乐府"。其实这些作品绝大部分是不入乐的,但实质上却继承了两汉乐府的精神。诗中大都着重描写社会现实,以反映社会矛盾和批判现实为主要内容。如李白的《蜀道难》、杜甫的《兵车行》、白居易的《新乐府》和皮日休的《正乐府》(后二者是组诗)都属于此类。宋元以后,又把能入乐歌唱的词和散曲叫作"乐府",在一定程度上重新回到了南北朝以前的音乐观点。但从词、曲的具体内容看,除部分作家作品外,大都偏离了两汉乐府的精神实质，变成吟风弄月、拈花惹草的文字工具了。

六

东汉后期，地主阶级疯狂地剥削人民，土地兼并的现象日益加剧，宦官、外戚两种封建势力交替当权并互相倾轧，造成了政治上的日益黑暗和腐败。公元184年，终于爆发了以张角等人为首的农民大起义——黄巾起义。这次起义虽被地主阶级的联合势力镇压下去，但东汉王朝也已名存实亡了。这时，代表封建地方割据势力的豪强、军阀们纷纷拥兵自立，在长期混战中严重地破坏了社会经济，给人民带来了深重的灾难。

在割据的军阀中，曹操实行了一系列的改革政策，如抑制豪强兼并，划一租税，广兴屯田，延揽人才等，终于壮大了自己的力量，逐步统一了北方。这样，曹操便和分踞在东南的孙权、西南的刘备形成了三分鼎峙的局面。由于社会的动荡变化，长期居于统治地位的儒家思想也一度失去了唯我独尊的权威性。为了适应新的现实需要，北方的曹操和蜀汉的诸葛亮，除了沿袭封建儒家的某些传统思想外，在政治、经济方面都兼采渊源于先秦法家的某些思想和理论，并且制定了一些比较行之有效的具体措施。此外，佛、老两家也作为异端思想起而与汉儒所大力提倡的封建礼教相抗衡。这时正是东汉末代皇帝献帝刘协的建安年间（公元196年至219年），史称建安时代。而在上述背景下产生的建安文学，也有着一个崭新的风貌。

建安文学中成就最高、影响最大的是五言诗。前面已经谈到，五言诗的形成和兴起本由乐府民歌而来。但这种新的诗体从民间歌谣到文人写作，还是经过了一个较长的发展过程。文学史上的各种诗体（不论四言、五言或七言），本来都是由民间歌谣产生的。只有新的形式才能适应新的内容。当四言诗已不能表达日益丰富的社会生产内容时，一些有见识、有眼光的文人便把这种来自民间的既富有表现力而又具有艺术光彩的五言诗体，大胆地拿来模仿和运用，于是就有了文人创作的五言诗。直到最后，五言的形式不但在乐府民歌中而且在文人创作中也成为主要的形式，同时诗的语言和表现技巧也逐渐成熟，更主要的是通过这种新诗体产生了较多数量的优秀作品，于是进入了五言诗的兴盛时代。这就是建安时代文学上的一个特色。

在谈建安诗人以前,还有必要回溯一下有关汉代五言诗方面的情况。这里谈三个问题。

一是汉代文人创作五言诗究竟从何时开始的。从现在的可靠史料看,西汉时代的民间歌谣确有不少是五言诗体的,但在汉武帝以前,用完整的五言形式写成的民歌并不多见,最早的汉乐府《铙歌十八曲》中也没有纯粹的五言诗。到了西汉末年成帝时(公元前32年至公元前7年,比武帝时晚了五十多年),比较成熟的五言体的民间歌谣才逐渐多了起来。这里举《汉书·五行志》所引成帝时一首民谣为例:

> 邪径败良田,谗口乱善人。
> 桂树华(花)不实,黄爵(雀)巢其颠。
> 故为人所羡,今为人所怜。

然而直至目前,却还没有足够的理由说明西汉时代确已出现文人士大夫创作的五言诗。梁太子萧统选辑的《文选》载有《古诗十九首》,是现存的汉代文人诗最有代表性的一部分,但并未注明作者是谁。到了陈代徐陵编选《玉台新咏》,却把这十九首中的八首和另一首古诗(第一句是"兰若生春阳")题为西汉枚乘所作。从五言诗发展的趋势看,枚乘的时代(其卒年最迟不晚于公元前140年,即在汉武帝即位以前)不可能出现这样完整的文人五言诗。徐陵的说法并无根据。《文选》又载苏武诗四首,李陵《与苏武诗》三首。但诗中所写的"江汉""河梁""山海""中州"等语,和苏李生平的行踪事迹完全无关(他们活动的地点主要在塞外沙漠地带),其中还有一些描写夫妻离别的话,更与朋友赠答口吻不合。显然这是以讹传讹,或出于后人伪托。《文选》和《玉台新咏》又把汉乐府中的《怨歌行》题为西汉成帝时班婕妤作,《西京杂记》更认为乐府古辞《白头吟》是西汉卓文君谴责司马相如负心的作品。这全是根据诗意妄加揣测,并不可信。钟嵘《诗品序》说:"自王(褒)、扬(雄)、枚(乘)、马(司马相如)之徒,辞赋竞爽,而吟咏靡闻。"《文心雕龙·明诗》也说:"至成帝品录,三百余篇,朝章(文人作品)国采(民间歌谣),亦云周备;而词人遗翰（遗留下来的作品），莫见五言。所以李陵、班婕妤，见疑于后代也。"可见南朝当时人已不相信这些说法了。今传东汉班固所做的《咏史》，是一首较早的五言诗，但它"质木无文"（钟嵘语），很不成熟。稍后张衡作《同声歌》，模拟民歌的痕迹非常明显，但艺术上进了一大步。东汉末年，文人秦嘉既写四言诗（《述婚》），也写五言诗（《留郡赠妇》）；而前面提到的赵壹，在他写的《刺世疾邪赋》的结尾还附有两首五言诗。这说明五言诗已成为当时流行的体裁，有些文人已在尝试着进行这种新体诗的创作了。

二是汉代文人五言诗和五言体的乐府民歌究竟有什么区别。从道理上讲，乐府诗入乐，是能唱的；而一般五言诗是"徒诗"，即不入乐、不能唱而只能诵读。但采入乐府的所有歌辞传到后世，乐谱早已失传，根本无法歌唱，与"徒诗"实际已无区别。于是有的人就把东汉后期以来的无名氏所做的五言诗索性都看成乐府[①]。这种观点不能说没有道理，因为有些题为"古诗"的作品，内容确实很接近民歌，如"上山采蘼芜"一首就是如此：

　　　　上山采蘼芜，下山逢故夫。
　　　　长跪问故夫：新人复何如？
　　　　新人虽言好，未若故人姝。
　　　　颜色类相似，手爪不相如。
　　　　新人从门入，故人从阁去。
　　　　新人工织缣，故人工织素。
　　　　织缣日一匹，织素五丈余，
　　　　将缣来比素，新人不如故。

但大部分被称为"古诗"的五言诗无论内容或形式都跟民歌不一样，无法归入乐府民歌范畴里去。于是有的文学史家便从作品有无作者署名来鉴别它是否文人所作，只要有署名，就算作文人作品。其实这不仅不妥当，而且不科

[①] 如清人朱乾《乐府正义》就说："古诗十九首，古乐府也。"梁启超在《中国美文及其历史》中也认为"流传下来的无名氏古诗亦皆乐府之辞"。

学。署名的作者不一定就是文人，也可能是乐工或其他身份的人。比如题为辛延年作的《羽林郎》，显然就是与《陌上桑》异曲同工的一首思想内容较好的乐府诗。诗中揭露了依附于贵族阶级的家奴恶霸对人民欺压侮辱的流氓行径，并刻画出胡姬坚决抗拒、不为威胁利诱所屈的高尚品质和聪慧头脑。这比起一般无署名的"古诗"来，无论思想内容和艺术风格都有很大的差别。关于这一点，余冠英先生在《汉魏六朝诗选·前言》中有一段说得很清楚：

> "古诗"的作者既然姓名不彰，何以见得其中大多数是出于文人之手，而不是出于民间呢？这是从"古诗"的内容可以看出来的，像"驱车策驽马，游戏宛与洛""思君令人老，轩车来何迟""昔我同门友，高举振六翮"等等，所反映的生活都不是下层人民的生活。又如"盛衰各有时，立身苦不早""不如饮美酒，被服纨与素""何不策高足，先据要路津""委身玉盘中，历年冀得食""人倘欲我知，因君为羽翼"等等，所反映的思想都不是下层人民的思想。其次，从诗的语言也可以判定。像"晨风怀苦心，蟋蟀伤局促"，用《诗经》中的篇名，"道路阻且长"用《诗经》中的成语，"弃我如遗迹"用《国语》中的词汇，这类的例子很多，表明"古诗"中有许多知识分子语言。此外，"涉江采芙蓉"篇用《楚辞》的意境，也见出是文人之作。
>
> "古诗"中杂有少数民歌。这也是从内容和语言可以辨别的。像"十五从军征"和"上山采蘼芜"所反映的生活都属下层，语言风格具有民歌的特征，和乐府中的"街陌谣讴"没有分别，断非文人所能模仿。（人民文学出版社1958年版，第8～9页）

由此可见，尽管乐府民歌和文人五言诗之间不易绝对划分界限，但在内容和形式上还是存在着不同倾向的。

三是对于以《古诗十九首》为代表的汉代文人五言诗究竟应怎样评价的问题。"古诗"本是后人对古代诗歌的一种称呼。东汉末年有许多五言诗，作者和诗题都已无考，因此从晋代起就统称之为"古诗"。据钟嵘说，这一批诗共有五十几首。而选入《文选》的共十九首，于是《古诗十九首》就成了专名。这些诗并非一人一时所作，所反映的思想内容也很复杂，大抵不外乡愁、闺怨、宦途失意和及时行乐这几方面的内容，但其共同特点则是表现了浓厚的感伤情绪。它们的作者大都属于社会中下层文人，为了寻求一官半职，不得不远离乡里，奔走朝市，这就是诗中大量出现以游子、思妇为抒情主人公的主要原因。这些作品同前面介绍的秦嘉《留郡赠妇》诗的情调相类似，即作者由于长期出外抛撇妻子而产生的伤离怨别的感情。有的诗篇则反映了自己在失意中得不到朋友援引的愤慨和牢骚。有的则感到人生短促，没有出路，从而产生了纵情享乐的颓废思想。总的说来，这种种消极情绪正是东汉王朝统治阶级日趋没落的具体反映，而我们却可以从这些诗中多少能看到一些东汉末年大乱前夕的社会侧影。当然，《古诗十九首》中也有少量属于乐府民歌性质的作品，如"青青河畔草""迢迢牵牛星"等，表达抒情主人公的感情非常坦率真挚，不像文人之作。不过从总的方面看，《古诗十九首》中大部分作品是受到乐府民歌的影响而写成的，在艺术上则往往较乐府民歌更为成熟。特别是由于《古诗十九首》因《文选》而传世，竟成了后世诗人模仿宗法的汉诗典范。我们一方面要肯定《古诗十九首》的艺术成就，一方面也要看到它们的艺术水平毕竟是有高下之不同的。像梁代钟嵘誉之为"惊心动魄""一字千金"，则不仅有推崇过分之嫌，而且也失之笼统。还是应该做具体分析才更符合实事求是的科学精神。

建安文学以北方的曹魏为中心，作家以"三曹"（曹操及其子曹丕和曹植）和"七子"（孔融、王粲、陈琳、徐干、阮瑀、应玚、刘桢）为代表，吴、蜀则作家很少。这时北方的统治大权实际已掌握在曹操手里，曹氏父子又都是爱好和提倡文学的，于是在他们周围形成了一个文人集团。"七子"中除孔融外，在文学事业方面都是在曹氏父子网罗之下的"羽翼"。三曹当时在文学上也和在政治上一样，处于领袖群伦的地位，而他们的文学成就也配得上这个地位；尤其是曹植，对后世诗歌的影响就更大一些。"七子"之外，还有女作家蔡琰，以及名气稍逊于"七子"的应璩、繁钦等。这些作家大都倾向于曹操的改革措施，思想上有进步的一面。他们都亲身经历了汉末的动乱生活，接触了较广泛的社会现实，因此能够继承汉乐府的传统，并在曹氏父子的号召和倡导下，冲破了沉寂的文坛而形成一个诗歌的高潮。

"三曹"和"七子"的作品一方面反映了社会的动乱和人民的疾苦，一方面表现了封建知识分子要求建功立业的理想和雄心。这就使得一代诗风既体现了现实主义精神又富有浪漫主义色彩，风格悲凉慷慨，有着鲜明的时代特色。这种特色被后世称之为"建安风骨"或"建安风力"，并形成一个优良传统。反映社会动乱和民生疾苦的诗篇，以蔡琰的《悲愤诗》、王粲的《七哀诗》和陈琳的《饮马长城窟行》为代表，而曹操的《蒿里行》更被明代的钟惺在他与谭元春合选的《古诗归》中誉为"汉末实录"的"诗史"，诗中叙当时的病祸说：

铠甲生虮虱，万姓以死亡。
白骨露于野，千里无鸡鸣。
生民百遗一，念之断人肠。

反映当时人民的苦难确是深刻而真实的。至于体现作家的理想和壮志的诗篇，数量就更多些。曹操的《龟虽寿》《短歌行》，刘桢的《赠从弟》，曹植的《白马篇》，都有一定的代表性。《龟虽寿》说：

老骥（一本作"骥老"）伏枥，志在千里。
烈士暮年，壮心不已。

《白马篇》结尾说：

寄身锋刃端，性命安可怀？
父母且不顾，何言子与妻！
名编壮士籍，不得中顾私，
捐躯赴国难，视死忽如归。

其精神面貌是积极向上的。当然，"三曹"是封建统治者，"七子"是依附于统治阶级的封建文人，他们的作品不可能不带有剥削阶级的烙印，他们的建功立业也无非想当个"出色"的统治者。汉人诗中那种及时行乐、伤离怨别等消沉颓废的思想感情在建安诗人的作品里依然有所流露。这些仍旧是应当批判的。

　　建安诗人在艺术上主要是继承并发扬了汉乐府的优秀传统,"三曹"在这方面的成就尤为显著。曹操本人就是在乐府民歌的影响下创作的。现存的他的二十几首作品全部是乐府诗,他的特点是用乐府旧调旧题写新内容(如《薤露行》《蒿里行》本是汉代民间挽歌,曹操却用来写成五言诗,批评外戚误国和军阀专横),风格刚劲苍凉,反映出一个杰出政治家的豪迈气派。值得注意的是在曹操的作品中有几首久经传诵的四言诗,如《短歌行》《观沧海》《龟虽寿》等。但这并不意味着曹操是复古派。曹操的文学倾向恰好是反正统的,他在创作上真正摆脱了古典的束缚而从民歌中吸取了营养。曹操的真正代表作还是那些风格遒劲、语言通俗的五言诗。正由于他对五言诗的创作有了较高的成就,在他写的四言诗中才有可能把这种旧体诗做了新的加工和改造,使之具有新内容、新血液、新情调,从而有了新生命。如《观沧海》一诗气魄雄伟,想象丰富,是一首前所未有的纯粹写景的名篇。这样的四言诗绝不是那种墨守成规的拟古派作家写得出来的。

　　曹丕的诗大都写男女爱恋和离别之情,成就不及曹操。但曹丕在学习乐府民歌的艺术形式方面却比较大胆,敢于进行新的尝试。他的《燕歌行》是现存的最早的文人七言诗,《大墙上蒿行》是一首长达三百六十四字的杂言诗,从三言短句到十三言长句都杂糅在同一首诗中,参差变化,形式新异,蹊径独辟。钟嵘说曹丕的诗"率皆鄙直如偶语",这种通俗化的语言也是曹丕诗的特色。

　　曹植一生处境与他父兄有所不同。在建安年间(即曹植二十九岁以前),他在当时邺下文人集团中过着诗酒流连、随辇侍宴的贵公子生活。后来由于封建统治者内部的争权夺利和猜忌倾轧,曹植在他哥哥(曹丕)和侄儿(曹叡)两代皇帝的压制下,就像动物住在牢圈里一样过了十一年,终于"汲汲无欢"地死去。他后期政治上的失意、思想上的苦闷和生活上的痛苦,在诗中都有所反映。但这些诗已是在建安以后的岁月中写成的了。

　　曹植主要的成就也在乐府诗方面。在他那些悲凉慷慨的诗篇中多方面地反映了他渴望在政治上能够出人头地的壮志和热情。钟嵘说他的诗"骨气奇高,词采华茂",虽不免揄扬过分,却有一定的概括性。他在诗中经常用曲折隐晦的比兴手法来表达自己内心的痛苦,或借夫妇喻君臣,或借古事讽当世。如见于

《世说新语》的《七步诗》就是用萁豆相煎比喻骨肉相残的一首"寓言"诗：

> 煮豆持作羹，漉豉以为汁。
> 萁向釜下燃，豆在釜中泣。
> 本是同根生，相煎何太急！

这显然是采用了乐府的传统手法而注入了作者的思想感情。又如他有名的《野田黄雀行》，相传是为了悼念朋友受到曹丕迫害而自恨不能援救而作的，但结尾处却以天真的理想对生活寄以憧憬和希望：

> 高树多悲风，海水扬其波。
> 利剑不在掌，结友何须多！
> 不见篱间雀，见鹞自投罗。
> 罗家得雀喜，少年见雀悲。
> 拔剑捎罗网，黄雀得飞飞。
> 飞飞摩苍天，来下谢少年。

曹植后期的诗已超出模仿民歌的范同，如组诗《赠白马王彪》，就是交织着哀伤、恐惧和愤慨之情的政治诗，反映出他对朝廷的愤怒情绪，也揭示了曹丕父子残忍暴虐的阶级本质，这实际已是阮籍《咏怀诗》的先驱。他还根据《楚辞》的遗意写了一些《游仙诗》，借升天的幻想来发泄现实生活中的苦闷。这对晋代的郭璞、唐代的曹唐等人写的《游仙诗》也颇有影响。至于他早期所写的《公谦》《侍太子座》和一些"叙酣宴"的乐府，则开后世御用文人以"应制诗"为歌功颂德手段之先河，不仅影响很坏，而且内容也无足取。

魏文帝曹丕取代东汉王朝统治之后，为了对大官僚和豪强地主妥协以换取他们的支持，便实行了所谓"九品中正"的用人制度。到了魏、晋交替的时代，曹魏统治集团已发展为贵族大地主集团，政治日趋腐败；旧的豪门地主势力这时也重新抬头，并有极大发展。后者的代表司马氏政治集团在一步步篡夺了魏朝的军政大权以后，便同曹氏统治集团展开了激烈的夺权斗争。司马氏以残酷的屠杀手段来消灭曹魏集团的力量，一时造成了黑暗恐怖的政治局面。

就在这个时期，依违于曹氏和司马氏两派政治力量之间的阮籍，写了八十几首《咏怀诗》。他摆脱了汉代五言诗里游子、思妇之类流行的题材，集中地写他个人忧时愤世的思想感情。他对司马氏的专横残暴是憎恨的，可是缺乏胆量公开表示自己的抗议。于是他便把内心的郁闷和愤慨都寄托在饮酒和作诗上。这样，隐晦曲折、反复零乱便成为他写诗时不得不用的手法。南朝刘宋时诗人颜延之说阮籍的《咏怀》"虽志在刺讥而文多隐避，百代而下难以情测"，正是在当时那种令人窒息的政治环境下由于作者自身的苦闷矛盾所造成的。《咏怀》中多征引神话传说、历史典故，通过这些间接的素材来委曲表达作者忧国刺时的思想，透露了当时的政治黑暗和作者对现实的不满情绪。然而尽管如此，在这八十多首诗里仍有一部分作品写得并不十分隐晦，字里行间往往情不自禁地迸发出愤激的感情，明显地对当时统治者所利用的那些儒家的名教礼法之类进行了揭露和鞭挞。至于诗中含有不少颓唐消极的老庄思想，则是时代和作者本人的阶级局限；而诗意晦涩也是艺术上的一种比较严重的缺陷。这些都是读《咏怀》时所应批判的。

司马氏取得政权后，建立了西晋王朝。这是代表士族大地主利益的腐朽政权，在它的统治下，各种社会矛盾迅速加剧。九品中正制成为保障士族官僚地主无论在经济或政治上享有一切特权的工具。士族可以依据官品合法地占有大量土地，垄断了政治、文化各个方面的特权，造成了"上品无寒门，下品无士族"的严重悬殊。反动的门阀制度从此形成，一直延续到唐代。这不但加深、加剧了阶级矛盾，也造成了寒门与贵族的尖锐对立。不到半个世纪，在内乱频仍和外患交逼之下，西晋王朝就覆亡了。从此中国进入南北朝长期分裂的时代。

偏安江南的东晋王朝，不过是西晋腐朽的士族特权政治的继续。门阀制度恶性膨胀，士族占田数量惊人，动不动就是一万顷。士族阶级公然表示不与"杂类"通婚，士、庶界限愈益严格。而统治阶级内部的皇室和军阀则不断争权夺利。在腐朽的士族统治下，沉重而苛刻的剥削和压迫促使阶级矛盾日益尖锐，终于爆发了东晋末年的以孙恩为首的农民起义，给东晋政权以毁灭性的打击。最后，靠镇压农民起义起家的宋武帝刘裕夺取了帝位，东晋灭亡。

晋代的士族统治导致文学上的逆流一再泛滥，西晋时期，"建安风骨"的传统无形中被扼杀，诗歌走向了典故化、排偶化的道路。作家只知机械地拟古，使作品完全脱离现实，内容贫乏，缺少新意。从西晋末年开始，经历了整个东晋，诗坛几乎为宣扬老庄思想、"平典似道德论"的玄言诗所垄断。在这股逆流中，只有西晋的左思和南渡前后的刘琨等人的诗篇，还有一些可取之处。特别是东晋末年的陶渊明，作为一个敢于与高门贵族抗衡的田园诗人，成为这一时期诗歌史上的中流砥柱。

左思是晋代第一个反门阀士族的诗人。当时做官的道路被世家大族所把持，出身寒微的读书人只能沉沦于下僚。左思的代表作《咏史》八首，正反映了这种高门贵族与寒门素族之间的矛盾。"世胄蹑高位，英俊沉下僚"的现实打破了诗人的幻想，激起了他的不满和抗议，因而终于唱出了蔑视权贵的"贵者虽自贵，视之若埃尘，贱者虽自贱，重之若千钧"的诗句。高亢的激情和矫健的笔调是《咏史》的特色，这也就是钟嵘说的"左思风力"。这个"风力"是与"建安风骨"一脉相承的。左思在仕途失意之余，只能向往高蹈隐居的避世之路。这反映了作者有不与豪门士族同流合污的一面。但退隐岩穴和明哲保身毕竟是消极的，何况左思在诗中还流露出由于自己爬不上去而产生的患得患失的牢骚，就更是白圭之玷了。

刘琨出身贵公子，早年过的是浮华享乐生活。西晋末年，由于民族灾难日益深重，他思想上起了急剧变化，幡然改辙，立志报国，同敌人进行艰苦的斗争。现存他的三首诗都是中年以后的作品，充满了报国激情。但因作品过少，对后世影响不大。东晋初年，郭璞有《游仙诗》十四首，有的对贵族朱门表示了轻蔑和鄙视，有一定的现实内容；有的则表现了求仙的渺茫和伤时叹逝的感情，比较低沉阴郁。从总的倾向看，这些诗主要反映了作者逃避现实的思想，而且直接与东晋味同嚼蜡的玄言诗有关，我个人以为其影响基本上是消极的。

陶渊明一名潜，字元亮，生于东晋末年，死于南朝刘宋初年。曾祖陶侃在晋朝南渡之初虽以军功官至大司马，但因不是士族，在当时就曾被人讥为"小人"和"溪狗"。到了陶渊明这一代，家境早已没落，在等级森严的门阀制度下，他当然得不到统治阶级的重视。他在二十九岁时因贫出仕，十多年中做过几次小官，最后做彭泽县令。由于他对当时黑暗腐朽的政治和垄断了高官要职的士族集团充满了憎恶，对污浊的社会表现了一种清高孤傲的态度，"不愿为五斗米折腰",便解职归田,坚决走上隐逸的道路,过了二十多年田园生活才死去。在他现存的一百二十多首诗中,大部分是歌咏田园的。

陶渊明是从建安到隋唐统一以前这一历史阶段中最杰出的诗人,唐宋以来的著名作家很少有不受他影响的。但在晋宋之间,不仅他的诗无人注意,连他这个人也不大受人重视。在他死后六十年,沈约第一次在《宋书·隐逸传》中记载了他的生平,但只是看重他的行为,而不是出于他的诗。刘勰的《文心雕龙》根本没有提他,钟嵘的《诗品》虽开始注意陶诗,但也只承认他是"隐逸诗人之宗",把他的诗仅列在"中品"。直到梁昭明太子萧统为他编集作序,并把陶诗采入《文选》,从此陶渊明在文学史上才算有了地位。陶诗所以这样不受重视,主要因为他的门第卑微。在那个门阀社会里,文权掌握在高门士族手中,只有那种"俪采百字之偶,争价一句之奇"(刘勰语)的雕章琢句的作品才能蔚成风气,为当世文坛所鉴赏崇拜;而陶诗中所反映的田园生活,在当时则被认为俚俗鄙陋。至于陶诗所具有的单纯朴素的风格和平淡自然的语言,更是不登大雅之堂的了。这清楚地说明他的作品和当时的贵族文学存在着多么大的差距。但也说明这正是陶诗最为难能可贵、最有成就的地方。

陶诗中最值得重视的是他歌颂了农村的生产劳动,而且从诗中反映出来,他本人有时也参加一些劳动。这在当时是十分可贵的。在儒家思想的影响下,封建士大夫大都鄙视劳动和劳动人民,两晋南北朝的士族尤甚。《南史·到溉传》记载到溉的祖先曾担粪自给,别人就骂他"尚有余臭"。《颜氏家训》上说:"多见士大夫耻涉农务。"陶渊明却一反封建统治阶级鄙视劳动的思想,强调"力耕不吾欺",从而在一定程度上认识了劳动的价值。如他在《庚戌岁九月中于西田获早稻》诗中一开头就说:

人生归有道,衣食固其端;
孰是都不营,而以求自安!

这种反对不劳而获的态度正是他和劳动人民间开始缩短距离的起点,因此他的思想感受通过具体劳动生活也有所改变:

> 晨出肆微勤，日入负耒还。
> 山中饶霜露，风气亦先寒。
> 田家岂不苦，弗获辞此难。

可见作者对农民从事劳动的辛苦是有体会的。

但陶渊明之所以退隐，也还有逃避现实、全身远祸的因素在内，正如他诗中所说："庶无异患干。"这条洁身归隐的道路正是他对现实有所不满而又无力加以变革的结果。虽说对封建统治者表示了一定的反抗，而其根本态度毕竟还是消极的。在陶渊明的田园生活中，除了从事有限度的劳动外，饮酒成为他主要的精神寄托。作者在诗中明确地反映出来，饮酒原是他借以解脱自己对世事不能忘怀的矛盾，其中也包含着为了"独善其身"和安于现状而采用的一副麻醉剂。因此我们对陶诗中这些饮酒为题材的篇章也应采取一分为二的态度。另外，陶诗中还宣扬了老庄思想（因此他的诗多少也沾染了一些当时玄言诗的习气），而这种思想同样是精神麻醉剂。老庄的知足全身、乐天安命思想是同陶渊明消极退隐的人生道路十分合拍的。这就决定了陶渊明在诗歌创作中有着无可避免地局限：他不能鲜明地反映现实社会中的主要矛盾。他在有名的《桃花源诗》中赞美了一个理想的"桃花源"，并且写出了"秋熟靡王税"的名句，这无疑是应该大力肯定的；然而他对当时已成燎原之势的农民起义却全然置身事外，仿佛熟视无睹。他理想中的"世外桃源"虽在一定程度上反映出人民的愿望，而其思想基础却仍不外乎是老子的"小国寡民""老死不相往来"的观点的形象化而已。完全否定其进步意义或过分拔高和夸大陶渊明的认识水平，无疑都是不适当的。

从唐代以来，陶渊明的影响越来越大，评论陶诗的也越来越多。这里面当然就存在着两种不同的立场和观点的矛盾。很大一部分封建文人和资产阶级学者往往只把他们所偏爱的陶诗中某一方面拿来加以片面的夸大或过分地强调，并认为这就可以代表了陶诗的全部内容。这实际是曲解了陶诗，也歪曲了陶渊明。鲁迅在《"题未定"草六》中有一段十分精辟的话：

> 又如被选家录取了《归去来辞》和《桃花源记》，被论客赞赏着

"采菊东篱下,悠然见南山"的陶潜先生,在后人的心目中,实在飘逸得太久了,……就是诗,除论客所佩服的"悠然见南山"之外,也还有"精卫衔微木,将以填沧海,刑天舞干戚,猛志固常在"之类的"金刚怒目"式。在证明着他并非整天整夜地飘飘然。这"猛志固常在"和"悠然见南山"的是一个人,倘有取舍,即非全人,再加抑扬,更离真实。……(《且介亭杂文二集》)

在《"题未定"草七》中,鲁迅又说:

陶潜正因为并非"浑身是'静穆',所以他伟大"。现在之所以往往被尊为"静穆",是因为他被选文家和摘句家所缩小,凌迟了。

这完全击中了封建士大夫和资产阶级学者形而上学观点的要害。只有从鲁迅先生的这些意见深入研讨下去,才能对陶渊明做出全面而正确的评价。

自陶渊明以后,南朝诗风日益趋向唯美主义、形式主义的道路。刘宋时代,大贵族谢灵运以山水诗著称。实际上他的诗并无坚实的内容,不过是过分雕饰、刻意求工的辞藻堆砌。篇篇往往拖上一条玄言诗的尾巴,尤其令人生厌。与谢灵运齐名的颜延之,不过是个专门从事模拟、风格平庸的作家。倒是出身寒门的鲍照,在诗中继承了左思、陶渊明的反门阀贵族的精神,有较高的艺术成就。特别是他用七言乐府诗体倾诉内心慷慨奔放的感情,对唐代李白的诗歌起了较大的影响。

齐梁时代,诗歌在艺术形式上产生了较大的变化,这一阶段的作品在文学史上成为从古体诗过渡到近体诗(即律诗和绝句)的桥梁。由于声韵学的发展,作家们开始把汉语的四声(平、上、去、入)运用到诗歌的声律上,即作诗要注意每个字音的声调以及对汉语中双声叠韵的词汇的作用,这就为律诗的形成奠定了基础。齐武帝萧赜永明年间(公元483年至493年),以沈约、谢朓为代表的一批上层文人,开始写这种新体诗,号称"永明体"。但他们的创作大都内容贫乏,形式主义倾向严重。只有谢朓的山水诗较有成就,对唐诗起了一定影响。梁、陈时代,诗歌成为供封建帝王和贵族们娱乐的工具,出现了大量"宫体诗"（也包括一部分自汉魏小赋发展而来的咏物赋）。宫体诗（以及一部分咏物赋）是封建统治者宫廷中荒淫生活的反映，以描写女色为主，诗风浮艳华靡，充满色情成分。这标志着贵族文学已十分堕落。这种诗风直到初唐四杰时才逐渐有所转变，但其余波流毒却在后来的词曲中仍有所体现。

北朝统治者为了巩固政权，大都推尊儒学，用孔孟之道来钳制人民思想。同时又大肆推崇佛教，宣扬迷信，诱导人们去信教求福。因此在很长一段时期内，文学作品几乎绝迹。直到梁代的作家庾信到北周以后，才为北朝文学打开局面。庾信原是宫体诗人，曾与另一诗人徐陵齐名。他被梁朝派到北方出使之际，正值梁亡，庾信就留在北周，写了不少思念乡土、缅怀故国的诗赋。庾信在促使南北文学交流融合方面有一定贡献，成为南北朝最后一个有成就的文人作家。

自东汉经魏晋南北朝到隋代统一，诗歌的发展道路是曲折的。从"建安风骨"逐渐演变为文学逆流的宫体诗，这同当时的政治昏暗以及贵族文人的生活糜烂是分不开的。一直经过隋末农民大起义，到唐代统一以后，中国的诗歌才达到一个新的鼎盛时代。

唐诗述略

一　唐代诗歌空前繁荣的原因

我国的诗歌传统从《诗经》《楚辞》开始，经过汉魏六朝，到了唐代，出现了空前繁荣的局面。唐诗在我国文学史上的地位是非常突出的。唐朝称得起诗歌的黄金时代。人们一谈到唐诗，几乎就会想到整个中国古典诗歌，它是这样有概括性的一个概念。这是因为唐诗继承、发展了以前的文学艺术的精华，而且影响了唐以后的历代诗坛，包括词和散曲。

造成唐诗空前繁荣局面的主要原因当然是社会上的经济力量和政治条件所给予文学艺术的影响。隋代统一了南北朝，是使南北文化交流融合的主要关键，而隋末的农民起义更促进了社会的向前发展。唐王朝统治者靠农民战争统一了中国。唐初实行的均田制使原来没有人耕种的大批官田分配到那些流亡日久的农民手中，这多少缓和了阶级矛盾，从而使生产力有了较大的提高。加以国势强大，疆土扩展，海外贸易的范围因而日益广阔，刺激了城市工商业，进一步推动了生产力的发展。所以从公元618年至756年这一时期（即从唐代统一到安史之乱以前，文学史上一般称之为初唐、盛唐），才有所谓"贞观之治"和"开元全盛日"的出现。

由于生产力的发展，民族活动力的旺盛，同国内外各个民族来往的日益频繁，文化艺术自然也就繁荣起来了。音乐、舞蹈、绘画、雕刻、书法、工艺都呈现出欣欣向荣的新面貌。而作为唐代文化中最有代表性的唐诗，在摆脱了齐梁以来追求辞藻声律的形式主义的束缚以后，更出色地产生了反映那个时代精神面貌的健康的作品。在政治上，同经济状况相适应，也有了新的改变。其中较显著的一点就是用科举制度选拔人才。这就使出身较寒微的、同贵族大地主有一定矛盾的地主阶级中下层知识分子有了过问政治的机会。而考试的科目之一恰好是以诗取士。一般人为了求取功名，都从事诗歌的学习和创作。诗歌在这种风气之下，自然就更加兴盛了。

另一方面，南北的文学经过交流融合，到了唐代，造成诗歌全面发展的新局面。原来南朝士大夫在诗歌的创作技巧方面是比较成熟的，他们讲求音律辞藻，在作品中有比较细致曲折的描写，使诗歌的艺术技巧具有多样性；而北朝的民歌则更多地唱出了朴质、真挚的人民的思想感情，这种思想感情正是艺术的源泉。更由于唐代的社会变化了，诗歌不再是少数贵族手中的专利品，一些有名的作家大半来自中下层社会。他们比较接近广大人民，比较了解民间疾苦，也容易体会人民的思想感情。把这种了解和体会写到诗歌里，就使诗歌的内容更丰富，诗歌的意境也更高远。这正是唐诗所以伟大、所以突出的关键。

二 唐诗的题材和风格上的特点

唐诗内容丰富，意境高远，因而用来表现内容、传达意境的题材也是包罗万象的。在唐诗里，诗人摹绘了当时祖国每一个空间的特殊风貌——田园、山水、战场、边塞、都城、宫禁，从繁华的都会到荒远的乡村；在诗歌里描写了当时社会上的各式各样的人物形象——农民、商人、战士、知识分子、贵族以及各种不同出身、不同阶层的妇女。诗人大而可以写国家大事，批评统治者，揭露阶级社会中的种种尖锐矛盾和丑恶现实，替广大人民鸣出不平的声音；小而可以写家庭、朋友或男女间的喜怒爱憎、悲欢离合，种种细致而深刻的、看上去琐碎而实际上却很复杂的情感；进而乃至于写到人的一言一动、一颦一笑，自然景物中的一草一木、一虫一鸟，乃至于写仙佛，写僧道，写鬼怪。这样广阔的题材自然就加强了诗歌的生命，提高了诗歌的价值，从而扩大了诗歌的作用，当然对后世也自然而然产生了广泛的影响。

唐代诗歌的形式也大为丰富了。七言诗的技巧在这时完全成熟了，出现了大量的七言古诗。这是一种最新的形式，用来表达思想情感，是再自由不过，再畅达不过的了。律诗在这时也正式形成，在律诗中我们看到思想情感和音律辞藻高度地调谐一致。体裁的多样化也是把诗歌的发展带向高峰的重要因素。

南朝的诗风清新婉约、曲折缠绵，北方的诗风粗犷豪迈、刚劲雄浑。这两者相结合，又造成了唐诗在风格上的百花齐放，万壑争流。诗人或者向往田园山水，或者描绘战场边塞，或者低回身世，或者感慨兴亡，每一种内容，每一种思想感情都通过不同的题材表现出不同的风格。甚至同一流派的诗人，如王维、孟浩然、韦应物、柳宗元四家，一向是被认为唐代受陶渊明影响最深的，其诗作却各自具有独特的风貌。同样是边塞诗人，盛唐的王昌龄、岑参和中唐的李益就洋溢着彼此截然不同的神采。同样是具有浪漫气质的诗人，李贺的瑰丽而奇僻就远远不同于李商隐的绚烂而朦胧，而温庭筠的浓郁又远远不同于杜牧的清新。这只有在唐代诗坛才会如后浪催前浪一般地层出不穷。而其中几个出类拔萃的大诗人，他们的诗都呈现多种多样的风格，而在风格的多样化中又有和谐的统一——不同性质的题材具有不同的风格，不同的风格又体现统一的思想情感。堪称旷古绝今的大诗人李白，他的诗是以雄健豪放著称的，但他能写山大气磅礴的《将进酒》，也能写出悱恻缠绵的《玉阶怨》：

君不见黄河之水天上来，奔流到海不复回。
君不见高堂明镜悲白发，朝如青丝暮成雪。
人生得意须尽欢，莫使金樽空对月。

——《将进酒》

玉阶生白露，夜久侵罗袜；
却下水晶帘，玲珑望秋月。

——《玉阶怨》

从手法上看，我们几乎不相信这是出自同一诗人的手笔。然而诗中强烈的怀才不遇之感却是共同的。再如王维，他在早年能写出风光旖旎的《洛阳女儿行》，也能写出饱满遒劲、霜气横秋的《老将行》和《夷门歌》，晚年更写出与前两者迥不相侔的恬静入画的《辋川绝句》。然而贯穿在王维所有诗篇中的是那种活泼明净的盛唐情调。又如韩愈是以古诗见长的，既能写佶屈聱牙的《石鼓歌》，也能写明白如话的《山石》；然而他所有的诗篇都带有深刻老练、饱经世故的况味（近时对王维、韩愈这两位诗人的评价往往贬多于褒，其实是不够公允的）。这一切，使唐诗给祖国的文学艺术增加了光荣和骄傲。

对后世影响异常深远的大诗人杜甫的作品更是具有多样化风格而又能统一在共同的思想感情之下的一个杰出范例。他写过《自京赴奉先县咏怀五百字》《北征》"三吏""三别"，也写过《秋兴》和《咏怀古迹》。在前一组诗里，他揭露了当时的社会矛盾，反映了当时人民的苦难，表达了自己的抱负和理想；在后一组诗里，他通过对大自然景物的观察体会，通过对古人的怀念和对家乡的回忆，表现了他忧国忠君、同情人民的深厚感情。这两类作品的表现方法不同，却同样体现出作者对人生的热爱和对社会的关怀。即使歌咏一草一木，一虫一鸟，也同样表现了他宽阔的胸襟、豪迈的气概、健康的倾向。他在安史之乱的颠沛流离中间写出了"杜陵野老吞声哭，春日潜行曲江曲"（《哀江头》），"感时花溅泪，恨别鸟惊心"（《春望》），"明日隔山岳，世事两茫茫"（《赠卫八处士》）这些沉痛忧郁的诗句；在成都，由于环境的暂时安定，就写出了"随风潜入夜，润物细无声"（《春夜喜雨》），"花径不曾缘客扫，蓬门今始为君开"（《客至》），"两个黄鹂鸣翠柳，一行白鹭上青天"（《绝句》）这些清新明快的诗句。心境虽有苦乐之分，作品的风格虽有沉郁和明朗的不同，但感情同样是肫挚的，对待人生的态度始终是执着的。这种题材和风格的多样化足以表明一些唐代大诗人在创作上的全面性。

三　初唐的诗歌

前人把唐代诗歌发展的过程分成初唐、盛唐、中唐、晚唐四个时期。这很有道理，因为每一阶段确有它的特色。大致说来，从唐代统一（公元618年）到唐玄宗即位以前（公元712年）是初唐时期。这段时间里，诗坛总的倾向是从六朝的纤巧浮艳、讲求声病的束缚中经过洗伐而摆脱出来，走向活泼清新的大道。这一倾向充分反映了这个统一的王朝正在向发展的道路上前进。但在唐代开国之初的四十多年中（约自公元618年至660年），从梁陈以来一直流行的宫体诗的影响还是很大的。被网罗在皇帝文苑中的一些贵族气十足的诗人，除了写出为数甚多的富丽典雅的应制诗外，十之八九都沉湎在那种轻佻萎靡的艳情诗里，大多数诗篇依然保持了那种施铅华、尚堆砌的浮艳风气。表面上充满了璀璨耀眼的辞藻，内容却苍白无力，甚至是腐朽堕落的。这一方面是由于意识形态的改变总比社会的经济基础的改变稍稍迟缓；另一方面也由于满足现状的心理在支配人们的思想。像当时负盛名自成一体的宫廷作家上官仪，他所写的一些宫体诗和应制诗不过是用褪色的陈词滥调堆砌成的色情或颂圣之作而已。

然而时代的声音还是在个别作家的某些作品中透露了出来。即使这些作品深度不够，而作者又并非专门从事创作的诗人，但毕竟反映了当时比较真实的生活现实。像辅佐唐太宗开国的魏徵就写过一首雄浑苍劲的《述怀》：

中原初逐鹿，投笔事戎轩。纵横计不就，慷慨志犹存。杖策谒天子，驱马出关门。请缨系南粤，凭轼下东藩，郁纡陟高岫，出没望平原。古木鸣寒鸟，空山啼夜猿。既伤千里目，还惊九折魂。岂不惮艰险，深怀国士恩。季布无二诺，侯嬴重一言。人生感意气，功名谁复论。（据《全唐诗》引）

这首诗虽不够蕴藉，却表明了生活在这个时代，英雄是有用武之地的。因此艰险可以克服，事业获得成功也不难。这正意味着社会在向上向前发展。又如唐太宗所推许的虞世南写过一首著名的五言绝句《蝉》：

垂緌饮清露，流响出疏桐。
居高声自远，非是借秋风。

他用比兴的手法写出一个为统治阶级所倚重的知识分子的清狂自负的形象。这就迥然有别于那群甘受帝王豢养的帮闲弄臣。人民心目中自然对这两者也就有了不同的估价。他的另一首《咏萤》：

的历流光小，飘飘弱翅轻。
恐畏无人识，独自暗中明。

它在技巧上诚然不如杜甫写的"暗飞萤自照",在思想内涵和艺术造诣上更不及晚唐李商隐所写的"于今腐草无萤火,终古垂杨有暮鸦"(《隋宫》),可是杜诗总有点顾影自怜的意味,而李诗更显得十分衰飒暗淡,不像虞诗所写纵然"光小""翅轻",总还有同无边暗夜较量一下的勇气。可见在大乱之后,即使是小人物也有了"暗中明"的机会。

对初定天下的新统治政权抱有对立情绪的遗民也并不乏其人,诗人王绩就是有代表性的一个。他写过一首《野望》:

东皋薄暮望,徒倚欲何依?
树树皆秋色,山山唯落晖。
牧人驱犊返,猎马带禽归。
相顾无相识,长歌怀采薇。

这首诗从形式看,是一首完整而工稳的五言律诗,虽然律诗在王绩死后几十年才完全成熟。从内容看,作者的主观情绪是消沉寂寞的,因为他以遗民的身份、立场来看新朝,感到一无相识,徙倚无依,甚至想念那采薇而作歌的伯夷叔齐。然而从诗的客观效果看,并不符合诗人的主观愿望。这里的"秋色""落晖"不仅没有衰飒气味,而且反使人有天高气爽的明净之感。因为"落晖"射及的范围相当普遍,诗人的视野也极广阔,这就造成一种开朗而带有展望的局面。"牧人""猎马"两句更反映出一片承平景象,读者感受到的是宁谧悠闲的生活气息,再也接触不到作者心情上的凄凉寥落。可见初唐时候,人民的生活确比隋末要安定得多了。

上述的例子毕竟是个别的。真正改变那种柔弱轻浮的"江左遗风"的还要推初唐四杰,即王勃、杨炯、卢照邻、骆宾王。他们开始写作的时间都在7世纪60年代以后。由于前五十年的安定生活促进了文化艺术的发展,到这时候,这一班才华洋溢、富有侠气的青年士子就有更多表现自己的机会。他们已在尝试把秾丽浮华的宫体余风纠正过来,走上比较健康的方向。四杰在诗歌方面所完成的使命有两个:一是七言古诗的推动,一是五言律诗的成熟。七言古诗虽然在四杰诗里还存留齐梁以来追求声病、堆砌辞藻的遗迹，然而内容革新了，篇幅扩展了，题材丰富了，他们的作品给诗歌带来了新气息。像卢照邻的《长安古意》、骆宾王的《艳情代郭氏答卢照邻》，尽管词句间还不免受到六朝人残膏剩馥的沾溉，然而内容已有很大的不同。举《长安古意》为例：

> ……
> 节物风光不相待，桑田碧海须臾改；
> 昔时金阶白玉堂，即今唯见青松在。
> 寂寂寥寥扬子居，年年岁岁一床书；
> 独有南山桂花发，飞来飞去袭人裾。

不仅在音节上和修辞方面脱离了齐梁声病的羁绊，而且内容也同那些无病呻吟或者玩物丧志的艳情诗截然两样了。诗人在这里用了象征知识分子思想感情的"青松"来否定"金阶白玉堂"的庸俗龌龊。这在当时是应当肯定的。此外像王勃的《滕王阁诗》：

> 滕王高阁临江渚，珮玉鸣鸾罢歌舞。
> 画栋朝飞南浦云，珠帘暮卷西山雨。
> 闲云潭影日悠悠，物换星移几度秋。
> 阁中帝子今何在，槛外长江空自流。

把"阁中帝子"同"长江"只做简单的对比，立刻给人一种超脱凡俗、忘情声色的高远气象；而诗的意境也格外显得深入浅出，然而又是如此情韵不匮。这真可见从内容到形式都得到大开大阖的解放了。

至于五言律诗，在四杰手里，技巧的纯熟洗练和思想情感的形象化已逐渐达到谐调一致的地步；而在内容方面，则从歌颂帝王威福转到抒写个人性情，从宫观台榭移到江山塞漠，从人为的揣摩模拟变为自然的真情流露。像王勃的《送杜少府之任蜀川》：

>　　城阙辅三秦，风烟望五津。
>　　与君离别意，同是宦游人。
>　　海内存知己，天涯若比邻。
>　　无为在歧路，儿女共沾巾。

尽管三、四两句还不是工稳的对仗，可是全诗的节奏已表现出一种不可分割的协调。五、六两句传诵千古，其好处在于作者不仅把自己的情感写得那样健康，而且还体现出国家承平、宇内一统的兴盛景象；不仅缩短了空间的距离，而且缩短了甚至消弭了人与人之间的距离：这该是多么肫挚的感情，多么宽阔的胸襟！然则前四句的"三秦""五津""离别""宦游"都了无挂碍，所以末两句水到渠成地说：我们又何必儿女情长呢？这实在是完整的真正唐音的抒情诗正格。

它如杨炯的《从军行》，骆宾王的《在狱咏蝉》等五律名篇，也都能达到情景交融的境界。他们的情感是那样慷慨高洁，他们所描写的客观事物又是那样细致而峭拔，这就形成了形式和内容的谐调一致。杜甫称四杰的成就为"江河万古流"，是有道理的。

稍后一点，到了沈佺期、宋之问手中，七言律诗也成熟了。这种新格律的形成可以说给盛唐诗打下基础，做好准备。可惜沈、宋的诗思想太平庸，技巧虽熟练而意境却欠高远，在题材方面也没有跳出宫体诗的圈子。姑举沈的《古意》（一名《独不见》）作例：

>　　卢家少妇郁金堂，海燕双栖玳瑁梁。
>　　九月寒砧催木叶，十年征戍忆辽阳。
>　　白狼河北音书断，丹凤城南秋夜长。
>　　谁谓含愁独不见？更教明月照流黄。

直到更晚一点的陈子昂异军突起，才把初唐百年来一直未能彻底洗伐的"江左遗风"整个涤荡干净，且大力标榜"汉魏风骨"。因为陈是盛唐诗坛的揭幕人，且留到下一节里再谈。

四　盛唐的诗歌

　　从唐玄宗开元元年（公元713年）到唐代宗永泰元年（公元765年）的五十多年是所谓的"盛唐"时期。由于当时社会急剧地向前发展，诗歌呈现了蓬勃饱满的青春气息。这时期可以说是唐诗发展的最高潮。著名的作家多到不胜枚举。诗歌的内容极广泛，各种诗体的发展都趋于完备。这一时期，五言、七言律诗的创作有更高的成就，而运用得最普遍的形式还要推七言古诗和五言、七言绝句。这时期的诗歌所表现的基本倾向是这样：思想是乐观健康的，情操是奔放昂扬、无拘无碍的，格调是爽朗明快、新鲜活泼的，语言是清新流畅、深入浅出的。即使是暴露社会的黑暗面，吐诉人间的不平，也显得波澜壮阔，敢怒敢言，并带有豪迈高远的进取心和强烈执着的解放要求——这就是后人所称道的"盛唐气象"。

　　盛唐诗坛的揭幕人，应该说是陈子昂。他虽死在唐玄宗即位以前，但他是把唐诗推向高潮的先驱者。他提倡汉魏风骨，强调要把诗歌从轻浮华丽的齐梁诗风里解放出来，并努力引向面对现实的道路。他慷慨高歌，唱出激昂悲壮的情感。如著名的《登幽州台歌》：

　　　　前不见古人，后不见来者。
　　　　念天地之悠悠，独怆然而涕下！

　　这首诗表面上看来好像思想沉重，气氛悲凉，但其意境是深远的，气魄是雄伟的。他感伤，是由于想到在无穷无尽的时间长河里，在永恒的天地间，应该怎样做一个承先启后的人。他把自己摆在一个顶天立地的地位，要从古人手中把照亮了人类的火炬接过来，并把它传给后世。可是他没有找到实现他这个壮举的机会，于是在寂寥苍茫的感受中唱出了自己的抑郁不平。这正是对那个时代提出的更高要求。

　　在陈子昂之后涌现出的大批作家，如崔颢、王湾、王昌龄、王之涣等，在当时都负盛名。崔颢的《黄鹤楼》是李白也佩服得五体投地的一首七律：

> 昔人已乘黄鹤去，此地空余黄鹤楼。
> 黄鹤一去不复返，白云千载空悠悠。
> 晴川历历汉阳树，芳草萋萋鹦鹉洲。
> 日暮乡关何处是？烟波江上使人愁。

律诗一般说是不允许用重复的词汇的，而且中间四句应该两两对仗。这首诗前四句一连用了三个"黄鹤"，两个"去"和两个"空"，三、四两句又是一气呵成，不做对仗，显得音节嘹亮，气势酣畅，念起来高亢有力。作者在形式上冲破了格律的束缚，使全诗增加了浩荡充沛的活力，并给人一种要求解放的启示。更重要的是前四句运用空灵缥缈的想象，把对于时间的感觉用空间的观念和事物的形象交错地表达出来，使读者进入一个深邈高远的境界。结尾处写到自己由于远离家乡而愁闷，同时又点明当时已是黄昏，这就使人联想到时光也在飞逝，因而显得格外意味深长。这种遒劲而复杂的笔力和手法，只有在盛唐诗里才找得到。

同崔颢这首诗有异曲同工之妙的是王湾的一首五律《次北固山下》：

> 客路青山外，行舟绿水前。
> 潮平两岸阔，风正一帆悬。
> 海日生残夜，江春入旧年。
> 乡书何处达？归雁洛阳边。

用"青山""绿水"开头，给人以眼明心亮的愉悦之感。三、四两句进一步把人带到一种和平静谧的环境里，显得天地宽阔，胸襟开朗。五、六两句写海上的红日冲破黎明前的黑暗，新生的春意已渗入垂尽的残冬，这该使旅人多么欣慰，多么乐观！从来以游子为主题的诗篇多带感叹情调，就连崔颢的《黄鹤楼》也不免有"使人愁"的描写；而这首诗却写得这么欣欣向荣，展望无际。这就是标准的盛唐诗。末两句的大意是：再过不久又是春天了，我要叮嘱飞回北方去的大雁替我捎一封平安家信到我的故乡洛阳。这里作者虽然多少也流露出一点怀乡的寂寞，但心情是有寄托的，好像可以安心飘荡在江湖之上，乐于做一个天涯游子。

由于唐代统一后国势强盛，版图日广，到了盛唐，很多作家都写出大量描绘边塞风光的诗篇。王翰、李颀、高适、岑参都是这方面杰出的作家。另外以绝句享名于后世的王昌龄和王之涣也都写过不少有关边塞的名篇。王翰的《凉州词》可算是一首代表作：

葡萄美酒夜光杯，欲饮琵琶马上催。
醉卧沙场君莫笑，古来征战几人回？

诗中抒情主人公的心境并不一定是愉快的，但表现的气氛却洒脱豪放，带有健康的浪漫色彩。王昌龄的《从军行》和《出塞》更从不同的角度写出战士的心情：

青海长云暗雪山，孤城遥望玉门关。
黄沙百战穿金甲，不破楼兰终不还。

——《从军行》

秦时明月汉时关，万里长征人未还。
但使龙城飞将在，不教胡马度阴山。

——《出塞》

前一首写战士捍卫疆土的决心，后一首则流露出征人忧国思乡的幽怨。至于王之涣的《凉州词》更是脍炙人口的名作：

黄河远上白云间，一片孤城万仞山。
羌笛何须怨杨柳，春风不度玉门关。

通过景物的形象来传达征人的思想感情，这该是边塞诗中抒情的绝唱。

盛唐诗中所表达的主要是那种饱满而健康的青春气息。这在诗人王维的作品中表现得比较突出。他早年写的《少年行》和《送元二使安西》都充分说明这一点：

新丰美酒斗十千，咸阳游侠多少年。
相逢意气为君饮，系马高楼垂柳边。

——《少年行》

渭城朝雨浥轻尘，客舍青青柳色新。
劝君更尽一杯酒，西出阳关无故人。

——《送元二使安西》

特别是前一首，显然在青春活力中还加上了浪漫气质，才写得如此洒脱天真，可是晚年的王维把思想感情都沉浸在田园山水之间，只着重创作一些描写自然景物的诗篇了。如《辋川绝句》中的一首《竹里馆》：

独坐幽篁里，弹琴复长啸。
深林人不知，明月来相照。

幽静是幽静极了，却未免过于孤独寂寞，仿佛有东方朔说的"水至清则无鱼"和苏轼说的"高处不胜寒"的味道。这同王维逃避现实的消极思想是分不开的，而与王维齐名的孟浩然，由于长久过着隐居生活，对田野农村比较熟悉，他的诗就比较有"人情味"。我们读他的《过故人庄》就感到颇为亲切：

故人具鸡黍，邀我至田家。
绿树村边合，青山郭外斜。
开轩面场圃，把酒话桑麻。
待到重阳日，还来就菊花。

又如他有名的《春晓》：

> 春眠不觉晓，处处闻啼鸟。
> 夜来风雨声，花落知多少！

只是轻描淡写地勾勒出一幅一尘不染的园林景色，却在平静和煦的感受中给人以蓬勃饱满的印象。这儿的"风雨声"丝毫没有煞风景的意思。一夜的风雨虽然吹落了、打掉了不少花朵，可是不久的将来必然会有一个更加繁茂的万紫千红的世界，因为这毕竟是春暖花开的季节，我们从"啼鸟"声中就可听出其中的消息。到了这一时期，轻浮浓艳的六朝诗风已完全被健康爽朗的盛唐情调所代替了。

五　李白和杜甫

盛唐时期值得骄傲的是出现了我国文学史上两位最伟大的诗人李白和杜甫。他们的艺术成就成为后世的楷模，他们的思想境界达到唐诗发展的最高峰，他们的创作活动代表了整个唐代诗坛，然而这两位诗人的作品，无论是内容或风格，都有着显著的不同。李白的作品主要是反映了盛唐时期封建社会的上升阶段，而杜甫诗中所反映的主要是安史之乱前夕"山雨欲来风满楼"的局面和安史之乱过程中，以及大乱后人民生活于颠沛流离之中的现实情景。再加上两位诗人的经历和性格也不同，他们的诗的风格自然互异了。

唐玄宗开元元年，李白才十三岁。到天宝十四载（公元755年）安禄山起兵作乱，李白已五十五岁了。肃宗宝应元年（公元762年）安史之乱结束，而李白也就在这一年病死于安徽。他一生经历了整个盛唐时期，因此，他的诗最能鲜明地、全面地反映这个时期的精神面貌。加上李白自己又是富有浪漫气质的人，在他的诗歌里，无论是"飞扬跋扈"的盛年还是衰老悲愁的晚年，始终充满了追求理想和渴望个性解放的精神，所以他的作品就更能代表当时社会那种繁荣富庶、健康爽朗的上升气象。

李白在年轻时就好游历名山大川，写了不少歌颂祖国壮丽河山的诗篇。壮年以后，更多的作品是写对任侠和求仙的向往。任侠是表现了一种对自由而浪漫的生活的追求和对不合理社会现象的反抗，求仙则表现了他对现实生活和社会秩序的不满，要求在精神上得到高度的解放。天宝元年（公元742年）李白到长安，在皇帝身边前后住了近三年。这时唐玄宗已由励精图治转变为荒淫享乐，政治日益腐化，阶级矛盾和民族矛盾都逐渐表面化和深刻化。由于李白对唐王朝统治集团的腐朽和罪恶有比较清楚地理解，他的雄心壮志自然也开始幻灭，于是他写了一些揭露当时黑暗现实的诗，也写了一些不肯向权贵低头折腰的诗。特别是在他晚年，由于国家的动乱和他本人的痛苦遭遇，他诗中表现社会矛盾和个人忧愁也比较多起来了，但即使属于这一方面的作品，仍旧具有他那独特的豪放昂扬的劲头和不受羁勒的反抗情绪。这就说明李白一生始终保持着他那种豪迈的进取心和顽强的生命力。

杜甫和李白不同。他比李白小十一岁，比李白晚死八年。安史之乱前，李白已是"名播海内"第一流的大诗人，而杜甫在诗歌方面的成就这时还没有显著地表现出来。杜诗中大部分为后世所传诵的名篇都是在安史之乱前夕和乱后写的。其特点主要是把当时社会从繁荣走向衰落这一过程中，人民所感受到的东西如实地记录下来了。安史之乱前夕，反映在他诗里的主要是对现实的不满和对国事的隐忧；从安史之乱起直到他贫病交迫而死，反映在他诗里的是同情人民、眷恋乡土、深刻揭露社会上种种不合理的现象等一系列的主题。这是因为杜甫一生始终过着艰难困苦的日子，才使他有机会了解到民间疾苦。这同李白诗歌里所反映的主要内容有着显著的区别。

从艺术的表现手法看，他们更是各有千秋。李白的情感永远是奔放洋溢的，他直率地唱出了内心的热忱和愿望。杜甫的感情虽也同样深厚，但表达时却比较含蓄蕴藉，不肯一语道破。如李白的《赠汪伦》：

李白乘舟将欲行，忽闻岸上踏歌声。
桃花潭水深千尺，不及汪伦送我情。

表现自己对朋友的肫挚情谊是这样直截了当。杜甫的《江南逢李龟年》就不同：

> 岐王宅里寻常见，崔九堂前几度闻。
> 正是江南好风景，落花时节又逢君。

真所谓满腔心腹事，尽在不言中，写到"又逢君"便欲说还休地顿住了，更多的言外之意留给读者自己去体会。李白明快澄澈，杜甫吞吐含蓄。这正是两人风格、手法的迥不相侔处。即使是同样的题材和同样的情感，两人的处理方法和感受过程也有极大的差异。李白诗中最常见的题材莫过于月和酒，杜甫也有不少写月和酒的名作。我们姑且从这方面比较一下。李白一向把月亮当成亲密的知心伴侣，他对着月亮经常天真而豪爽地倾吐着恳切而炽烈的感情。他说："举杯邀明月，对影成三人。"（《月下独酌》）又说："暮从碧山下，山月随人归。"（《下终南山过斛斯山人宿置酒》）又说："月出峨眉照沧海，与人万里长相随。"（《峨眉山月歌送蜀僧晏入中京》）在他的笔下，月亮是那样的亲切带有人情味，是完全可以同诗人引起共鸣的。因此，他对月亮就产生了不少天真烂漫的念头，如"小时不识月，呼作白玉盘；又疑瑶台镜，飞在青云端"（《古朗月行》），"俱怀逸兴壮思飞，欲上青天揽明月"（《宣州谢朓楼饯别校书叔云》），都是一个具有赤子之心的人的想象。而杜诗里的月亮恰好相反：正因为它不能与诗人共鸣，所以更引起诗人的愁闷。像杜甫陷在长安时所写的《月夜》：

> 今夜鄜州月，闺中只独看。
> 遥怜小儿女，未解忆长安。
> 香雾云鬟湿，清辉玉臂寒。
> 何时倚虚幌，双照泪痕干？

在这样一首儿女情长的诗里，月亮只是作为抒发情感的媒介。它对于诗人的喜怒哀乐并不发生共鸣，诗人只是从月光的皎洁美丽联想到自己的家庭和身世，把客观的美同主观的忧愁做强烈的对比。又如另外一首《月》：

> 天上秋期近，人间月影清。
> 入河蟾不没，捣药兔长生。

只益丹心苦，能添白发明。
干戈知满地，休照国西营。

一面承认蟾兔永生不灭，一面却责备月亮对人世的无知，不能体会诗人内心忧国思家的辛酸苦痛，因而月光的皎洁澄澈反而成为无可奈何的、多余的东西，无怪诗人终于吟出"中天月色好谁看"（《宿府》）的诗句了。杜甫对月亮也发挥过想象力，他说："斫却月中桂，清光应更多；仳离放红蕊，想象嚬青蛾。"（《一百五日夜对月》）可是这里显然包孕着强烈的憎嫌意味，有更浓厚的现实寓意。这种深刻细致，然而曲折吃力的写法比起李白天真烂漫的歌唱来，真是不可同日而语了。

李白和杜甫都是一生不离酒的人，可是两人在诗中所表现的饮酒情景却各不相同。李白有过肥马轻裘、挥金如土的生活，所以他说："五花马，千金裘，呼儿将出换美酒，与尔同销万古愁。"（《将进酒》，下同）而杜甫即使在比较得意时也要"朝回日日典春衣"，才能"每日江头尽醉归"（《曲江》）；而最初困居长安时，只有"日籴太仓五升米"（《醉时歌》，下同），才能与好友郑虔勉强一醉。李白一向以"痛饮"出名，他"会须一饮三百杯"；可是杜甫却说："不须闻此意惨怆，生前相遇且衔杯"。这显然与李白的放达坦率不同，而是在处境窘厄的沉重压力下，经过艰苦的挣扎之后得到的暂时解脱。李白晚年在安徽过着非常愁苦的生活，但他那"一醉累月轻王侯"（《忆旧游》）的狂傲本色并未消失。我们读到他"抽刀断水水更流，举杯消愁愁更愁"（《宣州谢朓楼饯别校书叔云》）的句子，依然为他那洒脱的神采和恢宏的气度所感染，觉得即使是他的烦恼忧愁也都赤裸裸地毫无假借，而杜甫在他的名篇《登高》的后四句里所表现的情感却曲折复杂多了：

万里悲秋常作客，百年多病独登台；
艰难苦恨繁霜鬓，潦倒新停浊酒杯。

身去故乡万里，过着多年漂泊的羁旅生涯，又遇到百物凋伤的秋天，自己一天天老了，身体又非常衰弱，偏偏一个人孤寂地来此登高凭吊……这些条件凑到一起，怎不令人感到"艰难苦恨"而白发日生？读者会问：为什么不借酒浇愁呢？可是谁又能想到诗人刚刚把酒杯放下！这时简直连酒也无法使他解脱了。李白写酒，往往是意境高超渺邈，远离尘世；而杜甫在这四句诗中所体现的意境则是幽邃深刻，入木三分。

此外，李白说"白发三千丈，缘愁似个长"，杜甫却说"白头搔更短，浑欲不胜簪"。李白自比为大鹏和骏马；杜甫却说"饥鹰未饱肉，侧翅随人飞"。这一切，都反映出两个诗人不同的面貌。用李白自己的话说，他的诗是"清雄奔放"，"光明洞彻，句句动人"；杜甫也说李白"笔落惊风雨，诗成泣鬼神"。而杜甫的诗虽没有李白那样天马行空，不可羁勒，却以"沉郁顿挫"见长，显得更有潜力，更有后劲。杜甫说他自己"语不惊人死不休"，可见他自己也承认是以功力取胜的。我们正应该从这些地方去分析李、杜的区别和他们各自具有的独到之处。

六　中、晚唐的诗歌

中唐，一般指唐代宗大历元年（公元766年）到唐文宗太和九年（公元835年），晚唐指唐文宗开成元年（公元836年）到唐代灭亡（公元907年）。中唐前期，由于安史之乱初平，国家得到暂时安定，城市工商业仍旧比较繁荣，商业资本还在要求发展，但农村在战乱之余，加上地主大量兼并土地，民生日见凋敝。更因为安史之乱的平定是借助于外力，吐蕃、回纥的势力越来越大，形成了强邻压境的局面，民族矛盾并没有得到真正的解决。国内则藩镇割据，宦官专权，士大夫各立门户，形成宗派斗争，统治阶级内部矛盾也日益深化。到了中唐后期，剥削阶级加于广大劳动人民身上的负担日益沉重，农村生产力自然遭到大规模的破坏。所以到晚唐，终于爆发了以王仙芝、黄巢为首的农民起义。这时外来敌人已深入脏腑，唐皇室又日益腐化，在军阀势力的宰割控制下，这个曾经兴盛富强的大唐帝国，在统治了近三百年之后，终于灭亡了。

大历年间，诗坛上出现以钱起、韩翃等十人为代表的"十才子"诗派。他们的诗歌在内容上反映了对盛唐时期生活的向往，对从安史之乱以来由于战争所造成的没落局面的惋惜和凭吊，但从作品本身价值来看，究竟不免缺乏深度和热情。在形式方面，这些作家虽极力想追模盛唐，运用华美的语言和熟练的技巧，希望重新获得绚烂缤纷的局面；但由于他们缺少丰富的生活和充沛的活力，不免使艺术技巧和思想内容脱节。实际上当时的现实生活与盛唐时期的上升阶段已有不小的距离，只靠少数士大夫的主观愿望已无法点缀升平，所以这一诗派不过昙花一现，对后世的影响是相当微弱的。韩翃有《寒食日即事》：

> 春城无处不飞花，寒食东风御柳斜。
> 日暮汉宫传蜡烛，轻烟散入五侯家。

它表面写贵族的豪华生活，骨子里已含有深曲的讽刺。这正说明唐王朝表面的承平景象是不长久的了。

中唐时期写边塞风光的诗已不绝如缕，只有李益还略具盛唐规模。如《夜上受降城闻笛》：

> 回乐峰前沙似雪，受降城外月如霜。
> 不知何处吹芦管，一夜征人尽望乡。

这多少还有点悲凉苍劲的气概。到了晚唐，由于外敌的强大和皇室的衰微，写边塞主题的诗歌就显得凄凉暗淡，再没有从前那种健康遒劲的风骨了。像陈陶的《陇西行》：

> 誓扫匈奴不顾身，五千貂锦丧胡尘。
> 可怜无定河边骨，犹是春闺梦里人。

这不俨然是一首哀愁的挽歌嘛！而张乔的《河湟旧卒》，写一个老兵自庆生还，照理讲应该是比较愉快的，但恰恰相反，无论从诗的内容和情调看都反映出衰世的风貌：

> 少年随将讨河湟，头白时清返故乡。

十万汉军零落尽,独吹边曲向残阳。

这同王翰的《凉州词》恰好成为鲜明的对照。

正是由于中唐以来社会矛盾日益尖锐,一些有抱负的诗人往往被个人所遭受的苦难所压抑,就只好走到逃避现实的路上去。连早年最有战斗勇气的杰出诗人白居易,到晚年也不免要走这一条消极颓放、明哲保身的路。代表这一类型的作家,早期有刘长卿和韦应物(他们都是盛唐时期的过来人),晚一点的有柳宗元。他们本身虽然在做官,可是经过宦海沉浮,逐渐消磨了斗争的锋芒和锐气。他们只能孤芳自赏,以寂寥萧瑟的诗篇来寄托自己的孤独。刘长卿的名诗如《逢雪宿芙蓉山主人》:

日暮苍山远,天寒白屋贫。
柴门闻犬吠,风雪夜(一本作"未")归人。

意境虽深远,形象虽生动,心情却是枯寂的。韦应物虽写过"邑有流亡愧俸钱"的名句,但他的主要作品还是写隐逸,如有名的《滁州西涧》:

独怜幽草涧边生,上有黄鹂深树鸣。
春潮带雨晚来急,野渡无人舟自横。

幽草生在涧边,已自楚楚可怜;虽有黄鹂,却鸣于深树,听去亦复遥远。"春潮带雨"仿佛很热闹,可是在这儿竟连人迹都没有,真是太萧瑟凄清了。柳宗元在政治上是失意的,他那种孤芳自赏的寂寞情怀就格外突出。如他的《江雪》:

千山鸟飞绝,万径人踪灭。
孤舟蓑笠翁,独钓寒江雪。

还有一位著名诗人刘禹锡,他早期宦途的崎岖基本上同于柳宗元,而晚年流连光景的情趣又近似白居易，却以冷眼旁观的态度写出了世态炎凉："沉舟侧畔千帆过，病树前头万木春。"当然，这里边也透露了一个封建王朝江河日下的消息。因为这些人的或高翔远引洁身自好，或骚怨盈怀嫉邪愤世，多半是由于社会日趋没落、贵族统治集团日趋腐化的局面促成的。

中唐以来，真正成为诗坛主力的是一些继承了杜甫诗歌中具有现实主义精神的优良传统的诗人。他们用诗歌反映了人民沉重的苦难和痛苦的呻吟，并在一定程度上表示了抗议。他们的作品是中唐以来诗坛上的新成就。在这个现实主义传统的奠基人杜甫之外，还有一个曾与杜甫唱和过的元结，对发扬这一传统曾做出贡献。元结用朴实无华的语言向剥削阶级投射了冷嘲热讽，对官吏任意荼毒无辜人民表示了严正的抗议。骂官吏连"贼"都不如（《贼退示官吏》）。另外，他在《农臣怨》中写道：

巡回宫阙傍，其意无由吐。
一朝哭都市，泪尽归田亩。

对剥削阶级的怨怒不平，都被诗人沉痛而犀利地描写出来了。

元结以后，有顾况、张籍、王建、元稹、李绅等人，都有一些反映社会现实矛盾的作品，而其中最为杰出的是白居易。他继承了杜甫的优良传统，受到元结、顾况的影响，同他的朋友元稹、李绅等都抱有同样志趣，力图用诗歌来反映社会现实。他写了大量有关这方面的作品，最著名的是《秦中吟》十首和《新乐府》五十首。

《秦中吟》主要是反对封建统治者对劳动人民的过分剥削（如《重赋》"夺我身上暖，买尔眼前恩"，《买花》"一丛深色花，十户中人赋"），反对统治者用人民的血汗做他们荒淫无度的挥霍之资（如《伤宅》《轻肥》《歌舞》等篇），并对无告的百姓寄予同情（如《议婚》《立碑》等篇）。《新乐府》更较为全面地反映了当时社会的各个角落，反对统治者的残酷剥削（如《杜陵叟》《卖炭翁》）和荒淫腐朽（如《缭绫》《红线毯》），痛恨战争给人民带来的祸患（如《新丰折臂翁》）和教化风俗的堕落（如《时世妆》）。他看到唐室对外来入侵势力妥协，便发出了沉痛的警告和精辟的讽喻（如《阴山道》《西凉伎》）；他看到社会上家庭问题和社会问题的严重,便写出同情妇女和儿童的呼吁之词(如《母别子》《盐商妇》)。他还写了不少与这两组诗歌性质相近的讽喻诗,如《村居苦寒》《观刈麦》等,都比较著名。这些作品在文学史上一直闪着耀目的光辉。

白居易还有两首脍炙人口的长诗,即《长恨歌》和《琵琶行》。这两首诗写到阶级矛盾,写到社会现实,也写到爱情,但它们之所以传诵千古,主要是内容情节的感人和作者艺术描绘上的突出的成功。他运用熟练的技巧和通俗的语言,以深入浅出的抒情手法写出了"老妪都解"的完整的故事情节。这就形成了一种诗歌的新风格、新流派,后世称之为"长庆体"(长庆是唐穆宗的年号)。

晚唐以来,继承杜甫、白居易这一具有现实主义精神的诗歌传统的作家还不少。相传曾与黄巢合作过的隐逸诗人皮日休就模仿《新乐府》写过十首《正乐府》。出身贫困的诗人聂夷中,流传到今天的诗篇虽不多,但有几篇是很能反映劳动人民困苦生活的力作。如他的《伤田家》:

> 二月卖新丝,五月粜新谷。
> 医得眼前疮,剜却心头肉。
> 我愿君王心,化作光明烛。
> 不照绮罗筵,只照逃亡屋。

语言通俗洗练,用意深切著明,实在是难得的作品。公元879年,即黄巢起义形势最好、兵力最盛的一年,诗人曹松写了两首题为《己亥岁》的七绝,其一是:

> 泽国江山入战图,生民何计乐樵苏?
> 凭君莫话封侯事,一将功成万骨枯。

诗中鲜明地道出了对利用人民流血牺牲来换取高官厚禄的统治者的憎恨,唐朝在此后不久就灭亡了,可是这个现实主义精神的诗歌传统却至今不曾衰歇。这正是唐诗的精英所在。

与张籍、元稹、白居易同时，还有另一种诗歌流派，这就是以韩愈为代表的"苦吟"派。这一派的特点是在语言风格方面独辟蹊径。韩愈之外，还有孟郊、贾岛、卢仝、李贺、刘叉等人，而以李贺的诗作格外突出。这些作家致力语言的艰深险怪，追求意境的幽邃新奇，用人为的刻镂代替自然地流露，为了追求"语不惊人死不休"的境界而走入曲折晦涩的羊肠小路。在这一批诗人中，年轻的李贺在艰深奇特之外还用绚丽多姿的想象和出人意表的辞藻给他的诗篇笼罩上一层迷离惝恍的神秘色彩。这一派诗人所以走这条路也并非偶然。首先，这是一个由盛而衰的苦难时代。像韩愈早年，以及孟、贾、卢、李等人的一生，都过着比较困苦的生活，他们的心情沉重，处境愁苦，反映在作品中的思想感情也就比较曲折吃力。其次，他们的文学主张是强调复古的，经常把一些散文的表现手法运用到诗里，形成一种峭刻幽深的风格，具有古奥险崛的特点，而缺乏明快激扬的气氛。如韩愈的《石鼓歌》，从事实到议论，从外在的描写到内涵的意境，从辞藻音节到语法结构，都呈现一种波澜起伏、独辟蹊径的倾向。这个倾向经过善于以瑰丽辞章编织幻想谱成篇什的李贺，到了晚唐李商隐的作品里，就发展成为词采的雕绘和风格的沉隐，成为唐代诗坛最后的一朵奇葩。韩愈他们这一派的风格特点不仅影响到李商隐，还影响了宋诗。

作为晚唐诗歌的主流是爱情诗。这种爱情主题显然是从民间自中唐以来盛行的讲唱文学以及受民间文艺影响极大的传奇小说移植过来的。它的内容不再是六朝以来的"游子""闺怨"那一套，而是不同阶层、不同阶级之间的青年男女对爱情的执着追求。这些青年男女——像进士和妓女、知识分子和女道士、士大夫和宫廷中的妃嫔等——都想冲破礼教的大防和阶级的制约，去追求那种带有浓烈的个性解放倾向的爱情生活。这显然是唐诗里面的新东西。而用来表达这种主题的形式也有它的特色，那就是：通过精致华丽而富有浪漫色彩的语言，委曲细腻地写出正陶醉在恋情中的男女们复杂深微的情感，并有意用神秘朦胧的事物烘托出产生这种爱情的背景和环境。这一派作家应推李商隐为代表，此外还有温庭筠和杜牧。

李商隐的诗有很多是"无题"的，其中大部分都是爱情诗。现在举一首为例：

来是空言去绝踪，月斜楼上五更钟。
　　梦为远别啼难唤，书被催成墨未浓。
　　蜡照半笼金翡翠，麝熏微度绣芙蓉。
　　刘郎已恨蓬山远，更隔蓬山一万重。

　　这首写相思的怨诗，在精巧艳丽的辞藻中蕴蓄着缠绵悱恻的情感，这在晚唐以前是很少有人这样大胆来写的。它如他写苦恋的心情说："春蚕到死丝方尽，蜡炬成灰泪始干。"写男女两心相印而无由相见的心情说："身无彩凤双飞翼，心有灵犀一点通。"都非常细腻而美丽。这种境界一部分为五代两宋词（长短句）所继承，但在后世的诗篇里却不易找到，恐怕只有在《聊斋志异》和《红楼梦》里才能重新发现。

　　在封建社会里，士大夫明目张胆地写恋情诗毕竟不能畅行无阻，何况李商隐所写的爱情内容同封建礼教和等级制度都有矛盾，他必须写得隐蔽晦涩。当然，这种爱情本身也带有一定的朦胧色彩和神秘性。所以他表现这种情感，就更须用比较隐晦的辞藻和典故来体现他要写的内容。像用"嫦娥应悔偷灵药，碧海青天夜夜心"来写女道士在爱情上的苦闷抑郁，这原是有他不得已的苦衷的。

　　从李商隐的诗里，我们体察到诗人细致深曲的情感，并接触到诗人对社会现实所表现的无可奈何的感伤幽怨。这些诗诚然美丽动人，仿佛落照映着红霞在天空停留着的那一刹那，给人以一种凄艳之感。用李商隐自己的话说，就是"夕阳无限好，只是近黄昏"。因此，尽管它的美丽给人留下了不可磨灭的印象，但毕竟好景不长，而且是纤弱无力的。唐诗正是在这种情况下结束了它辉煌的发展演变的历史过程。

古典散文述略

在我国古典文学的领域中，所谓"散文"，应具有广、狭两义。就其广义说，散文是对韵文而言的一种文体。就其狭义说，则指包括在散文这一文体中的、与骈体文（又称骈文、四六文）相对而言的散体文。论述中国古典散文（不仅指散体文）的发展演变，不宜排斥骈体文的情况不谈。

骈体文是我国文学中一种特有的东西，它是以对仗得很工整的四字句和六字句为基本句式的一种文体（当然，在一篇骈体文中也会夹杂着互相对仗的三、五、七字句），讲究用典故和绚烂华丽的辞藻，着重铺陈描绘。在每一联对仗得很工整的四或六字句之间，不仅词义要相对，词汇的声调要平仄相对，并须注意字音的谐调和句法的节奏感。除了句尾不押韵外，几乎同律诗的中间四句的写法没有什么区别，而一般用散体文写的文章，其遣词造句和句法结构方面就不需要这些考究，文章每句的字数更没有任何规定和限制。用散文写的东西（包括用散体文和用骈体文写的）不一定都是文学作品，但在我国古代（特别是唐以前），很多用散文写的历史著作和哲学著作，实际上都不宜排斥在文学范围之外。本文所要谈的，是指广义的散文范围以内的各种文章，也包括典丽对偶的骈体文在内，但不包括用散体文句写成的另一文学体裁——小说。

我国古典散文具有近三千年的历史传统，内容相当丰富。它的发展演变大体经过以下几个阶段：先秦的历史散文和诸子散文奠定了古典散文发展的基础；西汉司马迁的《史记》给史传文学开创了新局面；从东汉到盛唐，骈体文垄断文坛数百年；经中唐和北宋两次"古文运动"之后，散体文又得到很大发展；明清两代，由于复古主义和八股文的影响，散文始终没有跳出形式主义的窠臼；直到近代，在那些比较先进的知识分子受到资本主义文化思潮洗礼以后，散文才进入一个新阶段。

这里只就古典散文发展的几个阶段做简单扼要的介绍。

一

到目前为止，我们还没有确凿的科学依据足以说明中国的散文究竟始于何时，但从地下发掘的文物资料来看，远在殷商时代（约公元前1766年—公元前1122年），就已经有了数量相当大而结构比较严密的文字（即所谓方块汉字）和篇幅简短、修辞精练的书面语言。我国的文字是为了适应汉语的特色而产生的。汉语的特点是一音表一义，即基本上以单音缀的词汇为语言的最小单位，因此我国的汉字也就形成了一字表一音的方块字而非拼音文字。这种文字翻转过来又对语言起制约作用，特别是使书面语言趋于精练简短。殷代是奴隶社会，贵族统治阶级非常迷信神权，他们的一切企图和行动，事先都须取决于占卜，而占卜的结果，就是用简短的文句锲刻在龟甲和兽骨上，这就是我们常说的"卜辞"，而称用来表达卜辞内容的文字为"甲骨文"（这个"文"是文字的意思）。在卜辞里往往发现首尾具备、言简意赅的短文，这就是我们现在所能看到的最早的散文。殷周时代，贵族统治者利用青铜制成各种祭器、食器和兵器，上面大都铸着或刻着简短文句，我们通称为"铜器铭文"，而称这种用来表达铭文内容的文字为"吉金文"或"金文"（这个"文"也是文字的意思）。西周时代的铜器铭文有的长达三五百字，内容或记战功，或述祖德，还有涉及讼事判断的。卜辞和铜器铭文虽非文学作品，但它们所具有的简明洗练的特点却对后世散文的发展有着深远的影响。这个特点一方面为汉语、汉字的特点所决定；另一方面也是由于受到当时物质条件的限制。因为龟甲、兽骨或铜器的面积既不大，刻字或铸字又很困难，当然不宜把文句写得太长，篇幅搞得太大，不过从当时已经达到的生产和文化水平来估计，殷商时代在卜辞、铭文之外已有用散文体裁撰写的书籍。这从周代的历史记载也可以得到证明。这种书籍即所谓"典""册"，乃是把文字刻在竹简、木片上，然后用绳子或熟皮把若干简、片编系起来而成的；其质量的笨重和数量的受限制初不下于甲骨和铜器。因此，尽管内容很多，文章的字数却不得不尽量减少，在修辞方面也必须尽量做到用最精确的词汇表达出最允洽的文义。这样，我国古典散文的短小精悍、简明洗练的传统特色就开始形成了。由于竹木不易保存，殷周时代"典""册"之类的实物早已湮损不传（现在出土文物资料中不乏先秦古籍，但都是秦汉以后写或刻在竹木简上的），保存在由周代人所编辑的诏令文告结集《尚书》里面的殷代文告，只有寥寥几篇，恐怕也已经过周代史官的修订润色了。

西周时代还是奴隶社会。作为最高奴隶主的周天子，威权是相当高的。当时享受文化教育特权的当然只能是贵族统治阶级，学术中心乃在"王官"[①]。在这种情况和条件下，文字的使用范围主要在于记录最高统治者——天子的言和行，即所谓"左史记事"，"右史记言"[②]。扩而言之，"言"就是统治者所发布的诏令文告，"事"就是以天子的活动为中心的国家每年的历史实录。因为当时散文所应用的范围，主要是颁布政令和撰写历史——记言或记事。今天我们所能看到的最早也最完整的散文著作是《尚书》。它的内容是由西周史官保存下来的最高统治者的诏令文告之类，都是"记言"的散文，其中一部分应该是殷代的文献[③]。很多还活到今天的富于形象性的比喻，如"洞若观火""若网在纲，有条而不紊"，以及我们常说的"星火燎原""牝鸡司晨"等成语，都是从古老的《尚书》中流传下来的。这些政治性的文件在文章的表现技巧方面已有一定成就。我们可以从中看到那些至尊无上的奴隶主作威作福的神态，体察到他们对臣民的斥责、命令、恩威并施等居高临下的口吻。这说明当时史官已经有了足够的驾驭文字的能力，但这部"记言"的散文著作距离今天实在太遥远了，语言文字上有着较多的困难和障碍，它在散文方面的影响已在逐渐消失。至于最早的"记事"的史籍，只有东周时代的鲁史《春秋》还保留到今天。

二

从西周以来，广大的奴隶和平民即已对贵族奴隶主进行了不断的反抗和斗

---

① 见《汉书·艺文志》。
② 见《礼记·玉藻》的说法。
③ 《尚书》共分《虞夏书》《尚书》《周书》等部分。据近人考订，《虞夏书》里的作品最早也是东周人追记或伪托的。除一部分《商书》外，大部分是西周的政令文告。

争。东周以后,作为最高奴隶主的周天子,在奴隶的反抗和外患的侵逼之下,逐渐失去了统治权。所谓"王室",已是日益衰微,有名无实了。到了公元前722年以后,进入"春秋"时代[①],亦即所谓"王纲解纽"的时代,社会上发生了急剧的变化。新兴的封建贵族(如郑国)和旧有的奴隶主贵族(周天子)之间开始展开了斗争。从这以后,原来作为王室屏藩的各国诸侯,这时都纷纷自成局面,不向奴隶主周天子称臣纳贡,有的诸侯甚至根本不承认周天子的政权,而在各个诸侯国家内部,许多专揽政权的大夫也在他们所应享有的"公田"以外开辟了大量荒地,成为"私田",不向国家纳税。等到私田日益增多,数量超过公田,原来的奴隶制度就无法维持,而为封建制度所代替了。因为这些诸侯及其大夫们在增辟土地的过程中,由于奴隶们的不断斗争,作为剥削者的诸侯和大夫,就被迫改变原来的剥削方式,形成了新的地主和农奴的生产关系。这样一来,大量奴隶的社会地位便有所改变而成为平民;原来在奴隶社会中的许多等级较低的统治阶级上升为新的封建贵族统治者,而原来的贵族奴隶主却不得不纡尊降贵,急剧地垮下来,改变了身份。因此,原本只垄断在奴隶主贵族统治者手里的文化学术,到了春秋末年,便开始转移,主要由属于"士"这一阶层的人们所掌握了。("士"这一阶层成分很复杂。有的是属于封建新贵族统治阶级的中下层,有的则是没落的奴隶主贵族。)各国诸侯俨然以天子的威权行使于其本国之中,那么周天子所有的一套排场,诸侯也都要享有;甚至连大夫一级的统治者也按天子的派头行事。他们行天子之礼,奏天子之乐,同时,当然也就有了自己的"史"——上述的鲁史《春秋》,正是在这种历史条件下产生的。据《孟子·滕文公下》记载,除《春秋》外,当时的晋国有《乘》,楚国有《梼杌》,都属于"记事"类的史书。只是这些史籍已完全失传了。

　　《春秋》是用简短的文句写成的历史"大事记",根本算不上成篇的散文,但据解释《春秋》的《春秋公羊传》《春秋穀梁传》等书以及历代治《春秋》的学者们的意见,都认为《春秋》在修辞方面很有斟酌,甚至每一个词、每一个语法结构也各有其特定意义,不是随便乱用的。这对后世古典散文的写作确实

---

　　① "春秋"时代系因孔子所修订的鲁史《春秋》一书而得名。书中所记是公元前722年至公元前481年之间的史实,后世故称这一段历史时期为春秋时代。

带来较大影响。比如"五石六鹢"的说法就一向为研究修辞学的人们所称引。鲁僖公十六年正月，宋国发生了陨石和鹢鸟倒退着飞行的事件。《春秋》记载这件事说：

> 春，王正月（周历正月），戊申（正月里的一天），朔（这一天正是初一），陨石于宋五（在宋国坠落下五块陨星的石头）；是月（就在这个月），六鹢退飞过宋都（六只鸟倒退着飞经宋国的都城）。

《公羊传》对这段记载做了解释，大意是说：

> 为什么先说"陨"，后说"石"，最后说"五"呢？因为这是记述一件诉诸听觉的事。人们首先听到的是砰然坠地的声音；用眼一看，才知是石头；等仔细考察，才知有五块。所以说"陨石于宋五"。为什么先说"六"，后说"鹢"，最后说"退飞"呢？因为这是记述一件诉诸视觉的事。鸟在天上飞，人们首先看到的是鸟的数目有六只；等仔细考察，才知是鹢；及至更细地慢慢考察，才发现鸟是在退着飞行。所以说"六鹢退飞"……

这一修辞事例对后世古典散文的写作有一定启发性，但更重要的是：在这种具有复杂丰富的含意和深微曲折的笔法的字句后面，还包含着强烈的褒善贬恶、明辨是非的倾向性。当然这种倾向性是打着统治阶级烙印的。后世称这种带有倾向性的史笔为"春秋笔法"。

"春秋笔法"的形成是同史官的立场观点密切相关的。前人认为《春秋》一书曾为孔子所修订，这个说法基本可信。而我个人认为，孔子乃是一个努力建立封建主义理论的代表人物，而非奴隶主贵族阶级的顽固拥护者。由于孔子长期在政治上失意，因此他对封建统治阶级内部有比较清醒的认识。但他毕竟还是牢固地站在统治阶级立场的人，一心希望出现一个新的"大一统"的时代，把当时诸侯割据的分崩离析的局面统一起来。所以他在修订《春秋》时，一方面既要为统治者讳言一些与其阶级利益相矛盾的东西（所谓"为尊者讳""为亲者讳""为贤者讳");另一方面,为了垂戒于将来,使后来的统治者懂得怎样才能更好地巩固政权、治理国家,于是又不甘心把当时统治阶级中的"乱臣贼子"的罪恶完全掩藏起来——这就产生了所谓"春秋笔法",亦即寓褒贬、抑扬、讥刺于字里行间的写作手法,从而产生了"一字之褒,宠逾华衮之赠;片言之贬,辱过市朝之挞"(见晋人范宁《春秋穀梁传序》)的效果。我国古典散文传统风格中所具有的含蓄蕴藉、旁敲侧击、匿剑帷灯式的手法特点,以及在对反面人物进行讽刺时往往能做到"无一贬词而情伪毕露"(鲁迅语),就是从"春秋笔法"发展来的。《春秋》的特色及其对后世散文(包括明清文人创作的章回体小说)的影响也正在这里。

《春秋》之外,记载周代各国史实的书,还有《左传》和《国语》。这两部书内容比较丰富,也有较高的艺术水平。相传它们都是由一个名叫左丘明的盲史官写成的。《左传》的全称是《春秋左氏传》,据说也像《公羊传》《穀梁传》一样,是解释《春秋》的书。但从实际内容看,它与《春秋》的关系并不十分密切,最早可能是一部独立的叙事较详尽、文学成分比重很大的历史著作;后来经人改订,才附丽于《春秋》的。它虽然收入大量"记言"性质的史料,但还是以"记事"为主的。《国语》又称《春秋外传》,内容则偏重于"记言"。这两部书内容重复矛盾处很多,可见史料来源不一,不像是出自一个人的手笔。大概它们都是由战国时代的人把史料经过搜集、整理,编纂成书的。

《左传》《国语》都保持并发展了我国叙事散文简明精练的传统,艺术技巧也更加成熟了。特别是《左传》,以其丰富的内容和经济的笔墨博得历代文学家和史学家的推崇揄扬,认为它是古典叙事散文的模范。归纳起来,《左传》的艺术成就约有三点:一、叙述琐屑庞杂的大事件如大战役、大政变、大盟会等,能提纲挈领,一丝不乱,充分表现出作者安排情节和驾驭文字的才能;二、文章中大量出现了形象化的细节描写,敢于用夸张多变化的艺术手法突出地描写人物或事件,甚至在史实的叙述中采用了虚构的情节(这应该是吸收民间传说的结果);三、在辞令方面,不但写得娓娓动人,而且在以散体句法为基本形式的基础上大量运用工整排偶的文句和精确新颖的词汇,使文章增加了韵味和色彩。但这三个特点又都是在简明凝练、惜墨如金的情况下形成的,这就更加难能可贵了。《国语》中的"记言"文章,大都属于诸侯各国君臣之间互相发表的政治见解或诸侯彼此之间的外交辞令，某些篇章写得简洁匀称，而且善用比喻，能如实地表达出发言者的身份和个性。比起《左传》来，《国语》的文笔虽略嫌浑朴质实，但如《周语》《晋语》《吴语》《越语》诸篇，其中不少"妙理玮辞"，确也使人"骤读之而心惊，潜玩之而味永"（明人陶望龄语），是可以同《左传》相媲美的。

三

从公元前403年到前221年秦代统一以前，史称战国时代。在这一时期里，古典散文有了空前的发展。这当然是受当时社会急剧变化影响的结果。

自春秋时代以来，由于奴隶社会的崩溃，引起了人们思想意识上的显著变化。社会的变革动摇了奴隶主们所最崇敬的上帝的无上威权，而个人的作用则在这时大大被肯定了。文化学术既然由"士"这一阶层的人们掌握，他们就通过授徒讲学和各处游说的方式传播历史文化知识和政治观点。春秋末年，作为儒家学派开山人的孔丘，曾带着门徒周游列国，他的弟子相传有三千人之多。由孔子弟子或他的再传弟子汇辑的《论语》一书，是诸子百家著述中最早的一部。它是说理文的萌芽，也是语录体文章的典范，其语言的含蓄精练是这部书的最大特色。到战国时代，私家讲学的风气更加普遍。当时阶级斗争日益激烈，各国的兼并战争日益频繁，人们谋求统一局面的愿望因而也大为加强。在旧的社会制度崩溃后，一套足以适应新社会的新的政治制度怎样才能建立起来，便成为摆在人们面前最重大的课题。于是许多思想家、政治家一时大为活跃，从他们各自不同的立场观点出发，纷纷讲学著书，奔走游说，希望凭借某一诸侯国统治者的实力来实现他们的理想，施展他们的抱负，从而形成了"处士横议"的百家争鸣的局面。思想家如儒家的孟轲、荀况，墨家的墨翟、宋钘、尹文，道家的庄周，法家的商鞅、韩非，名家的公孙龙、惠施，政治家如兵家的吴起、孙膑，纵横家的苏秦、张仪，都是一时赫赫有名的风云人物。其中又以孟、庄、荀、韩四家的著作对后世散文的影响较大。在他们的著作中，他们各自运用生动亲切、富有形象性，同时又条贯缜密、富有逻辑性的语言，把他们的世界观和政治见解到处向人鼓吹宣传，并且著书立说传授给弟子，作为"立身行道"

的依据。这些论著就成为我国古典说理散文的丰饶宝藏。

孟轲是孔子的孙子孔伋（字子思）的再传弟子，继承和发展了孔子的学说，成为先秦儒家学派第二号权威人物。现存的《孟子》七篇，是孟轲的弟子或再传弟子根据他的言行与学说辑录而成的。

《孟子》书中有不少尖锐泼辣、锋芒毕露的说理散文，雄辩滔滔，富于战斗性，但文章里也有故弄机巧或强词夺理的地方，不免失之主观武断。唐代的韩愈，宋代的苏洵、苏轼，都长于写气势浩瀚、辞理并胜的散文，显然是受了《孟子》的影响。

庄周属于道家学派。现存的《庄子》三十三篇为庄周本人及其后学所著，是经过魏晋人整理的。

尽管《庄子》中唯心主义思想体系应该批判，但《庄子》的散文在艺术方面却具有较多的特色。它的文辞瑰丽而奇警，想象丰富，结构空灵，飘忽无端，出人意表。后世以苏轼的散文作品受《庄子》的影响最为显著，也具有《庄子》文风的特点，这是人们所公认的。

荀况生当战国后期，在儒家学派中属于有创新之见的人物。今传《荀子》三十二篇，大都出自荀况本人的手笔，《荀子》的文章结构谨严，语言整饬，条分缕析，立论周详，对西汉初年的政论文有直接影响。

韩非是荀况的弟子，是战国末期法家学派的代表人物。今存《韩非子》五十六篇，大部分为韩非本人所著。《韩非子》的文章态度严峻，文笔犀利，论辩鞭辟入里，有较强的逻辑性和说服力。又多采用民间传说作为寓言，说理深入浅出。唐代柳宗元的一些杂文和短论，主要是受《韩非子》的影响。

作为先秦诸子说理散文的共同特点，可以归纳为三个方面。一、文章大都条达流畅，逻辑性强，文笔明快生动，比先秦史籍要浅显易解，接近口语；二、遣词立论不仅有较大的说服力，还有较强的感染力，在严肃的论证和细致的分析中，往往带有逸趣横生的幽默感，使人感到亲切而不引起厌烦；三、一些哲学论文、政治论文甚至军事论文，虽然都是抽象的理论，但作者们善于运用文学手法，用一连串的眼前事物做比喻，驰骋着丰富的想象力，通过生动具体的寓言故事或历史传说，浅显地阐释它们所要发挥的深奥的道理，使读者感到生活气息浓厚和文学气氛强烈，因而易于接受和吸收。这些特点就成为我国古典说理散文的传统风格，对后世散文作家产生了较大的影响。

秦汉之际，还有一部介于子、史之间的《战国策》。这部书里既有许多游说之士发挥政见的纵横捭阖之词，又有一些历史上可歌可泣的英雄事迹和栩栩如生的人物描写。从文学的角度看，《战国策》可以算作秦汉以来一部比较出色的散文集。其中说理部分与先秦诸子的文章有共同之处，不少篇幅较长的文章都有严密的结构和整齐的文句。一个属于纵横家的人物向某一国的国君游说时，对于这个国家的疆域、出产、民情、政局都有详尽的陈述和分析，间或也加入一些有趣的寓言和传说来晓谕利害、明辨是非。而属于记叙史实的部分，则用比较浅显生动的语言和带有浪漫色彩的细节描述，代替了《左传》《国语》中那种简古的语言和艰涩的句法。在这方面，《战国策》已成为西汉卓越的史学家兼文学家司马迁写作《史记》的前驱了。

先秦的史籍和诸子论著成为我国后世几千年来叙事散文和说理散文的光辉典范。后世叙事散文的简明洗练，说理散文的流畅条达，都是从先秦散文作品中继承下来的优点和特色，而后世散文所要求的极致乃是寓简练于流畅之中，在条达流畅的基础上力求概括凝练。尤其值得注意的是，先秦叙事散文中同时有着"记言"的传统，充满了丰富多彩的辞令，使叙事中的对话部分不至陷于枯燥板滞；而在先秦的说理散文中又同时具有浓厚的艺术趣味，充满了活泼多姿的寓言，使读者对于比较深奥抽象的理论部分不至于吃力费解——这种兼容并包的风格上的多样化，就更成为后世散文作家所学习的榜样。

四

西汉初年，散文作家如贾谊、晁错等人所写的说理文，大体遵循先秦诸子遗意，具有素朴流畅的风格，但文辞已渐趋工整对仗，开始往骈俪的倾向发展了。

西汉中叶，在汉武帝刘彻时，杰出的史学家和文学家司马迁，尽其毕生之力写了一部规模宏大、内容丰富、通贯古今的史学巨著《史记》，给古典散文史开创了一个新纪元。

《史记》共一百三十篇。除了十表、八书和一篇《自序》之外，司马迁写了一百多篇历史人物的传记。这种"以人物为中心"的史传文学，在我国是从司马迁创始的。他根据历史上的真人真事，用他那与统治阶级观点不无抵牾矛盾的褒贬尺度，施展他纯熟而卓越的文学技巧，运用写实和夸张相结合的创作手法，通过对历史素材的剪裁和集中，把很多历史人物塑造得更有典型意义。在他笔下的人物形象，不仅是历史上实有的人物，也是各个实有人物的理想化身。他把这些人物在历史上的作用通过文学手法强烈地刻画出来，使他们具有鲜明突出的可爱或可憎的色彩和比较典型的政治意义。他在各篇传记的叙述中，不仅注意到巨大的生活场景，也注意到微末的生活细节；不仅把历史上的实有人物个性化，也把历史上的真实事件戏剧化。他善于融会古籍，善于采纳民间的传闻逸事，善于从人民口头汲取活的资料，因此《史记》的语言比较接近当时的口语，既深入浅出又丰富多彩，具有较强的生命力和感染力，能表达出各个不同人物的特殊处境和特殊情感，但他在描写人物和叙述事件时并未放弃简明精练的优良传统。他不但广泛地吸收了古代史籍如《尚书》《左传》《国语》《战国策》等著作的长处，而且连先秦诸子说理散文的一些特点也被包括在《史记》之中。所以我们说，司马迁不但给我国史学带来重大贡献，就是对文学的发展也做出了不平凡的业绩。

司马迁以后，东汉也有一个著名的史学家，即《汉书》的作者班固。后世虽以班、马并称，但《汉书》实际上是不如《史记》的。《汉书》虽也有一定的文学价值，但由于班固的思想局限较大，他撰写《汉书》完全是为了维护和巩固汉王朝的封建统治，这就使作品的某些内容黯然无色了。加以班固同时是一个尚模拟、喜堆砌的辞赋作家，因此《汉书》的文章凝练工整有余，生动活泼不足，比起《史记》来，显然逊色多了。

五

从先秦历史散文和诸子散文到司马迁的《史记》，都是以散体为主，虽间有对偶的句式，并不占很大比重；即使有时以对偶句入文，也并未成为有意识的规律和准则。从西汉开始，经东汉王朝而到魏晋南北朝，文章发展的主要趋势却是由散而骈，由朴实无华而辞采富赡，由直陈其义而大量搬用典故。这种趋势显然是受汉赋的影响。

西汉的统一使封建社会的经济基础稳定下来，封建主的政权也日益巩固。特别是在汉武帝刘彻"罢黜百家，独尊儒术"以后，文化学术的发展便呈现出一种保守停滞的状态。这时，大量的文人为了粉饰太平和歌功颂德，为了满足帝王好大喜功的个人野心，便纷纷从事于"赋"的写作。赋，原是韵文的一体，虽说它是"古诗之流"，其实质却与散文非常接近。它的形成，乃是在《诗经》和《楚辞》这两种诗体的基础上，在先秦散文十分发达的影响下，由韵文渐趋于散文化的结果。当时的辞赋作家，不但用赋来叙事状物，而且用它来发议论、讲道理，抒情的成分反倒不很浓厚。由于这种铺采摛文、浮夸扬厉的辞赋文学的广泛流行，并且长期雄踞于权威地位，因此它翻转过来又给散文以显著影响，使之渐趋于骈俪化、工整化、典雅化、贵族化。到了东汉，骈体文逐渐垄断了文坛，不论什么内容的文章，除了开头结尾有几句散体文字之外，几乎通篇都讲求句法整齐和辞藻对仗了。这个趋势发展到南北朝，就变成四六排偶、音调铿锵的不折不扣的骈体文，绝大多数文章连散体的痕迹都不易找到了。

骈体文的基本句式以四言和六言句为主，是先秦时代的韵文句式移植、发展过来的结果。《诗经》本以四言句为主，《楚辞》则以六言句为主，这两种成双成对的有节奏感的句式通过汉赋的媒介，就被保存在骈体文里了。汉赋是讲求堆砌辞藻的，骈体文既然在它的影响下产生，所以在对仗工整之外还要求色泽华丽。鉴于汉赋的表现手法过于直截了当，未免显得单纯拙直，于是人们在写骈体文时又借助于典故和成语。更因骈体文作家十之八九是封建士大夫，到了末流，这些贵族文人只知力求高雅浮艳，竭力用典丽的辞藻来掩饰贫乏的内容，自然更不敢毫无假借地写素朴的散体文了。

从先秦到东汉，用散文作为抒发个人情感的文学工具是比较少见的。只有战国时代乐毅的《报燕惠王书》，西汉司马迁的《报任安书》和杨恽的《报孙会宗书》等寥寥几篇书信，可以算作抒情散文。西汉的作家大都用诗赋来"体物写志"，东汉以后，随着骈体文的形成，抒情散文的数量才日见增多。这应该说是当时文坛的新事物。像东汉末年秦嘉、徐淑这一对夫妇往返酬答的书信，三国时代曹丕、曹植兄弟给他们的朋友的笺札，诸葛亮的《出师表》，嵇康的《与山巨源绝交书》以及晋初李密的《陈情表》等，都是传诵于后世的抒情名篇。这些文章虽未达到通体骈俪的程度，但骈俪的倾向已很明显。齐、梁以后，用骈体文描写自然景物也蔚为风气。如梁代吴均的《与朱元思书》（"朱"一本作"宋"，此据《全梁文》）《与顾章书》都是脍炙人口之作。文中情景交融，已达到较高的抒情诗的意境，但真正用骈体文抒情言志而达到纯熟地步的，则要推初为梁臣、后归北周的庾信。他的著名的《哀江南赋》的序言，正是足以体现六朝骈体文高度发展的一篇杰出之作。

抒情散文从东汉以来所以有长足发展，是同乐府民歌和五言诗的兴起分不开的。秦嘉、徐淑的短札，同《古诗十九首》中的爱情诗歌情调十分近似。齐梁以后用骈体文描写自然景物，当然也同当时诗人创作山水诗有密切关联。而梁陈贵族文人用骈体文描述闺情艳语，也正是从当时上层社会所流行的淫靡的宫体诗移植过去的。这一方面是由于作家已能充分熟练地运用骈体文表达情思；另一方面则由于骈体文这种文学工具十分接近诗赋等文学体裁，有着与诗赋相同的功用。

应该指出，南北朝时期骈体文应用的范围是相当广阔的，虽然它的普遍性依然远远落在散体文的后面。我国第一部完整的文学批评著作《文心雕龙》，就是梁代的刘勰用骈体文写成的。梁代的思想家范缜所作的哲学论文《神灭论》基本上也是一篇骈体文。足见骈体文是可以用来说理的。只有在叙事方面，骈体文才显得有较大的局限性。因此，在这一时期出现的一些出色的叙事文（包括单篇和专著），如晋陶渊明的《桃花源记》《五柳先生传》，干宝的《搜神记》，宋刘义庆的《世说新语》，北朝魏郦道元的《水经注》和杨衒之的《洛阳伽蓝记》这一类文学意味比较浓厚的作品，基本上都是用散体写成的。它们出现在骈体文大盛的时代，已受到骈体文的影响，在铸词炼句方面吸取了很多骈体文的特色；但它们却没有骈体文那种一味堆砌辞藻，铺排典故，画一句式等等矫揉造作的缺点，因此显得风格清健，语言爽洁，有较高的艺术成就。在骈体文风靡宇内的时代，有这样几部清新素朴的著作，实在是难能可贵的。

六

骈体文到了唐代，已成强弩之末。初唐时号称四杰的王勃、杨炯、卢照邻、骆宾王，虽竭力用骈中求散的办法来变化骈体文的形貌，也无法挽回这一空摘文藻而实际上脱离生活、脱离群众、缺乏思想内容的文体的衰风颓运。天宝年间，李华、萧颖士等已开始提倡写散文应朴素自然，不宜涂脂抹粉；中唐以后，独孤及、梁肃更亲自写作散体文，以图转移风气；但他们这些人对当时文坛并未起多大影响。直到公元九世纪初（即唐德宗贞元末年至唐穆宗长庆初年），杰出的散文家韩愈、柳宗元等，高举"复古"旗帜，猛烈地向崇尚骈四俪六的文风进攻，这才开始扭转了自东汉以来数百年华靡浮艳的文坛积习。韩愈、柳宗元通过他们自己的创作实践，使文章从排比对偶的束缚中，从典故辞藻的浓云晦雾里解放出来；他们反对用典丽华赡的脂粉色泽去涂饰文章，以掩盖其空虚贫乏的内容。他们提倡以先秦和西汉的散文作品为范本，使文章尽量接近口语的语气和句法，并用创作实践大力改变了文风，从而受到当时较多的士人学子的欢迎。这样一个巨大的转变，近世文学史上称之为"古文运动"（所谓"古文"，即指西汉以前流行的散文）。

"古文运动"所以在中唐兴起，自非偶然。从远处说，唐代的科举制度使得出身于非贵族阶层的知识分子有了分享统治权的机会，这些新爬上政治舞台的人对那种只堪供贵族玩赏而无补于实际的形式主义的骈体文自然感到厌倦。从近处说，安史之乱后，藩镇割据的分裂局面严重地威胁着唐王朝的统一政权，加上多少年来战乱频仍，宦官和权臣既相勾结又相倾轧，弊政丛生，剥削日重，人民灾难无尽无休。曾经煊赫一时的大唐帝国，这时已岌岌可危。韩愈以孔孟"道统"的传人自命，以"济天下"为己任，希望用儒家的仁义道德这一套理论作为维系摇摇欲坠的封建政权的绳索，并为唐王朝制造"中兴"的幻想。他认为，只有用"六经"和《孟子》那样的文章形式，才能更好地宣传他那以儒家思想为依据的政治见解，才能发挥他的"济天下"的"理想"。只靠华丽辞藻来装点门面的骈体文，是承担不了这种任务的。于是他大力提倡写"古文"，"挽狂澜于既倒"，以求得文章的内容和形式的统一。由于客观形势的需要，加上韩愈、柳宗元等人的主观努力，散体文终于在文坛取得优势，并产生了相当广泛的社会影响。

从宋代以来，人们都认为韩愈是这次"古文运动"的发起人和奠基者，柳宗元不过是追随者。苏轼还称韩愈是"文起八代之衰"的功臣，但从今天的角度来看，柳宗元在这场"运动"中也是功不可没的。平心而论，柳宗元虽然年龄比韩愈轻，行辈比韩愈低，而在推进这次"运动"的作用上却不见得比韩愈差。即以作品而论，柳所写的反映和揭露现实的文章就比韩多，战斗的火力也比韩猛些，不像韩有时还不免畏首畏尾。只有在艺术成就方面，韩对语言的运用要比柳更纯熟些，摆脱骈俪的框框也比柳更为彻底。因此，对韩柳两人的评价，无论是崇韩抑柳或崇柳抑韩都是不恰当的。

韩愈、柳宗元用散体义来说理、叙事、抒情、写景，都获得卓越成就。韩的《张中丞传后叙》、柳的《段太尉逸事状》，都是继承《史》《汉》的传记文学作品。韩愈写过大量笔锋犀利、气魄雄恣的说理短文，如《师说》《原毁》《讳辨》《杂说》等，实启后世杂文小品之先河。像《杂说四》，篇幅虽短而气势酣畅，宛如缩长江大河于尺幅之中。它表面说的是马，实际指的是封建社会出身寒微的知识分子与统治阶级的矛盾关系。这篇文章本在说理，却写得很像叙事文，又像比兴体的诗歌。而其句法的参差错落，更极尽"散"之能事。柳宗元的寓言如《三戒》《蝜蝂传》《捕蛇者说》《种树郭橐驼传》，山水记如《永州八记》，都是脍炙人口的名篇，无论是思想内容还是艺术形式都有显著的特点和成就。通过韩、柳的作品，我们充分看到散体文在文学领域中所发挥得更广泛的作用。

从发展过程看，骈体文是受汉赋影响而日益盛行的，而汉赋原是为封建贵族服务的，这就使得骈体文从一开始就有了脱离群众、脱离生活的局限性。特别是在骈体文的四六句式已趋于定型、使用者的范围又日见狭隘的情况下，它注定为多数人所抛弃的命运就无可避免了。而韩柳等人所大力倡导的"古文运动"，乃是跳过东汉到盛唐这一阶段而遥继先秦和西汉的传统，因此他们把先秦的经、史、诸子以及西汉司马迁的《史记》奉为圭臬，强调"复古"，借以反对从东汉以来风靡数百年的骈体文，但从他们的创作实践来看，所谓"复古"，主要是一面旗帜，一个口号，并非一味泥古不化。他们除了强调文字工具应为思想内容服务以外，其创新的成分还是很大的。首先，尽管韩、柳在文章形式方面有模拟秦汉散文的斧凿痕，他们的论点也不无陷于形式主义之处；但他们的作品比起秦汉散文来毕竟还是"师其意不师其辞"的成分占多数。他们的语言并非死套秦汉散文的句式，而是同唐代当时的口语句式比较接近。其次，他们对骈体文固然非常反对，但也还是有批判、有继承的。比如，骈体文就扩大了文章的作用，在叙事说理之外，还同诗赋一般，能够抒情状物，刻画自然景象，其功绩亦自不可泯没。而韩柳笔下的"古文"，也是可以抒情状物的，并不仅用于写史传体的叙事文和论辩性的说理文。这显然是向前发展而非向后倒退。再如，骈体文的特点如尚辞采、讲节奏，以及在遣词造句方面的高度技巧，在韩柳文中也都适当地加以吸收。因此我们对韩柳等人的"古文运动"，不宜只看他们上溯古先、远绍秦汉、高举"复古"旗帜的局限的一面，还应该看到他们扬弃骈体文的缺点而发展了整个散文的功绩。事实上直到今天，保存在散文中的骈俪成分还是有一定比重的。而且这种骈俪成分原是我国散文传统中的一大特色，即使在现代汉语中也还是明显存在着的，根本不应该、也不可能把它的特征和作用完全排斥或抹杀。

七

韩、柳以后，散体文曾经衰熄过一个时期。唐末政治混乱，民生凋敝，阶级矛盾的尖锐导致农民起义的大爆发。在唐王朝政权朝不保夕的形势下，统治阶级内部更加分崩离析了。封建士大夫在政治上既找不到出路，便颓废消极，纵情声色，通过淫靡腐朽的享乐生活来寻求暂时的麻醉，这就给文坛带来了一股唯美主义的逆流。形式华丽、内容空洞的骈体文恰好成为剥削阶级没落的知识分子逃避现实、寄托闲情的工具。因此，晚唐五代的士大夫写作骈体文的风气还是很盛的。晚唐的温庭筠、李商隐和后蜀的欧阳炯等所写的文章，正是这方面的代表。

北宋统一后，士大夫为了点缀升平，歌功颂德，骈体文依旧风行一时。很多馆阁词臣，更以写作辞采富赡、华而不实的骈体文（当时称为"时文"）为能事。宋真宗时，号称"西昆体"的诗人如杨亿、刘筠、钱惟演等，不论写诗做文章，都模拟李商隐。这种竞写"时文"的习尚给当时文风带来了坏影响。直到宋仁宗时，在欧阳修的倡导和推动下，才又掀起一次新的"古文运动"。

北宋这一次"古文运动"是经过较长期的酝酿和斗争的。远在宋太祖赵匡胤立国不久的开宝年间，儒生柳开就提倡"明道""尊韩"，写作古文（即散体文），但因位卑言轻，他的呼吁根本没有得到反响。等到"西昆体"盛行，作为卫道者的儒家信徒如孙复、石介等人乃以在野的身份站出来大声疾呼，反对"淫巧侈丽，浮华纂组"的作品，斗争才激烈起来。稍后，欧阳修及其同道苏舜钦、穆修、尹洙等人群起致力古文，社会风气稍见转移。直至公元1057年（宋仁宗嘉祐二年），欧阳修做了知贡举，利用居高临下的实权，严格命令读书人在应科举考试时一律要写平淡朴素、通顺流畅的文章，文风才扭转过来。出于欧阳修门下的曾巩、苏洵、苏轼、苏辙以及为欧阳修大力揄扬的王安石，也都继承、遵循韩愈和欧阳修的主张和道路，取法乎先秦的经史诸子和西汉的《史记》，大量写作并推行既有内容而语言又比较浅显平顺的散体文。明代的茅坤称韩、柳、欧阳、曾、王和三苏为"唐宋古文八大家"。正是通过这些作家的提倡和实践，所谓"唐宋古文"这一传统才正式形成。

唐、宋这两次"古文运动"的目的和倾向虽说基本相同，但具体情况却颇有差别。韩柳所发起的第一次"古文运动"实际上要比第二次困难得多。与韩柳同时的多数贵族官僚是反对韩柳的。韩柳在当时不仅是孤军作战，而且处在四面楚歌的环境中。他们几乎是完全顾不上层社会舆论的非难和讥笑，来进行这一"运动"的。尽管韩愈的主观愿望是想通过写古文来宣扬孔孟之道，用以巩固唐朝政权，维护封建秩序；但韩愈所奉行的"抵排异端，攘斥佛老"的尊儒思想，却同唐朝皇帝的崇道教、迎佛骨等行为发生了矛盾。柳宗元更是由于王叔文的关系而被唐宪宗贬谪到边远州郡的"僇人"。这些政治上的不利条件给他们的"古文运动"带来了很大困难。北宋的"古文运动"，从柳开到石介，虽也经过较长期的曲折过程，但到了欧阳修的时候，进展却比较顺利。欧阳修在《苏氏文集序》中说得很清楚：

> 天圣（宋仁宗年号，1023—1031）之间，予举进士于有司，见时学者务以声偶擿裂，号为"时文"，以相夸尚。而子美（苏舜钦）独与其兄才翁及穆参军伯长（穆修）作为古歌诗杂文，时人颇共非笑之，而子美不顾也。其后天子患时文之弊，下诏书，讽勉学者以近古。由是其风渐息，而学者稍趋于古焉。

另外欧阳修在《与荆南乐秀才书》中也有类似的说明。可见欧阳修所创导的"古文运动",是在宋仁宗下诏禁作"时文"(骈体文)之后,并由最高统治者加以支持,才实现的。这是因为当时北宋王朝已处于内忧外患十分深重的境地,封建统治者想搬出孔孟之道来巩固政权、维护秩序,这才连带着把用来"载孔孟之言""明仁义之道"的"古文"也搬了出来。所以这第二次"古文运动"的成功,是含有一定的消极因素在内的。

但是,欧阳修提倡写古文毕竟还有其一定的积极意义。他不但反对浮艳淫巧、有文无质的"时文";另一方面也反对读书人写晦涩艰深、佶屈聱牙的文章,反对故意好奇炫僻、逞险弄怪的文风。韩琦在《欧阳修墓志铭》中说:

> 嘉祐初,(修)权知贡举。时举者务为险怪之语,号"太学体"。公一切黜去,取其平淡造理者,即预奏名。初虽怨谤纷纭,而文格终以复古者,公之力也。

这里说的"复古",实质上是指文风的转变,即文章的散体化、通俗化。韩愈提倡写"古文",曾提出"非三代两汉之书不敢观"的要求,可见他的眼光只仰望着三代以上,对于魏晋以下的散文作品是不屑一顾的。因此他所作的"古文",有一部分是故意用生僻古奥的字句写成的。北宋的"太学体"实际上是受了韩愈影响的另一面而走上了极端的结果。欧、苏等人所写的"古文"则确比韩柳的作品更接近当时的口语,"致用"的范围也更为宽广了,因此它们更容易为当时和后世的封建知识分子所接受。特别是欧阳修,他强调文章的语言应该浅显明顺,平易近人,并用自己的创作实践纠正了韩愈作品中过分追求古奥的缺点。而苏轼和稍后的黄庭坚,更吸收六朝散文的特色,写作了大量的小品随笔,突破了古文家板起道学面孔训斥人的坏习尚,使文风更加活泼自由。至于在"八家"以外的,如北宋的李觏用开朗犀利的笔锋写出了批判孟轲的文章,司马光根据丰富博洽的史料写成了史学名著《资治通鉴》,以及南宋的陆游、范成大等所写的旅行日记《入蜀记》《吴船录》等,都是古典散文中值得重视的遗产。通过两宋作家长期的努力,文章通俗化的程度比唐代有了较多的进展。但是,一套形式主义的"古文"做法,比如撇开文章内容来讲究启承转合之类的条条框框,也在这一时期逐渐形成。这就同时给后世带来了不良影响。

八

元明以来，封建士大夫所占据的正统文坛日趋衰落，作家作品虽多，却呈现出一片不景气的状况，卓然名世的极少。这种萎靡不振的局面正是封建社会日益衰朽、统治阶级日益腐败的具体反映。明代立国三百年，在散文史上真正有所建树的却寥寥无几。"古文"的命运在明代已达到"日薄西山，气息奄奄"的地步了。

元末明初，散文家如刘基、宋濂等，在作品中还多少反映了一些社会现实。稍后，以杨士奇、杨荣、杨溥为代表的"台阁体"诗文出现了，这是当时文坛上的一股逆流。

从14世纪六十年代明王朝统一以来，经过一百年左右的经济恢复阶段，社会上又出现了表面繁荣的"太平"景象，但明代的统治者（特别是朱元璋和朱棣的洪武、永乐两朝）在文化思想方面采取了恐怖政策，大批杀戮文人，这就使得封建士大夫人人自危，既想贪缘求进，只有明哲保身。加上八股文取士的制度牢固地束缚了文人的思想，他们除了死心塌地把精力消耗在"代圣人立言"的科举制艺上，此外别无出路。"台阁体"的文章就是在这样的时代背景下产生的。它以阿谀粉饰为主要目的，以不痛不痒、平正肤廓为文风，表面上雍容典雅，歌功颂德；实际上空洞无物，冗沓平庸。从明成祖朱棣的永乐到明宪宗朱见深的成化年间，大约八十多年，"台阁体"俨然成为文坛的"正宗"和"主流"。到了15世纪末16世纪初，即弘治、正德年间，明王朝的国势已经大变。封建统治者面临着内忧外患接踵而来的局面，但他们荒淫暴虐依然如故。当时土地又大量集中，贵族大地主独吞剥削果实的情况十分严重。这就形成了大地主阶级与中下层地主阶级之间的内部矛盾。反映在文学领域中，就出现了以李梦阳、何景明为首的"前七子"的"复古运动"（严格地说，这一次"复古运动"应该叫作提倡"拟古主义"的运动）。"前七子"是一些较有正义感的封建文人，他们对于那种阿谀粉饰，不痛不痒的"台阁体"诗文感到无法容忍，于是大声疾呼"文必秦汉、诗必盛唐"的口号，向"台阁体"开火。这实际上是李梦阳等人站在中下层地主阶级立场，希望从大地主手中分得政权。不过当时政治黑暗，言论极不自由，于是才一转而为要求改革"文体"和"文风"罢了。这样，"台阁体"在正统文坛的统治势力基本上被打倒了。到了16世纪中叶即嘉靖年间，以李攀龙、王世贞为首的"后七子"又继李、何之后掀起再一次的"复古运动"。他们的复古主张除反映阶级内部矛盾外，还想通过复文章之古的手段达到挽救世风、复人心之古的目的。前后七子跨越弘治，正德、嘉靖三朝，达百年之久，对当时文坛的影响是非常大的。

就前后七子反对"台阁体"来看，是具有一定进步意义的，但从他们的具体主张和创作实践来看，他们的方向显然是错误的，他们的努力更是"非徒无益，而又害之"。由他们这种声势浩大的"复古运动"所产生的恶劣影响，远远超过其反对"台阁体"所引起的积极作用。他们好像并不理解秦汉散文所以传世乃是首先由于他们具有较好的思想内容，而他们自己的创作则很少触及当时的政治问题和社会现实（在这方面后七子的文章要比前七子强些），只从形式上去进行字剽句窃的功夫，把古人的作品生吞活剥，用形式上的古奥艰深来掩饰内容的贫乏疏陋。他们提倡"文必秦汉"，只不过要求字句上的形似，不仅不考虑内容，甚至连语言上的古今差异也不去注意。结果，他们的作品只能是"古人影子"，是假古董，这就自然而然把文学引到更加脱离现实的道路上去。他们用形式主义来反对形式主义，实际上是在开倒车，把诗文创作引上绝路。

因此，在明代中叶前后，反对前后七子的屡有人在。嘉靖年间，王慎中、归有光、唐顺之、茅坤等人以继承唐宋古文相标榜来同七子对抗。到了明神宗万历年间，又有"公安三袁"（袁宗道、袁宏道、袁中道，他们是湖北公安县人）出现，形成晚明时期的反拟古运动。

中唐以后，市民文艺开始萌芽滋长；到了两宋，便极其蓬勃地发展起来；历元明两代而日趋成熟。从形式方面看，一切属于市民文艺范畴的文学作品如词、曲、杂剧、话本等，在语言方面都具有口语化的特点。从内容方面看，那些反对伦常礼教、要求婚姻自主、暴露黑暗统治、揭示社会矛盾的作品更是在多数封建士大夫的正统诗文中所找不到的。"公安三袁"的文学主张和创作实践，是在接受并吸取市民文学的一部分思想内容和语言方面某些特点的基础上，来反对以模拟剽窃为能事的前后七子及其作品的。他们强调写文章应该讲求"新""变"，并应该把文章写得有"韵"（指特殊风貌，不是指押韵）有"趣"。

他们认为，只有形式"新""变"的文章才能表达所谓"真性情"和言之有物；只有文章里面有了才华洋溢的"韵"和沁人心脾的"趣"，才能算文学作品。他们在一定程度上有企图冲破封建礼教束缚的要求，表现在文学创作上，便是主张文体解放。因此他们写文章不避俚俗，不拘格套，力求在浅显平易的文辞中见"真性情"。从反对前后七子的拟古主义倾向来看，三袁的文学主张和公安派散文在当时是有一定进步意义的。

但公安派作家过的仍是地主阶级的悠闲生活，很少接近人民。他们固然看不惯当时政治的黑暗腐败，但他们却采取了逃避现实的处世方法，自居于山林隐逸，对黑暗的社会不敢作正面抨击。因此他们写的散文大部分属于寄情山水、发泄牢骚的作品，带有消极倾向。作为作家，大抵局限于个人的小天地中，缺乏昂头天外的胸襟和正视现实的气概。他们所谓的"真性情"距离劳苦人民大众的思想感情依然十分遥远。正如鲁迅所批判的，他们的散文大部分是供养在士大夫书斋中的"小摆设"，只能供失意的封建文人自我陶醉或无事消遣，于国计民生并无什么裨益。这就把散文的社会作用大大削弱，并且给后世带来了消极影响。

继公安派以后，又有竟陵派（竟陵即今湖北天门市），代表作家是钟惺、谭元春。他们的文学主张与公安派大体相似，但作品内容却更加空疏贫乏。这一派的文章大都具有幽深峭刻的风格，但失之晦涩，显得艰深费解。只有目睹明王朝亡国之惨的史学家张岱，在继承竟陵的传统上更吸收了公安派的特点，把大量民间口语融入散文中去，写出了有声有色、有情有趣的作品，成为明末散文小品作家中的巨擘，为明代散文做了光荣的结束。

九

从清代初年到鸦片战争以前，散文基本是在复古主义云雾的笼罩下缓慢地演变着。其中以始于乾隆、终于清末的桐城派"古文"影响较大。

远在桐城派兴起以前，由于明代拟古风气太盛，一般人写散文都以唐宋八大家为依归，如清初的侯方域、魏禧等就是标榜承袭《史记》和韩愈的。后来安徽桐城人方苞、刘大櫆、姚鼐等，明确提出宗法韩、欧，作"古文"，讲"义法"，形成所谓桐城派。他们所谓"义"，是指为封建统治阶级服务的"圣人之道"，他们所谓"法"，则指从唐宋八家和明代归有光的作品中汲取写作方法。他们的理论看似缜密，实际上却是袭取了写八股文的方法——用比较有规律的某几种文章形式去套某几种性质的文章内容，并且还制定了一系列必须严格遵守的清规戒律，从思想内容到语言结构都局限在固定的讲究起承转合的框框里。这就使得文章千篇一律，流于公式化，形式呆板而内容空泛，只是为了讲"义法"而做文章，变成没有八股的八股文了。

到了晚清，桐城派作家中头脑比较清醒地认识到一味向八大家或归、方、刘、姚诸人的作品讨生活是没有出路的了，于是纷纷尝试着走另外的路。如梅曾亮强调文章应有时代特色，他说："文章之事莫大乎因时"，"使为文于唐贞元、元和时，读者不知为贞元、元和人，不可也；为文于宋嘉祐、元祐时，读者不知为嘉祐、元祐人，不可也"（《与朱丹木书》）。但在具体实践中却缺乏有效办法。而稍后的严复，则用先秦诸子的语言和风格来翻译欧洲资产阶级社会科学的著作。甚至连反对资本主义文化和白话文的顽固派人物林纾，也试以《左传》《史记》的笔调来翻译欧美文学作品。但这种"旧瓶装新酒"的点滴改良并不能挽救古典散文走向终结的命运。

桐城派是继承唐宋古文八大家传统的。与此同时，也有一派专写骈体文的作家，自清初的陈维崧至清末的张之洞，都以擅骈体文著称，其中有代表性的人物如吴锡麒、袁枚、孔广森、孙星衍、洪亮吉等，都各有特色。而介于骈散之间并以汉魏派文章自我标榜的则有清中叶的汪中和清末的王闿运。清中叶以后，作为桐城派的别支阳湖派，即以武进人恽敬、张惠言等人为代表的一批作家，也主张在一定程度上吸收骈体文的优点和特点来写"古文"即散体文。但由于缺乏坚实的生活底子和丰富的社会实践，其思想艺术成就都不很突出。

1840年前后，中国已开始沦为半殖民地。较早的启蒙主义者龚自珍、魏源，用他们雄奇恣肆的汉魏体文章来鼓吹变革，揭露弊政，成为后来资产阶级改良主义变法运动的先驱。始而提倡改良主义、终于堕落为保皇党的康有为，早年的散文也写得纵横驰骋，颇具豪迈特色。章炳麟是辛亥革命前旧民主主义革命阶段的重要人物，他主张写宣传革命的文章应该"叫咷恣肆""跳踉搏跃言之"。他提倡具有科学性、逻辑性的说服力和质朴的文风，然而他那种种族革命论的狭隘性却大大限制了他的民主主义的思想认识水平，使他把继承民族文化传统与复古主义混淆起来，竟至于把古文字学当成文学的基础，把文字和语言割裂开来，把文章的内容和形式对立起来。其结果是，尽管文章的内容很有思想性，而作品本身却因写古字造古语而根本使人看不懂。但章炳麟早年写的宣传鼓动民族革命的散文集《訄书》，还是一部有代表性的著作。而严复的译文和章炳麟的政论，更直接给予五四以前的鲁迅先生在散文方面比较多的影响。

辛亥革命以前，作为资产阶级改良主义的散文家，梁启超是较有代表性的一个。梁的先驱是谭嗣同。谭的文章有一定内容，战斗性也较强，但在表现形式上不免出现古色古香的句法和难读难懂的语汇。梁启超自戊戌变法失败亡命日本后，便在他所办的《新民丛报》上大写文章，通过介绍西方资本主义文明来宣传改良主义思想。用梁氏自己的话说，他的文章"笔锋常带情感"，因而同过去一般的说理文在风格上有较大差别。这就是所谓的"新民体"。其特点是：行文比较自由；宣传鼓动性强；把古老的词汇和新兴的术语、古今中外的历史掌故和各种科学名词、包括佛经道藏在内的世界各种宗教用语都杂糅在一起，以达到他矜奇炫博的目的。其优点是使读者耳目一新，很容易受到感染，把读者紧紧吸引住；其缺点则是文字显得庞杂零乱，哗众取宠，形成了浮夸虚诞的文风。但在辛亥革命前后，"新民体"的影响还是比较大的。

为了繁荣、发展我国社会主义文化事业和文学创作，在马克思列宁主义、毛泽东思想的指引下，古典散文方面的遗产是值得我们批判地继承的。我们应对这些遗产进行整理、研究、分析、批判并加以利用，以便让它更好地为社会主义现代化建设服务。

1963年初稿

1973年改写

1982年重订

附　编

说"赋"

一

作为赋诗之义的"赋"字，在先秦古书中始见于《国语》和《左传》。《左传》中家喻户晓的第一篇文章《郑伯克段于鄢》（隐公元年）就有"公入而赋：'大隧之中，其乐也融融！'姜出而赋：'大隧之外，其乐也洩洩！'"的记载。隐公三年又有"（庄姜）美而无子，卫人所为赋《硕人》也"的说法。近人杨伯峻先生《春秋左传注》于隐公三年注云：

> 赋有二义，郑玄曰，"赋者或造篇，或诵古"，是也。此"赋"字及隐五年《传》之"公入而赋""姜出而赋"，闵二年《传》之"许穆夫人赋《载驰》""郑人为之赋《清人》"，文六年《传》之"国人哀之，为之赋《黄鸟》"，皆创作之义；其余赋字，则多是诵古诗之义。

作为"诵古诗之义"的"赋"字，在《左传》是屡见不鲜的。如僖公二十三年重耳见秦穆公，就有"公子赋《河水》，公赋《六月》"的记载。据《国语》韦昭注，"河水"当是"沔水"之误。《沔水》《六月》皆见于今《诗经》，所咏并非秦、晋当时之事，故知是诵古诗而非创作。总之，"赋"字的这两种讲法，都是动词，一指作诗，一指诵诗，这说明"赋"是与诗歌有关的。班固《两都赋序》："赋者，古诗之流也。"除了给"赋"下定义外，还说明赋与"古诗"关系密切，而所谓"古诗"，根据秦汉人的理解，主要是指《诗经》。证以《左传》的记载，也确是如此。近人或言班固所说的"古诗"专指《楚辞》而不一定包括《诗经》，似乎理解得有点狭隘而片面了。至于"诵诗"，《汉书·艺文志》云："不歌而颂（诵）谓之赋。"则知"赋诗"对"歌诗"而言。歌诗是唱诗，有音乐伴奏；而赋诗只是朗读。后来作为一种文学体裁的"赋"，也都是只能诵读不能歌唱的。这两种讲法（作诗或诵诗）就是"赋"字最早的含义。

正由于"赋"之或为作，或为诵都与《诗》有关，所谓"诗"，是指有韵之文，因此《荀子》中有《赋篇》。《荀子·赋》共包括六篇韵文，实际上是六篇诗歌，即《礼》《知（智）》《云》《蚕》《箴（针）》《佹诗》。所以我个人始终认为，赋之作为一种文学体裁，其性质虽近于散文，却应属于诗歌范畴，因为它的特点是押韵，是韵文。甚至到了唐宋时代，如杜牧的《阿房宫赋》、欧阳修的《秋声赋》、苏轼的《赤壁赋》等，几乎通篇近于散文了，但它们仍是有韵的，毕竟还保存着诗的因素。有人径把"赋"列入散文史，这在叙述上诚然比较方便，而且就其观点本身来看，也能持之有故，言之成理；但从赋的发展轨迹言之，"赋"仍应属于韵文范畴，它同诗歌的关系更为密切，则是定不可移的客观事实。

二

从作为动词的"赋"（作诗或诵诗）演变到作为名词的"赋"（一种文学体裁），中间还有一个环节，那就是所谓"《诗》有六义"的"赋"。《诗大序》说："故《诗》有六义焉：一曰风，二曰赋，三曰比，四曰兴，五曰雅，六曰颂。"这是汉人的话，实本于《周礼·大（太）师》，即"大（太）师……教六诗：曰风，曰赋，曰比，曰兴，曰雅，曰颂"是也。《周礼》一书，比较可信的说法是成于战国。其成书与《荀子》孰先孰后，值得讨论。考荀况为战国后期人，《荀子》的成书当较其人的活动年代更晚一点，故《荀子》书中文字多有与大、小戴《礼记》相同者。因此我们不妨这样推定，即《周礼》的成书似较《荀子》为早。退一步说，《周礼》中所保存的原始资料也应比《周礼》成书的时代为早。故我们认为"六义"之"赋"略先于《赋篇》，并非捕风捉影的臆测。郑玄《周礼注》对这个"赋"的解释是："赋之言铺，直铺陈今之政教善恶。"再分别检视古籍旧注,"赋"训"布"(《毛诗传》《广雅·释诂》《小尔雅·广诂》及高诱《吕览注》),训"铺"(王逸《楚辞章句》);刘熙《释名·释典艺》:"敷布其义谓之赋。"这些训诂,都是刘勰《文心雕龙·诠赋》中说的"赋者,铺也,铺采摛文,体物写志也"的依据。可见后人解《诗》,以"直陈其事"作为"赋"的定义是不错的。这里我想谈几句题外之文,然后再回到"赋"的问题上来。即为什么《周礼》和《诗大序》把"风""雅""颂"和"赋""比""兴"这两组性质不同的概念合在一起,却又把"赋""比""兴"插在"风"之后和"雅""颂"之前?古人对此,虽觉得提法上有点问题,却无人深入研究,提出合理的解释。我以为,这里的"风""雅""颂"也同"赋""比""兴"一样,是指创作方法而非特指《诗经》中的三类诗体。这并非我的主观武断,而是从《诗大序》中完全可以找到合理的答案。

《诗大序》对于"风"的解释比较详尽,始而它说:

风,风也,教也;风以动之,教以化之。

继而又说:

上以风化下,下以风刺上,主文而谲谏,言之者无罪,闻之者足以戒,故曰风。

由此可知,"风"有讽喻的意味("风,风也",第二个"风"字即应该为"讽"),是"主文而谲谏"的。也就是说,"风"不是直陈其事,而是拐弯抹角,用"婉而多讽"(鲁迅语)的手法来"谲谏"的。它不仅可以"化下",而且,在今天看来则更是主要的,还可以"刺上"。这就与"赋"成为鲜明对照。"风"婉而"赋"直;"风"讽喻而"赋"铺陈,"风"对政教善恶不从正面直说,而是"谲谏";"赋"则"直铺陈今之政教善恶"。这就是在"六义"中所以"风""赋"对举,把"赋"与"风"并列的道理。因为它们是截然相反的两种创作方法。

至于后面的"比""兴""雅""颂",我以为,虽与"风""赋"平列,实带有从属关系。"比""兴"是从属于"风"的。既想"主文而谲谏",即婉讽,当然宜"比"、宜"兴";"雅""颂"是从属于"赋"的。既然可以直陈其事,则宜雅(《诗大序》:"雅者,正也")、宜颂(《诗大序》:"颂者,美盛德之形容,以其成功告于神明者也")。用今天的话说,赋是从正面,用正面的语言,来歌功颂德的。但是,《诗》中的《风》《雅》皆有美有刺,又当如何解释?于是出现了"变风""变雅"之说,凡属于"美"者为正风、正雅,凡属于"刺"者为变风、变雅。这样,就能自圆其说了。这就是秦汉时代儒家者流对《诗经》的总括性解释。

"赋"既成为创作手段之一,即"直陈今之政教善恶",于是《荀子》中有了《赋篇》。这又产生了矛盾。《赋篇》中的前五节,实含有谜语性质,所谓"遁辞以隐意,谲譬以指事","纤巧以弄思,浅察以炫辞"(《文心雕龙·谐隐》)是也,怎么偏用以"直陈其事"为手段的"赋"来命名呢?其实道理很简单。《赋篇》中的几段文字,虽然未把谜底先行揭出(最后还是说破了的),而只是在谜面上做文章,却极尽铺陈之能事。盖不"敷布其义"则谜底之特征不彰;唯其要把谜底的内涵写透,才就谜面细致周详地加以描述,这不正是"赋"的本色么?后世写赋,实际上是把谜底公开,然后专就谜面大加发挥刻画(如宋玉的《风赋》和枚乘的《七发》),这不就成为正式的(或典型的)"铺采摛文"的"赋"了么?鄙意《荀子·赋篇》的写法还带有民间色彩,故义含"谐隐";后世文人作赋专从正面落笔,且多以歌功颂德为主,所以只是"直陈其事"而已。不过《赋篇》虽近谜语,却以君臣问答的形式出现。这种问答形式乃成为后世赋体中典型表现手法,也可以说形成了一种传统。两汉的大赋如《子虚》《上林》之类不消说了,甚至到了宋人的散文赋如《秋声》《赤壁》诸篇,也还保留了主客问答的框架。足见其影响之深远久长。

三

历来讲文学史,都认为"赋"自《楚辞》发展而来。这本不错。即以撰写《赋篇》的荀况而论,他本人也久居楚地。司马迁在《史记·屈原列传》的结尾处也说:"屈原既死之后,楚有宋玉、唐勒、景差之徒者,皆好辞而以赋见称;

然皆祖屈原之从容辞令，终莫敢直谏。"所谓"好辞而以赋见称"，这个"辞"似非泛指"辞令"，而是指骚体的《楚辞》。既说以"赋"见称，可见宋玉以下这一批文人已是"赋"的作家了。则《楚辞》与"赋"的血缘关系原很明显。不过我认为，这样的说法是从文学体裁和艺术的表现形式来看的；若论其内容实质，则"赋"之更早的渊源实为《三百篇》中的《雅》《颂》。《大雅》中若干篇一向被称之为周代史诗的作品已俨然赋体，不仅其"体物"的职能已具，而且是从正面来写的歌功颂德文字。谈后世的赋而不上溯于《诗》之《雅》《颂》，即谓之数典忘祖，亦不为过。

至于《楚辞》中屈原的作品，《天问》是散文化了的四言诗（或者说得精确一点，是以四言为基本句式），受《诗经》传统影响较大，似赋而实非赋。《离骚》《九歌》《九章》皆为骚体（即具有楚国特色的文学体裁），内容也都属于抒情诗范畴，与"赋"并不一样。唯独《招魂》一篇，除首尾两节有骚体遗风外，中间只有用"些"字作为虚词算是楚国方言，其整个创作手法和艺术表现形式与骚体抒情诗完全异趣，而更接近于后来的"赋"。此外还有《大招》，乃拟《招魂》之作，与《招魂》性质相近而写作时代更晚，可置毋论。我曾想过一个问题，即司马迁在《屈原贾生列传》篇末的短论中明明把《招魂》的著作权归于屈原，西汉的刘向和东汉的王逸（尤其是梁昭明太子萧统）不会不知道。何以王逸据刘向编纂的《楚辞》做注解，却把《招魂》算成宋玉的作品？（王逸并未把《大招》也归在宋玉名下，可见他并非胡来。）唯一的理由是：《招魂》是赋体而非骚体，而宋玉之徒，则"虽好辞而以赋见称"者也。今传世之《高唐》《神女》《风赋》《登徒子好色赋》诸篇，皆署宋玉作。即使是托名，但为什么独托名于宋玉，也值得考虑。总之，从王逸到萧统，心目中有一个写赋的祖师爷——那就是宋玉。因为《荀子·赋篇》毕竟较为原始，而所谓宋玉诸赋，首先是《招魂》，则确属正规的、典型的"赋"。我们从先秦的《招魂》经西汉枚乘的《七发》而到司马相如的《子虚》《上林》，既看出"赋"这一文学体裁正在发展，有其创新的一面（如果从篇幅大小上着眼，则明显地向大赋方面发展）；同时也看出它们之间息息相通，有其一脉相承的一面。至于《子虚》《上林》之为姊妹型的大赋，实从《高唐》《神女》两篇承袭而来。所以我的意见是：《高唐》《神女》纵非宋玉手笔，也必成于《子虚》《上林》之前。继司马相如之后，则有扬雄的《羽猎》《长杨》，班固的《两都》，张衡的《两京》，直至左思之《三都》而达于顶点。再往下写，即使还有适当的题材，恐怕也不会有人爱看了。

文学史上还有一种说法，即所谓大赋发展到东汉以后，逐渐出现了抒情小赋，人们每以张衡的《归田赋》为例。其实所谓抒情小赋，从西汉初年就一直存在，而且还是从《楚辞》的骚体抒情诗发展下来的。贾谊的《吊屈原赋》，淮南小山的《招隐士》，都是显证。就连《高唐》《神女》二赋，虽为《子虚》《上林》之滥觞，也还兼具抒情成分在内（此所以《高唐》《神女》必不能出于《子虚》《上林》之后也）。近人郭预衡先生撰写的《中国散文史》，把"赋"分成"牢骚之赋"和"歌颂之赋"。"牢骚之赋"实即抒情小赋；而"歌颂之赋"，则为通常所说的大赋，亦即自《雅》《颂》发展拓广而成的颂圣之作。而当大赋的高潮过后，抒情小赋自然从潜流一变而为主流，重新抬头，引人注目，这原是不足为怪的。当然，我们若单从篇幅长短来判定其大或小，说法并不科学。后世依然有篇幅较长的作品，只要有内容，依然能不朽而传之永久，庾信的《哀江南赋》便是一个很好的例证。不过那种只靠铺采摛文而空洞无物的颂圣之作，不再受人欢迎罢了。

四

郭预衡先生在《中国散文史》中还谈到"文体之赋"和"赋体之文"。其实这种"横向"关系，不仅在赋与散文之间有之，凡古典文学（甚至近、现代文学）中各种文学体裁之间皆有之。比如"以文为诗"和"以诗为文"，"以文为赋"和"以赋为文"，以及"以赋为诗"和"以诗为赋"，等等，都能在文学史上找到明显而恰当的例证。自建安以后，诗人多"以赋为诗"，自曹植至大、小谢多有之；而不少作家则往往"以诗为赋"。为什么六朝小赋更受读者欢迎？此无它，作家们多"以诗为赋"，故其赋饶有诗意。自王粲《登楼赋》、曹植《洛神赋》直到庾信、萧绎诸人之作，无不令人赏心悦目，就是这个缘故。尤其是庾信，甚至干脆用诗体来写赋，你称它为诗体之赋或赋体之诗均无不可。如他的《春赋》《对烛赋》等，都是把五言、七言诗与押韵的四六骈文交织在一起，形成一种新式美文，但我们还得称它们为"赋"。而赋与诗，赋与骈文，骈文与诗，三者相互融合，关系尤为密切。《哀江南赋序》是一篇对仗工整的骈文，但它与《哀江南赋》正文却是不可分割的。《采莲赋》与结尾的《采莲曲》也浑然成一整体。到了唐代，举王勃的《滕王阁序》为例，序文和篇末的八句诗，究竟孰为主体，实在很难说。这种横向关系乃是文学发展的必然趋势。如律诗之形成即显然受骈文的影响，而骈文之四六对仗则又从《诗》《骚》之四言、六言诗句发展而来。明乎二，则六朝小赋之形成，一方面如前所说，是文学发展的必然趋势，一方面也正好给"赋"这一古老文学体裁注入了新鲜血液。至于唐宋以来的律赋，原是骈文的副产物，由于人为地给它套上了限韵的枷锁，终于使它逐渐走上绝境。而所谓的"散文赋"则本属赋之变体，也终于敌不过可以自由驰骋的无韵散文，当然也就不易广泛流行了。读者如试就本文所谈，回溯一下"赋"的全部发展轨迹而考其生命力的或盛或衰或强或弱，则对今天文学艺术的前进和发展，或者不是没有借鉴意义和作用的吧？

1988 年 10 月下浣在北京写讫，11 月改订

宋诗导论

作者前言：这是我1987年为北京大学古文献研究所全宋诗研究生班讲《宋诗》专题的第一讲，现根据讲稿整理成文。我在这一讲里谈了以下几个问题：一、我是怎样开始阅读和学习宋诗的？二、宋诗在中国诗歌发展史上占什么地位？三、宋诗的主要特点是什么？四、宋诗的分期问题。由于是专题课，有些提法的角度同讲文学史时不一样，姑且美其名曰"一家之言"吧。我不是研究宋诗的专家。难免说外行话；希望广大读者和这方面的专家能提出指正批评的意见，幸甚。1989年新中国成立四十周年大庆之月记于北京。

一 我是怎样开始阅读和学习宋诗的？

本人不是专门研究宋诗的，但对宋诗有感情，也有一些不成熟的看法。我教了一辈子中国文学史，诗歌、散文、小说、戏曲我都要讲。但我自己最感兴趣、体会心得比较多的还是诗词。我从小读古文，对古典散文下过一点基本功；戏曲是我业余爱好；后来治古典小说，那纯粹由于工作需要。至于诗词，我比较喜爱《毛诗》和汉代乐府五言诗，最有兴趣的还是唐诗。词也只喜欢读唐五代北宋词。说到读宋诗，也算是工作需要。因为要讲文学史，必须认真读书，仔细备课。

但我毕竟对宋诗不算陌生。正如前面所说，既有感情，也有看法。原来我年轻时有很长一段时间喜欢读清诗，从乾隆、嘉庆时代的黄景仁、舒位、王昙、孙原湘、张问陶，直到龚自珍，最后是同光体和南社诗人，对他们的诗我都很感兴趣。由于清人学宋诗者多，便上溯到宋诗。比如清人厉鹗、查慎行以及袁枚、赵翼等，都受苏东坡影响；张问陶（船山）的七律，更是直接得自陆放翁的那些爱国诗篇。龚自珍的诗我以为有些很像王安石和王令（逢原）。这样，我同宋诗也就有了一定的缘分。20世纪70年代末，北大中文系责成我和另外两位同志编《宋元文学史参考资料》，大量阅读了宋人诗集。可惜这件工作我没有做完，对宋诗也未能进一步深入研究。总之，我是在先读清诗的基础上开始读宋诗的。然后由于教学需要，又从唐诗往下推及宋诗。两头吃得比较透了，再把宋诗摆到唐以后、元明清以前，这就逐渐体验出宋诗在整个诗歌史上的地位，以及它的特点究竟是什么了。

二 宋诗在中国诗歌发展史上占什么地位？

我曾把中国古典诗歌归纳为以下几句话：它源于《诗》《骚》，兴于汉魏，盛于唐，变于宋，衰于元，坏于明，回光返照于清。当然这是我个人的观点，算不得定论的。

上面这段话，还应补充两点。一是从汉魏到唐，中间隔了个南北朝，这两三百年是从量变到质变的过渡阶段，但其总的趋势还是向上的，从而出现了我国诗歌史上的高峰——唐诗。二是从南宋后期经元到明，也是个从量变到质变的过程，不过基本倾向却是越来越差劲、越糟糕了。到了清代，诗坛确实有点起色。可惜时代的大气候变了，一切封建文学从内容到形式都受到根本影响，颓势已成，无法挽救，只能算是"回光返照"。但相对来说，清诗清词都胜过明代。只是清代散文由于受八股文影响太深，我以为不如明代。这是题外的话。

宋诗继唐诗之后，它的特点只能是"变"。唐诗是我国诗歌发展的高峰，这连宋人也不能不承认。在这样一个高峰之后，诗人还要写诗，要么躲开唐诗另走新路，要么在继承唐诗的基础上有所变化发展。躲是躲不开的，即使要躲避也不会躲避得很彻底，这在宋诗中有例可查。那只能在继承的基础上求新变。所以让我谈宋诗在我国诗歌史上的地位，可以概括为一句话：宋诗在唐诗以后，确实形成了一个不大不小的高潮，产生了仅次于唐诗（也可以说不大不小吧）的影响。说它不大，因为宋诗的成就没有大过唐诗；但在唐诗之后，从诗歌盛衰的形势看，从诗歌本身有价值有味道来看，宋诗又确实比元、明、清几代的作品高出不止一筹，所以也不算小。通过纵向的比较分析，察其脉络，观其趋势，我们逐渐懂得，没有唐诗不会有宋诗。但宋诗毕竟产生在已经形成高峰的唐诗之后，宋人也只能写出虽具有一定特色但毕竟不及唐诗出色的诗。可见文化艺术的继承与发展是密切相关的。总的说来，在唐诗以后，能在中国诗歌史上独树一帜的，只有宋诗；能有资格与唐诗相颉颃，基本上可以分庭抗礼的，也只有宋诗；对于后世，除了唐诗，能给予后世以重大影响的，还是只有宋诗。因此，我们可以这样说，宋诗是唐诗以后在诗歌史上居于仅次于唐诗的重要地位。

三 宋诗的主要特点是什么？

我们一谈到宋诗的特点，总说宋人以文为诗，以学问为诗，以议论为诗。所谓以文为诗，即诗歌日趋散文化。所谓以学问议论为诗，就是说诗到了宋代，不完全诉之于形象思维而经常诉之于抽象思维即逻辑思维。特别是以文为诗这一点，既是宋诗的特点，也有不少人把它看成宋诗的缺点。因此不得不多讲几句，而且话题要扯得远一点。

诗与散文的关系是对立统一的。诗是韵文，韵文与散文是一对矛盾，但它们都受汉语汉字的制约。汉语是单音缀，因此汉字也是一字表一音、一音表一义的。我们今天所能见到最早的散文，是刻在甲骨或铜器上的。由于生产力不发达，生产手段比较简陋，在甲骨上刻的或在铜器上范铸的字数必须尽量精练简括，数量越少越好，而含义的容量与密度却要求越大越好，同时还必须要使人看得懂。这是汉语汉字的特点，也是我们用来表达思想感情的工具的特点。汉字产生后，反过来对汉语又产生制约作用。诗也好，文也好，都以简练浓缩为主。最古的诗是二言、四言；一篇短文不过几十字，几百字已是长文章了。由于汉语是单音缀，写成汉字，必须有声调，可对仗，于是出现了格律。诗有律诗，文有骈文。骈文的四言、六言句法，是从《诗》《骚》的四言、六言的形式发展过去的；而诗里可以寓哲理、发议论，又是从散文的内容吸收过来的。散文要诗化才美，诗要散文化了领域才宽。发展到今天，白话诗基本上实现了散文化，而今天的散文却嫌诗化得不够，没有文采，不够精练，不能以少量文字表达丰富的内容。过去写千把字的散文已经是鸿篇巨制，今天写"千字文"

仅属"微型"小品。当然时代不同、古今语言不同，不应一概而论；但作者主观上的文化素养问题也是应当考虑的。

贯穿整个中国诗歌史，包括词、曲以及一切押韵文字如戏词、歌词等，其发展同三个方面分不开。在体裁格律方面同音乐分不开，其思想内容与社会思潮分不开，这两点我们放在下面去讲。而就诗歌本身的内部发展，包括题材的扩展、形式的变化、诗歌生命的延续以及根据什么趋势、倾向往前行进等等，则与散文分不开。今天称之为横向联系。其实一切学问、思想、科学，从来就离不开横向联系，不过前人称之为"交流""融合"或什么什么"化"，苏轼说王维"画中有诗""诗中有画"，实际就是诗与美术的联系。添一个或换一个新名词不等于我们的学术研究向前进展多少。一谈起中国诗歌，我们很自豪，说中国是诗的国度。这话当然不错。但从现实生活和社会功能的应用范围来看，散文可能更为重要。因为除了韵文就是散文，撰写论文，发表文件，写文学作品除韵文以外的其他品种，都用散文。当然，我们说中国是诗的国度，不纯粹指诗歌的数量（固然数量也有关系，一个国家诗歌的数量能与散文平分秋色已经够了不起了）。所以这样说，主要是指以下两层意思。一是说，中国的一切文化艺术，无不渗透了诗的特点，即诉诸形象思维的事物占很大比重。比如说汉字，是从象形字开始的；汉语有声调上的抑扬起伏，即平上去入的不同。在我们各类艺术品种里面，一定要讲求诗情画意。而在我们古老的中国，连写哲学论文、军事论文，也大量运用形象思维，用艺术性很强的比喻和诗的手法来完成之，来发议论讲道理，这就把哲学、科学也给诗化了。为什么我们讲文学史先秦部分，总爱说那时"文""史""哲"不分，实际是"史""哲"中间都渗透了"文"的成分、"文"的因素，亦即诗的成分和因素。简而言之，在我们的民族传统文化的非诗领域中也能找到诗，至少能找到诗的因素、诗的手段；反过来，用诗的表达方法和艺术手段也能表达非诗的内容。二是从先秦到今天，不管眼下思潮有多新，而我们的理论核心，至少有一点是源远流长的，即我们的真、美、善的原则标准是统一的。我们的美学思想与真和善不可分割。孔子说诗可以兴、观、群、怨，汉人解诗主张美、刺，提倡诗教讲究"温柔敦厚"，都是与真和善紧密结合的。传统理论中我们强调的是"诗言志""歌咏言"，并描绘诗与生活的密切联系："言之不足故嗟叹之，嗟叹之不足故歌咏之，歌咏之不足则不知手之舞之足之蹈之也。"可见诗在一切文化艺术领域中是统帅、是核心。从上述两层意思说,中国确是诗的国度。何况从先秦到现当代,无代无诗,尽管诗的形式屡变(如词、曲、白话诗),内容也各不相同,但作为诗的共同特点,所谓抒情言志,所谓共鸣,所谓"声入心通",却是终始如一的。读者从诗里可以得到特殊的美的享受,也是人同此心,心同此理的。

我们从这里出发,再来看诗与散文的关系。因为尽管我们说中国是诗的国度,可它在文化领域中却被散文的汪洋大海包围着。我们固然承认诗的因素、诗的手段可以渗透到其他艺术和科学领域以及哲学思想领域中去,那么,其他领域里的东西也必然会渗透到诗的领域中来。于是有的诗被称为"诗史",说明诗中存在着史实;有的诗里有哲理,优秀美好的被称为"理趣",拙劣说教的被称为"理障";有议论,有说明,有名言警句,有对古今人物事件的评价……在我们的文学批评史上,常出现《论诗绝句》《论词绝句》《论曲绝句》这样的属于理论阐述性质的组诗,以及长长短短的古近体诗,它们所讲的内容,本质并不是诗,却是用诗的形式表达出来的。这就说明,诗与散文的关系从来就是十分密切而相互融合的。

说到"以文为诗"这一特点,只要我们平心静气仔仔细细研究一下,就可以看到,从《诗经》《楚辞》开始,诗里就已有议论说理的成分了。《雅》《颂》不必说了,就连国风里的抒情诗,也还是有发议论的地方。"彼君子兮,不素餐兮",是不是议论?至于《离骚》《天问》《九章》,就更不必说了。汉代五言诗,下及建安、黄初、正始,许多著名作家的诗中都不乏以文为诗的显著例证。晋代玄言诗不必说了,就魏晋南北朝这一阶段的诗人的作品而论,陶渊明的成就最高。偏偏陶诗中议论最多,散文式的诗句也最多。唐代诗人对宋诗影响最大的凡四家,即杜甫、白居易、韩愈、李商隐。试看他们哪一家的诗里没有以文为诗的作品?可见以文为诗原属古已有之,不过于宋诗为烈而已。盖《诗》中《雅》《颂》与金文铭辞互为影响,《楚辞》受诸子散文影响;西汉以后,直至唐人,作为诗人的作家、学者,有几个不受经、史、诸子百家的影响?这里面还有一个规律。一个人写诗(主要指唐朝人),要想跳出齐梁唯美主义(宫体诗)和形式主义(基本上指格律诗)的束缚,就得求助于诗歌的散文化。陈子昂首先提倡"建安风骨",李白继之而发扬光大,而他们的作品,就都存在着诗歌散文化的显著痕迹，如陈的《登幽州台歌》和李的《战城南》。杜甫的《北征》，白居易的《勤政殿老柳》，竟以史官笔法入诗。韩愈和李商隐的例子就更多了，这里姑从略。可见把散文的特点往诗中"引进"（另一方面，诗的特点也向散文领域中"输出"，这就是横向联系，互为影响或互相融合），原是我国诗歌发展的必然趋势。只是到了宋代，这一趋势由自发的成为自觉的，由个别的成为集中的，终于形成了宋诗的一大特点（即宋代诗人作品中的共性）。这一特点反映在诗歌语言上，又形成两个极端，一是语言的通俗化，二是用典用事的大量增加。所谓以学问为诗，正是指在诗中大量用典用事。不仅西昆体作家爱用典，江西诗派的诗人也爱用典。就连欧、王（安石）、苏、陆这些大诗人，诗中的典故也要比唐诗多得多。这也是一种不得不然的"走向""趋势"。

宋诗的另一特点是一方面脱离了音乐而成为纯粹的"徒诗"；另一方面在近体诗上确比唐诗发展得更成熟、更活泼了。所谓脱离音乐而成为纯粹的徒诗，那显然是由于词的兴起和发达的缘故；至于近体诗的成熟，我是指七律和七绝。在唐代，七律是新体，并未发展到极致。以杜甫为例，杜诗中五律要比七律多出四至五倍（《十八家诗钞》选杜律，五律与七律的比例是六百比一百五十）。直到晚唐，许浑、温庭筠、李商隐等人写的七律才算比较成熟。而宋人的七律，在用典用事上，在语言的灵活和对仗的工巧上，都不弱于唐人，而且有明显特色。至于七绝，宋诗绝对不比唐诗差。上面所说，主要是从形式与技巧的角度来谈的，但形式与技巧不是孤立的，它对内容题材也起着制约作用。比如宋诗中属于游子思妇、相思离别、男欢女爱这一类题材的作品相对的少了，有人认为都"撤退"到词里去了，特别是以女性为抒情主人公，在宋诗中几乎绝无仅有了；但如果从另一个角度说，又何尝不是由于词的兴起与发达，而把这一部分内容从诗中给侵占、掠夺去了呢！所以有人说诗比词的题材广、大、宽，这只是就其荦荦大端言之；相对来说，有了词，诗的风格反而定了型，有些题材在诗里倒不见了。

从社会思潮方面看，中唐以前，读书人的思想还是比较自由活泼的，诗人写政治诗、爱情诗以及讽刺诗，都比较随便，不大有顾忌。中、晚唐以后就差多了，但有些诗人仍然写了大量政治诗、爱情诗以及讽刺诗，尽管手法略带隐晦，李商隐的作品就是一个很突出的例子。宋代对文人士大夫的思想统治，我以为似宽而实严。表面上似乎没有什么文化专制政策在钳束作家，但儒家道统观念从北宋起即已对士人产生影响，这样就对诗歌内容在无形中设置了一些条条框框。到北宋后期，从潜在的舆论的压力逐渐转化为公开的政令的控制，有些趋炎附势之徒还无中生有地进行深文周纳，于是出现了"乌台诗案"这样类似文字狱的事件，以及后来旧势力对王安石一派的反扑，政治上的派系斗争影响了诗歌的自由发展。南宋时代，由于民族矛盾转化为社会的主要矛盾，诗歌中爱国思想有所发展；但儒家思想作为一种统治思想则贯串整个赵宋王朝，人们从诗歌中是很难找到异端思想的。这确是宋诗的一个很明显的特点。

这三个方面汇集到一起，很自然地就形成了宋诗的特点。宋诗继唐诗大盛之后，不变是不行的；而所谓变，实际又受到以上三个方面的制约，仍有其必然存在的局限。这就是宋诗之所以为宋诗。

四　宋诗的分期问题

过去我在课堂上讲文学史，把宋诗分为六个阶段，即北宋、南宋各三个阶段。我没有用"分期"这一词语，因为说"分期"就有划时代的意思。我把北宋分成三个阶段，是以欧阳修和苏轼为标志的，欧以前为一个阶段，苏以后是一个阶段。到南宋，仍以作家来划分阶段，即尤、杨、范、陆为一个阶段，江湖派与四灵为一个阶段，宋末爱国诗人和遗民诗人为一个阶段。这基本上依照史的发展顺序，没有什么新见。到1985年我在北大历史系讲《中国诗歌史》，把欧阳修以前称之为"宗唐"阶段，欧以后称之为"变唐"阶段。"变唐"阶段发展到苏轼是高峰，然后倾向于追求纯技巧，这就是江西诗派的形成，从而进入另一阶段。到了南宋尤、杨、范、陆创作期间，又是一个新阶段。尤诗虽佚，但他的诗成就不高是可以肯定的；其他三人各有特色，而以陆游成就为最高。再往后，宋诗就走下坡路了。江湖诗派大部分作家写得比较"粗"，四灵诗又"细"得可怜。到宋末，诗人已不大注意艺术技巧，不过思想内容还有值得肯定之处。我原来的考虑就到这一步，除了想出一两个新名词（如"宗唐""变唐"）之外别无新意。

到1986年，从刊物上看到近年来有关宋诗研究的综合报道，其中谈到了宋诗分期的不同提法，有分四期的，有分五期或六期的，使人眼花缭乱。后来北大研究生陈植锷同学在《文学遗产》上发表了《宋诗的分期及其标准》一文，把宋诗分成六期，即沿袭期、复古期、创新期、凝定期、中兴期、飘零期。从分期的阶段看，大体不错，只是所用名词有欠妥当。我曾当面对陈谈了我的意见。首先，是复古与创新二者不能截然分开。文章有复古，由骈复散之谓也；诗而复古，是复到哪朝哪代呢？复唐之古吗？那么北宋初年的作家包括西昆体作家何尝不是模仿唐诗呢！复唐以前之古吗？可是欧阳修、苏舜钦、梅尧臣都写近体诗，显然也不对。唐、宋两次所谓古文运动实际上都是以复古为革新（或称创新），陈子昂、李白提倡建安风骨，实际上也是创新。欧阳修主宰诗坛时，与其同道者梅尧臣、苏舜钦等并没有强调复古。但欧宗李白、韩愈，梅宗陶渊明，苏古诗近于李、杜而近体接近晚唐，似复古而实际已在追求新变。何况复古与创新根本不能截然分开。王安石、苏轼并未否定欧、梅而是继承了欧、梅。如果把王、苏与欧、梅划归两个时期，显然是不妥当的。其次，把江西诗派产生以后的一段时间说成"凝定期"，认为这一段时间里没有好诗，这是没有把时代背景和文坛动向结合起来看。北宋末至南宋初，时代动乱，文坛自然无法出现正常发展局面，这是一个侧面；但大动乱以后也给文坛中兴创造了条件。宋诗所谓的"中兴期"，原是时代的产物。这是另一个侧面。吕本中（居仁）作《江西宗派图》，并没有把黄庭坚、陈师道、陈与义算进去，后来才有所谓"一祖三宗"的说法（"祖"指杜甫，"宗"指黄与二陈）。可见所谓"凝定期"没有好诗，并不是诗"凝定"了，而是在这一阶段中没有产生大作家。诗坛的一度死寂是时代动乱、民族矛盾大爆发造成的。从文学史发展本身看，根本不会出现静止不动的"凝定"局面。然而即使如此，北宋、南宋之间有三个作家仍必须引起注意。一个是"三宗"之一的陈与义，一个是道学家所推崇的刘子翚，还有一个是被公认为政治家的李纲。当然，他们的成就都远不及杨万里、范成大和陆游。于是在诗坛的发展过程中出现了"马鞍形"，因而才有所谓宋诗的"中兴期"。这些意见，陈植锷同学本人也不得不表示值得考虑。

如果要我分期，我就这样分——

一、宗唐期。指自宋初到11世纪40年代这一阶段，亦即以欧阳修为中流砥柱，在他主宰文坛命运之前的这段时间，大抵以宋仁宗庆历年间作为分界线。

而宗唐的诗人也有三种不同派别。一是以杜甫、白居易为宗,如王禹偁;一是以杜甫、温庭筠、李商隐为宗,即西昆体作家(李商隐是学老杜的,前人早有定评;而西昆体之重辞采实亦兼受温诗熏沐);还有一派则以中、晚唐隐逸诗人为宗,具体地说就是以贾岛、姚合和一些诗僧为宗,即九僧诗派和林逋。过去讲文学史,对这一阶段的三派太强调王禹偁的作用,并把他抬得很高;而把西昆体作为对立面,把它当成挨打的靶子(包括我本人讲课时也不例外),而对九僧诗派则只字不提。其实这一诗派与南宋的永嘉四灵(翁卷、徐照、徐玑、赵师秀)的诗风是一脉相承的。林逋因受到欧、苏等大师的推崇,在文学史上还不算太生僻。

二、变唐期。从宋仁宗庆历年间算起,直至南宋初年。这一时期诗人最多,大家、名家云集。欧阳修、王安石、苏轼、黄庭坚应该说都是宋代诗坛上第一流的诗人,苏轼的成就尤为突出。其次则苏舜钦、梅尧臣、王令、陈师道、张耒等也各具独自的风貌。再如有些政治家如范仲淹、韩琦、司马光,他们的诗也不应忽视。还有一些在当时颇有影响的诗人,而在文学史上连姓名都几乎湮没了,如宋祁、刘攽、文同、郭祥正等。最后,还要考虑到有些学者、古文家,甚至理学家,也不应轻易置之诗坛之外,如李觏、曾巩等。有些词人则因诗名为词所掩,搞得连诗集都失传了,如柳永、周邦彦;而秦观、贺铸等虽有诗集传世,也不大为人关注。这些作家的诗有一共同特点,即尽量把诗写得或多或少区别于唐人之作,而使之具有当代的精神风貌。这就是我所谓的"变"。

三、中兴期。如上所述,在第二、第三两个时期之间宋诗的发展出现了"马鞍形"。而当杨万里、范成大、陆游这几位大诗人崛起于南宋诗坛时,自然形成中兴局面。可惜的是,这一时期的作家并不很多,没有形成作家群(而南宋词人却很不少),除杨、范、陆等大家外,即使有其他人,成就也不高。这就自然而然步入了第四阶段衰落期。照我个人的看法,尽管在南宋后期涌现出的作家并不少,而从诗歌的质量来看,不仅是宋诗到了衰落时期,甚至整个诗歌也日趋衰落了。而这一衰落趋势竟成了一个大滑坡,直贯元、明两代。尽管元明两代也出现了若干有成就的诗人,但并不等于说足以挽回整个古典诗歌走向衰落的颓势。到了明末,出现了陈子龙、顾炎武、钱谦益、吴伟业这一批诗人,古典诗歌才有了新的起色,然而这已不是本文所涉及的范围了。

《历代小品大观》序言

一

五四时期,文学革命的先驱者们掀起了新文学运动的巨大浪潮。其中散文一体,虽说与小说、戏剧、诗歌并驾齐驱,实际上却有其格外突出的地位。几年以前,我在一篇题为《为散文呼吁》的小文中曾提出如下的看法:

> 当我们对现代文学史(或称为新文学史,即从1919年五四时期至1949年开国以前这三十年的文学发展史)进行研讨时,就会发现一个看来特殊而实际却非常自然的现象,那就是:我们的现代散文的发展历程同现代诗歌、现代小说和现代戏剧并不完全一样。我们说,新文学运动的形成,在当时特定的历史环境和时代背景下,是从借助于外因,靠横向引进的方式开始的;经过一段时间,才逐渐成为具有我们自己民族特色的文学体系。这是由于在半殖民地半封建社会条件的制约下,我们这个闭关锁国的中华民族意外地遭到了西方文化的冲击,经过一场突变,才逐渐转化为主动地接受新思潮的洗礼,更进而对我们固有的民族文化遗产进行实事求是地评价和继承。而现代文学的出现,正是在那一场突变中的产物。如诗歌,是由古近体格律诗一下子变成自由新体诗的;如戏剧,是由以歌唱为主,以念、做、舞、打等表演技巧为辅的综合性的传统戏曲一下子变成只说不唱的话剧的;如小说,是由以讲唱文艺为基础的长篇章回体和短篇话本体(另外还有一部分更古老的笔记、传奇体)一下子变成以西方风貌为主体的新型小说的。唯独散文,虽说也受到外因的推动或者说受横向引进

的影响，但由于它植根于悠久而优秀的历史传统的基础之上，无论其作品的外在形貌和内在的精神实质，毕竟同其他三种文学体裁有较大的差异。而差异最明显的现象就是：我们的现代散文虽然同属于新文学运动的产物，是新型的作品，但它一上来就比较成熟，在它刚刚崭露头角时便已是一位成年人，而不像其他三种体裁的作品，都有一个婴儿学语的幼稚的模拟阶段。所以鲁迅说，在新文学领域中，散文的成就最高。事实也的确是如此。五四以来的新型散文在最初阶段显然是超过了当时的诗歌、小说和戏剧的。

所谓"悠久而优秀的历史传统"，即我国古典散文的传统，其中小品文是占很大比重的。特别是五四时期，散文中属于讽刺小品（即通常称作"杂文"的）和抒情小品，又受到前所未有的重视。这当然同新文学坛坫上的作家及其作品有密切关联。当时资格最老、执文坛牛耳的权威人物，应推鲁迅和周作人。鲁迅最初以写小说震撼文坛，但他成就最高的作品还是辛辣而犀利的杂文小品。周作人除在五四初期写过少量新诗外，主要是写各种内容的小品文，从而成为新文学作家中唯一以散文小品知名于海内外的人。大革命失败后，新文学阵营向左右两端分化。进入20世纪30年代，以周作人、林语堂为代表的一派作家乃大力提倡晚明小品，一时竟蔚然成风，连创造社的元老之一郁达夫，太阳社的阿英，也都起而响应。此外还有施蛰存、刘大杰等，各有晚明小品的选本问世。当时周作人讲中国新文学的源流，把古代文学史上的作家分成载道、言志两派，而小品文的创作，他认为主要是言志派作家的产物。因此，周氏在推崇晚明小品的同时，对所谓载道派的作家（主要是唐宋古文八大家）及其作品基本上是持否定或批判态度的。最能体现周作人的这一观点的是沈启无所编选的两部散文小品专书，即《近代散文抄》和1937年以后出版的伪北大的《大学国文》教材。这两部散文选集完全能反映出当时治古典小品文的人们所研究的主要领域和对象。在这里面，除了柳宗元和苏轼成为例外，唐宋八大家中其余的人及其追随者们几乎是见不到名字的。

二

我在上中学时就对周作人的散文小品很喜欢，因此对他的美学观点以及当时提倡小品文的风气和倾向也比较乐于接受。及年事稍长，对当时周门弟子俞平伯、冯文炳两位先生的文章就更加喜爱。到40年代，终于忝列俞、冯两位先生门墙，对小品文不仅产生兴趣，而且还花费了一定的时间去分析研究古典小品文的发展演变过程。这一段治学经历我曾对章川岛先生谈过，直至十年浩劫发生以前，每与川岛先生晤面，几乎总是以小品文为谈话中心的。

但我个人的研究结果却远远不同于周作人的观点。首先，我以为唐宋两次古文运动对我国古典散文的发展是有积极影响的，唐宋八大家的功绩不容轻易否定。这里又存在一个问题，如果说我国古典散文由唐宋两次古文运动的推进而取得决定性的优势，那为什么元明清三朝的正宗古文作者再没有产生出超过唐宋八大家的作品的呢？我们根据什么来说古典散文取得决定性的优势？答案是：古典散文的发展优势体现在自宋代开始以迄明清的小品文方面。这是从宋代古文运动的"祖师爷"欧阳修开始的。在欧阳修以前，尺牍、题跋、随笔、札记这类文章，是不为正统的文学家所注意的，也很少有人把这些文章看成文学作品。而欧阳修则不然，在他的全集中，"书"和"短简"是分别开来的，而《集古录跋尾》和《归田录》，前者不仅是金石考证，后者也不只是稗官笔记，而是都具有一定的文学价值，即其中有不少优美而隽永的小品文章。到苏轼、黄庭坚，这方面就更为突出。苏的《志林》《仇池笔记》，黄的《宜州家乘》，以及他们的尺牍和题跋，都厕足于文学作品之林。到了南宋，范成大的《吴船录》、陆游的《入蜀记》，既是日记，又是游记，当然也都是优美而隽永的小品文。这一传统直接影响到明清两代。公安的三袁，竟陵的钟、谭，明清之际的王思任、张岱、刘侗、于奕正，直至清初的金圣叹、张潮、陆次云，清中叶的袁枚、郑燮，都足以说明我国古典散文正在长足发展。作为古文家，明代的归有光，清代的姚鼐，其尺牍也是单独归为一类，与其文集中其他文体平起平坐的。特别是尺牍和日记，如明代王穉登的《谋野集》，叶绍袁的《甲行日注》，萧士玮的《春浮园日记》等，都单独成为专集。而周亮工的《尺牍新钞》（包括

《藏弃》《结邻》两种续钞）和张潮的《友声》，更以搜求、保存朋友的书信为专著，并刻印成书。古典小品文这种由附庸地位上升为独立大国的现象，才是在唐宋两次古文运动影响下直接结成的丰硕果实。

其次，20世纪30年代之所以有不少人提倡晚明小品，不能仅仅视为政治上或文学上的右倾，看成创作和研究工作中的逃避现实。事实上，由于五四新文化包括新文学运动的浪潮的推动，即使在民族文化艺术遗产的研究领域中，也是在逐步开拓、扩展和深入的。过去讲文学史，小说、戏曲是没有席位的；五四以后，小说、戏曲同诗文平起平坐了；诗歌领域中，则自词曲而民歌，也比辛亥革命以前扩展了不少。然则对于古典散文，从群经诸子而史传文学，而唐宋古文，而晚明小品，不也正是在开拓疆域，扩展视野和深入探索么？何况这些小品文中精华甚多，佳作如林，我们怎么能为了泼洗澡水而连孩子也一起泼掉呢！

基于上述看法，我自始至今有两个观点与当时一般治晚明小品文的专家学者们不同，也可以说，同周作人的基本观点存在着分歧。其一，晚明小品是流不是源。研究古典小品文，当然可以从晚明入手，因为那标志着小品文无论在数量上和质量上都达到了一个高峰。但这个高峰不是平地拔起，更不是天外飞来，而是在前代小品文的基础上一步步发展起来的。因此要研究我国古典小品文的发展轨迹，必须从晚明向上考溯。关于这一点，周氏到晚年已有所修正，他连《论语》中的一些短而精的语录也认为有小品文的意味了。实际上就在三四十年代，刘大杰、沈启无等人似乎也都对此有所觉察，只是没有旗帜鲜明地提出来。抗战胜利后，我读到朱光潜先生的《谈文学》（开明书店印行），他在一篇论文中郑重提出，自先秦两汉时代即已存在着比较典型的、既有美学价值也有认识价值的"正宗"小品文了（手头无书，但申大意）。我对这一看法深表同意，因为朱先生讲的道理是颠扑不破的。其二，我一直坚持，即使是唐宋八大家及其追随者，也并非整天板起面孔说教，他们的文集中同样存在着够典型、算得上"正宗"的小品文。诚然，八大家中如曾巩、王安石，其传世的文章属于"正宗"小品文确实不多；而苏轼原是晚明小品作家的不祧之祖，那是谁也不会否认的。而唐之韩、柳，宋之欧阳修，如果从他们的全集中认真爬梳剔抉，完全可以给他们每个人出一本小品选集。

三

要分析鉴赏古典小品文，必须先把什么是小品文弄清楚。苏轼说他自己写文章"常行于所当行"，"止于所不得不止"，即写文章一定要从肺腑中自然流露，一如天真无邪的赤子，而不宜矫揉造作，更不能无中生有。到明代，李贽更提倡"童心"，袁宏道则拈出"韵""趣"两个标准。"韵"，古人或指神韵，或指韵味，而照我的体会，即文章要有作家自己突出的个性与风格；"趣"则指幽默感和可读性。及清人袁枚论诗，上承袁宏道而昌论"性灵"之说，这"性灵"二字，实际也正是历代上乘小品文所必须具备的"核心"。当年俞平伯先生在北大讲古典诗词，认为一种作品是"作"出来的；另一种则是"写"出来的。用来考察小品文，则这种文章基本上应属于"写"出来的。不过我的看法是，有些好的小品文章同样也需要精心刻意去"作"，才能产生得出来。至于信手拈来的文章，也不见得篇篇都好，其中正不乏率意之作或油腔滑调的下乘作品。这并不能一概而论。因此，我对魏晋南北朝以来的骈体文，并不排斥在小品范畴之外。这部《历代小品大观》也选录了若干骈体文，我以为是有道理的。

我们一提到小品文，首先想到的是抒情小品。既然写小品文要发自"童心"，要有韵有趣，要体现作家的"性灵"，当然它主要的作用是抒情。不过小品文并不排斥记景、叙事，甚至发议论、讲道理的内容，只要在所记、所叙、所论、所讲的内容里面蕴藏着、流露着甚至洋溢着一个作家自己的真实感情，不论是悠悠不尽之情还是热烈奔放之情，是激昂慷慨之情还是抑郁苦闷之情，都应当说是符合小品文的标准和要求的。它们都会具有小品文所应和所能体现的美学特征。这里附带提一句，在20世纪30年代以后的若干年中，有的人不但不承认杂文是小品，甚至连文学作品都不是（到50年代也还有人这样主张）。而我个人则始终认为杂文应当是小品文中的一个重要品种。对这个问题的认识，自全国解放以来已逐渐趋向一致。眼下已很少有人把杂文拒诸小品范畴之外了。

然而我们不能忽略的是，既称为小品文，它必须短小精练，言简意赅。相对地说，篇幅不宜太长。乐毅的《报燕惠王书》和司马迁的《报任安书》，以及诸葛亮的《出师表》和李密的《陈情表》，不能不说是肺腑之言和性灵之作，但由于它们的篇幅长，就不能算作小品文。有的文章虽短，而且具有真知灼见，如柳宗元的《读论语》和王安石的《读孟尝君传》，可是作者在篇中毕竟过多地诉诸理性而不是感情的自然流露，当然也不能居于小品之列。以过去的选本而论，施蛰存先生的《晚明二十家小品》对入选文章的篇幅控制较严，太长的便不选了；而阿英先生的《晚明小品文库》所选的文章，有的便嫌过长。当然，文学作品毕竟不是数学公式，很难给它们划范围、立规矩、定框框；如果规定得过于死板严格，或许反而不科学了。至于把小品文分部类排列，如这本《历代小品大观》的体例，实际上也是一种不得已而为之的办法。反正分了比不分对读者可能更方便些。至于分得是否恰当，不仅出版社及责编同志没有把握，就连撰写文章的作者们也未必敢打包票。这一点还要请读者谅察。

四

最后还想简单地谈一下古典小品文的真伪问题。从鉴赏角度看，只要文章写得好，其真与伪并非主要的。《昭明文选》中选了一篇李陵的《答苏武书》，苏轼早就提出是"齐梁间小儿"所拟作，但这篇《答苏武书》并不失为好文章。在古代小品文中也存在着与此类似的问题。在清初的一个古文选本《古文小品咀华》中，就有王嫱《报元帝书》、汉光武帝《与严子陵书》等短札。王嫱的信显为伪托；就是刘秀的这篇短札，尽管文章写得很好，却既不见于正史，又不见于类书，严可均的《全汉文》也未收入，显然亦为赝鼎。更为普遍流传的是所谓刘禹锡的《陋室铭》，在《刘梦得文集》《外集》中均未收，亦不见于唐人著录，是否刘禹锡的作品很值得怀疑。不过作为小品文，又不能不入选。这部《历代小品大观》所收入的每篇文章都要求注明出处，这是很科学的。倘所选文字有来历不明者，其伪托的可能性就比较大。读者自不妨欣赏其文笔，涵咏其文义，但在引用时就须谨慎从事，以免以伪乱真。

三联书店决定出一部《历代小品大观》，承编辑同志厚爱，让我参与其事，并嘱我写一篇序言。我因过去曾对古典小品文有一段因缘，便贸然答应。我以为，这部辞典不仅对研究、阅读古代小品文有参考价值，也对研究、阅读自五四以来的现代散文起参考借鉴作用。正如我在此序开头所说，现代散文乃是在我国悠久而优秀的历史传统的基础上继承并发展起来的。东汉王充反对人们"知古而不知今"和"知今而不知古"的形而上学方法论,而这部辞典却足以帮助今天的读者在散文方面,特别是小品文方面"通古今之变",其作用绝对不仅囿于鉴赏范围,而将成为研究古代散文史和现代文学史的辅助读物,因之也颇具文献价值。是为序。

1989年10月初稿,同年12月写完,1990年1月改订讫　北京

后　记

一

这是一本介绍古典诗文发展沿革的常识性的小册子，内容单薄粗浅，而且不够完整。即使其中间或有一点个人的看法和体会，也算不上什么学术著作。因此是否要出版问世，我曾经过反复的思想斗争。承编辑部同志们的好意，说还是可以印出来供读者参考的，这才使我鼓起勇气，厚着脸皮把它交出去了。

写这种常识性文章的目的，我在1982年7月20日发表于《人民日报》的一篇"答读者问"的小文《读书要点、面、线相结合》中曾经谈到。现将全文转录在这里：

问：我想学古典文学，但作品浩如烟海，不知从何下手？

答：这是个老问题了。在青年同志中，不仅业余爱好者有这个问题，连一些中文系学生也往往为此而苦恼。我想，提这个问题的同志肯定对古典文学是有兴趣的，但更重要的是有决心和信心。锲而不舍，功到自然成。只怕兴趣不专一，信心易动摇，那就难免功亏一篑。

我自己搞古典文学最早也是从兴趣出发的。后来规定了六个字的守则，立志照办：多读，熟读，细读。"多"指数量，亦称之为"博"；"细"指质量，又称之为"精"。但不熟读就谈不到深思熟虑，质量不能保证；倘一味背诵，滚瓜烂熟，却不细心琢磨，也还不免浪费时间精力。所以三者不可偏废。

　　所谓"多"，必须从"少"积累起来，不可能睡一觉就由文盲变成专家。作品是作家写的，要读作品，不仅要"知人论世"，还得摸清"来龙去脉"，即首先必须了解一个"史"的轮廓。因此我主张读古典文学最好从"线"开始，先知道从古到今一个大致发展演变的过程，然后再顺藤摸瓜去读作品。30年代我上中学时，是从胡怀琛写的一本简陋的文学史（商务印书馆出版）入手的。现在几部较好的文学史著作，部头都太大，只能慢慢来。50年代，王瑶先生写了一本《中国诗歌发展讲话》，对我很有启发。我曾模仿它写了五章《中国小说讲话》。60年代，游国恩等先生在他们写的《中国文学史》（全书共四册）问世之前，先出版了一本《中国文学史大纲》，我认为同志们不妨把它当成读整部文学史的"先行"课本。

　　说到读具体作品，我主张从"面"到"点"，即先从选本入手。有的选本不是断代而是通古今的，那就连"线"也有了。近年出版的各种古典作品选本很多，读者尽可各从所好，但照我看，一本《古文观止》和一本《唐诗三百首》也很够了。要紧的是一定要从头到尾把它读完，能熟读、细读更好，如果连一个选本都读不完（或见异思迁，或久而生厌，或因噎废食……），那下一步就不必谈了。读完后回头想想，自己对这选本中的哪一个作家的哪一类作品最感兴趣？比如说你对李白的古诗比较喜欢，那就把李白的全集找出来读。如果还嫌多，目前《李白选集》已出了好几种，可以先挑一种来读。读完选集再读全集，那自然比一上来就啃全集容易多了。这就从"面"过渡到了"点"上。当然，光读原著还不够，还要把古今中外学者研究这个作家的论著尽量找来读，此之谓"点"中有"面"。你不是喜欢李白的古诗吗？那么，他是继承了谁？后来又影响了谁？这样把一个个作家联系起来分析比较，就是"点"中有"线"了。如此循序渐进，各个击破，逐步由"点"向"线"和"面"延续和扩展，然后通过自己的研究、判断，就会有了个人的心得体会。按照这种点、面、线相结合的办法稳步前进，不但入门不成问题，而且肯定会有不少收获的。

可见我的主导思想是希望通过这一类"说明书"式简单介绍的文章给读者以"线"的观念。继《中国小说讲话》之后，我还写过十章《中国戏曲发展讲话》，已收入我的另一本小书中了。而现在这本小书中关于古典诗歌和古典散文的三篇东西，也无非同前两种一样，想以自己的一知半解为青年读者起个向导作用而已。

二

现在谈谈这三篇《述略》是怎样写成的。

第一篇《古诗述略》，是我 1972 年秋至 1973 年春在北京大学中文系为新闻、文学两个专业编写的讲义。原想从先秦一直写到近代，但因种种客观条件的限制，只印发到唐代以前就中止了，从而这份讲义也就成为残稿。当时学校所以系统地讲授古典文学课程并印发讲义（尽管授课时间少得可怜，讲义也写得十分简陋），是根据周恩来总理要加强基本理论学习的指示进行的，同学们也纷纷有此要求，于是教研室才责成我来做这一工作。然而在讲课和印发讲义的过程中，就已遇到不算太小的阻力，此稿之中断即是一个有力的证明。到了 1973 年末，"四人帮"的爪牙们在北大发动了一次所谓"反右倾回潮运动"，一切付印过的教材都要受到审查。幸而这篇东西只有油印讲义，才得幸免于难，当然更谈不上把它继续写完了。回顾当时，自己是在周总理指示下受到鼓舞鞭策，总算做了点滴工作。这一油印草稿之所以被保存，也不过是为了留个纪念，并非由于它有什么学术价值。现在收在书中，也算有它另一种纪念意义吧。

第二篇《唐诗述略》，原是 1957 年秋应中央人民广播电台之约撰写的广播稿。后经补充修订，分两次发表在同年的《语文学习》第十一、十二两期上。在撰写过程中，曾参考了闻一多先生的遗著和林庚、王瑶两位先生解放后的著作。当时自以为其中也还不无新意，不是一般的炒冷饭。事隔二十多年，原稿早已散失，直到 1978 年，才借到重新开放的旧日期刊，把原文过录下来。恰好这与前一篇从文学史的顺序上说是首尾衔接的，便把文字略加删润，一并收在这里。但由于写作时间不同，观点不无出入，文字的风格也不大一致。为了存其本来面目，这里就不再作修改使之整齐划一了。

最后一篇《古典散文述略》，原是六十年代我为北大中文系文学专业同学讲授历代散文选课程的一篇导论。初稿曾经过删节，译成英文，发表在当时出口的刊物《中国文学》上；后来为当时的电视大学中文系学员又讲过一次，乃写成文字，发表在电大的一个内部刊物上，是分三次登载完毕的。说来凑巧，没过多久，就有另外一位先生也发表了一篇谈古典散文的文章，其开头的一大段文字，竟同我的话几乎一模一样。我的文章是在内部刊物上发表的，而他的文章却是公开问世的；尽管他可能"参考"了我写的东西（因为我知道，我那份稿子开头的一段话在当时尚没有第二个人谈到过，而那份内部刊物流通面是极广的），我却无权站出来声明这一段文字的原始来历。当然，现在这位先生已是驰名中美的名教授了，这桩公案我似乎也应该忘掉才是。我在此旧话重提，只希望读者不要误以为我是个无耻的抄袭者而已。到1972年，那份电大内部刊物也早已散失；为了给同学印发讲义，我只好分头向当时听课的同学和幸而保存着那种内部刊物的同志借到了笔记和印件，重新写定成现在的这个样子。同样因为当时只是油印讲义，在审查教材时才没有被销毁。今天能收入这本小书，也算是侥幸于万一了。

三

从1957年至1972年，中经十五年；自1972年到今天，一晃又是十年。抚今追昔，感到这四分之一世纪以来自己几乎一无长进，就连1957年那样的文章，现在也已写不出，真是"江郎才尽"了。照理讲，关于古典诗歌部分，我应再写一篇《宋元明清诗歌述略》和一篇《词曲述略》，才算有头有尾，全始全终。但我一直未敢动笔，原因是研究得不够。比如今天文学史界对宋诗的评价就有很大出入。讲得具体一点，像一般文学史上所谈到的北宋诗坛"西昆体"与所谓"反西昆体"的"斗争"问题，我就愈来愈持怀疑态度。又比如我对明清诗文，也有一些个人偏见。我以为明代散文远比清人散文成就高，而明人诗词所达到的水平却远不及清代。以清诗而论，表面现象是拟唐诗与拟宋诗两大流派互为消长（诚然也有专拟汉魏六朝诗的，但对诗坛影响不大），其实还不如像讲宋词一样,把清代诗人归纳为豪放与婉约两派(尽管这种分类法未必科学)更发切合当时诗坛的实际。至于近代诗,对"同光体"究应如何评价,我也很费踌躇。谈到唐宋词,有没有"正宗"是个问题;如有"正宗",究竟应属豪放派还是归于婉约派,也是一直纠缠不清的。如果把这些研究课题都避而不谈,只根据现有的几本大部头中国文学史加以压缩照搬,那不如不写;要写,总要多少拿出自己一些较有把握的看法。而我目前自问还有许多看法远远不够成熟,作为"一家之言"勉强"争鸣",尚且未必站得住脚;如果作为一般性常识来向青年读者介绍,那就很可能把偏见说成结论,反而不利于读者进一步去钻研思考了。所以我只有抱着宁缺毋滥的态度,留待将来再说。好在王瑶先生50年代写的《中国诗歌发展讲话》已对古典诗歌的发展历程做了全面论述,读者尽可参考阅读。倘于今后的有涯之年,自己还不免要同这方面的业务打交道的话,我相信总有一天会把那两篇文章写出来的。目前只好请读者多多见谅了。

1982年10月,作者记于北京西郊

重版后记

《古典诗文述略》作为一本古典诗文普及读物，曾于1984年、1985年在山西人民出版社印过两次。最近山西教育出版社准备重版此书，问我是否能把唐代以后（自宋至清）的诗歌词曲的概述补足，使它成为一本较完整的读物。说来惭愧，自1985年以来，由于老妻久病，而且病情复杂，有增无减；我自己从1988年以来体力也日益就衰，动辄发烧卧床，医嘱全休。尽管我常年放弃了午休，并在两场病之间仍挣扎着做一些工作，可是时间精力毕竟不允许我系统地、有条不紊地完成一项从头到尾的工作。预定要写的《两宋诗词论稿》迄今仅写成两三篇文章，只好厚着脸皮向出版社提出毁约。因此，这本小册子也只能照原纸型付印，不但对不起出版社的殷勤嘱托，更对不住广大读者的深切期望。不过自己并不甘心就此罢休，只要天假以年，我仍旧想把宋元明清诗歌词曲的概述文章写出来，不让这本小书永远成为"半壁江山"。

为了弥补这本小书的缺陷，乃与责编同志协商，在原有的三篇文章后面增加了"附编"，补入三篇有关的文章，供读者参考。第一篇《说"赋"》，可以作为前面谈古诗一篇中有关辞赋一节的补充；第二篇《宋诗导论》，算是唐诗以后的第一个续篇，读者可以通过这篇概述性文章了解我对宋诗以及对元明清诗的粗略看法；第三篇是一篇序文，内容谈的是从古到今的小品文发展概貌，权且作为前面谈散文一篇的旁支吧。总之，这三篇文章基本上仍属于古典诗文述略的范畴，只是体例和角度同前面三篇有些异样，我想，它们如对读者还有些用处，这些细枝末节是会得到读者谅解的。

另外，我还有个想法。这本小书的未完成部分固然应该由我本人把它续完，但读者却不妨别觅他人著作来阅读，依然可以得到一个较完整的概貌。如台湾学生书局 1990 年出版的《南宋诗人论》(作者胡明,现任中国社会科学院文研所副研究员),山西人民出版社 1986 年出版的《北宋词坛》(作者陶尔夫,现任黑龙江大学中文系教授),和即将在江苏古籍出版社出版的《清代诗歌史》(作者朱则杰,现任浙江大学中文系副教授)等,我有的读过全书,有的读过原稿,认为他们写得都很好,即使将来我自己写这本小册子的续篇,也要参考并学习他们的著作。他们是中、青年学者,近些年来一直孜孜不倦在学术园地里耕耘着,比起我这日就衰朽的老人有着更多的干劲和新鲜的见解。我没有理由不吸收他们的学术成果。因此才特地向读者们衷心推荐。

1991 年 2 月写于北大中关园寓庐